"十三五"职业教育国家规划教材

"十二五"职业教育国家规划教材

经全国职业教育教材审定委员会审定

普通高等教育"十一五"国家级规划教材

21世纪高职高专财经类专业核心课程教材

金融市场

Jinrong Shichang

（第五版）

李艳芳　樊　钰　主　编

李香允　张　乐　副主编

东北财经大学出版社　大连

Dongbei University of Finance & Economics Press

图书在版编目（CIP）数据

金融市场 / 李艳芳，樊钰主编. —5版. —大连：东北财经大学出版社，2021.1（2023.2重印）
（21世纪高职高专财经类专业核心课程教材）
ISBN 978-7-5654-4004-5

Ⅰ．金…　Ⅱ．①李…②樊…　Ⅲ．金融市场－高等职业教育－教材
Ⅳ．F830.9

中国版本图书馆CIP数据核字（2020）第198878号

东北财经大学出版社出版
（大连市黑石礁尖山街217号　邮政编码　116025）
网　　址：http：//www.dufep.cn
读者信箱：dufep@dufe.edu.cn
大连天骄彩色印刷有限公司印刷　　东北财经大学出版社发行
幅面尺寸：185mm×260mm　　　字数：426千字　　　印张：19.75
2021年1月第5版　　　　　　　2023年2月第5次印刷
责任编辑：张晓鹏　周　晗　　　　　　责任校对：周华鹏
封面设计：张智波　　　　　　　　　　版式设计：钟福建
定价：39.00元

富媒体智能型教材出版说明

"财经高等职业教育富媒体智能型教材开发系统工程"入选国家新闻出版广电总局新闻出版改革发展项目库，并获得文化产业专项资金支持，是"国家文化产业资金支持媒体融合重大项目"。项目以"融通""融合""共建""共享"为特色，是东北财经大学出版社积极落实国家推动传统媒体与新媒体融合发展的重要举措之一。

"财济书院"智能教学互动平台是该工程项目建设成果之一。该平台通过系统、合理的架构设计，将教学资源与教学应用集成于一体，具有教学内容多元呈现、课堂教学实时交互、测试考评个性设置、用户学情高效分析等核心功能，是高校开展信息化教学的有力支撑和应用保障。

富媒体智能型教材是该工程项目建设成果之二。该类教材是我社供给侧改革探索性策划的创新型产品，是一种新形态立体化教材。富媒体智能型教材秉持严谨的教学设计思想和先进的教材设计理念，为财经职业教育教与学、课程与教材的融通奠定了基础，较好地避免了传统教学模式和单一纸质教材容易出现的"两张皮"现象，有助于教学质量的提高和教学效果的提升。

从教材资源的呈现形式来说，富媒体智能型教材实现了传统纸质教材与数字技术的融合，通过二维码建立链接，将VR、微课、视频、动画、音频、图文和试题库等富媒体资源丰富地呈现给用户；从教材内容的选取整合来说，其实现了职业教育与产业发展的融合，不仅注重专业教学内容与职业能力培养的有效对接，而且很好地解决了部分专业课程学与训、训与评的难题；从教材的教学使用过程来说，其实现了线下自主与线上互动的融合，学生可以在有网络支持的任何地方自主完成预习、巩固、复习等，教师可以在教学中灵活使用随堂点名、作业布置及批改、自测及组卷考试、成绩统计分析等平台辅助教学工具。

富媒体智能型教材设计新颖，一书一码，使用便捷。使用富媒体智能型教材的师生首先下载"财济书院"App或者进入"财济书院"（www.idufep.com）平台完成注册，然后登录"财济书院"，输入教材封四学习卡中的激活码，建立或找到班级和课程对应教材，就可以开启个性化教与学之旅。

"重塑教学空间，回归教学本源！""财济书院"平台不仅仅是出版社提供教学资源和服务的平台，更是出版社为作者和广大院校创设的一个教学空间，作者和院校师生既是这个空间的使用者和消费者，也是这个空间的创造者和建设者，在这里，出版社、作者、院校共建资源，共享回报，共创未来。

最后，感谢各位作者为支持项目建设所付出的辛劳和智慧，也欢迎广大院校在教学中积极使用富媒体智能型教材和"财济书院"平台，东北财经大学出版社愿意也必将陪伴广大职业教育工作者走向更加光明而美好的职教发展新阶段。

东北财经大学出版社

第五版前言

《金融市场》一书自2005年出版以来，受到了众多高等职业院校财经类专业师生的喜爱，先后被评为普通高等教育"十一五"国家级规划教材、"十二五"职业教育国家规划教材、"十三五"职业教育国家规划教材，编者们深感荣幸。

本次修订在保持该教材原有优势和特色的基础上，进一步根据高等职业教育的教学需要调整体例，并根据金融市场的发展更新相关内容，更重要的是，按照课程思政改革的要求，恰当地融入学生思想政治素质培养的内容和环节，实现教材建设更好地回答"培养什么人、怎样培养人和为谁培养人"的问题。新版教材的具体修订原则如下：

（1）学习目标更加精准化。本教材原来每一章都设计了三项学习目标，即知识目标、技能目标和综合目标，也相应地设计了三项训练，即知识训练、技能训练和综合训练。本次修订把综合目标替换成素质目标，而且素质目标重点体现为职业素质和思想政治素质，这样从内涵上更加清晰，也能够更加精准地回答"培养什么人、怎样培养人和为谁培养人"的问题。

（2）三项训练更具操作性。与三项学习目标对应的三项训练体现为知识训练、技能训练和素质训练，训练内容更加切合实际、更具体、更具操作性，尤其是每章的思政训练内容，更能体现从事相关工作的人员必备的思想政治素养，更注重实际效果。

（3）进一步更新内容和学习资源。近几年，我国金融市场在结构和实际业务上都有了较大的发展变化，本次修订力争吸纳最新的内容，在市场结构、市场规模、交易工具、法律法规、管理体制及案例等方面都有所更新，尤其是进一步扩充了互联网金融的内容。此外，书中引用的案例、补充阅读资料和训练内容都标注了来源，有的来源于书籍、报纸、杂志等，有的来源于网络（每章最后还特别提供了"网上资源"）。这些栏目的学习资源都是非常有针对性的，都是学生可以充分利用的。再结合对我国正在使用的交易软件和网络交易系统的分析，保证学生既有较好的理论基础、较高的政治素养，又有较强的学习能力和实务操作能力。

（4）始终坚持服务于高等职业院校财经类专业师生不动摇。该教材仍然紧紧围绕高职高专教育培养岗位第一线所需要的、上岗零适应期的专门人才的目标，从形式到内容都力争服务于高职人才的培养。

本书既适合高职财政金融类相关专业的学生使用，也适合在职人员作为自学参考用书。为更好地满足信息化条件下课堂教改创新的需要，本书还配有二维码资源、免费的电子教学课件、习题参考答案、教学大纲，能为读者提供全方位、细致周到的教学资源增值服务，读者可以登录东北财经大学出版社"财道书院"（http：www.idufep.com）获取相关资源或与责任编辑联系。

本书由李艳芳负责修订并统稿，李艳芳、樊钰担任主编，李香允、张乐任副主编。其具体分工如下：第1章和第10章由李艳芳修订编写，第2、3章由李香允修订编写，第4、5、6、7、9章由樊钰修订编写，第8章由张乐修订编写。

由于作者水平有限，修订时间仓促，本书难免存在问题，望各位同行批评指正。

李艳芳
2020年11月29日

目 录

第1章

金融市场概述

学习目标

通过本章学习，你应该达到以下目标：

知识目标：了解并掌握有关金融市场的概念及种类。

技能目标：能结合实际解析我国金融市场结构框架。

素质目标：通过了解我国金融市场的发展和壮大，增强对中国特色社会主义的道路自信、理论自信、制度自信和文化自信。

引例　我国丰富多彩的金融市场——2019年我国金融市场运行情况

2019年，债券市场发行规模稳步扩大，现券交易量增加，收益率曲线陡峭化下移，市场投资者结构进一步多元化；货币市场利率有所下行，回购交易量增加；利率衍生品市场成交金额回落，互换利率上行；股票市场主要指数上行，两市成交金额增加。

1）债券市场发行规模稳步扩大

2019年，债券市场共发行各类债券45.3万亿元，较上年增长3.1%。其中，银行间债券市场发行债券38.0万亿元，同比下降0.3%。截至2019年12月末，债券市场托管余额为99.1万亿元，其中银行间债券市场托管余额为86.4万亿元。2019年，国债发行4.0万亿元，地方政府债券发行4.4万亿元，金融债券发行6.9万亿元，政府支持机构债券发行3 720亿元，资产支持证券发行2.0万亿元，同业存单发行18.0万亿元，公司信用类债券发行9.7万亿元。

2）银行间市场成交量增加

2019年，债券市场现券交易量217.4万亿元，同比增长38.6%。其中，银行间债券市场现券交易量209.0万亿元，日均成交8 360.1亿元，同比增长39.6%；交易所债券市场现券交易量8.4万亿元，日均成交342.3亿元，同比增长40.3%。2019年，银行间市场信用拆借、回购交易总成交量971.3万亿元，同比增长12.7%。其中，同业拆借累计成交151.6万亿元，同比增长8.9%；质押式回购累计成交 810.1 万亿元，同比增长 14.3%；买断式回购累计成交 9.5 万亿元，同比下降 31.9%。

3）债券收益率和货币市场利率下行

2019 年，债券收益率曲线整体下移。12 月末，1 年、3 年、5 年、7 年、10 年期国债收益率分别为 2.36%、2.73%、2.89%、3.04%、3.14%，分别较上年同期下行 24bp、14bp、8bp、13bp、9bp。2019 年年末，中债国债总指数收盘价为 190.14，较上年同期上涨 7.21；中债新综合全价指数收盘价为 119.08，较上年同期上涨 1.54。2019 年 12 月，银行间货币市场同业拆借月加权平均利率为 2.09%，较上年同期下降 48bp，质押式回购月加权平均利率为 2.10%，较上年同期下降 58bp。

4）投资者数量进一步增加

截至 2019 年年末，银行间债券市场各类参与主体共计 25 888 家，较上年末增加 5 125 家。其中，境内法人类共 3 082 家，较上年末增加 240 家；境内非法人类共计 20 196 家，较上年末增加 3 461 家；境外机构投资者 2 610 家，较上年末增加 1 424 家。2019 年年末，银行间市场存款类金融机构持有债券余额 49.6 万亿元，持债占比 57.4%，与上年末基本持平；非法人机构投资者持债规模 25.5 万亿元，持债占比 29.6%，较上年末提高 0.4 个百分点。公司信用类债券持有者中存款类机构持有量较上年末有所增加，存款类金融机构、非银行金融机构、非法人机构投资者和其他投资者的持有债券占比分别为 23.8%、7.0%、69.2%。

5）利率衍生品市场成交金额回落

2019 年，银行间人民币利率衍生品市场累计成交 18.6 万亿元，同比下降 13.4%。其中，利率互换名义本金总额 18.2 万亿元，同比下降 16.0%；标准债券远期成交 4 368.0 亿元，信用风险缓释凭证创设名义本金 133.5 亿元，信用违约互换名义本金 2.8 亿元。互换利率有所上升，2019 年年末，1 年期 FR007 互换利率收盘价（均值）为 2.65%，5 年期 FR007 互换利率收盘价（均值）为 2.99%。

6）股票市场主要指数上行

2019 年年末，上证综指收于 3 050.12 点，较上年末上涨 556.22 点，涨幅为 22.3%；深证成指收于 10 430.77 点，较上年末上涨 3 190.98 点，涨幅为 44.1%。两市全年成交额 127.42 万亿元，同比增长 41.1%。

资料来源：佚名. 2019 年金融市场运行情况［EB/OL］.［2020-01-20］. https：//www.chi-nawealth.com.cn/zzlc/sjfx/hgsj/20200120/4085062.shtml.

同学们还不能完全读懂这个引例的内容，但是，可以基本了解我国金融市场的框架结构、大致规模和运行走势。

1.1 金融市场及其构成要素

1.1.1 金融市场的定义

金融市场是指以金融商品为交易对象而形成的供求关系及其机制的总和。金融市场有广义和狭义之分。广义金融市场包括所有的金融活动，既包括投资人和筹资人借助特定的金融工具直接交易的金融活动构成的直接金融市场，也包括以银行为中介的所有间接金融活动构成的间接金融市场。狭义的金融市场是指前者，即直接金融市场。本书主要介绍狭义金融市场——直接金融市场的内容，包括同业拆借市场、票据市场、股票市场、债券市场、外汇市场、黄金市场和期货市场等。

传统的金融市场有固定场所和规定的交易时间。现代金融市场可以没有固定场所，交易时间也很灵活。随着现代通信手段的发展和计算机网络的普及，越来越多的金融交易借助于网络通信，在瞬间便可以完成；有些国际金融市场24小时都可以交易。新兴的互联网金融交易更是突破了地域和时间的限制，通过互联网，尤其是通过移动终端使金融交易变得异常方便和快捷。

金融市场不仅仅指金融商品的交易场所，还涵盖了一切由于金融交易所产生的关系。其中最主要的是金融商品的供求关系以及金融交易的运行机制——价格机制，表现为金融产品的价格和资金借贷的利率。在金融市场上，利率就是资金的价格。在这种特殊价格信号的引导下，资金自动、迅速、合理地流向高效率的部门，从而优化资源配置，推动经济持续快速发展。

金融市场的构成要素主要包括金融市场主体、金融市场客体、金融市场媒体、金融市场价格和金融市场监管等。

补充阅读资料1-1   我国金融市场的新生力量——互联网金融

互联网金融被称为21世纪初中国经济领域的最伟大创举。互联网金融是指传统金融机构与互联网企业利用互联网技术和信息通信技术，实现资金融通、支付、投资和信息中介服务的新型金融业务模式。互联网金融的主要业态包括互联网支付、网络借贷、股权众筹融资、互联网基金销售、互联网保险、互联网信托和互联网消费金融等。传统金融业通过互联网改变了自己的经营模式和金融产品，如网上银行和手机银行、各种网上理财产品等。同时，互联网公司也利用自己的技术和资源优势开展金融业务，如P2P网贷、"宝宝军团"、众筹融资、第三方支付、京东白条和阿里小贷等都是新兴的、受欢迎的互联网金融业务。例如京东众筹平台，在从2014年7月1日上线到2015年7月1日一周年的时间里，众筹金额达到7亿元，项目众筹成功率90%，众筹金额百万的项目突破100个，千万的项目12个。可见，众筹平台能够把"小钱"聚集成"金库"，帮助众多的创业者众筹融资，实现创业梦想，同时也丰富了金融市场的构成。

资料来源 陈鹏军. 互联网金融一本通［M］. 广州：广东人民出版社，2016.

小思考 1-1

什么是P2P？

1.1.2 金融市场主体

金融市场主体又叫金融市场交易主体，是指金融市场的交易者。参与金融市场的机构或个人，或者是资金的供给者，或者是资金的需求者，或者是以双重身份出现。从参与交易的动机来看，则可以更进一步细分为投资者（投机者）、筹资者、套期保值者、套利者等。金融市场的主体包括政府部门、工商企业、居民个人与家庭、存款性金融机构和非存款性金融机构等。

金融市场主体对市场具有决定性意义。首先，金融市场主体的多寡决定了金融市场的规模大小和发达程度。众多交易者的参与，可以有效防止金融市场的垄断，促进竞争，保持市场的繁荣和稳定。其次，金融市场主体间的竞争造就了种类繁多的金融产品，促使金融市场业务的不断创新，新的金融工具不断涌现，促进了金融部门效率的提高，更好地满足投资者和筹资者的需要，成为连接国民经济各部门的纽带。最后，金融市场主体的多少与交易的频繁程度影响着金融市场的深度、广度与弹性。

根据交易者与资金的关系，可将金融市场主体划分为资金需求者和资金供给者两类。资金需求者即筹资人，也是金融工具的发行者和出售者，通过发行金融工具来筹集资金。资金供给者即投资人，也是金融工具的购买者。他们通过购买金融工具，将自身暂时不用的闲置货币资金提供给资金短缺的筹资人。在金融市场上，投资人和筹资人之间随时可能发生角色互换。在不同时期，他们的资金头寸状况是不同的，时而资金多余，时而资金不足，现在的资金需求者很可能成为未来的资金供给者，而现在的资金供给者也可能成为未来的资金需求者。

根据宏观国民经济部门来划分，金融市场主体又可分为个人与家庭、企业、政府、金融机构和中央银行五大类。

1）个人与家庭

个人与家庭是一切经济活动（尤其是金融活动）的基石。个人和家庭主要以资金供给者的身份参与金融市场交易。个人与家庭或出于节俭，或为了预防不测，或为了满足未来某个特定时期的消费需要，收入与支出相抵后，通常是收入大于支出，因而成为经常的储蓄者。根据不同的储蓄目的，这一笔闲置资金会有不同的投资选择：将之存入银行，可获得利息；将其投资于股票、债券，或购买共同基金、保险等可获得投资收益。个人与家庭既可投资于短期金融资产，又可投资于长期金融资产，这样就使个人与家庭这一类投资主体的投资活动遍及货币和资本市场，个人和家庭成为金融市场上的资金供给者。

在当今社会，个人和家庭也时常以资金需求者的身份出现，主要为购买耐用消费品，如家用电器、汽车等，通常通过抵押贷款的形式实现。在美国等发达国家，对个人与家庭购买消费品提供贷款的业务十分发达。目前，我国的这一业务规模也在日渐扩大，大多数商业银行都开办了针对个人与家庭的消费信贷业务。

补充阅读资料1-2　　　　　　　　杨百万告诉了我们什么？

有"中国第一股民"之称的"草根"名人杨怀定，人们又叫他"杨百万"，其在中国共产党第十八届中央委员会第三次全体会议召开前夕接受了记者的采访。1988年春天，国库券转让在7座城市开始试点，4月21日，也就是国库券开放交易的第一天，杨怀定用东拼西凑的2万元人民币，赢得了"第一桶金"——800元。从此，杨怀定开始做起了个人投资者，不但投资债券，还投资股票，很快"杨百万"就成了家喻户晓的炒股英雄。他对记者说："比起当年的2万元本钱，今天我持有的股票市值达2 000万元，资产增加了1 000倍，钱够用就好，养老也可以不靠国家而靠自己了。每个时代，都有属于你的机会；我老了，我特别想告诉年轻人，一定要捕捉到属于你们这代人的机会。"

资料来源　许晓青. 第一股民中国股神杨怀定2万元本钱炒到2 000万元　养老可不靠国家［N］. 四川经济日报，2013-11-06（6）.

2）企业

在世界上的任何国家和地区，企业都是经济活动的中心，也是金融市场运行的基础。在金融市场上，企业一般是作为主要的资金需求者参与金融市场活动的。为了维系简单再生产与扩大生产规模，增加固定资产，或缓解流动资金的周转不畅，企业需要及时补充资金，从而成为金融市场上的资金需求者。一般情况下，一方面，企业多在资本市场上活动，通过发行债券、股票等多种方式来筹集资金；企业经常是金融衍生市场中套期保值的主力。另一方面，企业也在货币市场上活动，这与其在资本市场上的行为并不矛盾，也有一部分季节性、临时性资金需求通过货币市场来满足。此外，企业的资金收入和资金支出在时间上往往并不对称，在再生产过程中有时会游离出部分闲置资金，为使之得到充分利用，企业会以资金供给者的身份，将这部分资金暂时让渡给金融市场上的资金需求者以获得投资收益。因此，在货币市场上，企业是以资金需求者和资金供给者的双重身份出现的。

补充阅读资料1-3　　　　　企业是金融市场上主要的长期资金需求者

中国人民银行2020年5月的"金融机构人民币信贷收支表（按部门分类）"显示，我国境内贷款余额为162.80万亿元，非银行业金融机构、企业及其他部门贷款达104.90万亿元，后者占前者的比例为64.43%；同期企业定期存款只有39.66万亿元，而长期贷款却达到60.67万亿元，长期贷款是定期存款的1.53倍。同时，上市企业还在股票市场上大量地增发扩容，筹集资金；很多中小企业和有发展潜力的企业还在中小企业板和创业板发行股票，筹集资金。可见，企业是金融市场上主要的长期资金需求者。

资料来源　根据中国人民银行网站统计数据整理.

3）政府

在各国的金融市场上，中央政府和各级地方政府通常是金融市场上的资金需求者。

它们主要通过发行财政债券或地方政府债券来筹集资金，用于基础设施建设，弥补财政预算赤字，进行宏观经济调控，履行公共经济职能等。政府部门在一定的时间内也可能是资金的供给者，如税款集中收进还没有支出时。在国际金融市场上，不少国家政府是积极的参与者，一些石油输出国政府往往是资金供给大户，一些发展中国家则是金融市场上的主要资金需求者。我国政府也在积极参与国际金融市场，如我国曾在美国、日本的债券市场上发行债券，筹集外资；也曾多次购买美国的国债。2019年和2020年中央财政国债余额情况见表1-1。

表1-1　　　　　　2019年和2020年中央财政国债余额情况表　　　　单位：亿元人民币

项　　目	预算数	执行数
一、2018年末国债余额实际数		149 607.41
内债余额		148 208.62
外债余额		1 398.79
二、2019年末国债余额限额	175 208.35	
三、2019年国债发行额		42 737.18
内债发行额		41 834.71
外债发行额		902.47
四、2019年国债还本额		24 329.68
内债还本额		24 011.20
外债还本额		318.48
五、2019年末国债余额实际数		168 038.04
内债余额		166 032.13
外债余额		2 005.91
六、2019年执行中削减中央财政赤字		
七、2020年中央财政赤字	27 800.00	
八、发行抗疫特别国债	10 000.00	
九、2020年末国债余额限额	213 008.35	

注：1.本表国债余额包括国债、国际金融组织和外国政府贷款。除此之外，还有一部分需要政府偿还的债务，主要是偿付金融机构债务，以及部分政府部门及所属单位举借的债务等，这部分债务在规范管理后纳入国债余额。

2.本表2018年末外债余额实际数按照国家外汇管理局公布的2018年12月外汇折算率计算，2019年末外债余额实际数按照国家外汇管理局公布的2019年12月外汇折算率计算，2019年外债发行额和外债还本额按照当期汇率计算。2019年国际金融组织和外国政府贷款发生额为预算下达数。

3.受外币汇率变动,以及国际金融组织和外国政府贷款项目实际提款数与预算下达数存在差异等影响,2019年末外债余额实际数≠2018年末外债余额实际数+2019年外债发行额−2019年外债还本额。

4.中央财政国债余额与国债余额限额存在一定差异,主要原因是:2006年以来按照国债余额管理规定,根据库款和市场变化情况等,适当调减了国债发行规模,有利于降低国债筹资成本,促进国债市场平稳运行,今后将根据库款和市场情况补发以前年度少发的国债。

5.2019年中央财政发行内债41 834.71亿元,其中储蓄国债3 998.24亿元,平均发行期限3.97年;记账式国债37 836.47亿元,平均发行期限7.62年。2019年内债还本24 011.2亿元,内债付息4 519.03亿元。2019年中央财政发行外债902.47亿元,其中主权债券894.31亿元,平均发行期限7.65年。2019年外债还本318.48亿元,外债付息48.56亿元。

6.外债还本付息金额中包括当年对统借自还项目实施减免的支出。

资料来源 根据中华人民共和国财政部网站统计数据整理.

4)金融机构

金融机构是金融市场的主要参与者,金融机构又分为存款性金融机构和非存款性金融机构两种。存款性金融机构是指以吸收存款方式获得资金,以发放贷款或投资证券等方式获得收益的金融机构,主要包括商业银行、信用合作社,以及西方一些国家的一种专门吸收储蓄存款作为资金来源的储蓄机构。非存款性金融机构则是指以发行证券或契约方式筹集资金的金融机构,包括投资银行(投资银行在不同国家有不同的称呼:在美国为投资银行或公司、在英国为商人银行、在日本为证券公司)、保险公司、养老基金、投资基金和新产生的互联网金融公司等。各类金融机构通过各种方式,一方面从社会吸收闲散资金,另一方面又向需要资金的部门、单位和个人提供资金,在金融市场上担当着资金需求者和资金供给者的双重身份。此外,参与金融市场的还有一些官方、半官方的和在各国各具特色的其他类型的金融机构,如开发银行、进出口银行及农业信贷机构、大企业所属的金融公司等。在我国金融市场上有政策性银行、金融信托机构及财务公司等,它们也都归入金融机构之列,是金融市场的主体之一。

补充阅读资料1-4　　　互联网金融机构——蚂蚁金服

蚂蚁金服(全称浙江蚂蚁小微金融服务集团股份有限公司)以"为世界带来微小而美好的改变"为愿景,致力于打造开放的生态系统,通过"互联网推进器计划"助力金融机构和合作伙伴加速迈向"互联网+",为小微企业和个人消费者提供普惠金融服务。

该集团旗下相关业务包括生活服务平台支付宝、移动理财平台蚂蚁财富、云计算服务平台蚂蚁金融云、独立第三方信用评价体系芝麻信用以及网商银行等。其旗下拥有支付宝、支付宝钱包、余额宝、招财宝、蚂蚁小贷及网商银行等品牌。另外,该集团也与投资控股的公司及关联公司在业务和服务层面通力合作,深度整合共推商业生态系统的繁荣。

资料来源 佚名. 互联网金融机构——蚂蚁金服 [EB/OL]. [2017-02-01]. https://www.10010. org/case-and-partner/cooperative-partner.

5）中央银行

中央银行在金融市场上的地位极为重要与特殊。中央银行既是金融市场的主体交易者，又是金融市场的监管者。从中央银行参与金融市场的角度来看，首先，中央银行作为银行的银行，虽然不直接向企业或个人提供资金，但它通过再贴现业务向其他金融机构发放贴现贷款，并在商业银行发生挤兑危机时承担最后贷款人角色，成为金融市场的资金供给者。其次，中央银行通过公开市场业务，在金融市场上买卖证券，调节货币供给量；执行货币政策，成为金融市场的资金供给者，也可以成为金融市场的资金需求者。中央银行的公开市场操作业务是不以营利为目的的，但会影响到金融市场上资金的供求及其他经济主体的行为及金融工具的价格。此外，一些国家的中央银行还接受政府委托，代理政府债券的还本付息；接受外国中央银行委托，在金融市场上参与金融市场活动和买卖证券等。作为监管者，中央银行代表政府对金融机构的行为进行监督和管理，防范金融风险，确保金融市场的平稳运行。

补充阅读资料1-5　　　　　　　　　我国证券市场的境外投资者 ——QFII的发展

境外投资者参与我国股票市场的交易需要符合一定的条件，并经过相关部门的批准，核发许可证，成为合格境外机构投资者，简称QFII。进入中国股票市场的QFII可以投资于债券、股票、基金等多种金融工具，在中国股票市场确有投资机会时，这些机构自然会介入其中。2003年7月9日，瑞银集团高调进入中国股票市场，拉开了境外机构在我国进行证券投资的序幕。其第一单的投向：买入宝钢股份、上港集箱、外运发展和中兴通讯，虽然该笔投资金额并不高，却对中国股市的投资理念转变产生了很大的宣传教育示范效应。QFII进入中国，对股票市场产生了相当大的冲击，改变了股票市场结构，转变了投资理念。2019年1月14日，国家外汇管理局发布公告称，为满足境外投资者扩大对中国资本市场的投资需求，经国务院批准，合格境外机构投资者（QFII）总额度由1 500亿美元增加至3 000亿美元。

资料来源　根据《中国金融发展报告NO.01（2004）——金融蓝皮书》和相关网站资料整理.

1.1.3　金融市场客体

金融市场客体是指金融市场的交易对象（交易标的物），也就是通常所说的金融工具。金融工具又称为信用工具，是一种表示债权债务关系的凭证，是具有法律效力的契约，一般由资金需求者向资金供给者出具，并注明金额、利率以及偿还条件等。金融工具不等同于金融产品，金融产品是指由金融机构设计和开发的各种金融资产，如银行储蓄、政府债券、公司债券、股票、商业票据、回购协议、期货、期权、掉期和互换等。金融工具是指那些可以用来进行交易的金融产品，二者的区别在于金融工具是可以交易的，而金融产品不一定是可以交易的，如银行存款属于金融产品但不是金融工具，因为银行存款不是标准化的，即它不能在市场中流动。

金融工具的数量和质量是决定金融市场效率和活力的关键因素。首先，从数量上看，金融市场主体之间的交易必须借助以货币表示的各种金融工具来实现，否则，资金的融通就无法进行，因此市场上金融工具的种类、数量越多，就能向不同偏好的投资人和筹资人提供越多的选择机会，满足他们的不同需求，从而充分发挥金融市场的资金融通功能，对活跃经济、优化资金配置起到积极促进作用。其次，从质量上看，一种理想的金融工具必须既满足资金供给者的需要，又满足资金需求者的需要，同时还必须符合中央银行金融监管的要求。金融工具对于购买者即投资人而言，就是金融资产（注：金融资产是指建立在债权债务关系基础上的要求另一方提供报偿的所有权或索取权，具体是指一切代表未来收益或资产合法要求权的具有资金融通性质的凭证。金融资产主要包括三类证券：一是债务性证券，如个人和机构在银行的存款、银行拥有的对个人及企业和政府机构的各种债权以及投资者拥有的公司债券、回购协议、商业票据等；二是权益性证券，如公司股票等；三是衍生性证券，如期货合约、期权合约、互换合约等）。因此，衡量一种金融资产质量高低的标准，就是衡量一种金融工具质量高低的标准，通常从流动性、收益性和风险性三方面考虑。流动性是指一种金融资产变现的时间长短、成本高低和便利程度。收益性是指因持有某种金融资产所能够获得的货币收益高低。风险性是指由于某些不确定因素导致的金融资产价值损失的可能性。每一种金融工具，都是流动性、收益性和风险性三者的有机统一。同时，这三者又是相互矛盾、不可兼得的。流动性较高的金融工具，一般收益性较低，例如银行存款、国债等；收益性较高的金融工具，一般风险程度也较高，如美国的"垃圾债券"。

金融工具种类繁多，为了分析方便，需要对之加以分类。

1）按权利的标的物划分

按权利的标的物划分，金融工具可分为票据和证券。票据着重体现的是持有者对货币的索取权，例如汇票、本票、支票。证券则着重表明投资的事实，体现投资者的权利，例如股票和债券。

2）按索取权的性质划分

按索取权的性质划分，金融工具可分为股权证券（股票）和债权证券（债券）。股票持有者以股东身份出现，索取的是股息和红利，股票可以在股票交易市场转让，但是不可赎回。债券代表对发行者的债权，投资者以债权人的身份出现，索取的是本金和利息，债券可以在债券交易市场转让，到期归还本金和利息。按发行者的身份，债券又可进一步分为政府债券、公司债券（或企业债券）和金融债券。

3）按与实际金融活动的关系不同划分

按与实际金融活动的关系不同，金融工具可分为基础金融工具和衍生金融工具。基础金融工具是在实际金融活动中产生的金融工具，如存单、贷款合同、票据、股票、债券等。衍生金融工具也叫衍生金融资产，是以基础金融工具为标的而创新出来的金融工具。它以另一些金融工具的存在为前提，以这些金融工具为买卖对象，价格也由这些金融工具决定。具体而言，衍生金融工具包括远期、期货、互换或期权合约，以及具有相似特征的其他金融工具。

由于衍生金融工具是在基础金融工具上派生出来的产品，因此其价格主要受基础金融工具价格变动的影响。股票指数的变动影响股票指数期货的价格，认股证跟随股价波动，这是衍生金融工具最为独到之处，也是其具有避险作用的原因所在。

4）按发行者的资信状况不同划分

按发行者的资信状况不同，金融工具可划分为若干级别。例如美国穆迪投资服务公司划定的债券级别由高到低依次为：Aaa、Aa、A；Baa、Ba、B；Caa、Ca、C。美国标准普尔公司划定的信用级别由高到低依次为：AAA、AA、A；BBB、BB、B；CCC、CC、C；DDD、DD、D。

5）按发行期长短划分

按发行期长短划分，金融工具可分为短期金融工具（1年以内）、中期金融工具（1年以上，10年以下）、长期金融工具（10年以上）和永久性金融工具（例如股票）。但应指出的是，对短期金融工具的界定，金融界已达成共识，但中、长期金融工具之间的界限划分，则往往是相对变化的。例如，我国在相当长时间内将3年（含3年）以上的银行存贷款定位为长期存贷款（有时还实行保值措施），1~3年则为中期。而后来我国发行了长达20~30年的国债，3~5年期的国债都只能划入中期国债的范畴了。

此外，还可按流动性的高低、交易费用的大小、抵押品的有无以及市场竞争条件的优劣等做多种划分，但最常见的划分还是根据金融工具的品种划分为票据、股票和债券。

小思考1-2

小思考1-2

在我国金融市场上，个人投资者可以有哪些投资渠道？

分析提示

1.1.4　金融市场媒体

金融市场媒体是指在金融市场上充当交易媒介，从事交易或促使交易完成的组织、机构或个人。其作用在于促进金融市场上的资金融通，在资金供给者和资金需求者之间架起桥梁，满足不同投资者和筹资者的需要。

金融市场媒体与金融市场主体都是金融市场的主要参与者，金融交易的发生都离不开它们，二者在金融市场上的作用有时候是相同的，但金融市场媒体与金融市场主体又有重要区别。首先，就参与市场的目的而言，金融市场媒体参与市场是为了以市场中介为业获取佣金，其本身并非最终意义上的资金供给者或需求者。其次，金融市场媒体往往是以投机者而非投资者身份从事交易的，故在选择金融产品时，对其流动性、风险性和收益性三者组合的偏好往往与金融市场主体不同。

金融市场上的媒体是多种多样的。为了研究方便，我们将这些媒体分为两类：一类是金融机构媒体；另一类是金融市场上的商人。在金融市场的实际运作中，两类媒体并非泾渭分明，而是相互混杂、互相交叉的。金融机构媒体又称为组织媒体，包括商业银行、投资银行、证券公司、财务公司、保险公司、信托公司等各类银行和非银行金融机构。金融市场商人包括经纪人和自营商两类。经纪人包括证券经纪人、证券承销人和外汇经纪人等，他们是金融市场上为投资人和筹资人介绍交易的中间商，他们自身并不参与金融产品的交易，只是通过促成投资人和筹资人之间的交易来赚取佣金。而自营商则全面参与金融产品的交易，通过赚取买卖差价获利。

1.1.5 金融市场价格

金融市场价格也是金融市场最基本构成要素之一。金融市场的价格通常表现为各种金融工具的价格，有时也可以通过利率来反映。由于金融工具交易的价格与交易者的实际收益及风险密切相关，因此备受关注与重视。

金融工具的流动性、收益性和风险性特点决定了其自身的内在价值，从而奠定了这种金融工具的价格基础。不同的金融工具有不同的价格并且受众多因素的影响，例如金融产品的供给和需求、其他金融资产价格以及交易者心理预期等。可见，金融市场的价格形成十分复杂，几乎每时每刻都在发生波动。

价格机制在金融市场中发挥着极为关键的作用，是金融市场高效运行的基础。在一个有效的金融市场上，金融资产的价格能及时、准确、全面地体现该资产的价值，反映各种公开信息，引导资金自动流向高效率的部门，从而优化整个经济体中的资源配置。

1.1.6 金融市场监管

金融市场监管是指国家（政府）金融管理当局和有关自律性组织（机构）对金融市场的各类参与者及它们的融资、交易活动所做的各种规定以及对市场运行的组织、协调和监督措施及方法。为了保证金融市场的正常、有效运行，金融市场的监管越来越重要。我国参与金融市场管理的机构主要包括中央银行、中国银行保险监督管理委员会和中国证券监督管理委员会，以及金融领域的各个行业协会。

金融市场各要素之间关系密切、相辅相成：金融市场主体与金融市场客体是构成金融市场的最基本要素，是金融市场形成的基础；金融市场媒体、金融市场价格和金融市场监管则是伴随金融市场交易应运而生的，是保证金融市场运行的条件，也是金融市场不可缺少的要素，对促进金融市场的繁荣发挥着积极的作用。

1.2 金融市场分类

在金融市场上，各种金融交易的对象、方式、条件、期限等都不尽相同，为了更充分地了解金融市场，尽可能地反映这个复杂市场的全貌，我们需要对之加以分类。

金融市场的分类方法较多，按不同的标准可以有不同的分类。

1）按金融交易的标的物划分

按金融交易的标的物，即金融资产的形式，可以将金融市场划分为货币市场、资本市场、外汇市场、黄金市场、保险市场和衍生金融工具市场。一国国内金融市场分类如图1-1所示。

```
                              ┌─ 同业拆借市场
                              │  回购市场
                    货币市场 ─┤  票据市场
                              │  大额可转让定期存单市场
                              └─ 短期国债市场
                              ┌─ 股票市场
                    资本市场 ─┤  债券市场
                              └─ 证券投资基金市场
国内金融市场 ─┤    外汇市场
                    黄金市场
                    保险市场
                              ┌─ 金融期货市场
                              │  金融期权市场
                衍生金融工具市场 ─┤  金融远期市场
                              └─ 金融互换市场
```

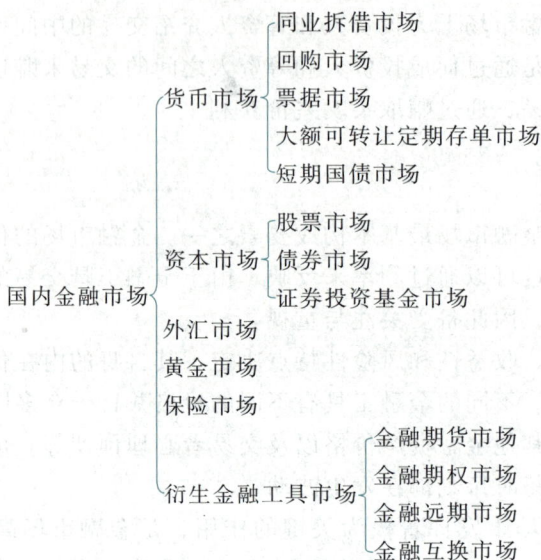

图 1-1   一国国内金融市场分类图

（1）货币市场。它是指以期限在 1 年以下的金融资产为交易标的物的短期金融市场。这个市场的主要功能是保持金融资产的流动性，以便随时转换成现实的货币。它满足了借款者的短期资金需求，也为暂时闲置的资金找到了出路。除同业拆借业务外，货币市场交易的工具主要包括国库券、商业票据、银行承兑汇票、大额可转让定期存单、回购协议、联邦资金等短期信用工具。货币市场一般没有正式的组织，所有交易特别是二级市场的交易几乎都是通过电讯方式进行的。该市场交易量极大，巨额交易使得货币市场实际上成为一个批发市场。货币市场中最重要的是同业拆借市场和票据市场，本书将专门予以介绍。

（2）资本市场。它是指期限在一年以上的金融资产交易市场。资本市场包括两大部分：银行中长期存贷市场和有价证券市场。由于世界各主要国家的长期资本市场中，证券市场最为重要，加之长期融资证券化已成为一种潮流，故现在一般可将资本市场视同或侧重于证券市场（本书将着重介绍该市场）。由此我们可以说，资本市场通常指的是债券市场和股票市场，其与货币市场在期限上、作用上及风险程度上都是不相同的。

（3）外汇市场。它也是各种短期金融资产交易的市场，不同的是外汇市场从事各种外币或以外币计价的票据及有价证券的交易。

（4）黄金市场。它是专门集中进行黄金等贵金属买卖的交易中心或场所。尽管随着经济发展，黄金的非货币化趋势越来越明显，但是黄金作为国际储备工具之一，仍然占有重要地位，黄金市场依旧被视为金融市场的组成部分（详细内容见本书第 8 章）。

（5）保险市场。它是从事因意外灾害事故所造成的财产和人身损失的补偿业务，以保险年金单的发行和转让为交易对象，是一种特殊形式的金融市场（考虑到篇幅限制，本书不对该市场内容进行详细介绍）。

（6）衍生金融工具市场。它是指进行衍生金融工具（产品）交易的市场，市场交易的对象不是衍生金融工具所载明的标的物，而是标准化合约本身。衍生金融工具市场自20世纪70年代产生以来，交易品种层出不穷，市场规模迅速扩大，交易量急剧上升，市场参加者不断增加，对各国金融市场和国际金融市场的影响越来越大。该市场主要包括金融期货市场、金融期权市场、金融远期市场和金融互换市场。

补充阅读资料1-6　　　　　　　　　　　　　　互联网众筹融资

互联网众筹融资简称众筹，是以"团购+预购"的形式，利用互联网进行大众筹资或群众筹资，通过众人的力量获得所需的资金援助。众筹常见类型有股权型、权益型、物权型、公益型和综合型。2013年8月，点名时间网的网站后台接收到的项目申请达到7 000个，最终审核后有900个项目成功上线，拉开了众筹市场的序幕。2014—2015年，众筹平台发展迅速，2016年达到最高峰，有532家，从此开始洗牌。到2019年6月底，运营中的众筹平台只剩105家，其中：股权型平台数量最多，有39家，占37%；权益型平台次之，共32家，占31%；综合型平台14家，占13%；物权型平台13家，占12%；公益型平台数量最少，只有7家，仅占7%。

资料来源　万亚男. 2019年中国众筹行业发展概况及市场趋势分析　运营中的平台仅有100余家[EB/OL].［2019-12-12］. https://www.qianzhan.com/analyst/detail/220/191211-b20362db.html.

2）按交割方式划分

按交割方式划分，金融市场可以分为现货市场、期货市场和期权市场。

（1）现货市场。它是指即期交易的市场，是指市场上的买卖双方成交后须在若干个交易日内办理交割的金融交易市场。目前，现货市场上的大部分交易均采取固定方式交易，即成交日和结算日之间相隔很短的几个交易日，一般在7天以内。

（2）期货市场。它是指对标准化期货合约进行交易的市场。期货市场通常是一个有形市场，国际上大多数国家的期货交易都是在期货交易所内进行的。交易者在买卖期货合约时，只需按交易所规定交纳一定比例的保证金，交割要在未来某一时间进行。大多数交易者并不进行最后的实际交割，一般都是在合约到期前进行一笔相反交易来抵消原有合约。交易者的盈亏取决于期货合约价格的变化。

（3）期权市场。它是对各种期权合约进行交易的市场，是期货市场的发展和延伸。期权又称选择权，是指买卖双方按成交协议签订合同，允许买方在交付一定的期权费用（或称保险费）后，即取得在特定的时间内，按协议价格买进或卖出一定数量证券的权利。期权的购买者可以根据市场情况的变化，选择行使期权或放弃行使期权，但期权费用不可收回。

期货合约、期权合约均是由原生性金融商品和基础性金融工具创造出来的新型金融工具，被称为衍生金融工具。衍生金融工具一方面有套期保值防范风险的作用，另一方面又往往是一种风险很大的投机工具，其交易中所带来的风险应引起高度注意。

3）按交易程序划分

按交易程序划分，金融市场可分为发行市场和流通市场。

（1）发行市场。发行市场又称为一级市场（primary market）或初级市场，是资金需求者将金融资产首次出售给公众时所形成的市场。该市场以投资银行、经纪人和证券商为经营者，承担政府和公司、企业新发行证券和股票的承购与分销业务，是证券或票据等金融工具最初发行的市场。证券的发行是证券买卖、流通的前提。证券发行者与证券投资者数量的多少，是决定一级市场规模的关键因素。

（2）流通市场。流通市场又称为二级市场（secondary market）或次级市场，是在证券发行后，各种证券在不同投资者之间买卖流通所形成的市场。在该市场上，主要由证券商和经纪人经营已上市的证券。金融资产的持有者需要资金时，可在二级市场出售其持有的金融资产，将其变现；想要进行投资却并未进入一级市场的投资者，可以在二级市场购买金融资产。二级市场上买卖双方的交易活动，使得金融资产的流动性大大增强，促进了经济的繁荣。值得注意的是，虽然一级市场上发行的证券并非全都进入二级市场流通，但由于只有二级市场才赋予金融资产以流动性，故二级市场的规模和发展程度也是衡量金融业发达与否的重要标志。

一级市场是二级市场的基础和前提，没有一级市场就没有二级市场；二级市场是一级市场存在与发展的重要条件之一，无论从流动性上还是从价格的确定上，一级市场都要受到二级市场的影响。

4）按有无固定的交易场地划分

按有无固定的交易场地划分，金融市场可分为有形市场和无形市场。有形市场是指具有固定交易场所的市场，一般指证券交易所、期货交易所等固定的交易场地。而无形市场则是指在证券交易所外进行金融资产交易的总称，本身没有固定的交易场所，市场的概念在这里仅仅体现出"交易"的含义。它的交易一般通过现代电讯工具在各金融机构、证券商和投资者之间进行。它是一个无形的网络，金融资产及资金可以在其中迅速转移。目前，全球大部分的金融交易均在无形市场上完成。

5）按成交和定价方式划分

按成交和定价方式划分，金融市场可分为公开市场、议价市场、第三市场和第四市场。公开市场指的是金融资产的交易价格通过众多市场主体公开竞价而形成的市场，金融资产在到期偿付之前可以自由交易，并且只卖给出价最高的买者。这类市场一般是有组织、有固定场所的。在议价市场上，金融资产的交易通过私下谈判成交，并没有固定的场所，在发达的市场经济国家，绝大多数债券和中小企业的未上市股票都通过这种方式交易。随着现代电讯及自动化技术的发展，该市场的交易效率已大大提高。第三市场是原来在交易所交易的证券移到场外进行交易所形成的市场。第三市场的交易相对于交易所交易来说，具有限制少、成本低的优点。第四市场是投资者和证券的出卖者直接进行交易的市场，其形成的主要原因是机构投资者在证券交易所内所占比例及买卖数额越来越大，为降低交易成本，希望避开经纪人，通过电脑通信网络报价寻求买方和卖方，最后直接成交。

补充阅读资料1-7　　　　　　　　　　**场外交易市场**

场外交易市场也称作柜台交易市场或店头交易市场（"店头"是柜台的日文译

法），是因为这种交易最早是在银行的柜台上进行的，它是在证券交易所之外进行证券买卖的市场，故称场外交易市场。原则上在场外交易的证券以未上市的证券为主，目前情况发生了很大变化，为数不少的上市证券，尤其是政府债券、地方和公司债券也都纷纷涌入场外交易市场进行交易。

6）按地域划分

按地域划分，金融市场可分为国内金融市场和国际金融市场。国内金融市场是指金融交易的作用范围仅限于一国之内的市场，它除了包括全国性的以本币计值的金融资产交易市场之外，实际上还包括一国范围内的地方性金融市场。国际金融市场是指各种国际金融交易活动的场所，大多数都没有固定的交易地点，属于无形市场。国际金融市场的交易由众多经营国际货币金融业务的机构实施，这些机构通过现代化的通信方式，进行各种跨越国境的金融交易。离岸金融市场也是国际金融市场的一部分，而且是真正意义上的完全国际化的金融市场。离岸金融市场与传统国际金融市场不同的是，离岸金融市场是经营境外货币借贷业务的金融市场，市场参与者以非居民为主，可以不受市场所在国的法规管辖，并可享受税收优惠，资金出入境自由，也是一种无形市场。离岸金融市场的发展，大大推动了国际金融业的发展，但由于对离岸市场业务的监管具有相当的难度，因此这一市场也是风险较大的市场，有时对世界经济的发展会产生一些负面影响。

小思考1-3

按交易程序划分，我国金融市场如何分类？

小思考1-3

分析提示

1.3　金融市场功能

在发达的市场经济中，金融市场的存在不仅为经济主体融资提供了极大的便利，还提供如下几种功能：

1）结算与支付功能

这是金融市场最基本的功能，其通过提供结算和支付手段促进商品交换和国际贸易发展。这里提到的结算和支付功能既包括国内经济实体之间的，又包括国际经济实体之间的，这一功能主要由商业银行来承担。金融市场的结算和支付功能促进了现代经济生活及国际贸易的发展。

补充阅读资料1-8　　　　　第三方支付第一梯队地位不容撼动！

2019年，中国第三方移动支付市场依然保持市场份额比较集中的情况，第一梯队的支付宝、财付通分别占据了55.1%和38.9%的市场份额。第二梯队的支付企业在各自的细分领域发力：其中，壹钱包在B端进一步向金融、航旅、文娱、零售等行业输出科技服务，在C端通过平安集团"108财神节""黑五海淘""双十二"等运营活动，持续为用户提供优质丰富的理财、购物体验；京东支付针对大型商超零售场景在全国近百个城市、千家门店推出了智能收银解决方案——自助收银机，以"自助收银+人脸支付"的方式提升用户结算体验，交易规模排名第四；联动优势受益于平台化、智能化、链化、国际化战略，推出面向行业的支付+供应链金融综合服务，促进交易规模平稳发展；另外，快钱在万达集团如购物中心、院线、文化旅游等场景快速扩展；易宝支付加大营销力度，在航旅领域持续发力；苏宁支付致力于O2O化发展，为C端消费者、B端商户提供便捷、安全的覆盖线上线下的全场景支付服务。

资料来源　佚名. 2019年中国第三方移动支付行业交易规模、牌照数量及市场结构分析：支付宝、财付通分别占据了55.1%和38.9%的市场份额［EB/OL］.［2020-04-10］. http：//www.chyxx.com/industry/202004/850 660.html.

2）资金聚敛功能

金融市场的资金聚敛功能，是指金融市场能够引导众多分散的小额资金汇聚成为可以投入社会再生产的集合资金的功能。在这里，金融市场起着资金"蓄水池"的作用。在国民经济四部门中，各部门之间、各部门内部的资金收入和资金支出在时间上往往是不一致的。一些部门和单位在一定时间内可能存在暂时不用的闲置资金，而另外的一些部门和单位则可能存在较大的资金缺口。金融市场利用一定的金融工具，把储蓄者或资金盈余者的货币资金转移给筹资者或资金短缺者使用，为他们提供了沟通的渠道，使社会投资得以顺利完成，社会资源得到充分利用。

金融市场是由资金供给者和资金需求者组成的。资金供给者在某一时段具有闲置资金，这些资金有通过投资谋求保值增值的需要；而对资金需求者来说，往往是由于要进行某项经济活动，但手中积累的资金不足，需要寻求更多的资金来源。由于各单位的闲置资金往往比较零散，数量通常较小，不足以满足大规模投资的需要，因此金融市场的存在，能够积沙成塔，汇水成河，将众多小额资金汇聚为大额资金，满足企业大规模的生产投资和政府部门大规模公共支出的需求。

金融市场之所以具有这样大的资金聚敛功能，一是由于金融市场创造了金融资产的流动性。一般来说，以金融工具表示的金融资产要比实物资产具有更强的流动性和更高的收益率。股票、债券等金融工具将大额投资分割为小额投资，并且随时可以流通，从而吸引大量小额的、短期的、零散的资金不断"凝聚"，形成巨额的、长期的、集中的资金。资金需求者可以很方便地通过直接或间接的融资方式获取资金，而资金供给者也可以通过金融市场为资金找到满意的投资渠道。二是由金融市场上金融工具的多样化决定的。尽管储蓄者和投资者通常并非同一主体，但是发达的金融市场可以提供品种繁多的金融工具，资金供给者可以依据自己对收益、风险的偏好和流动性的要求选择合适的投资工具，实现资金效益的最大化。

3）资源配置功能

金融市场的存在，增加了资金供给者和资金需求者的接触机会，为双方开辟了广阔的投、融资途径，同时有利于双方降低各自的交易成本。金融市场上的闲置资金数量往往是短缺的，而拥有闲置资金的部门并不一定是最有能力和机会做最有利投资的部门，因此为了实现自身经济利益的最大化，投资者和筹资者双方都要审时度势，通过市场竞争做出抉择：前者要将资金投向最有利可图的部门和项目，后者则要在实现融资目标的前提下选择成本相对较低廉的融资渠道。于是，市场上的资金自然流向经济效益高、发展潜力大的部门和企业以及价廉物美的金融工具，没有效益或效益不佳的部门与投资项目及价高风险大的金融工具就很难取得资金。金融市场竞争使有限的社会资金从低效率的部门转移到高效率的部门，实现稀缺资源的合理配置和有效利用。

4）调节功能

调节功能是指金融市场对宏观经济的调节作用。金融市场的运行机制通过对储蓄者和投资者的影响来发挥调节宏观经济的作用。

第一，金融市场的直接调节作用。在金融市场上，投资者为了自身的利益，一定会选择符合市场需要的、效益高的投资对象，投资对象在获得资本后，只有保持较高的经济效益和较好的发展势头，才能继续生存并进一步扩张。这实际上是金融市场通过其特有的引导资本形成及合理配置的机制首先对微观经济部门产生影响，进而影响到宏观经济活动的一种有效的自发调节机制。

第二，金融市场的存在及发展为政府实施对宏观经济活动的间接调控创造了条件。货币政策是调节宏观经济活动的重要宏观经济政策，其具体的调控工具有存款准备金政策、再贴现政策、公开市场操作等，这些政策的实施都以金融市场的存在、金融部门及企业成为金融市场的主体为前提。此外，财政政策的实施也和金融市场紧密相连，政府通过国债的发行及运用等方式对各经济主体的行为加以引导和调节，中央银行的公开市场操作也对宏观经济活动产生巨大的影响。

5）信息反映功能

金融市场产生于高度发达的市场经济，是连接一国经济的各个部门和整个市场体系的枢纽，历来被称为国民经济的"晴雨表"和"气象台"，这是对金融市场信息反映功能的写照。金融市场的信息反映功能表现在如下几个方面：

首先，从宏观经济角度来看，金融市场向来被视为经济发展的"晴雨表"。经济的每次繁荣总是首先表现为金融市场的异常活跃，而经济的衰退又总是以金融市场的崩溃为信号。金融市场与国民经济的关系十分密切，总是能为国民经济的景气与否及时提供准确灵敏的信息。

其次，从微观角度看，金融市场上的各种证券，其价格波动的背后总是隐藏着相关的信息，反映其背后企业的经营管理情况及发展前景。一般而言，经济效益比较良好、行业前景乐观且运作平稳的企业所发行的证券，长期来看其价格稳中有升；相反，如果某种证券的价格相对于市场上其他品种一路下跌，则大多是该企业出现了运行危机。投资者可以根据金融市场上的证券价格信息判断投资机会。

再次，金融市场是中央银行进行公开市场业务操作的地方，金融市场交易直接和间接地反映国家货币供应量的变动。市场参与者能从中觉察到国家货币政策、财政政策等变化。金融市场的信息往往最能反映整个国家宏观经济的发展态势。

最后，金融市场有着广泛而及时地收集和传播信息的通信网络，全世界的金融市场已成为一个整体，四通八达，从而使人们可以及时了解世界经济发展变化情况。

小思考1-4

分析提示

互联网金融机构都可以提供哪些服务？

本章小结

本章主要介绍了如下内容：
- 金融市场的概念及其构成要素。
- 金融市场按照不同的标准的分类。
- 金融市场的功能：结算与支付功能、资金聚敛功能、资源配置功能、调节功能、信息反映功能。

主要概念和观念

○ 主要概念

金融市场　机构投资者　货币市场　资本市场　外汇市场　初级市场　流通市场
互联网金融

○ 主要观念

结算与支付功能　资金聚敛功能　资源配置功能　调节功能　信息反映功能

基本训练

随堂测1

1.判断题

（1）金融市场是资金融通的市场，融资双方通常需在固定市场内进行交易，例如证券交易所、期货交易所等。　　　　　　　　　　　　　　　　（　　）

（2）金融市场的构成要素包括市场主体、市场客体、市场媒体。

（　　）

（3）我国金融市场通常是不允许外资进入的。　　　　　　　　　　（　　）

（4）金融工具和金融产品是对同一事物不同的说法。　　　　　　　（　　）

（5）初级市场是指有价证券的发行市场。　　　　　　　　　　　　（　　）

2.选择题

（1）下列金融产品中属于货币市场交易工具的有（　　）。

A.大额可转让定期存单　　　　　　　　　　B.商业票据

C.银行活期存款　　　　　　　　　　　　　D.公司股票

（2）属于存款性金融机构的有（　　）。

A.投资银行　　　　　　　　　　　　　　　B.政策性银行

C.证券公司　　　　　　　　　　　　　　　D.商业银行

E.保险公司　　　　　　　　　　　　　　　F.农村信用社

（3）金融市场的主要功能有（　　）。

A.结算与支付功能　　　　　B.资金聚敛功能　　　　　C.资源配置功能

D.调节功能 E.信息反映功能

（4）按交割方式划分，金融市场可分为（ ）。

A.发行市场和流通市场 B.现货市场、期货市场和期权市场

C.拍卖市场和场外市场 D.国内市场和国际市场

3.简答题

（1）简要分析金融市场各要素之间的关系。

（2）简要说明金融市场的特征。

（3）国内金融市场与国际金融市场有何不同？

技能训练

绘制我国金融市场结构图并对各种市场进行描述。

要求：结合我国金融市场现状描述。

素质训练

撰写一篇小论文：积极购买抗疫特别国债，在金融市场上奉献抗疫力量。

○ 参考资料

中国1万亿元抗疫特别国债7月底前发行完毕

2020年初，一场突如其来的新冠肺炎疫情给中国乃至世界人民的生命安全和经济发展带来了严重的影响。我国为了抗击疫情，国家付出了巨大的财力、物力和人力。为了进一步抗击疫情，财政部国库司有关负责人表示，今年1万亿元人民币抗疫特别国债将采用市场化方式，全部面向记账式国债承销团成员公开招标发行。抗疫特别国债将从6月中旬开始发行，7月底前发行完毕。

抗疫特别国债期限品种以10年期为主，适当搭配5年、7年期。财政部将充分考虑现有市场承受能力，按照大体均衡的原则，尽可能平滑各周发行量，稳定市场预期。

负责人指出，与仅向个人投资者销售的储蓄国债不同，抗疫特别国债为记账式国债，利率通过国债承销团成员招投标确定，随行就市。目前，5年、7年、10年期记账式国债收益率约为2.5%、2.8%、2.8%。

负责人介绍说，与一般记账式国债相同，抗疫特别国债不仅在银行间债券市场上市流通，还在交易所市场、商业银行柜台市场跨市场上市流通。个人投资者可以在交易所市场、商业银行柜台市场开通账户，参与抗疫特别国债分销和交易。抗疫特别国债不可提前兑取，可在二级市场交易，交易价格根据市场情况波动，盈亏由投资者自负。

资料来源 赵建华.中国1万亿元抗疫特别国债7月底前发行完毕 [EB/OL].[2020-06-18].https://www.sohu.com/a/402730143_162758.

要求：

（1）在参考上面资料的基础上，利用互联网和图书馆进一步查找资料。

（2）要认识到这次发行的抗疫特别国债利率不高（与银行理财产品比）、期限较长，又不能提前兑取，但是大家积极购买体现出支持国家抗疫、爱党爱国的家国情怀。

（3）至少1 500字。

网上资源

https：//www.sohu.com/a/402730143_162758

第2章

同业拆借市场

学习目标

通过本章的学习，应该达到以下目标：

知识目标：了解同业拆借市场的形成和作用，理解同业拆借市场的概念、特点、类型，掌握同业拆借市场的参与者以及使用的支付工具种类。

技能目标：在了解同业拆借市场基本交易和结算程序的基础上，熟练掌握同业拆借利率的确定、基本交易方式和我国同业拆借市场的运行及有关规定。

素质目标：深刻理解开展同业拆借市场业务应遵守的职业道德和业务规范，提升职业素质和思想政治素质。

引例　拓宽融资渠道　中邮消费金融获准加入银行间同业拆借市场

近日，中国外汇交易中心、全国银行间同业拆借中心发布公告，中邮消费金融有限公司（简称"中邮消费金融"）、铜仁农村商业银行等7家金融机构获准加入全国银行间同业拆借市场。

中邮消费金融获准加入全国银行间同业拆借市场，意味着其在融资工作上取得新的进展和突破，有望进一步丰富资金来源，拓宽融资渠道，提升该公司资金业务的市场参与度，有效降低融资成本，促进其健康良好发展。

据了解，同业拆借市场是金融机构之间进行短期资金融通的市场，中国人民银行对该市场实行准入审核制，在严格审查和防范风险的基础上，批准符合条件的金融机构进入全国银行间同业拆借市场。

今年以来，除了中邮消费金融，包括苏宁消费金融、四川锦程消费金融等多家持牌消费金融公司陆续获准加入全国银行间同业拆借市场。

资料来源　胡飞军. 拓宽融资渠道　中邮消费金融获准加入银行间同业拆借市场［EB/OL］.［2019-11-26］. https://www.sohu.com/a/356532869_115433.

同业拆借市场是我国金融市场的重要组成部分，在我国的经济发展中发挥着越来越重要的作用，学习同业拆借市场知识意义深远。

2.1 同业拆借市场概述

2.1.1 同业拆借市场的概念

同业拆借市场，又称同业拆放市场，是在具有法人资格的金融机构及经法人授权的非法人金融机构、分支机构之间进行的短期、临时性头寸调剂的市场。

金融机构在日常经营中，由于存放款的变化、汇兑收支增减等原因，在一个营业日终了时，往往出现资金收支不平衡的情况，一些金融机构收大于支，另一些金融机构支大于收，资金不足者要向资金多余者融入资金以平衡收支，于是产生了金融机构之间进行短期资金相互拆借的需求。资金多余者向资金不足者贷出款项，称为资金拆出；资金不足者向资金多余者借入款项，称为资金拆入。一个金融机构的资金拆入大于资金拆出叫作净拆入；反之，称为净拆出。

最初，同业拆借市场的目的在于弥补和调剂金融机构临时性"资金头寸"，多为"隔夜融通"或"隔日融通"，即今天借入，明天偿还。当今，同业拆借市场已成为各金融机构特别是各商业银行弥补资金流动性不足和充分、有效运用资金，减少资金闲置的市场，成为商业银行协调流动性与盈利性关系的有效机制。

小思考 2-1

小思考 2-1

分析提示

银行同业拆借与银行同业业务是否相同？

2.1.2 同业拆借市场的产生与发展

1）同业拆借市场的产生

同业拆借市场最早出现于美国，其形成的根本原因在于法定存款准备金制度的实施。按照美国1913年通过的《联邦储备法》的规定，加入联邦储备银行的会员银行，必须按存款数额的一定比例向联邦储备银行缴纳法定存款准备金，以避免将所有存款都用于投资和放款业务，防止因支付能力不足而引起金融和经济危机。而由于清算业务活动和日常收付数额的变化，总会出现有的银行存款准备金多余，有的银行存款准备金不足的情况。存款准备金多余的银行需要把多余部分加以运用，以获得利息收入，而存款准备金不足的银行又必须设法借入资金以弥补准备金缺口，否则就会因延缴或少缴准备金而受到央行的经济处罚。在这种情况下，存款准备金多余和不足的银行，在客观上需要互相调剂。于是，1921年，纽约首先出现了会员银行之间的准备金头寸拆借市场，以后逐渐发展为较为规范的联邦基金市场（federal fund market）。

2）同业拆借市场的发展

在经历了20世纪30年代的第一次资本主义经济危机之后，西方各国普遍强化了中央银行的作用，相继引入法定存款准备金制度作为控制商业银行信用规模的手段，与此相适应，同业拆借市场得以在越来越多的国家形成和发展。

时至今日，较之形成之时，同业拆借市场在技术手段、交易主体、融资规模以及拆借目的等方面，都发生了深刻变化。同业拆借市场在许多国家已形成全国性的网络，成为交易手段最先进、交易量最大的货币市场；同时，同业拆借市场也日益成为国际化的市场，凭借先进的通信手段，各国的商业银行及中央银行可以进行跨国、跨地区的交易。

拆借交易不仅仅发生在银行之间，证券交易商和政府也加入到同业拆借市场当中来，交易对象也不再局限于商业银行的存款准备金，还包括商业银行相互之间的存款以及证券交易商和政府所拥有的活期存款。从拆借目的看，也已不仅限于补足存款准备金和轧平票据交换头寸，金融机构如在经营过程中出现暂时的、临时性的资金短缺，也可进行拆借。更重要的是同业拆借已成为银行实施资产负债管理的有效工具。由于同业拆借的期限较短、风险较小，许多银行都把短期闲置资金投放于该市场，以利于及时调整资产负债结构，保持资产的流动性。特别是那些市场份额有限、承受经营风险能力脆弱的中小银行，更是把同业拆借市场作为短期资金经常性运用的场所，力图通过这种做法提高资产质量、降低经营风险、增加利息收入。

2.1.3　同业拆借市场的特点

作为货币市场的重要组成部分，与其他货币子市场相比，同业拆借市场的特点突出表现在以下几方面：

1）融资期限较短

同业拆借的期限最长不得超过一年。当然，由于拆借目的不同，不同拆借交易在期限上也存在明显差别。为解决头寸临时不足或头寸临时多余所进行的资金融通，期限很短，一般多为一天、二天，最短为几个小时或隔夜；而为各金融机构弥补短期资金不足和短期资金运用时进行的资金融通，期限相对长一些，最长可达一年。

补充阅读资料 2-1　　　　　　　　几个重要的同业拆借市场的期限类型

上海银行同业拆借市场的拆借期限分别有隔夜、1周、2周、1个月、3个月、6个月、9个月和1年等8种类型；

欧洲银行同业拆借市场的拆借期限包括1周、2周、3周、1个月、2个月、3个月、4个月、5个月、6个月、7个月、8个月、9个月、10个月、11个月和1年等15种类型；

伦敦银行同业拆借市场的拆借期限包括隔夜、1周、1个月、2个月、3个月和8个月等6种类型；

我国香港银行同业拆借市场的拆借期限包括隔夜、1周、2周、1个月、2个月、3个月、4个月、5个月、6个月、7个月、8个月、9个月、10个月和11个月等14种类型；

新加坡银行同业拆借市场的拆借期限包括1个月、2个月、3个月、6个月、9个月和1年等6种类型。

资料来源　根据东方财富网数据中心–银行间拆借利率信息资料整理.

2）市场准入严格

同业拆借市场对交易主体即进行资金融通的双方都有严格的限制，必须都是金融机构或指定的某类金融机构等。有些国家在有些特定时期，对进入此市场的金融机构也有一定的资格限制，如只允许商业银行进入，非银行金融机构不能进入；只允许存款性金融机构进入，不允许证券、信托、保险机构进入等。

3）多为信用拆借

同业拆借市场上的资金拆借一般不需要担保或抵押，双方都以自己的信用担保，都严格遵守交易协议，完全是一种协议和信用交易关系。这一方面是因为同业拆借的期限短；另一方面是因为参与市场拆借的仅限于实力较强、信誉较高的或是相互之间有其他业务往来的银行和其他金融机构，一般都能严格遵守有关规则，同时也很注重加强对信用风险的管理和控制，如为每一个交易对手制定最高信用额度等。

4）交易效率高

在同业拆借市场上拆入的资金是"立即可用的资金"（immediately available funds），在极短的时间内，拆入和拆出的资金能够在不同的银行和其他金融机构之间转移和调动。当前发达国家的同业拆借市场都建立了高效率的交易机制和结算机制。虽然市场参与者分散在市场的不同角落，但他们都可以通过电话、电脑网络等现代化的通信手段传递信息、询问价格和进行交易，交易成本很低。与此同时，一旦交易双方成交，资金的结算可以在当天完成，而不必像其他货币市场交易那样要等到第二天或第三天才能进行结算，从而使市场的效率大大提高。

5）利率高度市场化

同业拆借市场上的利率直接取决于当时市场资金的供求情况，可由双方协商，讨价还价，最后议价成交。可以说，拆借利率是市场化程度最高的利率，能充分灵敏地反映货币市场资金供求的变化。

2.1.4　同业拆借市场的分类

按照不同的分类标准，同业拆借市场可以有以下多种分类：

1）按有无担保划分

（1）无担保物拆借。它是不需要提供担保物的拆借，属信用放款，多用于一天或几天内的拆借，拆出和收回一般通过在中央银行的账户直接转账完成。

（2）有担保拆借。它是必须提供担保物的拆借。担保物多为承兑汇票、短期债券、国库券等具有较高流动性和安全性的资产。有担保拆借多采用回购协议的方式，即拆出方向拆入方交付现金，拆入方以持有的有价证券做抵押担保。与此同时，交易双方签订证券回购协议，约定在未来某一时间以某一价格进行反向的交易。当拆借期满时，拆入方按约定的价格和利率归还现金，拆出方则交回担保物。

2）按交易性质划分

（1）头寸拆借。所谓头寸拆借，是指金融机构为了轧平头寸、补足存款准备金和票据清算资金而在拆借市场上融通短期资金的活动。当头寸拆借用于补足存款准备金时，一般为日拆，即"同业隔夜拆款"，今日拆入，明日归还，拆借期限为一天。

与以补充存款准备金为目的的头寸拆借相比，以调整清算头寸为目的的拆借是一种更具普遍性和经常性的头寸拆借。银行在轧平当日票据交换差额时，少头寸的银行可以及时通过拆借来补足头寸，保证清算顺利进行。这种拆借方式比向中央银行再贴现或再贷款取得资金，更为便利和快捷。

补充阅读资料2-2　　　　　　　　　　**行话"头寸"的各种用法**

头寸（position）也称为"头衬"，就是款项的意思，是金融界及商业界的流行用语，通常指收支相抵后的差额。如果银行在当日的全部收付款中收入大于支出款项，就称为"多头寸"，如果付出款项大于收入款项，就称为"缺头寸"。对预计这一类头寸的多与少的行为称为"轧头寸"。到处想方设法调进款项的行为称为"调头寸"。如果暂时未用的款项大于需用量时称为"头寸松"，如果资金需求量大于闲置量时就称为"头寸紧"。资金头寸又称现金头寸，指金融机构每日收支相抵后资金过剩或不足的数量，是同业拆借市场中的重要交易工具。

（2）同业借贷。头寸拆借以调整头寸为目的，而同业借贷则以调剂临时性、季节性的资金融通为目的。对于作为拆入方的金融机构来说，同业借贷可以使其及时获得足额的短期资金，拓展资产业务。而对于作为拆出方的金融机构来说，同业借贷为其短期闲置资金的运用提供了便利，可以增加经营收益。由于这两种拆借方式融通的资金在用途上存在差别，所以同业借贷较头寸拆借的期限要长。

3）按组织形式划分

（1）有形拆借市场。它是指拆借业务在固定场所，通过专门拆借中介机构进行集中交易的市场。如日本的同业拆借主要通过几个大的同业拆借中介机构进行，中央银行通过同业拆借市场进行公开市场业务的各种操作，如直接向公司贷款、办理再贴现和回购等。再如马来西亚的拆借市场，全国的拆借活动主要通过八个有形的拆借中心办理。有形拆借市场交易效率较高，且较为公平和安全。

（2）无形拆借市场。它是指没有固定的地点与场所，由拆借双方通过电话、电报、电传等通信方式进行洽谈和交易的市场，如美国的联邦基金市场。

2.1.5　同业拆借市场的作用

从市场经济发达国家的实践来看，发展同业拆借市场对于促进国家的经济发展，增强中央银行货币政策的有效性，保障国家金融体系的安全运行都有着重要作用。

1）有利于金融机构实现经营目标

同业拆借市场的重要作用之一体现在它使金融机构在不用保持大量超额准备金的前提下，满足存款支付及汇兑、清算的需要，有利于金融机构实现三性相统一的经营目标。在现代金融制度体系中，持有较高比例的现金、同业存款、在中央银行的超额储备存款及短期高质量证券资产，虽然可以提高流动性，最大限度地满足客户提款及支付的要求，但同时也会丧失资金增值的机会，导致利润总额的减少。要在保持足够的流动性以满足支付需求的同时获得最大限度的利润，除了加强资产负债管理，实现最优的资产期限和种类组合外，还需要有包括同业拆借市场在内的可供进行短期资金融通的市场。一旦出现事先未预料到的临时流动性需求，金融机构可在不必出售那些高盈利性资产的情况下，很容易地通过同业拆借市场从其他金融机构借入短期资金来获得流动性。这样，既避免了因流动性不足而可能导致的危机，也不会减少预期的资产收益。

2）有利于建立高效低耗的结算机制

同业拆借市场的产生和发展为所有货币市场交易提供了高效率和低成本的结算机制。在世界上许多发达国家，现金的流动都是通过银行和其他金融机构在中央银行的准备金账户间进行转账结算的，而不同银行和其他金融机构之间资金的调拨也大多通过它们各自在中央银行的准备金账户结算。

3）有利于及时反映货币市场资金供求变化

同业拆借市场的参与者主要是各金融机构，市场特性最活跃，交易量最大。这些特性决定了拆息率非同凡响的意义。同业拆借按日计息，拆息率每天甚至每时每刻都不相同，它的高低灵敏地反映着货币市场资金的供求状况。与国库券利率一样，同业拆借利率成为金融机构最重要的基准利率之一。

4）有利于中央银行货币政策的实现

同业拆借市场是中央银行实施货币政策，进行金融宏观调控的重要场所。中央银行根据拆息率水平，了解市场资金的松紧状况，运用货币政策工具进行金融宏观调控，调节银根松紧和货币供应量，实现货币政策目标。比如，美国纽约的联邦基金市场是国际著名的同业拆借市场，它以调剂联邦储备银行的会员银行的准备金头寸为主要内容，美国联邦基金市场利率是美联储货币政策的中间目标。

小思考2-2

小思考2-2

为什么银行同业拆借利率可以成为观察市场利率趋势变化的风向标？

分析提示

2.2 同业拆借市场的运行机制

2.2.1 同业拆借市场的参与者

现代同业拆借市场的参与者相当广泛。众多的市场参与者依其市场角色和自身职能的发挥，构筑了合理的市场结构，维系着同业拆借市场的正常、有序运行和发展。

1）资金需求者

大型商业银行是同业拆借市场上的主要资金需求者。其原因在于：第一，商业银行作为一国金融组织体系中的主体力量，承担着重要的信用中介和支付中介职能，同时又是中央银行金融调控的主要对象，其在运营过程中会经常出现准备金头寸、清算头寸及短期资金不足的现象，客观上有进入同业拆借市场的主观要求和基本动力；第二，进入拆借市场融资的拆入方一般无须提供抵押或担保，因而该市场对拆入方的信誉要求很高，大型商业银行恰恰具有雄厚的资金实力和良好的社会信誉；第三，进入拆借市场融资过程简便、快捷，且无须缴纳法定存款准备金，这为商业银行施行主动性负债和流动性管理提供了有利条件。除大型商业银行外，一些非银行金融机构也通过同业拆借市场取得资金。

2）资金供给者

同业拆借市场上的资金供给者，主要是有闲余超额储备金的金融机构，包括大商业银行、地方性中小银行及非银行金融机构等。这些金融机构将暂时闲余的超额储备金投入拆借市场，一方面，可获得利息收入；另一方面，由于资金拆借期限较短，风险较小，又可及时收回资金补充流动性，有利于其实行有效的资产负债管理。

3）市场中介人

市场中介人指在资金需求者和资金供给者之间牵线搭桥、起媒介作用的市场中介机构。中介人收集和储存市场各类资金供求信息和拆借行情信息，沟通拆借双方并促成交易。其在引导资金合理流动、平衡市场供求关系方面发挥着重要作用，对同业拆借市场的正常运行和健康发展来说，是必不可少的。从这个意义上也可以说，同业拆借市场中介人队伍的存在和发展壮大，是构造结构健全、运作规范的同业拆借市场的基本条件，是同业拆借市场走向成熟的重要标志。

同业拆借市场的中介人可以分为两类：一类是专门从事同业拆借市场及其他货币市场子市场中介业务的专业经纪商；另一类是非专门从事同业拆借市场中介业务的兼营经纪商，其大多由商业银行担当。

4）中央银行与金融监管机构

中央银行与金融监管机构也是同业拆借市场的重要参与者，主要对金融业内部同业拆借活动进行计划、组织、指挥、协调、监督和控制。在我国，中国人民银行和中国银行保险监督管理委员会在同业拆借市场上分别扮演着中央银行与金融监管部门的角色。

2.2.2 同业拆借市场的支付工具

1）本票

本票是由出票人自己签发，约定自己在指定日期无条件支付一定金额给收款人或持票人的凭证，是同业拆借市场最常用的支付工具之一。本票结算方式是：由资金短缺银行开出本票，凭本票向资金盈余银行拆借。盈余银行接到本票后，将中央银行的资金支付凭证交换给资金拆入行，以抵补拆入行当日所缺头寸。这种由拆出行交换给拆入行的中央银行支付凭证，通称为"今日货币"。

2）支票

支票是同城结算的一种凭证，也是同业拆借市场最通用的支付工具之一。拆入行开出本银行的支票，到次日才能交换抵补所缺头寸，故支票也称为"明日货币"。

3）承兑汇票

承兑汇票是经过办理承兑手续的汇票，由拆入行按规定要求开具承兑汇票交给拆出行，凭票办理拆借款项，到期后拆出行凭票收回款项。

4）同业债券

同业债券是拆入单位向拆出单位发行的一种债券，主要用于期限超过4个月或资金额较大的拆借。同业债券可在金融机构之间相互转让。

5）转贴现

转贴现是银行同业之间融资的一种方式。在同业拆借市场上，银行贴现商业票据后，如头寸紧缺，可将贴现票据转予其他银行，以抵补其短缺头寸。

6）资金拆借

资金拆借是横向资金融通常使用的一种支付凭证。由拆入方同拆出方商妥后，拆入方出具加盖公章和行长章的"资金拆借借据"给拆出方，经拆出方核对无误后，将该借据的三、四联加盖印章后给拆入方，同时划拨资金。有些情况下，为及时划拨，也可先划资金后补手续。

2.2.3　同业拆借市场的利率

1）同业拆借利率的含义与形式

同业拆借市场利率简称"同业拆借利率"，是指金融机构同业之间的短期资金借贷利率，是同业拆借市场上拆借利息与拆借本金的比率。

同业拆借利率采用百分比表示，分为年利率、月利率和日利率三种形式。如同外汇买卖有两个价格一样，同业拆借也有两个利率，即拆入利率和拆出利率。拆入利率表示银行愿意借款的利率；拆出利率表示银行愿意贷款的利率。一家银行的拆入（借款）利率，实际上也就是另一家银行的拆出（贷款）利率。同一家银行的拆入利率和拆出利率相比较，拆入利率永远小于拆出利率，其差额就是银行的得利。

2）同业拆借市场的利率确定方式

同业拆借市场的利率确定方式有两种：其一在直接交易情况下，拆借利率由融资双方根据资金供求关系以及其他影响因素自主协商确定；其二在间接交易情况下，融资双方借助中介人经纪商，通过市场公开竞标从中撮合而确定，当拆借利率确定后，拆借交易双方就只能是这一既定利率水平的接受者。

3）国际市场有代表性的同业拆借利率

目前，国际货币市场上较有代表性的同业拆借利率有美国联邦基金利率、伦敦同业拆借利率、新加坡同业拆借利率和中国香港同业拆借利率等几种，以下就前两种做简要介绍。

（1）美国联邦基金利率（Federal Funds Rate，FFR）。美国联邦基金利率是指美国同业拆借市场的利率，是美国各家银行间的银行同业拆息，通常只维持一天，称为隔夜拆借，代表的是短期市场利率水平。这种利率的变动能够敏感地反映银行之间资金的余缺，可以作为其他利率的参考，是市场化利率体系的重要组成部分。美联储瞄准并调节同业拆借利率就能直接影响商业银行的资金成本，并且将同业拆借市场的资金余缺传递给工商企业，进而影响消费、投资和国民经济。

作为同业拆借市场的最大参加者，美国联邦公开市场委员会（FOMC）一般会根据整个社会经济运行情况设定目标联邦基金利率，然后再由公开市场操作影响市场以达到其目标利率。当美国联邦公开市场委员会希望降低联邦基金利率，它们将会购买政府债券以增加货币的供给，在其他条件不变的情况下，价格（利率）通常下跌。当委员会希望增加联邦基金利率，它们便要出售政府债券以减少货币的供给，在其他条件不变的情况下，价格（利率）通常会上升。当美联储确定经济正在进入一个衰退的经济周期时，便会采取降低联邦基金利率的措施，通过多样化的贷款形式允许经济中涌入更多的信贷。

（2）伦敦同业拆借利率（London Interbank Offered Rate，LIBOR）。伦敦同业拆借利率是伦敦金融市场上银行之间相互拆借英镑、欧洲美元及其他欧洲货币时的利率。由英国银行家协会（British Banker's Association）按其选定的一批银行的同业拆借利率，与伦敦货币市场报出的银行同业拆借利率，以抽样本的方式，计算出平均指标利率，分为存款利率和贷款利率两种报价。资金拆借的期限为1个月、3个月、6个月和1年等几个档次。SIBOR（新加坡同业拆借利率）、HIBOR（香港同业拆借利率）、SHIBOR（上海银行间同业拆借利率）等都是由其变换而来。

目前，在伦敦金融市场上，有资历对外报价的银行仅限于那些本身具有一定的资金吞吐能力，又能代客户吸存及放贷资金的大清算银行、大商业银行、海外银行及一些外国银行。这些银行被称为参考银行。由于竞争比较充分，各银行报出的价格基本没有什么差异。

补充阅读资料 2-3　　　　　　　　　　　　　　　　　**LIBOR 操纵案**

与 LIBOR 同样出名的，还有 LIBOR 操纵案。2012年，巴克莱银行因为操纵同业拆借利率而被罚款，英国政府对其进行了审查，之后巴克莱官网公布的一份文件中指出，在雷曼银行倒闭后，是英国央行委婉教唆其操纵 LIBOR，这次的丑闻不止涉及巴克莱银行，还包括花旗、德意志、汇丰、摩根大通等多家知名金融机构，甚至政府部门也被卷入其中，这使得 LIBOR 的可靠性受到了人们的质疑，事实上，LIBOR 自从次贷危机以来就已经遭受了信任危机。为了重振 LIBOR 的国际公信力，LIBOR 在 2014年被出售给洲际交易所（ICE）旗下的 ICE Benchmark Administration（IBA 母公司）。

不过，LIBOR 的信任危机现在仍然存在，从纽约联储、美联储理事会到摩根大通、高盛和贝莱德等华尔街大鳄在过去几年里都曾设想以何种工具来取代 LIBOR。然而，与 LIBOR 挂钩的金融资产超过 300 万亿美元，采用其他东西取而代之也不是一件容易的事情。目前，ICE 计划强化 LIBOR，推出全球银行生成和提交用于生成基准报价的新程序，希望可以改善 LIBOR 的机制，加强人们对它的信心。

资料来源　ERICA.LIBOR、HIBOR、SHIBOR……聊聊五花八门的同业拆借利率［EB/OL］.［2020-04-18］. https://mp.weixin.qq.com/s/zBtNsCZe-HL_Pb6vP81u3g.

参与伦敦金融市场借贷活动的其他银行和金融机构，均以这些报价银行的利率为基础，确定自己的利率。目前，许多国家和地区的金融市场及海外金融中心均以此利率为基础确定自己的利率。伦敦同业拆借利率已成为全球贷款方及债券发行人的普遍参考利率，是目前国际上最重要和最常用的市场利率基准。我国对外筹资成本即在伦敦同业拆借利率的基础上加一定的百分点。

在美国市场上，一般拆入利率在前，拆出利率在后，例如3.25至3.50。在英国市场上，一般是拆出利率在前，拆入利率在后，例如3.50至3.25。在两种情况下，都表示为"我借款3.25，我贷款3.50"。

2.2.4　同业拆借市场的交易程序

1）准备金的预测与管理

同业拆借市场拆借的资金是拆借银行在中央银行存款账户上的准备金余额。因此，参与同业拆借的第一步就是对影响准备金变化的因素进行预测，将所有资金流入和流出量相抵后，得出准备金的变动数额和余额，从而计算出是否要在同业拆借市场上买入或卖出资金，以及买卖资金的数额。

准备金的变化受到多种因素的影响，银行客户存款的变化、代理行存款的变化、银行贷款的发放与回收以及回购协议的签订等因素，都会导致资金流动的变化，从而导致准备金余额的变化。

2）同业拆借利率的确定和利息的计算

（1）同业拆借利率的确定。同业拆借的拆款按日计息，拆借利息额占拆借本金的比例称为同业拆借利率。实践中拆借利率要么由拆借双方直接议定，要么由双方借助中介人，通过市场公开竞价确定。但无论哪种情况，拆借利率的确定和变化，都要受制于银根松紧、中央银行的货币政策意图、货币市场上其他金融工具的收益率水平、拆借期限和拆入方的资信程度等多方面因素。

小思考 2-3

分析提示

小思考 2-3

同业拆借利率与国际资本流动之间有何关系？

（2）同业拆借利息的计算。在同业拆借中，当拆借金额和拆借利率确定后，同业拆借的利息就取决于生息的天数和基础天数。其中，基础天数是指一年的天数，生息天数就是指借款实际使用的天数。计算同业拆借利息的基本公式是：

拆借利息＝拆借金额×拆借利率×生息天数÷基础天数

例如：拆入一笔金额为1 000万元、利率为10%、期限为6月2日到8月31日的资金，则生息天数为90天，则有：

利息＝10 000 000×10%×90÷360＝250 000（元）

3）同业拆借市场的交易方式

在同业拆借市场上，参与者既可以直接进行交易，也可以通过中介进行间接交易，两者的交易方式也有所不同。

（1）通过中介人的同业拆借。这既包括通过拆借市场经纪公司（经纪人）的拆借，也包括通过代理银行媒介的拆借。委托中介人拆借一般要向中介人支付手续费，有些国家是以拆出拆入的利差代替的，如日本短资公司，每日上午 9 点营业开始，根据当日资金供求状况公布拆借利率，通常公布的是资金拆出者所希望的利率，短资公司再加0.625% 作为确定的拆入利率，利差为短资公司收取的手续费。还有一些国家的中介机构有专门的手续费制度。

其具体交易过程如图 2-1 所示。

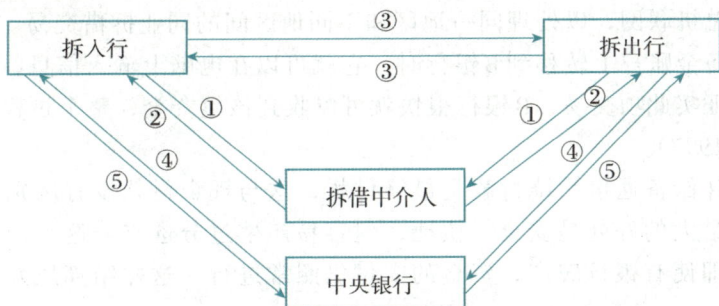

图 2-1　通过中介人的同业拆借流程

注：①拆出行通知拆借中介人自己可以拆出资金的数量、利率、期限；同时，拆入行通知拆借中介人自己需要的资金数量、期限、利率。②拆借中介人将双方的信息进行整理后将适宜的情况分别通知拆借双方。③拆借双方接到拆借中介人反馈的信息后直接与对方进行协商。④拆借双方协商一致，同意拆借成交后，拆出行将自己在中央银行存款账户上的可用资金划转到拆入行账户上。⑤当拆借期限到期时，拆入行把自己在中央银行存款账户上的资金划转到拆出行的账户上。

在这个交易过程中，拆借中介人主要通过收取拆借手续费或拆出、拆入的利差来盈利。

（2）不通过中介人的同业拆借。其交易程序和过程与前面所述有中介人的拆借程序和过程大同小异，所不同的只是：前者是双方直接洽谈协商，不通过专门的中介人，成交后相互转账，增减各自账户上的存款，交易程序如图 2-2 所示。

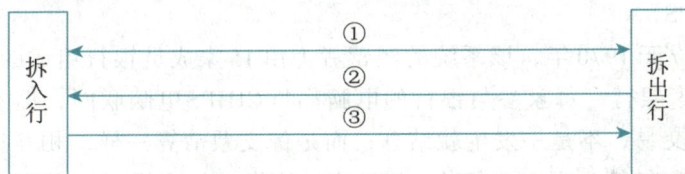

图 2-2　不通过中介人的同业拆借流程

注：①拆出行与拆入行直接联系，互报拆借资金条件；②成交后拆出行把资金划转至拆入行；③到期按相反方向划账。

2.2.5　同业拆借市场的结算系统

同业拆借市场的结算过去多以支票转移、人工方式为主。随着科学技术的发展和通信技术的进步，世界各发达国家已经广泛采用了电子结算支付系统，代替了大量烦琐的手工劳动。目前所采用的电子结算系统主要为以下几种：

1）中央银行经营的实时总额结算系统（Real-time Gross Settlement System）

实时总额结算是对同业拆借交易进行及时的结算，完成一笔就结算一笔。该系统都由各国中央银行经营，并由中央银行担保结算的及时进行。

世界上多数国家货币市场交易的结算采用这种系统。其中美国的"联邦储备通信系统"（Fedwire）是成立最早的由中央银行经营的实时总额结算系统。该系统的参与者由11 000多家银行组成，每家银行的电脑都与地区联储银行的电脑联网，后者再与位于弗吉尼亚州的总机联网，以处理同一地区和不同地区间的同业拆借交易。当A银行需要将资金从其准备金账户上转移到B银行时，它就可以在电脑上输入信息，联储的电脑即可立即回复，证实此项交易，B银行很快就可以收到该笔资金，整个过程几分钟就能够完成（Alien，1997）。

通过联邦储备通信系统付款是最终付款，这与现金付款没有区别，一旦执行就不能取消。它最大的好处是安全、快捷，但容易产生过分透支。这是因为由于中央银行担保付款，即使有银行破产，资金的支付仍照常进行，这样结算风险就转移到了中央银行。

为了控制风险，各国中央银行采取了以下两种措施：第一，排队管理（queue management），即调整结算时间，将那些无足够准备金的银行支付推迟，直到准备金增加后再支付。第二，给予银行在日间准备金透支的便利，即允许银行有"日间透支"（daylight overdraft），但要求在营业日结束时弥补透支额，并进行数量限制，对超过限额的透支征收费用。

2）私人金融机构经营的净额结算系统

净额结算（netted settlement）方法与实时总额结算方法不同，它是指参与者之间首先要对债权、债务进行相互抵消，抵消后仍有余额的再进行结算。最典型的国内净额结算系统是美国的纽约清算所同业支付系统（The Clearing House Interbank Payment System，CHIPS）和英国清算所自动支付系统（The Clearing House Automated Payment System，CHAPS）。

CHIPS成立于1970年，该系统的经营者为由15家成员银行组成的纽约清算行协会，参与者为115家银行。每家参与银行的电脑都与CHIPS电脑联网，但不同的是，每天所发生的上千笔交易，不是一发生就结算，而是像支票清算一样，相互抵消以后，到营业日结束时再进行结算。下午4点半，CHIPS电脑将向每家银行发送有关资金头寸的总结和净头寸报表。收到该报表后，每家银行将它与自己的记录进行核对。如所有的债权和债务相抵消后仍有余额，则该余额将在不同参与银行的准备金账户之间转账，到下午6点清算过程结束时，各参与银行之间的债权债务全部结清。

净额结算最大的特点在于，它只是对相互抵消后的净额进行结算，故不会带来大量的资金在各银行之间的转账，对银行准备金头寸的影响较小，不会因此而产生日间透支。但是，与实时总额结算不同，净额结算如同支票支付一样，仅仅是一个支付承诺，在没有中央银行担保的情况下，到营业日结束时，如果有个别银行不能兑现承诺的话，将带来连锁反应，导致系统性风险。

为了防止系统性风险的发生，各国金融机构和金融监管机构都做出了积极的努力。具体的风险控制措施包括：①严格准入制度，要求成员遵守特别的最低资本标准。②控制风险暴露额，每家成员银行都要制定相对于其他成员银行的双边和多边净信贷额度，以保证对其他银行的债权不超过一定的安全度。③建立风险共担机制，所有的参与银行都要提交担保品，一旦有银行不能履行支付义务，其交易对手的损失由所有的参与银行来分担。

3）瑞士银行同业清算体系（The Swiss Interbank Clearing System）

从以上分析可得知，实时总额结算和净额结算这两种方法都各有利弊。为了进一步提高同业拆借市场交易结算的效率，1987年，瑞士银行同业清算体系将二者的优点有机地结合起来，创立了一种新的结算机制。

该体系将银行同业拆借市场交易的结算分为两个阶段。第一阶段与实时总额结算类似，而第二阶段则与净额结算相同。在第一阶段里，A银行向B银行支付一笔款项，只要A银行在20分钟的结算周期里能够从其他市场参与者中收入一笔相抵消的款项，支付就立即进行；否则，这笔交易的结算将被推迟到下一个20分钟的周期。到第二阶段，余下交易的结算采用净额结算方式，无法相互抵消的债权、债务再进行清算。实践表明，采用这种结算方式，用于结算所需要持有的准备金数额大幅下降，结算效率得到大大提高。

随着技术水平的不断提高以及人们经验的日益丰富，同业拆借市场的结算机制将更加完善，效率会更高，风险也将得到有效的控制。

2.2.6　各国同业拆借市场的共同特点

（1）同业拆借市场是货币市场中第一个也是最重要的市场，是中央银行实施货币政策的基本场所，其对提高货币政策的有效性有着重大的作用。

（2）大多数国家的同业拆借市场是以银行之间的拆借为主体的市场，而非银行金融机构又主要是流动性的供应者。

（3）多数国家以隔夜拆借为主，而且以信用拆借为主，较长时间的拆借实行抵押拆借。

（4）普遍实行了计算机联网，把同业拆借集中在一个或两个市场办理。同时，通过市场把高质量的货币市场信息及时、准确地传递到中央银行货币决策者手中。

（5）同业拆借市场是提高货币政策有效性的主要工具之一。

（6）同业拆借市场一般都实行利率市场化，以真实反映资金的供求状况。

（7）商业银行和中央银行都重视加强对流动性即备付金的集中管理，备付金存款不付利息。

　　　　　　　　　各国对同业拆借市场的监管措施

虽然世界各国的同业拆借市场的发展程度不同，但是各国监管部门普遍在以下几方面对同业拆借市场进行监督和管理：一是对市场准入进行管理。这包括对拆出者、拆入者以及中介机构的管理。相对来讲，各国对同业拆借市场的中介机构准入管理更严格一些。二是对拆出、拆入数额进行管理。如拆入款不得超过股本加盈余的一定比例；拆入额不能超过其存款的一定比例；对单个金融机构拆放不能过于集中等。三是对拆借期限进行管理。为防止短资长用，损害金融体系的安全性和流动性，许多国家对同业拆借的期限有所限制。四是对拆借抵押、担保进行管理。五是对拆借市场利率进行管理。一些发展中国家对利率实行不同程度的管制，如规定利率上限、利率上下浮动幅度或直接规定不同期限的拆借利率水平。六是对拆借市场供求及利率进行间接调节。中央银行可以通过调节存款准备金率、再贴现率、法定或基准利率及进行公开市场操作，间接调节同业拆借市场的资金供求及利率水平，以实现货币政策所要达到的中间和最终目标。

资料来源　根据百度百科资料整理.

2.3　我国的同业拆借市场及运作实务

同业拆借是指经过中国人民银行批准进入全国银行间同业拆借市场的金融机构之间，通过全国统一的同业拆借网络进行的无担保资金融通行为。同业拆借市场是指金融机构之间以货币借贷方式进行的无担保短期资金融通活动所形成的市场。

2.3.1　我国同业拆借市场的发展历程

我国同业拆借市场是我国改革开放后较早出现的金融市场，其产生与发展是与金融经济改革的脚步相伴随的，最早可追溯到20世纪80年代初，至今大致经历了三个发展阶段。

1）初始阶段（1984—1995年）

我国的同业拆借始于1984年。1984年中国人民银行专门行使中央银行职能后，鼓励金融机构利用资金的行际差、地区差和时间差进行同业拆借。1986年1月，国务院颁布《中华人民共和国银行管理暂行条例》，规定专业银行之间的资金可以相互拆借。其后，同业拆借市场开始发展起来，并在广州、武汉、上海等大中城市成立了资金市场、融资公司等同业拆借中介机构。1988年9月，面对社会总供求关系严重失调，国家实行了严厉的"双紧"政策，治理整顿宏观措施，同业拆借市场的融资规模大幅度下降。到1992年宏观经济和金融形势趋于好转，同业拆借市场的交易活动也随之活跃起来。1993年7月，针对同业拆借市场违章拆借行为频生等现象，国家开始对同业拆借市场进行清理，市场交易数额再度萎缩。1995年，为了巩固整顿同业拆借市场的成果，中国人民银行进一步强化了对同业拆借市场的管理，为进一步规范和发展同业拆借市场奠定了基础。

2）规范阶段（1996—1997年）

为改变同业拆借市场的分割状态，更好地规范拆借行为，建立全国统一的同业拆借市场，1996年年初，中国人民银行决定以中国外汇交易中心为基础组建全国银行间同业拆借中心。中国外汇交易中心和全国银行间同业拆借中心实行一个法人、两块牌子、一套班子，简称交易中心。同年1月3日，信用拆借电子交易系统正式启用，标志着全国统一的同业拆借市场在我国诞生。这个市场由两级网络组成：一级网通过中国外汇交易中心的通信网络和计算机系统进行交易，由各类商业银行和各省、自治区、直辖市人民银行牵头的融资中心参加；二级网由融资中心牵头，经商业银行总行授权的分支机构和非银行金融机构共同参与交易。两级网络同时运行，拆借双方采用自行报价、询价交谈、确认成交、直接清算的方式，自定品种、价格和交易数量。

3）规范发展阶段（1998年至今）

1998年6月，中国人民银行正式决定逐步撤销融资中心，致使银行间同业拆借市场出现交易量大幅度下降的情况，针对这一情况，中国人民银行主要从网络建设、扩大电子交易系统、扩大交易主体三方面进行了改进和完善。2002年6月1日起，中国外汇交易中心为金融机构办理外币拆借中介业务，统一、规范的国内外币同业拆借市场正式启动。2006年9月，中国人民银行开始每日发布"上海银行间同业拆放利率"（Shanghai Interbank Offered Rate，SHIBOR），为新的金融产品提供基准利率。这成为中国监管部门努力建设以市场为导向的信贷体系的最新举措，为中国尚处萌芽状态的货币市场呈现清晰的借贷成本。2007年8月6日，在总结同业拆借市场管理经验的基础上，为了进一步促进同业拆借市场发展，配合SHIBOR报价制改革，中国人民银行正式实施《同业拆借管理办法》，共8章54条，全面规定了同业拆借市场的准入与退出、交易和清算、风险控制、信息披露、监督管理等规范，明确规定了违反同业拆借管理规定的法律责任。

总之，经过30多年的发展，我国同业拆借市场的发展取得了巨大成就，成交量巨大。2018年，同业拆借业务成交金额139万亿元，已经超过市场建立初期的700倍。仅2020年5月一个月，成交量就达到147 041.64亿元（具体数据见表2-1）；同业拆借网络覆盖全国，交易实现无纸化，同业拆借利率的信号功能不断完善，已经成为中国货币市场最重要的利率指标之一，全国银行间同业拆借市场对整个金融体系运作发挥着越来越重要的作用。

表2-1　　　　　　　　　　同业拆借月报（2020年5月）

品种	加权利率（%）	成交笔数（笔）	成交金额（亿元）
IBO001	1.1885	13 571	135 178.76
IBO007	1.9827	3 033	9 882.49
IBO014	1.6013	282	557.14

品种	加权利率（%）	成交笔数（笔）	成交金额（亿元）
IBO021	1.5364	59	87.14
IBO1M	1.6363	135	597.01
IBO2M	2.0158	63	93.94
IBO3M	2.4071	249	519.29
IBO4M	2.1820	6	6.95
IBO6M	1.8185	31	70.74
IBO9M	2.5137	15	17.20
IBO1Y	2.8984	24	30.99
合计	1.2512	17 468	147 041.64

资料来源　根据中国货币网数据整理.

2.3.2　当前我国同业拆借市场的基本情况

1）同业拆借市场运作体系基本确立

（1）分层有序的同业拆借市场。我国的同业拆借市场根据金融机构的规模和信誉分为两个层次。第一个层次是中国人民银行总行管理的全国银行间同业拆借市场，市场成员普遍有较大的规模和实力。第二个层次是非全国银行间同业拆借市场成员的金融机构，可以与任何一个有资格的金融机构进行同业拆借交易。

（2）统一规范的国内外币同业拆借市场。由中国外汇交易中心作为信息平台，利用外汇交易技术系统，将原来自发、分割的外币拆借业务集中到了一个统一、规范的市场。市场交易币种为美元、日元、港币和欧元，期限为一年以下（含一年），利率由双方协商达成。中介服务的收费参照国际惯例。凡具有外币拆借业务经营资格的金融机构，均可进入该拆借市场。

2）同业拆借市场成员不断增加

同业拆借市场成员可以分为银行和非银行金融机构两大类。除银行外，越来越多的非银行金融机构获准进入同业拆借市场。相关数据显示，截至2019年年底，非银行金融机构成员中，证券公司有101家，财务公司233家，信托公司66家，包括保险公司、金融租赁公司、资产管理公司、消费金融公司等在内的其他金融机构164家。不同类型的金融机构进入全国银行间同业拆借市场，拓宽了金融机构之间相互融通资金的渠道，活跃了交易，方便了金融机构间的资金调剂。

补充阅读资料2-5　　　　多家消费金融机构获批进入全国银行间同业拆借市场

截至2019年11月26日，获准进入全国银行间同业拆借市场的持牌消费金融公司共14家，包括海尔消费金融、捷信消费金融、苏宁消费金融、招联消费金融、马上消费金融、华融消费金融、兴业消费金融、湖北消费金融、晋商消费金融、中银消费金融、北银消费金融、锦程消费金融、盛银消费金融、中邮消费金融。

对于消费金融公司而言，同业拆借作为融资渠道之一，需消费金融公司连续盈利两年，拆入资金余额不高于资本净额的100%，才可获得准入资格。中国人民银行、原银监会2016年联合印发的《关于加大对新消费领域金融支持的指导意见》指出，鼓励符合条件的消费金融公司拓宽多元化融资渠道，通过同业拆借市场补充流动性，盘活信贷存量，扩大消费信贷规模，提升消费信贷供给能力。

资料来源　佚名. 成立4年的中邮消费金融获准进入银行间同业拆借市场　共14家消金公司获准入资格［EB/OL］.［2019-11-26］. https://finance.ifeng.com/c/7ruZ75OmV3g.

3）拆借利率市场化，利率形成机制不断完善

2007年1月4日，由全国银行间同业拆借中心发布的"上海银行间同业拆放利率"正式运行，以位于上海的全国银行间同业拆借中心为技术平台计算、发布并命名，是由信用等级较高的银行组成报价团自主报出的人民币同业拆出利率计算确定的算术平均利率，是单利、无担保、批发性利率。这是我国央行为进一步推动利率市场化、提高金融机构自主定价能力而推出的一项重要政策。从长远来看，SHIBOR的运行将有利于培育我国货币市场基准利率体系，逐步改善贷款基准利率的形成制度。

目前，对社会公布的SHIBOR品种包括隔夜、1周、2周、1个月、3个月、6个月、9个月及1年。SHIBOR报价银行团现由18家商业银行组成。报价银行是公开市场一级交易商或外汇市场做市商，在中国货币市场上人民币交易相对活跃、信息披露比较充分的银行。中国人民银行成立SHIBOR工作小组，依据《上海银行间同业拆放利率（SHIBOR）实施准则》确定和调整报价银行团成员、监督和管理SHIBOR运行、规范报价行与指定发布人行为。当前SHIBOR已成为金融市场、货币政策乃至全社会经济活动关注的重要指标。中央银行制定货币政策时要考虑它，投资者买进、卖出有价证券时要考虑它，保险公司确定保费时也要考虑它。

补充阅读资料2-6　　　　全国银行间同业拆借中心每月20日公布LPR

2019年8月20日起，中国人民银行已经授权全国银行间同业拆借中心于每月20日（遇节假日顺延）9时30分公布贷款市场报价利率（LPR），中国人民银行贷款基准利率这一标准已经取消。

贷款市场报价利率（LPR）由各报价行按公开市场操作利率（主要指中期借贷便利利率）加点形成的方式报价，由全国银行间同业拆借中心计算得出，为银行贷款提供定价参考。目前，LPR包括1年期和5年期以上两个品种。

LPR报价行目前包括18家银行，每月20日（遇节假日顺延）9时前，各报价行以

0.05个百分点为步长，向全国银行间同业拆借中心提交报价，全国银行间同业拆借中心按去掉最高和最低报价后算术平均，并按0.05%的整数倍就近取整计算得出LPR，于当日9时30分公布，公众可在全国银行间同业拆借中心和中国人民银行网站查询。

资料来源　孙俊霞. 请注意：人民银行贷款基准利率已取消，不要再引用了［EB/OL］. ［2020-01-17］. https://mp.weixin.qq.com/s/1qR37c2x6TkYD5ynkXfWEw.

4）同业拆借已成为商业银行短期资金管理的首选方式

商业银行在短期资金短缺或宽松时，首先考虑的是在同业拆借市场上融入或融出资金，改变了以往全部依赖中国人民银行的做法，而是积极在同业拆借市场运作。同业拆借市场的发展，为商业银行的流动性管理和商业化经营提供了良好的外部条件，加快了商业银行商业化的进程，提高了商业银行资金的营运效益。

2.3.3　我国同业拆借市场的基本原则

我国同业拆借市场的基本原则，体现了同业拆借市场运行的内在机理和中央银行对同业拆借市场的监管目标。具体包括以下几方面：

（1）协调自愿、平等互利、自主成交原则。拆借双方要在尊重各自经营自主权的前提下，平等协商成交。只要资金来源正当，资金使用合理，就不能硬性摊派或强行干预，或附加其他条件。

（2）短期使用的原则。同业拆借是一种短期资金融通的方式，它来源于银行的超额准备金或闲置资金，因此，在使用上要符合暂时性余缺调剂的特点，不能借此来盲目扩大资产规模或弥补信贷差额。

（3）坚持按期归还的原则。同业拆借多属信用融通，所以拆借双方都要讲求信用，有借有还，避免短期长用，或随意逾期和转期的现象。

（4）坚持风险自担原则。一个金融机构要根据对方的信用情况来决定是否同其进行同业拆借交易，拆借市场的信用风险只能由市场参与者自行承担。中国人民银行负责管理市场，控制市场总体风险，但中国人民银行不承担每一笔拆借的风险。

2.3.4　我国现行同业拆借的管理规定

1）同业拆借的参与对象

当前，我国参与同业拆借的机构涵盖了所有银行类金融机构和绝大部分非银行类金融机构，共计16类，包括政策性银行，中资商业银行，外商独资银行，中外合资银行，城市信用合作社，农村信用合作社县级联合社，企业集团财务公司，信托公司，金融资产管理公司，金融租赁公司，汽车金融公司，证券公司，保险公司，保险资产管理公司，中资商业银行（不包括城市商业银行、农村商业银行和农村合作银行）授权的一级分支机构，外国银行分行及中国人民银行确定的其他机构。

2）入市方式、流程及改革

入市方式以2016年为分水岭。2016年年初，国务院取消了《银行业金融机构进入全国银行间同业拆借市场审核规则》，同业拆借市场入市审批宣告终结，开始进入申请制时代。而在此之前，根据2007年颁布的《同业拆借管理办法》，监管层对进入同业拆借市场的16类金融机构设置了不同的准入要求，金融机构进入同业拆借市场必须达到相应的准入标准并经中国人民银行批准。

为贯彻落实国务院要求，规范同业拆借市场入市流程，全国银行间同业拆借中心按照国务院文件和《同业拆借管理办法》相关规定，制定并公布《全国银行间同业拆借市场业务操作细则》，通过四大核心调整优化入市流程：

（1）联网流程方面，符合《同业拆借管理办法》规定条件的金融机构直接向交易中心提交联网材料；而交易中心收到金融机构提交的完整材料进行形式核对后5个工作日办理完成联网手续并向市场公告，金融机构即可开展同业拆借交易。此外，境外人民币清算行进入同业拆借市场的，也直接向交易中心提交联网材料；金融机构办理更名或退出同业拆借市场的，也直接向交易中心提交材料办理。

值得注意的是，交易中心仅对金融机构提交的联网信息、财务数据、财务报表、书面说明等材料做形式核对，金融机构应对其向交易中心提交材料的真实性、准确性和完整性承担相关法律责任。

（2）限额调整流程方面，拆借期限管理属于《同业拆借管理办法》规定的风险管理措施。行政许可取消后，交易中心依据《同业拆借管理办法》要求和金融机构提供的财务指标计算拆借限额，用于交易系统进行事前风险控制；金融机构需要调整拆借限额的，也直接向交易中心提交相关财务报表，交易中心据此在交易系统中进行调整。

（3）信息披露要求方面，企业集团财务公司及证券公司应当按照中国人民银行相关规定进行信息披露。信托公司、金融资产管理公司、金融租赁公司、汽车金融公司、保险公司、保险资产管理公司等非银行金融机构则按照交易中心制定的要求通过同业拆借中心平台披露信息。

行政许可取消后，中国人民银行不再对金融机构资质情况进行实质判断，信息披露制度作为市场参与者防范对手方风险机制的重要作用更加凸显。而目前中国人民银行已对证券公司、财务公司做出明确的信息披露要求，《全国银行间同业拆借市场业务操作细则》延续以往行政许可的具体要求，对包括信托公司、金融资产管理公司、金融租赁公司、汽车金融公司、保险公司和保险资产管理公司在内的其他非银行金融机构的信息披露要求进行明确，以保持信息披露要求的延续性和完整性。

（4）履约管理要求方面，为进一步加强行政许可取消后的事中、事后管理，保障同业拆借市场交易的严肃性，《全国银行间同业拆借市场业务操作细则》要求金融机构应当确保交易信息真实、有效，交易达成后应当按约定履行交易。若出现未按约定履行交易的情形，交易双方应当在结算日次一工作日向交易中心提交书面报备。交易中心将履约信息报中国人民银行及相关分支机构。

3）拆借资金用途

凡参加同业拆借的金融机构，拆出资金只限于存大于贷并缴足法定准备金，归还到期中国人民银行贷款和上缴应缴联行汇差后的剩余资金；拆入资金只能用于弥补清算票据交换和联行汇差的头寸不足以及解决临时性、季节性周转资金不足，不得用于发放固定资金贷款和流动资金贷款，这是由拆出资金来源的短期性所决定的。

4）交易和清算方式

同业拆借交易必须在全国统一的同业拆借网络中以询价方式进行，自主谈判、逐笔成交。同业拆借利率由交易双方自行商定。全国统一的同业拆借网络包括三个系统：全国银行间同业拆借中心的电子交易系统、中国人民银行分支机构的拆借备案系统和中国人民银行认可的其他交易系统。

全国银行间同业拆借市场的资金清算按双边逐笔全额直接清算、自担风险的原则办理。涉及不同银行的，应直接或委托开户银行通过中国人民银行的大额实时支付系统办理。同业拆借的资金清算可以在同一银行完成的，应以转账方式进行。任何同业拆借清算均不得使用现金支付。

5）有关拆借期限和限额的规定

凡参加同业拆借的金融机构，在恪守信用的原则下，拆借期限可由拆借双方在协商一致的基础上签订合约。我国现行拆借期限最短为1天，最长为1年。中国人民银行可以根据市场发展和管理的需要调整金融机构的拆借资金最长期限。拆出资金最长期限由交易对手方的拆入资金最长期限控制，同业拆借到期后不得展期。同时为了确保拆借市场的安全，减少风险影响，中央银行根据市场发展和管理的需要对金融机构同业拆借实行限额管理。

部分金融机构的拆借期限和限额规定见表2-2。

表2-2　　　　　　　　　　部分金融机构的拆借期限和限额规定

机构类型	拆借期限	拆借限额
商业银行	不超过4个月	拆入资金余额与各项存款余额（扣除存款准备金、备付金、联行占款）之比不超过4%，拆出资金余额与各项存款余额之比不超过8%
外资银行	不超过4个月	拆入、拆出资金余额均不得超过人民币资本金的1.5倍
财务公司	不超过7天	拆入资金余额不得超过注册资本
农村信用联社	不超过4个月	拆入资金余额不得超过存款余额的4%，拆出资金余额不得超过存款余额的8%
证券公司	不超过7天	拆入、拆出资金余额均不得超过实收资本金的80%

2.3.5　全国银行间同业拆借中心交易系统的交易运作

我国金融机构从事信用拆借业务，可以通过交易中心的电子交易系统，也可以在交易系统之外自行达成，其中90%以上通过电子交易系统交易，因此，参加电子交易系统交易，进而成为交易中心系统的交易成员，已经成为金融机构市场竞争实力的体现。

全国银行间同业拆借中心的交易和结算系统由交易中心的交易系统（交易前台）、中央结算公司的簿记系统（结算后台）和清算总中心的支付系统（清算后台）组成。

全国银行间同业拆借中心作为市场中介组织，依托交易系统、信息系统（中国货币网）、市场分析和风险管理系统，为交易中心系统提供交易、信息、监管等三大平台及相应的服务。交易中心通过电子交易系统把中国人民银行的监管要求转化为电子监控，确保交易成员不突破拆借规模和期限的要求，为金融机构交易行为提供便利。全国银行间本币市场交易时间为周一至周五，每天上午9：00—12：00、下午1：30—4：30开市，国家法定节假日除外。

补充阅读资料2-7　　　　　　　　　　　　　　　　CHIBOR 与 SHIBOR

CHIBOR：最早的市场化利率，但最终消逝

1996年1月，根据中国人民银行统一部署，全国统一的同业拆借网络开始运行。由此，散落于各地的拆借市场归为一统。同年6月，银行间同业拆借利率上限放开，这标志着我国利率市场化迈出了具有里程碑意义的第一步。在此基础上，中国银行间同业拆借利率（CHIBOR）开始运行并每天对外发布，它的生成机制是：将隔夜到120天的8个期限的拆借成交利率，按交易量取加权平均。CHIBOR也成为我国第一个市场化指标利率。

CHIBOR推出后，各方都期待其能成为我国货币市场权威的基准利率，但最终未能如愿。其原因主要在于，拆借市场建立初期交易并不活跃，除7天期交易较为活跃、利率比较稳定外，其他期限尤其是1个月以上期限交易稀少，利率波动也较大。此外，当时市场结构还比较单一，其他货币子市场尚未能发展起来，导致CHIBOR的代表性、基准性、应用性都受到很大影响。

SHIBOR：至今影响力最大的货币市场基准利率

以FR为代表的回购利率体系建立后，中国人民银行率头开始对中国货币市场基准利率进行深入研究。中国人民银行最终决定以报价制为基础，借鉴LIBOR，构建中国货币市场的基准利率，即上海银行间同业拆放利率（SHIBOR）。2007年1月4日，SHIBOR正式发布，同业拆借中心为SHIBOR指定发布人。

经过多年的悉心培育，SHIBOR取得了令人瞩目的成就：一是短端SHIBOR较好反映了货币市场松紧程度，与实际成交利率紧密联动。二是中长端SHIBOR得益于同业存单支撑，基准性明显提升。目前3个月期、6个月期SHIBOR与对应期限的同业存单利率相关性分别高达89%、88%。三是SHIBOR被广泛应用于各类金融产品定价。但SHIBOR运行仍面临一些问题：一是报价利率与实际交易利率难免存在差异，尤其是市场利率波动较大时，报价行认知滞后，差异会进一步扩大；二是拆借市场相对其他货币市场发展略显缓慢，目前金融机构在货币市场融资首选回购，回购交易占比高达85%左右，拆借市场对SHIBOR的支撑作用日渐衰退；三是部分银行在报价中有顾虑，在市场实际利率已随流动性灵敏变化时，不愿在SHIBOR报价中充分反映。

资料来源　崔嵬. 新时期利率指标体系建设［J］. 中国金融，2018（9）.

1）入市的人员培训与联网准备

金融机构申请进入银行间同业拆借市场开展交易，需随即着手交易前的准备工作：一是通过选送业务人员参加交易中心统一组织的交易员培训，从而拥有至少两名具备交易员资格的交易员；二是选择联网方式；三是配置交易必需的计算机设备。

交易系统为交易成员提供专线和拨号两种联网方式。交易成员可根据本机构的实际交易情况和发展规划确定自己的联网方式。方便地收看市场信息是交易顺利进行的重要前提。交易中心为银行间同业拆借市场提供信息服务的专门系统为中国货币网和SHIBOR网站。

2）日常交易前的准备

和其他市场一样，参与交易就必须防范风险。认真做好日常交易前的准备工作，是防范市场风险的重要保障。每日入市交易前，至少应该完成以下准备工作：

（1）拟订交易规划，确定操作目标。每日交易操作目标至少包括交易规模、期限、价格等要素。

确定交易规模和期限目标，即确定交易日内拆出或拆入资金的数量，以及拆出或拆入资金的期限。日常交易目标取决于以下两个因素：一是头寸管理和投资的需要；二是监管机构下达的拆借限额和对拆借期限的规定。确定交易的价格目标，是要确定交易日内拆入资金能负担的最高利率、拆出资金可接受的最低利率。

拆借利率水平的高低主要取决于四个因素：一是货币资金的时间成本，即不考虑信用风险时拆借资金的利率，拆借期限越长，利率水平越高。二是信用风险成本，拆借资金所面临的信用风险越大，利率水平越高。三是市场供求关系，资金越短缺，利率水平越高。四是交易规模，一般而言，单笔交易规模越大，利率水平会相对低一些。

小思考2-4

小思考2-4

作为同业拆借市场的交易员，应具备哪些业务能力？又可从哪个官网获得信息？

分析提示

通常，国债被视为零信用风险的金融工具，以国债为质押的资金融通价格从而可视为信用风险为零的价格。因此，信用拆借定价，最简便的是采取在同期国债回购利率或到期期限相近的现券收益率的基础上加点的办法。

交易成员可以通过中国货币网了解近期市场的走势，可以从信用拆借、债券回购、现券交易的行情中获得信用拆借定价所必需的基准信息；通过中国货币网了解交易对手的基本情况和基本资信信息，作为确定信用风险成本的参考。

（2）熟悉潜在的交易对手。潜在的交易对手最好是彼此熟悉的机构，这是防范信用风险、及时达成交易的有效途径之一。每日入市交易前，如果能对可能出现的对手做到"心中有数"，将会极大地提高交易效率。

平时交易员应该通过中国货币网熟悉交易成员的基本情况和财务报表，并在日常交易中加强与其他交易员的联系，积累交易对手的有关信息。同时交易成员也应该通过中国货币网加强自身的宣传推介，及时披露资信材料，使更多的机构能够熟悉自己。

（3）了解市场最新动态。交易员每日交易前以及交易过程中，应该及时查看市场公告和通知以及重要的财经信息，从而更好地避免市场风险、把握交易机会。

3）报价、格式化询价与确认成交

同业拆借交易系统开市后，拆借交易员应该尽快通过电子交易系统自主报价，与其他交易成员进行格式化询价并最后确认成交以达成交易。整个过程包括报价、格式化询价和确认成交三个步骤。

报价时包括拆借方向、拆借期限、拆借利率、拆借金额、成交日、起息日、还款日、实际占款天数和交易品种等要素。同业拆借报价要素含义见表2-3。

表2-3 同业拆借报价要素含义

要素名称	要素含义
拆借方向	拆入和拆出
拆借期限	拆借天数
拆借利率	拆入方付给拆出方的资金价格，以年利率表示
拆借金额	拆借金额最低为人民币10万元，最小拆借金额变动量为人民币1万元
清算速度	从达成交易到实际清算的实际间隔，有T+0（成交当天进行清算）和T+1（成交第二天进行清算）两种
成交日	达成交易的日期
起息日	成交日+清算速度（遇节假日顺延到下一交易日），是开始计息的日期
还款日	起息日+拆借期限（遇节假日顺延到下一交易日），是到期清算的日期
实际占款天数	还款日−起息日
到期还款金额	指还款日拆入方还给拆出方的总金额，等于成交金额与利息之和
交易品种	拆借期限所属的统计区间
清算账户	本方用于清算的资金账户
对手方	交易对手方成员简称
对手方交易员	交易对手方交易员姓名

当前拆借交易报价方式包括公开报价、定向报价、双向报价和对话报价四种。其中，公开报价、定向报价和双向报价属于意向报价，不可直接确认成交；对话报价属于要约报价，经对手方确认即可成交。

公开报价是指交易成员向所有其他交易成员发出的，表明其交易意向的报价。交易成员可以根据公开报价向报价方发送对话报价，进行格式化询价。定向报价是指交易成员向其选定范围内的交易成员发送的，表明其交易意向的报价，收到报价的交易成员可以向报价方发送对话报价，进行格式化询价。双向报价是指交易成员向所有其他交易成员发出的，就标准产品同时表明其拆入和拆出意向的报价。标准产品是指由同业拆借中心设计的，具有固定拆借期限和清算速度的标准化报价品种。对话报价是指交易成员为达成交易，向特定交易成员的特定交易用户发出的交易要素具体明确的报价，受价方可以直接确认成交。交易成员可修改或撤销已发出的报价。

格式化询价是指交易成员与对手方相互发送的一系列对话报价所组成的交易磋商过程。交易成员可在交易系统允许的轮次内询价。超过允许轮次而仍未确认成交的，格式化询价结束。

交易成员通过格式化询价就交易要素达成一致后可向交易系统提交确认成交的请求。交易系统打印的成交通知单（基本式样见表2-4）是反映金融机构之间达成交易的具有法律效力的合同文件。成交通知单在交易系统确认成交后生成。

表2-4　　　　　　　　　　　　　　成交通知单

成交日期：　　　　　　　　　成交编号：　　　　　　　　　交易员：

拆出方			
拆入方			
拆出金额（万元）		成交利率（%）	
拆借期限（天）		手续费（元）	
起息日		收款日	
应收利息（元）		到期收款金额（元）	
拆出方户名			
拆出方开户行			
拆出方账号			
拆入方户名			
拆入方开户行			
拆入方账号			

成交序号：　　　　　　　　复核员复核意见：

4）日常交易具体流程

（1）同业资金拆入业务流程，包括：①前台交易员在网上与对手询价，达成交易意向；②交易员填制资金拆借业务申报表，加盖名章，交由复核员审核；③部门经理、主管领导审批后，批准交易员上网交易；④前台交易员通过交易系统发送同业拆借对话报价；⑤双方成交确认后，交易成功，由交易员打印拆借业务成交通知单交部门留作存档；⑥办理资金划付，检查是否到账。

（2）同业资金拆出业务流程，包括：①交易员根据本行头寸状况，经领导批准后在网上寻找有资金需求的交易对手，了解其资信状况并与对手达成成交意向；②交易员填制资金拆借业务申报表，加盖交易员名章，报部门经理、主管领导逐级审批后，方可上网交易；③交易员及复核员通过交易系统发送同业拆借对话报价并认真复核；④双方成交确认后，交易成功，由交易员打印拆借业务成交通知单交部门留作存档；⑤办理资金划账。

5）交易后的资金清算

全国银行间同业拆借市场的资金清算按双边逐笔全额直接清算、自担风险的原则办理，即交易成员按照成交通知单所载明的有关内容，在规定的起息日自行向交易对手方逐笔全额办理资金清算，由此产生的风险由交易成员自行承担。

在中国人民银行各地分支行开立人民币基本账户的交易成员，其与交易对手之间人民币资金的异地清算通过中国人民银行电子联行或在商业银行开立的账户办理，人民币资金的同城清算通过当地人民银行票据交换等途径办理。

交易成员在办理资金清算时需遵守下述规定：①交易成员的资金清算必须通过其在中国人民银行或商业银行开立的账户划转，不得收付现金；②交易成员必须按成交通知单上注明的清算速度向其交易对手方划付资金。

补充阅读资料2-8   **同业拆借业务岗位的设置及其职责**

（1）前台交易岗。其网上交易职责包括：①寻找交易对手询价谈判；②通过网上交易系统进行交易；③打印成交通知单；④发出拆入、拆出款的归还和划款指令；⑤负责检查拆入款的到账和拆出款的回收。

网下交易职责：寻找并询价谈判，负责相关拆借合同的填写及有关跟进事项。

（2）后台复核岗。其职责是负责网上、网下交易业务复核和拆借业务台账记录的核对工作。

（3）后台清算岗。其职责是负责资金的划拨、回收及其账务处理。

本章小结

本章主要介绍了如下内容：同业拆借市场的概念、特点、分类以及作用；同业拆借市场的主要参与者和支付工具、同业拆借市场的交易和运行机制；当前我国同业拆借市场的基本情况及有关管理规定；全国银行间同业拆借中心交易系统的交易运作实务。

主要概念和观念

○ 主要概念

头寸　有担保拆借　头寸拆借　SHIBOR　CHIBOR

○ 主要观念

准备金融通管理　货币政策传导

基本训练

随堂测2

1.判断题

（1）外资银行不得参与我国同业拆借市场。　　　　　　　　　　　　（　　　）

（2）我国当前同业拆借利率简称SHIBOR，是我国银行间信用拆借的加权平均利率。
　　　　　　　　　　　　　　　　　　　　　　　　　　　　　　（　　　）

（3）在我国，保险公司在同业拆借市场上可拆入超过7天的拆借资金。（　　　）

（4）同业拆借市场最早出现于英国。　　　　　　　　　　　　　　　（　　　）

（5）同业拆借市场形成的根本原因在于法定存款准备金制度的实施。（　　　）

（6）目前我国银行同业拆借市场实行的是行政审批许可入市制度。（　　　）

（7）同一家银行的拆入和拆出利率相比较，拆入利率永远小于拆出利率。（　　　）

（8）拆借利率是市场化程度最高的利率，能充分灵敏地反映货币市场资金供求变化。
　　　　　　　　　　　　　　　　　　　　　　　　　　　　　　（　　　）

（9）同业拆借与头寸拆借的根本区别在于融通资金期限的长短。（　　　）

（10）同业拆借利率和LPR是相同的概念。　　　　　　　　　　　　（　　　）

2.选择题

（1）按照交易性质划分，同业拆借市场分为（　　　）和（　　　）。

A.头寸拆借　　　　　B.直接拆借　　　　　C.间接拆借　　　　　D.同业拆借

（2）（　　　）系统是对同业拆借交易进行及时的结算，完成一笔就结算一笔。

A.中央银行经营的实时总额结算　　　　B.私人金融机构经营的净额结算

C.瑞士银行同业清算　　　　　　　　　D.日本银行的同业清算

（3）我国2002年正式启动的国内外币同业拆借市场由（　　　）作为信息平台。

A.中国人民银行结算中心　　　　　　　B.中国外汇交易中心

C.35家融资中心　　　　　　　　　　　D.15家商业银行总行

（4）中国人民银行规定商业银行拆入资金余额与各项存款余额之比不得超过（　　　）；
拆出资金余额与各项存款余额之比不得超过（　　　）。

A.8%　4%　　　　　B.7%　5%　　　　　C.5%　7%　　　　　D.4%　8%

（5）关于SHIBOR报出的人民币同业拆借利率说法错误的是（　　　）。

A.算术平均利率　　B.单利利率　　　　C.担保利率　　　　D.批发性利率

3.简答题

（1）同业拆借市场具有什么特点？

（2）同业拆借市场中可以使用哪些支付工具？

（3）同业拆借市场有哪些结算方式？

（4）我国当前同业拆借市场的参与者都有哪些金融机构？

技能训练

1.训练目标

（1）了解我国银行间同业拆借市场运作机制、市场构成和中国人民银行对该业务相关的管理规定。

（2）掌握银行间同业拆借拆入、拆出，网上、网下资金拆借的基本流程以及风险防范控制等制度要求。

（3）熟练掌握同业拆借的利息计算与交易核算的基本要求。

2.训练要点

（1）同业拆借的利率通常是以年利率表示，在短期拆借的合同中要注意正确转换为日利率。

（2）注意审核在拆借成交通知单中资金融入、融出方关系的正确填制。

（3）注意拆借合同中"拆出金额"与"到期收款金额"分别以不同金额单位表示。

3.技能训练操作

（1）同业拆借的运作程序的描述和拆借利息的计算。

因资金短缺，A商业银行于2019年9月1日准备在同业拆借市场上拆入500万元资金。通过中国人民银行牵头的融资中心，A商业银行与同城的B商业银行协商成交，拆借期至2019年9月7日，拆借利率为8%，双方由同城的中国人民银行C支行办理拆借及归还时的款项转化和清算。

试回答：①以图的形式描述此项拆借操作的全部流程。②拆借双方在确定拆借利率时通常需考虑哪些因素？③A商业银行拆入的500万元能用来发放商业贷款吗？为什么？④此项拆借利息是多少？

（2）熟悉同业拆借交易规则。

2019年12月20日，A银行与B银行经过商谈，达成协议，以1.88%的同业拆借利率融入8 000万元资金7天并在网上确认成交。

具体资料：A银行（开户行A银行，行号为689870，账号为14168708008）、B银行（开户行B银行，行号为0303049940，账号为20394857）。

①请登录中国货币网（www.chinamoney.com.cn）和SHIBOR网（www.shibor.org）了解当前同业拆借利率水平，并与同学一起按照网上交易流程模拟进行A、B银行同业拆借部门交易员之间的报价咨询。

②假设你是A银行同业拆借部门前台交易员，请填制银行间信用拆借拆出成交通知单（见表2-5），注意成交单内各要素完整准确。

（3）假设你的同桌是A银行同业拆借部门前台复核员，请他（她）认真核实成交通知单中的各要素是否正确，并签署复核意见。

4.总结与分享

以小组为单位，交流通过本项技能训练得以巩固的理论知识以及相关制度规定；分享在完成任务过程中遇到的困难、困惑以及解决办法；总结从本项技能训练中获得的经验以及知识、技能方面的提升。

表2-5 　　　　　　　　　　银行间信用拆借拆出成交通知单

成交日期：　　　　　　　　成交编号：I200510200006　　　　　　　交易员：

拆出方			
拆入方			
拆出金额（万元）		成交利率（％）	
拆借期限（天）		手续费（元）	
起息日		收款日	
应收利息（元）		到期收款金额（元）	
拆出方户名			
拆出方开户行			
拆出方账号			
拆入方户名			
拆入方开户行			
拆入方账号			

成交序号：I0009　　　　　　　　　复核员复核意见：

素质训练

结合同业拆借业务，组织以爱岗敬业，遵纪守法，争当先进为主题的讨论。

○ 参考资料

关于发布2019年度银行间本币市场评优结果（个人奖项）的公告

中汇交公告〔2020〕6号

为鼓励和表彰先进，促进市场持续健康发展，全国银行间同业拆借中心根据个人的业务表现、恪守信用以及对市场建设的贡献情况进行综合评定，评选出2019年度银行间本币市场优秀交易主管、优秀资负主管、优秀交易风控主管、优秀中后台主管、优秀交易员、优秀数据创新贡献个人、优秀同业存单发行先进个人、优秀发行创新先进个人、交易机制创新年度之星9类个人奖项。

资料来源　全国银行间同业拆借中心．关于发布2019年度银行间本币市场评优结果的公告［EB/OL］．［2020-01-02］．http://www.chinamoney.com.cn/chinese/rdgz/20200102/1498951.html.

要求：在阅读以上参考资料的基础上，查阅相关资料，并就下列问题展开小组讨论：

（1）作为一个同业拆借市场的从业人员，应该遵守哪些职业道德？

（2）作为一个同业拆借市场的从业人员，应该具有哪些业务素质？

（3）联系实际，谈谈如何正确认识评选优秀个人的意义？

网上资源

http：//www.chinamoney.com.cn

http：//www.shibor.org

第3章

票据市场

学习目标

通过本章的学习，应该达到以下目标：

知识目标：掌握票据的概念、特征、功能及分类；理解商业票据、银行承兑汇票和银行大额可转让存单三个票据子市场的构成要素、发行和转让流通的基本程序；掌握我国大额存单的基本规定；了解发达国家票据市场基本情况，理解我国商业票据市场概念、分类以及票据市场对经济、金融发展的重要作用。

技能目标：理解我国银行承兑汇票的运行规则，掌握承兑、贴现、转贴现和再贴现业务的实务操作。

素质目标：严守办理票据业务应遵守的职业道德和法律规范，不仅业务能力过硬，而且时刻牢记遵章守纪不违法。

引例　　　　　　　　　　　**银行增持万亿票据资产**

在监管层要求商业银行加大小微企业和民营企业扶持力度的同时，票据通过供应链金融在市场上得到了广泛应用。

据《中国经营报》记者了解，年报显示，36家银行在2019年票据资产规模超过3.6万亿元，较2018年增长约1万亿元，甚至不少银行持有的票据资产增幅超过100%。然而，在规模增长的同时，2019年票据贴现率出现大幅下降，银行票据业务利息收入较2018年明显下降，大幅增持该类资产从侧面反映出银行当下的风险偏好有所降低。

在国有大行中，建设银行、邮储银行、工商银行和农业银行4家银行2019年票据资产规模均超过4 000亿元，其中建行的表现十分抢眼，不仅在规模上达到了4 926.93亿元排在首位，增幅59%也远超其他大行。

股份制银行中，2019年中信银行、招商银行和民生银行3家银行票据资产规模均破千亿元，分别达到3 116.54亿元、2 483.12亿元和1 663.72亿元，增幅分别达到了28%、51%和72%。平安银行、浙商银行和光大银行票据资产规模紧随其后，达到了949.03亿元、716.32亿元和646.63亿元，增幅分别为128%、24%和82%。

上市城商行中，票据资产增幅超过100%的银行数量不少，包括盛京银行、苏州银行、长沙银行、天津银行、贵州银行、哈尔滨银行、泸州银行等。其中，天津银行和哈尔滨银行的增长幅度分别超过了38倍和127倍。

"对于解决小微企业融资难的问题，采用供应链金融是一个重要方式，而票据在其中应用较多。"一家股份制银行人士称。

记者了解到，大多数股份制银行在2019年都将"商票保贴"业务作为支持小微企业和民企的一个重要举措，避免了直接授信的风险。

上述股份制银行人士称，票据的真实贸易背景降低了信用风险和操作风险。基于供应链的电子票据在融资过程中，银行可以通过上海票据交易所交易系统以及上下游企业的信息流、物流等信息来判定交易的真实性，避免了企业利用虚假的贸易背景套取银行信贷资金的现象。票据的信息化让商业银行对资金流向也有了更精准的把握。

同时，该股份行人士认为，票据的融资功能能够有效地盘活应收账款并降低融资成本。对于银行而言，票据是以供应链中的核心企业为主体，由核心企业发行商票，直接对上下游企业提供融资支持，并且由于上下游企业与核心企业之间长期建立的合作关系，核心企业对上下游企业的经营模式、财务状况都十分了解，解决了信息不对称的问题。

资料来源　佚名. 银行增持万亿票据资产［EB/OL］.［2020-04-18］. https://mp.weixin.qq.com/s/ZtpA4dgepEZNBAEM4aejkw.

3.1 票据市场概述

票据市场是指以实质交易为基础的、以自偿性为保证的短期资金交易或融资活动，具有交易主体广泛的突出特点，是货币市场最为基础的组成部分。票据市场与实体经济有着非常紧密的联系，这一市场的发展在拓宽企业融资渠道、改善商业银行信贷资产质量、加强中央银行调控功能等方面均发挥着重要作用。

3.1.1 票据的定义、特征及功能

1）票据的定义

票据有广义和狭义之分，广义的票据泛指各种有价证券，如债券、股票、提单等。狭义的票据指出票人依据票据法签发的，约定自己或委托付款人在见票时或指定的日期向收款人或持票人无条件支付一定金额的有价证券。本章所指票据均为狭义票据范畴。

2）票据的特征

票据作为一种有价证券，具有如下几方面特征：

（1）完全性特征。票据是一种完全证券，证券上所表示的权利的发生、转移和行使

必须依据证券才能行使。票据上权利的发生、转移和行使，必须以票据的持有、转移和提示为要件，即证券与权利不可分离。

（2）无因性特征。票据是一种无因证券，票据的持票人行使票据权利时，无须说明其取得票据的原因，只要占有票据就可以行使票据权利。至于取得票据的原因，持票人无说明的义务，债务人也无审查的权力，即使取得票据的原因关系无效，对票据关系也不产生影响。票据的这种无因性是保证票据流通的必要条件，对此各国票据法都较为认同。

（3）要式性特征。票据是一种要式证券，票据的记载内容和记载方式甚至颜色、规格都有严格的法律要求，必须按照法律规定的方式制作，否则不具有相应的效力。

（4）文义性特征。票据是一种文义证券，票据上的权利必须严格按票据上所载文义来确定，即使票据上所记载的文义有错误，也不允许用票据外的事项来证明并予以修改。当然，票据上金额以外的记载事项如果有变更，可以于出票的当时予以变更，并于变更之处签名或盖章。只要签名和盖章是真实的，变更的文义就可以具有票据上的效力。

（5）流通性特征。票据是一种流通证券，通过背书交付或仅以交付而转让，便可以在市场上自由流通。

3）票据的功能

（1）支付功能。支付功能是票据的基本功能，具体是指票据可以充当支付工具，代替现金使用。对于当事人来讲，用票据支付可以消除携带现金的不便，克服点钞的麻烦，节省计算现金的时间。

（2）汇兑功能。汇兑功能是票据的传统功能，具体是指票据可以代替货币在不同地方之间运送，方便异地之间的支付。异地之间使用货币，需要运送或携带，费事费力且不安全，大额货币的运送更是如此。如只是拿着一张票据到异地支付，相对而言既安全又方便。

（3）结算功能。票据的结算功能也称债务抵消功能，是指简单结算时互有债务的双方当事人各签发一张本票，待两张本票都到期可以相互抵消债务。若有差额，由一方以现金支付。

（4）信用功能。信用功能是票据的核心功能，被称为"票据的生命"。具体是指票据当事人可以凭借自己的信誉，将未来才能获得的金钱作为现在的金钱来使用。

（5）融资功能。票据的融资功能是指票据具有的融通资金或调度资金的功能，通常这一功能是借助票据的贴现、转贴现和再贴现实现的。

小思考3-1

小思考3-1

如何看待票据的融资功能对于企业的意义？

分析提示

3.1.2 票据的分类

1）支票、本票和汇票

（1）支票。它是活期存款账户的存款人委托其开户银行，对于收款人或持票人无条件支付一定金额的支付凭证。出票人要签发支票，首先要在银行或其他可以办理支票业务的金融机构开立支票存款账户，存入一定数量的资金，并预留签名式样和印鉴，然后才可以购买支票本，并使用支票。

作为一种委托式的支付凭证，支票具有三个关系人：第一个是出票人，出票人是票据行为中的债务人，是最终付款人。第二个是委托付款人，委托付款人的责任是根据出票人的命令从出票人的账户上支付款项，同时对支票的真实性进行检查。如出票人账户上已经没有资金或资金不足以支付支票所指定的金额时，委托付款人有责任拒绝付款。第三个为收款人，即债权人。

支票具有以下特点：①支票为即期票据，各国票据法都不承认远期支票；②支票具有自付性质，即支票的债务人实质上是出票人，但付款人是银行，是银行替出票人付款；③支票具有支付手段，即属见票即付票据。

小思考3-2

分析提示

小思考3-2

各国商业银行使用的支票种类有哪些？

（2）本票。它是由发票人签发的载有一定金额，承诺于指定到期日由自己无条件支付给收款人或持票人的票据，本票只有出票人和受票人两个基本关系人。

按照出票人的不同，本票可分为商业本票和银行本票。商业本票是企业签发的承诺自己在见票时无条件支付确定金额给收款人或持票人的票据。商业本票是以商业信用为基础的票据。公司发行本票，就相当于它在利用本票筹资，其行为的结果非常近似于企业债券（国际上通行的票据法都对商业本票进行了规定，但我国票据法没有将它包括在内）。银行本票则是银行作为出票人设立的票据。银行是债务人，承诺自己在见票时无条件支付确定金额给收款人或持票人的票据。银行本票具有款随人到、见票即付、视同现金、允许背书转让、信誉高等特点。

此外，依收款人不同，可将本票分为记名本票和不记名本票；依付款日不同，可将本票分为即期本票和远期本票；依有无保证，可将本票分为保证本票和无保证本票；依有无利息，将本票分为无息本票和有息本票等等。

补充阅读资料3-1　　一种叫作"小本票"而非"本票"的收藏品

小本票，又称邮票小册，是为便于用户携带使用，将一种或几种常用面值的数枚邮票连印在一起装订而成的小本册。其特点是：配有简单的或精美的封面、封底，并印有与邮票相关的图案或文字说明；小本票里面的邮票与全版张的图案、面值、刷色等基本相同；通常邮票上有一边或两边无齿；一般按邮票面值出售。1895年卢森堡最早发行了小本票。中国最早的小本票是1917年由"中华邮政"发行的北京一版帆船邮票小册。

中华人民共和国成立后的首本小本票《童话-咕咚》发行于1980年9月20日，随后几乎每年都要发行1~2个品种，其反映的内容也渐渐地向动物、中国生肖文化方向发展。到1991年1月5日发行完《羊》小本票以后，原邮电部因创作设备问题而停止了小本票的发行，至此，一共发行了18种小本票。后来，国家邮政局公布将重新推出小本票。重新推出的首本小本票为《小鲤鱼跳龙门》，由于当时未启用机器而用手工生产，发行量受到一定限制，故在预订户中采用摇号的方式销售。

资料来源 根据百度百科资料整理.

（3）汇票。它是由出票人签发的、委托付款人于见票时或指定到期日无条件支付确定的金额给收款人或持票人的票据。汇票与本票的不同之处在于：汇票涉及三方当事人，即出票人、付款人和收款人；而本票只有两个当事人。汇票虽然与支票一样都有三方当事人，但与支票行为存在显著不同，具体表现在：①支票的付款人只能是银行或其他金融机构，而汇票的付款人是金融机构或其他机构；②汇票可以在票据上注明付款日期，成为远期汇票，而支票不允许在票据上另行指定付款日期；③汇票一般要求承兑，而支票则没有承兑问题。汇票经收款人背书后可转让，进入市场流通，其流通能力的大小取决于关系人信用程度的高低。

小思考3-3

分析提示

小思考 3-3

比较汇票、本票及支票的不同之处。

商业银行在结算中使用的汇票，主要有银行汇票和银行承兑汇票。银行汇票是指由出票银行签发的，由签发银行在见票时，按照实际结算金额无条件支付给收款人或持票人的票据。银行承兑汇票是指经银行承兑后的汇票，包括银行承兑的商业汇票和银行承兑的银行汇票。前者是由售货商签发商业汇票，要求购货商请求其开户银行承兑，银行承兑后，即承担到期向持票人或收款人付款的责任；后者是在银行签发由外地银行为付款人的汇票时，持票人或收款人向付款银行要求承兑，到期向承兑银行请求付款。

补充阅读资料 3-2　　　　　　　　　**电子商业汇票在服务实体经济中的作用**

根据存在形式，商业汇票又可以分为电子商业汇票和纸质商业汇票。电子商业汇票也称为电票，诞生于2009年，是一种远期支付工具，兼具支付和融资功能，是出票人以数据电文形式制作的，委托付款人在指定日期无条件支付确定的金额给收款人或者持票人的票据。中国人民银行搭建了电子商业汇票系统（Electronic Commercial Draft System，ECDS）这一综合处理商业汇票的在线平台。通过该平台可以办理电子商业汇票的开票、背书转让、提示付款、贴现以及收票等业务，电子商业汇票的优势得以更加充分体现：第一，能大幅减少纸质商业汇票所蕴含的操作风险及欺诈风险等。第二，电子商业汇票的延期支付和可融资功能决定了其服务实体经济的优势，特别是有利于疫情后经济发展的需要。电子商业汇票以其灵活便利和电子信息传输效率高等特点而受到广大中小微企业的青睐。第三，中国人民银行规定，自2018年1月1日起，原则上单张出票金额在100万元以上的商业汇票必须全部通过电票办理。银行可以通过电子商业汇票系统为客户定制贴现方案，并简化交易流程，协助客户加快资金周转，以及为客户日常运营所需的流动资金提供相关支持，有利于满足疫情后企业的快速融资需求。第四，中小微企业可用银行承兑汇票支付货款，可以在少发货币条件下满足生产所需原材料的支付等需求。

2019年，我国电子银行承兑汇票占商业汇票的比例在85%以上，电子商业承兑汇票占比在15%左右，通过发展电子商业汇票有效地服务了实体经济。特别是在票交所时代，再贴现通过票交所系统交易，央行通过再贴现投向、投量及利率政策有效地保证了货币政策的传导，精准服务中小微企业。电子商业汇票目前成为金融机构发展票据业务的必然趋势。

资料来源　肖小和，杨刚，孙越. 电子商业汇票是发展疫情后经济的优选金融工具之一［EB/OL］.［2020-04-29］. http://www.zgpjgs.com/article.php？id=866.

小思考3-4

小思考3-4

与纸质商业汇票相比，电子商业汇票的特点和优势体现在哪些方面？

分析提示

2）真实性票据与融资性票据

真实性票据与融资性票据是依据票据的基础关系进行划分的。如果票据是为了完成当事人之间的商品交易货款的支付，则这种票据就是真实性票据，如银行承兑汇票；如果票据仅仅是为解决当事人的短期资金缺口而融通资金，当事人没有进行真实商品交易活动或者票据不是为了该商品交易的支付，则这种票据就是融资性票据，如商业票据和大额可转让存单。可见，融资性票据在本质上是一种类似信用放款，但比信用放款更为优良的融资工具。

从特征看，两者有着明显的区别。首先，真实性票据对应的资金流和商品流在空间上是并存的，在时间上是即期的，即在发生一定的资金往来关系时，必定伴随有一定的商品交易关系；而融资性票据对应的通常只有资金流，不一定存在商品流，即使有商品流，也往往明显滞后于资金流，因而不存在资金流与商品流在空间上的并存和时间上的即期性。其次，真实性票据的交易对象是一一对应的，当事人一般只有两方，如出票人和供货商、持票人和承兑人等；而融资性票据在发生时，其投资对象可以是企业和商业银行，也可以是居民个人，因而在发行一定量的融资性票据、融通一定的资金时，其面对的通常是数量众多的投资者，因此融资性票据的交易对象是多重的对应关系。最后，从对应资金额度上来看，真实性票据用作商品交易的支付，融通额度受交易商品价值的影响，一般额度较小；对融资性票据而言，企业发行票据融通的资金数额可能是很大的，面对的投资者既有资金量很大的商业银行和企业，也有资金量较小的居民个人，所以融资性票据对应的资金总量很大，但就单笔交易而言，既有大额的，也有小额的。

随着经济与金融的发展，西方国家的货币市场早已抛弃了真实性票据原则，公司企业凭借自己的信用度来发行商业票据，已成为基本的票据融通形式，而我国在《中华人民共和国票据法》（以下简称《票据法》）中仅包含了真实性票据这一核心思想，从而排除了融资性票据。

3.1.3 票据市场的概念、分类及作用

1）票据市场的概念

票据市场，是指在商品交易和资金往来过程中产生的，以汇票、本票和支票的发行、担保、承兑、贴现、转贴现、再贴现等来实现短期资金融通的市场，具有期限短、数额小、交易灵活、参与者众多、风险易于控制等特点，是各国货币市场的重要组成部分。

2）票据市场的分类

按照运作主体和功能的不同，票据市场分为一级市场、二级市场和三级市场。

（1）一级市场，即票据的发行市场，包括签发和承兑，其中，承兑是一级市场的核心业务。在这个市场里，票据作为一种信用凭证诞生，实现融资的功能，票据的基本关系人因贸易交换给付对价关系或其他资金关系而使用票据，使其存在并实现交付。

（2）二级市场，即票据的交易市场，包括票据背书转让、直贴现、转贴现等业务。二级市场实现了票据的流动、货币政策的传导、市场信息反馈等功能，是票据流通关系人、投资机构、市场经纪人进行交易的场所。

（3）三级市场，即票据的再贴现市场。持有已贴现票据的商业银行因流动性需求，到中央银行再贴现窗口申请再贴现。中央银行承担双重角色：一是最终贷款人的角色；二是监控调节者的角色，实现货币政策目标。

此外，票据市场按票据发行主体来划分，可分为银行票据市场、商业票据市场；按资金属性来划分，可分为商业票据市场和融资票据市场；按交易方式来划分，可分为票据发行市场、票据承兑市场和票据贴现市场等。

3）票据市场的作用

票据市场作为货币市场重要的组成部分，对规范商业信用、提高商业银行资产质量和效益、加强中央银行宏观调控、促进国民经济健康发展等方面都具有重要作用。具体来讲，主要体现在以下四个方面：

（1）可以为市场提供短期投融资工具。票据融资是企业最原始的融资行为。在流通手段不足时，企业通过签发商业票据自己创造信用流通工具。同时，持有未到期票据的企业出现短期资金困难时，可将手中的票据在市场上进行交易以获得资金。所以，相对于资本市场资金融资和银行贷款而言，票据融资是企业最为便捷的方式。票据市场的投资功能在一些发达国家和地区已经实现，企业和居民都可以将其闲散资金投资于票据市场。

（2）可以引导和优化资源配置。票据市场上的资金会自发地向优秀行业或企业集中，从而发挥强大的优化社会资源配置的效用。商业银行通过票据市场可以调整其信贷资金配置，优化资产结构，改善资产的流动性、安全性，遏制不良贷款的发生，提高盈

利能力。它把信贷资金的发放和收回与商品的销售、货款回笼紧密联系起来，从而强化了信贷的制约作用。同时由于贴现优先支持经济效益好、产品销路好、还款信用好的企业，因而一般来说都是质量较高的信贷资产。贴现期限短，周转快，同信用放款相比，明显减少了信贷资金占用，提高了信贷资金使用效率。

（3）可以为央行实施宏观调控提供抓手。票据市场是货币市场的重要组成部分，对完善货币政策传导机制产生积极影响。作为一般性的货币政策工具，中央银行开展再贴现业务，对调节货币供应量起着"变速箱"的作用。当银行由于资金发生暂时困难而处于困境时，央行通过再贴现帮助这些金融机构渡过难关，起到"安全阀"的作用。同时，再贴现对市场利率产生"宣示效应"，起到"指示灯"的作用。

（4）可以对信用进行评价和揭示。诚实守信的企业，其票据在市场上就会被广泛接受；信用度低的企业，其票据在市场上就会被广泛排斥。票据市场上各企业票据的接受或排斥程度，可以反映出各企业的诚实守信程度。可见，商业信用的票据化，有利于克服商业信用盲目、自发、不规范的缺陷，使商品的信用交易规范化。同时，商业汇票通过贴现转化为银行信用，为商业信用的发展壮大提供了广阔的空间。

3.1.4 发达国家票据市场概况

当今世界发达国家的票据市场，都经历了一个长期的不断完善的过程，通过对其进行研究，寻找其发展规律，以期为我国票据市场健康发展提供借鉴。国外票据市场的发展模式主要有三种，即以美国为代表的放任经营模式、以英国为代表的引导专营模式和以日本为代表的强管制模式。

1）发达国家的票据市场

（1）美国的票据市场。建立在完善的市场经济基础之上的美国票据市场包括商业票据（commercial papers）和银行承兑汇票（bankers acceptance bills），美国政府和企业都是短期资金市场最重要的融资者。商业票据不需要以真实贸易背景为基础，银行承兑汇票则以国际贸易为基础。

从期限看，美国商业票据的期限最短不少于1天，最长不超过270天，大多数票据期限都在90天以内。其主要原因有两方面：一是美国证券法特别条款规定期限在270天以内的商业票据可免于向美国证券交易委员会（SEC）进行注册；二是根据美国联邦储备委员会（FED）的规定，期限在90天以内的商业票据可以作为向美国联邦储备委员会贴现窗口（Discount Window）融资的抵押品。

从面额看，美国商业票据的最小面值一般是10万美元。

从发行主体看，美国商业票据发行者众多，其中金融性企业占了大多数，这些金融性企业主要从事存贷款和质押等银行类业务、金融租赁代理和其他商业借贷、担保背书以及其他投资活动等；而非金融性企业则包括制造商、公用事业服务商、工业企业和其他服务性公司等。虽然商业票据的发行者一般都有较高的信用等级，但较小或低信用等级的企业有时也可以发行商业票据，但它们必须借助信用等级较高的公司给予信用支持（这种票据被称为信用支持商业票据）或以高品质的资产作为抵押（这种票据被称为抵押支持商业票据）。

从发行方式看，美国的商业票据可分为直接发行票据（direct paper）和中介发行票据（dealer paper）。其中，直接发行票据由发行人直接面对投资者进行销售，发行人主要为具有金融产品销售能力的各类金融机构。而大多数非金融机构需要在投资银行的协助下发行票据，即采用中介发行方式。

从投资主体看，美国票据投资者非常广泛，包括银行、非金融企业、投资公司、中央和地方政府、私人养老基金、公益基金和个人等。其中，货币市场共同基金是一支非常重要的投资力量，小额投资可以借助于购买货币市场共同基金来间接参与商业票据的投资。

在监管和调控业务方面，美国联邦储备委员会对贴现贷款实行内部期限比例管理。基本贴现率为联邦贴现窗口发放的调剂性和季节性贷款利率，各联邦银行成员制定浮动贴现利率档次表，在贴现贷款使用上有严格规定，不得用于补充商业银行资本金，不得投资于证券，不得投资于不动产，不得转让他人。

补充阅读资料 3-3   海外国家应对疫情冲击下的商业票据融资工具使用

2020年3月与4月，在海外疫情影响下，海外金融机构和投资者购买商业票据意愿降低，商业票据市场几乎陷入停顿，商业票据市场利率大幅上升，多数企业因无法获得短期借款，导致商业票据市场的融资功能几乎丧失。

美联储采取包括重启商票工具在内的多项措施以缓解流动性压力，3月17日，美国30天商票市场的利率从近期1.3%的低点攀升至3.5%，促使美联储当天重启2008年金融危机时的手段，建立100亿美元的商业票据融资机制（CPFF），美国财政部长也声明商业票据基金将提供短期信贷，帮助美国企业在疫情暴发期间管理财务，随后加拿大央行开始在一级和二级市场购买商业票据。可以看到，为应对疫情冲击，欧美各国陆续出台了刺激政策，通过商票工具让企业获得信贷支持，快速融资以抗击疫情。

资料来源 肖小和. 电子商业汇票是发展疫情后经济的优选金融工具之一 [EB/OL]. [2020-04-29]. http://www.zgpjgs.com/article.php? id=866.

（2）英国的票据市场。它是建立时间最早、历史最长的货币市场，一直比较发达。其商业票据分为四种，即优良商业票据、银行承兑汇票、一般商业票据及其他票据。前两种票据为贴现票据的主要来源。整个贴现市场形成了一个相互交叉的汇票买卖和资金融通的营业网络，为中央银行运用再贴现工具来实施货币政策创造了条件。商业票据的流通转让及短期资金的配置和利率的形成主要依赖票据市场自身来完成，英格兰银行只会适时介入并通过规则来引导市场运行，较好地处理了市场机制与中央银行协调之间的关系，具有开放性、统一性和竞争性的特点。

在市场中介机构的组成上，英国的票据市场由贴现所、承兑所、英格兰银行、清算银行、商人银行、证券经纪商组成。英国共设立了13家票据贴现所，以经营商业票据、国库券和短期政府公债的贴现等业务。贴现所在票据市场上起中心作用，成为英格兰银行与商人银行之间联系的桥梁。它既可以从商业银行获得贷款从事贴现，也可向英格兰银行申请再贴现以获取流动资金。英国分别设立票据承兑所和贴现所，将承兑业务和贴现业务分开经营，以达到专业经营、风险分散和利益均沾的效果。

（3）日本的票据市场。它是金融机构之间进行票据贴现买卖的市场，是金融机构以贴现方式，通过买卖票据相互融通中期资金的市场，是银行间同业拆借市场的延伸。该市场的参与者包括城市银行、地方银行、相互银行、信用金库、信托银行、农村系统金融机构、外资银行和证券公司。交易的工具是具备真实贸易背景的票据，包括期票和银行承兑汇票。期票是以信用好的大企业自身为付款人、银行为收款人的纯融资性的商业票据；银行承兑汇票是由从事国际贸易的大企业签发并由银行承兑的。日本为了扩大本国商品的出口，增强在国际贸易中的竞争力，实行"出口贸易制度"和"外汇期票借款制度"，以使出口商能够及时获得承兑汇票贴现的优惠贷款。

2）发达国家票据市场的一些共性

美英日等发达国家的票据市场有一些共性，主要体现在：

（1）都有发达的市场经济水平、健全的市场经济体制、成熟的资本市场和货币市场体系及完善的规章制度等。这为票据市场健康有序发展并支持货币政策尤其为票据的再贴现政策充分发挥效用奠定了基础。

（2）票据多样化。作为票据市场交易的工具，商业票据基本上都分为纯融资类的商业票据和以真实贸易关系为基础的银行承兑汇票两大类，且相应构成票据市场的两个子市场；融资类商业票据已经得到中央银行的认可并成为重要的投资对象；银行承兑汇票与国际贸易联系密切，在美国和日本，银行承兑汇票已成为支持出口和增强竞争力的重要手段。

（3）再贴现操作方式趋同。中央银行再贴现的对象不再局限于以真实贸易为基础的商业汇票，还包括部分信用等级高的融资类商业票据。

（4）再贴现利率多层次。美国有贴现窗口的基准贴现率和联邦储备银行成员参照市场利率"区别对待"而制定的不同档次的浮动贴现利率。日本中央银行（日本银行）的再贴现利率比短期优惠贷款利率还低，同时对再贴现的商业票据的种类加以限制，再贴现利率并不根据需要而随时调整。

（5）中介机构多元化。英国、日本都设立了专门经营商业票据的承兑、贴现机构，如英国的贴现所、日本的短资公司，也允许其他机构如商业银行、机构投资者入市交易，但都有较为严格的市场准入规定。这些专业中介机构促进了商业票据市场健康、有序地发展，提高了票据市场的运作效率。

3.2 商业票据市场

商业票据是一种短期的无担保证券，是发行人——一般为信誉高、实力雄厚的大公司——为了筹集短期资金或弥补短期资金缺口在货币市场上向投资者发行，并承诺在将来一定时期偿付证券本息的凭证。公司发行商业票据的目的是筹集短期资金。对高信用等级的大公司而言，商业票据是除银行贷款之外的又一种短期融资选择。它是20世纪

70年代以来西方国家较为流行的短期融资工具，与较早的商业汇票（commercial bill）不同，商业票据可以无任何贸易背景，仅凭公司的信誉签发，是一种纯粹的融资性债务凭证。商业票据市场就是由发行人、投资人组成的发行、购买、交易商业票据的市场。

小思考3-5

小思考3-5

分析提示

商业票据与我国企业签发的票据有哪些不同？

3.2.1 商业票据市场的参与者

1）商业票据的发行者

作为一种非担保证券，市场对商业票据发行人的要求是非常高的，一般只有大公司发行的商业票据才能被市场投资者所接受。从西方一些国家的情况看，金融公司、非金融公司（如大企业、公用事业单位等）及银行控股公司等，都是商业票据的发行者，而实际上，真正能在商业票据市场上大量发行票据筹措巨额资金者为数不多。只有资力雄厚、信誉卓著，经过评级成为主要公司的一些企业才能享有经常大量发行商业票据筹集资金的条件，其票据被称为主要商业票据。近十几年的发展中，商业银行在商业票据的发行中扮演着重要角色，它们通过提供信贷额度支持、代理发行商业票据等形式，促进了商业票据的发行，因而这类有保证的商业票据的发行增长速度最快。

2）商业票据的投资者

商业票据的主要投资者有大商业银行、非金融公司、保险公司、养老金、互助基金会、地方政府和投资公司等。

其中，商业银行是商业票据的重要投资者，但商业银行自己持有的商业票据很少。商业银行购买商业票据通常出于两方面需要：①商业银行经常为它们的信托部门或顾客代理购买商业票据（作为推销代理人）；②商业银行自己持有商业票据主要作为流动性资产的二级准备，在头寸不足时抛出票据补进头寸，或者通过买进卖出票据按不同的投资或产业分散风险。

此外，非金融公司也是商业票据的重要投资者，包括生产制造业、矿业批发业或零售公司等。这些非金融公司在生产或经营中经常存在季节性或临时性的资金头寸盈余，而有些国家规定商业银行对公司活期存款不支付利息或只支付微息，为避免资金收益损失，它们通常的做法之一是投资商业票据。

近年来，保险公司、养老金及其他各种基金会投资于商业票据的情况也越来越多，它们成为商业票据的重要买主。

通常，商业票据的投资者中，个人投资者很少，这主要是由于商业票据面值较大或购买单位（通常10万美元以上为一个购买单位）较大，个人无力购买所致。不过近年来商业票据的最小面值已经降低，个人投资开始活跃。

3.2.2　商业票据的发行方式

商业票据的发行有两种方式：直接发行和通过证券交易商发行。

（1）直接发行（direct placement）。它是指由发行人直接面向市场投资者发行商业票据。在美国，20世纪初的金融公司最早采用直接发行的方式。现在，美国约一半的商业票据是发行人直接发行的。这种发行方式适合于那些发行数额较大（发行额5亿～10亿美元），且需要经常发行商业票据的大公司。

（2）通过证券交易商发行（dealer placement）。不经常发行商业票据或发行数额比较小的发行人常常通过证券交易商发行商业票据，这样既可以充分利用证券交易商已经建立起来的许多发行网络，并争取到尽可能好的利率和折扣，又可以节省自己建立销售网络的成本开支。由证券交易商支付的价格与发行人收到的价格之差，叫作"证券交易商销售差价"（dealer spread），一般年平均10个基点左右。日本与欧洲商业票据大都采取这种方式发行。

3.2.3　商业票据的发行数量

商业票据的发行数量视经济及市场状况的变化而变化。其中，市场利率是影响商业票据发行量的重要因素。高利率时期发行数量较少；资金来源比较稳定或市场利率较低时，有融资需求的各方会加大商业票据发行量。

3.2.4　商业票据的信用评级

商业票据评级是指对商业票据的质量进行评价，并按质量高低分成等级。一般由发行人或委托代理人发行的交易商向评级机构申请评级，并提供必要的财务数据。完善的信用评级体系对商业票据市场的发展和运转起到了非常关键的作用。

作为短期票据，法律并未规定商业票据必须通过评级程序，但是未经评级的商业票据发行较为困难，特别是那些资信并不为投资者所广泛了解的公司发行的商业票据是无人问津的。信用评级虽然增加了发行的手续和成本，但却能够使市场投资者增进对发行人的财务状况的了解，有利于提高信息的透明度，使市场更好地评价不同的商业票据，从而也能够使信誉高的发行人降低利息成本，所以，发行者一般都主动向评级公司申请评级。

商业票据的信用评级基本上是评估发行者的基本信用品质，因此在评估方法上，与一般债券并无太大不同，也主要依据发行人的管理质量、经营能力、风险、资金周转速度、竞争能力、流动性、债务结构、经营前景等将商业票据分成若干等级。比如，美国的标准普尔公司将商业票据分为A、B、C、D四个级别，每个级别的含义是：A级表示商业票据发行者定期偿还债务的能力很强，A级还可以分为AAA、AA、A，表示不同的程度。B级表示商业票据发行者具有较强的定期还债能力，但这种能力可能会受条件变化或临时困难的损害。C级表示商业票据发行者的支付能力有问题。

D级表示商业票据发行者是违约的或者预计是违约的，即该商业票据发行者无能力偿还票据的利息。

同时，商业票据的信用评级更强调短期内的可能状况，不过其所着眼的期间并不以商业票据的期限（如30天）为限，而是采取更长的评估期间，诸如270天甚至1年。也是基于此，一家公司的商业票据等级并不会频频变动，并且评级的标准主要是发行人的流动性指标和所拥有的信用额度。

当前，国际商业票据市场上对商业票据进行评级的知名信用评级机构主要是穆迪投资服务公司和标准普尔公司。商业票据的发行人至少要获得其中的一个评级，大部分都获得两个。

商业票据的信用评级和其他证券的信用评级一样，也分为投资级和非投资级。美国证券交易委员会认可两种合格的商业票据：一级票据和二级票据。一般来说，要想成为一级票据，必须有两家评级机构给予了"A"的评级，成为二级票据则必须有一家给予了"A"的评级，至少还有一家或两家的评级为"B"。二级票据为中等票据，货币市场基金对其投资会受到限制。

补充阅读资料3-4　　　　　　　　　**美国商业票据的信用评级标准**

美国主要有三家评级公司对商业票据进行评级，即穆迪（Moody's）、标准普尔（Standard & Poor's）和惠誉（Fitch Ratings）。三家评级公司对各等级商业票据的评级标准见表3-1。

表3-1　　　　　　　　三家评级公司对各等级商业票据的评级标准

类型	商业评级公司		
	穆迪	标准普尔	惠誉
可投资等级	A-1+	F-1+	
	P-1	A-1	F-1
	P-2	A-2	F-2
	P-3	A-3	F-3
非投资等级	（not prime）	B	F-S
		C	
违约		D	D
评级的发行人数量	约1 400家	约1 700家	240多家

资料来源　刘东鑫. 美国商业票据市场的发展特点及启示［J］. 中国货币市场，2010（10）.

3.2.5 商业票据的发行价格

商业票据均为贴现发行，其利率即为贴现率。影响商业票据利率的因素主要有商业票据的发行成本、发行人的资信等级、发行时有无担保以及担保人的资信等级、税收高低、流动性的强弱等。一般来说，发行成本高，就越需要较高的发行利率予以弥补；发行人资信卓著，发行利率便可以适当降低；若再有高等级银行予以担保，利率又可更低一些；同国库券相比，商业票据的风险较大而流动性较差，而且收益需要纳税，因而发行利率要高于国库券利率。此外，商业票据利率还受货币市场资金供求状况的影响，若市场资金供给紧张，发行利率就会提高，反之则会降低。

商业票据以低于其票面额的价格发行，到期按面额兑付，两者差额即为投资人的收益。相关计算公式如下：

发行价格=面额－贴现金额

贴现金额=面额×贴现率×期限（天）÷360

贴现率=（1－发行价格÷面额）×360÷期限（天）=贴现金额÷面额×360÷期限（天）

3.2.6 商业票据的发行成本

商业票据的发行成本在很大程度上影响着企业是否采取发行商业票据方式筹资的金融决策，因而必须进行详细的计算和比较。一般来说，影响商业票据发行成本的因素有以下几种：①按规定利率所支付的利息。②承销费。其主要根据金额大小及时间长短计付，通常为0.125%～0.25%。③签证费。为证明商业票据所记载事项正确，通常由权威中介予以签证。一般按签证金额收费，规定最低起收点。签证收费标准因发行公司有无保证而有差别。④保证费。金融机构为发行商业票据者提供信用保证，要收保证费。收费标准通常按照商业票据保证金的年利率1%计付，发行量大、资信良好的公司可酌减。⑤评级费。

小思考3-6

我国企业能否发行商业票据？

小思考3-6

分析提示

3.3 银行承兑汇票市场

在商品交易活动中，售货人为了向购货人索取货款而签发的汇票，经付款人在票面上注明承诺到期付款的"承兑"字样并签章后，就成为承兑汇票。经购货人承兑的汇票称商业承兑汇票，经银行承兑的汇票即为银行承兑汇票。由于银行承兑汇票由银行承诺承担最后付款责任，实际上是银行将其信用出借给企业。这里，银行是第一责任人，出票人只是第二责任人。持票人凭承兑银行的付款信用保证，可请求其他银行对该汇票贴现，贴现汇票的银行还可以把它立即出售到票据市场上进行资金融通。所以，银行承兑汇票市场就是以银行承兑汇票作为交易对象，通过汇票的发行、承兑、转让及贴现而实现资金融通的市场。

3.3.1 银行承兑汇票的形成机理

作为一种历史悠久的货币市场工具，银行承兑汇票（bankers' acceptance bill）是在国际贸易的基础上产生和发展起来的。进出口贸易中的双方互不认识，出口商担心发货后对方不予以付款，进口商则担心付款后出口商不能及时交货，此时，如没有第三者的担保，交易就难以进行。由于银行拥有公认的较高的资信，其信誉一般都为进出口商所认可，因此银行就自然而然地承担了第三者信用保证的职能。一般情况下，进口商首先向本国银行申请开立信用证，以作为向国外出口商付款的保证。然后，出口商将以此开出以进口商银行为付款人的远期汇票，指示进口商银行（通过出口商银行）在未来一个指定的日期向出口商支付进口货物款项。进口商银行在汇票正面签上"承兑"字样并盖章，这样银行承兑汇票就产生了。

汇票到期前，如果出口商急需资金，可以将汇票送银行进行贴现。银行将从票面金额中扣除一部分贴现额后，将款项支付给出口商。银行可以选择将已经贴现的汇票持有至到期，再向进口商银行收款，这相当于向进口商银行发放了一笔贷款。此外，银行还可以选择在二级市场上转贴现或出售汇票，提前收回款项。

3.3.2 银行承兑汇票的价值

1）从借款人角度看

首先，与利用传统银行贷款相比，借款人利用银行承兑汇票融资的利息成本及非利息成本较低。请求银行承兑汇票的企业实际上就是借款人，它需向银行交付一定的手续费。当它向银行贴现后，又取得现款，其融资成本为贴息和手续费之和。传统的银行贷款，除支付一定利息外，借款人还须在银行保持超过其正常周转资金余额的补偿性最低存款额，这部分存款没有利息，构成企业的非利息成本。对比而言，使用传统银行贷款的成本比运用银行承兑汇票的成本高。

其次，借款人运用银行承兑汇票比发行商业票据筹资有利。能在商业票据市场上发行商业票据的都是规模大、信誉好的企业，许多借款人都没有足够的规模和信誉以竞争性的利率发行商业票据筹资，这部分企业却可以运用银行承兑汇票来解决资金上的困难。即使是少数能发行商业票据的企业，其发行费用和手续费加上商业票据利息成本，总筹资成本也高于运用银行承兑汇票的成本。

2）从银行角度看

首先，银行运用承兑汇票可以增加经营效益。银行通过创造银行承兑汇票，不必动用自己的资金即可赚取手续费。当然，有时银行也用自己的资金贴进承兑汇票。但由于银行承兑汇票拥有大的二级市场，很容易变现，因此银行承兑汇票不仅不影响其流动性，而且提供了传统的银行贷款所无法提供的多样化的投资组合。

其次，银行运用承兑汇票可以增强其信用能力。一般来说，各国银行法都规定了银行对单个客户提供信用的最高额度。通过创造、贴现或出售符合中央银行要求的银行承兑汇票，银行对单个客户的信用可在原有的基础上增加10%。

最后，银行法规定出售合格的银行承兑汇票所取得的资金不需要缴纳准备金。这样，在流向银行的资金减少的信用紧缩时期，这一措施将刺激银行出售银行承兑汇票，引导资金从非银行部门流向银行部门。

3）从投资者角度看

首先，银行承兑汇票的安全性高。银行承兑汇票的承兑银行对汇票持有者负有不可撤销的第一手责任，汇票的背书人或出票人承担第二手责任，即如果银行到期拒绝付款，汇票持有人还可向汇票的背书人或出票人索款，因此，投资于银行承兑汇票的安全性非常高。

其次，银行承兑汇票的流动性强。一流质量的银行承兑汇票具有公开的贴现市场，可以随时转售，因而具有高度的流动性。

同时，投资于银行承兑汇票的收益同投资于其他货币市场信用工具，如商业票据等的收益不相上下。

3.3.3　银行承兑汇票市场的运行

银行承兑汇票市场的运行主要由出票、承兑、贴现及再贴现等几个环节构成。其中，出票与承兑相当于一级市场或者发行市场，贴现与再贴现相当于二级市场或者流通市场。

1）银行承兑汇票的产生和承兑

银行承兑汇票可以通过多种方式产生，其中，比较主要的是由银行的商业信用证所产生的和由银行的承兑合同所产生的两种，以下就这两种方式进行重点介绍。

（1）由银行的商业信用证所产生的银行承兑汇票。由银行的商业信用证所产生的银行承兑汇票包括两种情况：一种是由进口贸易所产生的，即外国出口商根据本国进口商所请本国银行出具的商业信用证，依照其凭证上规定的日期条件和金额发出远期汇票，连同各项货运单据，交其往来银行，转寄出具凭证的银行承受兑现；另一种由国内的购进贸易产生，即外地售货商根据本地购货商所请本地银行出具的押汇凭信，依照凭信上规定的日期和金额发出汇票，连同各项货运单据转交银行请求承兑。

（2）由承兑合同所产生的银行承兑汇票。由承兑合同所产生的银行承兑汇票具体分为三种，分别是由出口贸易而产生、由国内的外销贸易而产生、由国内仓库存货而产生。前两种为本国出口商或本地售货商因为要在外国进口商或外地购货商尚未付款时获得资金的流通，而在商品起运之前，向往来的当地银行订立承兑合同，等到商品起运后即把所有货运单据和向外国进口商（或外地购货商）收款的汇票交存银行，同时发出汇票，请求银行承兑。至于第三种由仓库存货所产生的银行承兑汇票，则为企业用其寄存在仓库的商品为担保，与银行订立承兑合同，可以在约定的金额限度以内开出汇票，经银行承兑到期付现。这种银行承兑汇票，因经由银行承兑，信用较好，可以在市场上流通买卖，很容易变现。而在银行方面，既有适当的商品作为担保，又持有收票人所签订的承兑合同，安全可靠，所以乐于承兑，借以收取一定的手续费而增加收益。

2）银行承兑汇票的流通转让

银行承兑汇票的流通转让一般通过贴现方式进行。票据的承兑与贴现是两种不同性质的票据行为，两者各自独立，但作为融资活动，两者又密切联系，票据承兑为票据贴现提供了必要的前提条件，票据贴现必须在票据承兑的基础上才能进行。通常，商业银行通过贴现方式买入自己承兑的汇票后，可将汇票持至到期日，也可通过交易商把汇票再次贴现出去从而提前收回款项。一般参与银行承兑汇票贴现的市场交易者有中央银行、外国中央银行、工商企业公司、商业银行和一些非银行金融机构。

（1）贴现。票据贴现是票据持有人将未到期票据卖给银行来融通资金的行为，即票据持有人为了取得现款，在银行承兑汇票到期前，按照票据的票面金额，以贴付自贴现日至到期日止的利息为条件，向银行所做的票据转让行为。从票据行为上看，是一种票据买卖行为，即票据持有人将票据按一定价格卖给了银行，票据的权利转让给了银行。票据到期时，银行将向付款人提示票据要求付款。只要付款过程正常进行，整个贴现后的过程就与贴现申请人无关。

从贴现申请人来看，贴现适用于生产或经营规模较大、产品或企业经营服务有较大的市场需求、存在因季节性供需不平衡或其他业务而产生的不定期票据或资金结算的各类企业和具有短期融资需求的企业及其他经济组织。贴现有提高企业资产的流动性、减少应收账款、降低企业融资成本、减少财务费用、手续方便等特点。

从银行来看，贴现过程相当于银行的贷款行为。也就是说，银行向贴现申请人提供了贷款，而且以预扣利息的方式得到贴现收益。因此，融通的资金能否到期收回，银行也有风险。银行在贷款时，往往强调资金的安全性，安全性的保证之一是银行的资金应当贷给能生产出有市场的商品的企业。按照这个原则，在贴现时，为了防止一些企业利用商业汇票套取银行资金，银行一律要求持票人将票据所依附的商品交易运单副本或其他证明材料连同汇票一起提交给银行。

商业银行在贴现票据时，将依据以下公式确定应贴现金额：

贴现金额=票据面额×（1-年贴现率×到期天数÷360）

例如，某企业将一张金额为1 000万元、90天后到期的银行承兑汇票向一家商业银行申请贴现。经银行审查，汇票符合贴现条件，银行同意对这张汇票进行贴现。假定贴现率为4%。根据公式，其贴现金额为：

贴现金额=1 000×（1-4%×90÷360）

=1 000×0.99=990（万元）

银行预扣利息=1 000-990=10（万元）

（2）转贴现。它是指商业银行将其从企业贴现而来的尚未到期的银行承兑汇票，在二级市场上出售，转让给其他金融机构以融通资金的票据行为。票据可在多个投资者之间进行多次转贴现，直至票据到期。

卖断和回购是转贴现的两种实现方式。其中，卖断是指通过签订有关协议，票据贴现行将票据所有权转让给其他金融机构的一种票据行为；回购是指在汇票到期前根据转贴现协议，申请转贴现的银行主动将款项划付给转贴现行，转贴现行将汇票交还申请转贴现行的一种票据行为。按照交割的方式，转贴现的回购方式可以分为实物交割和非实物交割两种。其中，实物交割是指回购双方在进行交易时，交易的汇票由卖出回购方交付给买入返售方，回购协议到期时将汇票再赎回的过程。而非实物交割则不进行票据的转移，由卖出回购方和上级监管行共同就地封存保管拟交易的汇票，回购期满，划付回购款项后，将汇票解封。

（3）再贴现。它是商业银行和其他金融机构将持有的贴现票据向中央银行进行贴现的票据行为。由于商业银行所申请贴现的票据是已经贴现的票据，所以当商业银行将它向中央银行贴现时，就已经是第二次贴现了，因而叫作再贴现。票据再贴现也可分为卖断和回购两种方式。对中央银行而言，再贴现是买进票据，让渡资金；对商业银行而言，再贴现是卖出票据，获得资金。

再贴现是中央银行对商业银行及其他金融机构融通资金的一种形式，是中央银行的授信业务，是中央银行作为"最后贷款人"角色和地位的具体体现，同时，也是中央银行对商业银行实施信用调控、实现货币政策目标的重要政策工具。中央银行通过办理再贴现业务，可以根据需要是否给予贴现或调整再贴现率，影响金融机构向中央银行借款的成本，从而影响货币供应量和其他经济变量，以达到控制、引导资金流向和规模的目的，最终实现对国民经济的宏观调控。

从形式上看，再贴现与贴现并无区别，都是一种票据和信用相结合的融资方式。再贴现金额的计算与商业银行办理贴现时完全相同。所不同的是，商业银行所使用的贴现率是由其结合再贴现率以及市场情况确定的，而中央银行的再贴现率则是中央银行根据市场和经济发展阶段以及调控需要确定的。

小思考3-7

分析提示

小思考 3-7

贴现、转贴现、再贴现三种业务有哪些不同？

3.3.4　银行承兑汇票的风险与防范

1）银行承兑汇票在出票环节的风险及防范

（1）出票环节的风险。出票企业因购买商品或劳务向供应商签发银行承兑汇票时，需与银行签订银行承兑协议书，按要求存入保证金，存在资金占用风险，若承兑汇票到期企业不能按时足额支付，还存在或有负债风险、信用风险。现实业务中，有些关联企业签订没有真实贸易背景的商品交易合同，骗取银行承兑汇票，存在法律风险。

（2）出票环节风险的防范。企业在日常经营中应倡导合法合规经营，提高企业的资信水平。企业可与银行洽谈出具承兑汇票时降低保证金比例或以其他担保方式代替保证金，减少资金压力，降低资金成本。根据企业自身的货款回收和融资计划来确定银行承兑汇票到期日，防止出现暂时的资金短缺，确保在银行承兑汇票到期日能够如期解付已开具的票据。

2）银行承兑汇票在收票环节的风险及防范

（1）收票环节的风险。收票环节风险表现在：随着银行承兑汇票的快速发展，出现了伪造票据、变造票据、克隆票据等情况，加大了企业在交易中收到假票的概率；由于信息不对称及其他原因收到对方公司挂失止付的票据；企业在收票时可能审核不严，导致收取一些票面填写不规范、背书转让不连续的票据。

（2）收票环节风险的防范。收票环节作为银行承兑汇票运行过程中的基础环节，对其风险进行防范十分必要和重要。对于企业来说，其在收到银行承兑汇票时必须保证谨慎的态度，除了需要及时去开户行使用票据查询程序进行查询之外，还应该明确银行的查询反馈信息，只有确定票据不存在不良信息，才能对其进行收取。同时，应提高员工思想道德素质，增强相关人员的责任心和业务素质，提升其办理银行承兑汇票业务时的风险意识、法律意识、管控能力。

3）银行承兑汇票在承兑环节的风险及防范

（1）承兑环节的风险。在实际业务中，有些企业未在到期日起10日内向承兑人提示付款或者在票据到期日委托开户行托收，导致未在有效期内提示付款，资金未能及时到账。

（2）承兑环节风险的防范。收到银行承兑汇票后，首先要对票据进行手工台账及电子台账登记，对票据正反面都要加以复印，以备日后详查。要对票据到期日设置提醒，要等同于现金管理，对其每月月底定期盘点。要在票据到期7～10日前，到自己开户行办理委托收款手续，委托银行代为收款。如未在该期限内提示付款，应向付款人出具延期托收说明。如果企业出现了票据丢失的情况，须及时通知票据的付款人，让其挂失止付，付款人在收到挂失止付通知后需暂停支付。

4）银行承兑汇票在贴现环节的风险及防范

（1）贴现环节的风险。大部分公司由于缺少资金，通过银行贴息，可能提前将银行承兑汇票变现。社会上存在一些以办理贴现为名从事票据收购倒卖的机构或个人，手续费比较高，且违背真实交易的原则，风险也难以控制，且私人无法提供合法的贴息发票，导致贴现利息无法入账。

（2）贴现环节风险的防范。宜向金融机构请求办理相关贴现业务。

3.4　大额可转让定期存单市场

3.4.1　大额可转让定期存单的概念及特点

1）大额可转让定期存单的概念

大额可转让定期存单（large negotiable certificate of deposit，NCDs）也称大额可转让存款证，是银行发行的一种可以在市场上转让的定期存款凭证。凭证上标明票面金额、存入日、到期日以及利率，到期后可按票面金额和规定利率提取全部本息，逾期不计息。大额可转让定期存单可流通转让，自由买卖。简言之，大额可转让定期存单是一种固定面额、固定期限、可以转让的大额存款凭证。大额可转让定期存单主要发行给企业、个人或者其他机构投资者，发行利率市场化。企业和货币市场基金等机构投资者可以在二级市场上交易这些存款单，交易通常由交易商代理完成。

小思考 3-8
分析提示

小思考 3-8

大额可转让存单对于发行者的意义体现在哪里？

2）大额可转让定期存单的产生

大额可转让定期存单最早出现于 20 世纪 60 年代的美国。它是定期存款证券化、市场化的结晶，也是西方国家商业银行逃避存款利率管制、防止存款转移和提高存款竞争力的产物。

1929—1933 年的大萧条重创了美国金融业，9 600 多家银行倒闭。为阻止美国财政信贷体系的彻底崩溃，国会通过了一系列旨在提高银行业安全性和稳健性的法律，特别是《Q 条例》禁止银行对活期存款支付利息，对银行储蓄存款和定期存款规定了利率上限。当时美国所有的存单都是记名、不可转让的，同时受到利率上限的限制，商业银行在金融服务市场中的份额不断下降。为了避开利率管制并使存单更具流动性，1962 年纽约的城市国民银行（现为花旗银行）推出了第一张 10 万美元以上、可在二级市场上转卖的 NCDs。为了保证市场的流动性，城市国民银行还特地请专门办理政府债券的贴现公司第一波士顿公司为 NCDs 提供二级市场。NCDs 一问世即受到市场的追捧，其他银行相继效仿，给整个美国银行业带来了巨大影响，被誉为"美国银行业的一场革命"。

按照发行者的不同，美国大额可转让定期存单可以分为四种，即国内存单、欧洲美元存单、扬基存单和储蓄机构存单。它们具有不同的利率、风险和流动性。其中，国内存单是四种存单中最重要也是历史最悠久的一种，由美国国内银行发行。欧洲美元存单由美国银行的外国和离岸分支机构在国外发行，以美元计值，大多数是固定利率，利率一般高于同期限的国内可转让存单（因免交法定准备金和联邦存款保险公司的保费），是欧洲货币市场上的一种融资工具。扬基存单由外国银行在美国境内的分支机构在美国发行，以美元计值，可对投资机构发行，但不得对美国公民发行。其利率也高于国内可转让存单，买卖免纳交易税，但须提交法定存款准备金。储蓄机构存单由一些非银行的存款机构发行，特别是储蓄和贷款协会，国内存单面额一般为 10 万～100 万美元，在二级市场交易最少为 100 万美元面额，发行方式采取记名和不记名两种，期限一般为 30 天至 12 个月，但现在也有 14 天的，利率固定或浮动，其新发行利率称为第一市场利率。

3）大额可转让定期存单的特点

（1）与定期存款相比，大额可转让定期存单表现出以下特点：①大额可转让定期存单通常是不记名和可以转让的；定期存款是记名、不可转让的。②大额可转让定期存单都是整数，按标准单位发行；定期存款金额不固定，大小不等，可能有零数。③大额可转让定期存单既有固定利率，也有浮动利率，不得提前支取，但可在二级市场上转让；定期存款的利率一般是固定的，到期才能提取本息，提前支取要损失部分利息。

（2）与商业票据及债券相比，大额可转让定期存单在属性和信誉度方面也有显著不同。前两者不是存款，不需要交纳存款准备金，也不受存款保险法的保护，而大额可转让定期存单则需交纳准备金。大额可转让定期存单的发行人是银行，信誉高；商业票据和债券的发行人主要是企业，信誉相对要差些。

3.4.2　大额可转让定期存单的投资风险

对于大额可转让定期存单的投资者来说主要存在信用风险和市场风险。信用风险主要指发行大额可转让定期存单的银行的拒付风险，即使参加了联邦存款保险公司的银行也存在此类风险，因为大额可转让定期存单发行面额大而存款保险额只有10万美元。市场风险主要指大额可转让定期存单购买者需要资金时存单无法立即在市场上兑现。虽然大额可转让定期存单的二级市场非常发达，但终究略逊国库券市场一筹。市场风险使大额可转让定期存单的收益率高于国库券。

3.4.3　大额可转让定期存单的投资价值

对投资者来说，大额可转让定期存单既有定期存款的较高利息收入特征，又有活期存款的可随时获得兑现的优点，是追求稳定收益的投资者的一种较好选择。具体而言：

对银行来说，大额可转让定期存单可以绕过对储蓄利息的法律限制而增加资金来源，而且由于这部分资金可视为定期存款，因而能用于中期放款。更主要的是由发行存单所带来的对银行经营管理方面的变革，存单创立以来，商业银行的经营思想发生了很大的改变。过去商业银行进行资产管理时，注意力主要放在贷款和证券投资的管理上，需要调节流动性时往往靠减少放款卖出证券来满足。存单的发行及其二级市场的形成，使商业银行看到调节流动性不一定要靠减少放款卖出证券来解决，通过发行存单吸收存款也能解决，也就是靠增加负债来扩大资产业务。这样存单市场就成为商业银行特别是大银行调节流动性的手段，也是筹集额外资金以满足优良资产业务的手段。

对企业来说，投资于存单是利用企业闲置资金的一个好出路。在保证资金流动性和安全性的情况下，企业现金管理的目标就是寻求剩余资金收益的最大化。企业剩余资金的用途一般有两种：一种用于应付各种固定的预期支出，如纳税、分红及发放工资等；一种用于意外情况的应急。企业可将剩余资金投资于存单，并将存单的到期日同各种固定的预期支出的支付日期（如交税、分红、到期货款和发工资的日期）联系起来，到期以存单的本息支付。对于一些意外的资金需要，则可在二级市场上出售存单来获取资金。

3.4.4　大额可转让定期存单的发行方式和价格

发行大额可转让定期存单首先要对货币市场进行分析，关键是确定存单利率或发行价格。

1）发行方式

（1）直接发行与间接发行。直接发行就是发行人直接在银行门市零售或通过电子方式销售大额可转让定期存单。大银行地理位置好、分支机构多，直接发行大额可转让定期存单能节省成本。直接发行时，发行人多与一些大型机构投资者直接面商，有的发行人还允许投资者指定大额可转让定期存单利率。

间接发行即通过交易商发行，就是发行人委托承销商发行大额可转让定期存单。通常是发行人首先公布发行大额可转让定期存单的总数、利率、发行日期、到期日、每张大额可转让定期存单的面值等，然后物色一家或多家首席经销商组成包销经理团队。通过经销商发行，发行人需要支付承销佣金、法律费用、文件及存单印刷费用，还要支付一定的广告费用。

（2）批发式发行与零售式发行。在西方国家，大额可转让定期存单的发行主要采取两种形式：一是批发式发行，即发行银行集中发行一批大额可转让定期存单，发行时把发行总额、利率、期限等予以公布，供投资者认购。二是零售式发行，即发行银行为适应客户的需要随时发行，发行条件由发行银行与客户协商议定。大额可转让定期存单的发行一般都由发行银行直接销售，而无须借助发行中介机构。

2）发行价格

大额可转让定期存单的发行价格一般有两种形式：一是按面额发行，发行价格即票面面值；二是贴现发行，即以票面面额扣除一定贴现利息发行，发行价格低于面额。

大额可转让定期存单的利率有固定和浮动两种。其中，固定利率大额可转让定期存单有固定的面额、存期和票面利率，利息到期支付，计息日期一年按360天计算，这种存单在市场上比较普遍。浮动利率大额可转让定期存单的利息则是按货币市场上某一时间有相同期限放款或票据的利率为基数，再加一个预先确定好的浮动幅度来确定的，利息分期支付。上下浮动幅度视货币市场利率波动及发行者资信的不同而定。

但无论是哪种利率，在确定时，通常都要考虑大额可转让定期存单期限、其他短期金融工具的利率水平、市场利率的变动预期、发行者自身的资信程度以及金融当局有关的限制性规定等多方面的因素。

3.4.5　大额可转让定期存单的流通转让

大额可转让定期存单在二级市场转让流通时，一般需要交易商作为中介，在买卖双方之间沟通信息，牵线搭桥，促成交易。由于大额可转让定期存单利率较高，转手容易，交易商很乐于从事其交易业务。

在二级市场上买卖大额可转让定期存单的主要是一些证券公司和大银行。这些证券公司和大银行不仅自己买卖大额可转让定期存单，同时还充当中介人，是大额可转让定期存单市场的主要交易商。

大额可转让定期存单的转让方式可分为交付转让和背书转让两种。前者适用于不记名大额可转让定期存单，而后者则适用于记名大额可转让定期存单。

决定大额可转让定期存单转让价格的因素，主要是其票面利率及转让时的市场利率与票面利率的对比关系。一般来说，存单票面利率越高，存单的转让价格越高。存单转让时的市场利率如果高于存单票面利率，则转让价格低，反之则高。

3.4.6　我国大额可转让定期存单市场的基本情况

与发达国家相比，我国的大额可转让定期存单业务起步较晚。1986年，我国第一张大额可转让定期存单面世，最初由交通银行发行，1989年经中国人民银行审批，其他专业银行也陆续开办了此项业务。当时大额可转让定期存单作为一种新型金融工具，利率比同期存款上浮10%，同时又具有可流通转让的特点，集活期存款流动性和定期存款盈利性的优点于一身，因而深受欢迎。然而，基于各专业银行在发行大额可转让定期存单时出现的利率过高引发存款"大搬家"、增加银行资金成本的弊病，中央银行曾一度限制大额可转让定期存单的利率，加之当时我国还未形成完整的二级流通市场，1996年以后大额存单发行业务基本处于停滞状态。

2010年起，启动大额可转让定期存单业务的市场呼声日益提高，经过其后几年的酝酿与试点，2015年6月2日，中国人民银行颁布实施《大额存单管理暂行办法》（中国人民银行〔2015〕第13号），规范大额存单业务发展，拓宽存款类金融机构负债产品市场化定价范围，有序推进利率市场化改革。

根据《大额存单管理暂行办法》，我国大额存单基本情况如下：

（1）大额存单的性质。大额存单是以人民币计价的记账式大额存款凭证，是银行存款类金融产品，属一般性存款。

小思考3-9

分析提示

小思考3-9

大额存单是否享受存款保险制度的保护？

（2）大额存单的发行人。政策性银行、商业银行、农村合作金融机构以及中国人民银行认可的其他金融机构均可发行大额存单。

（3）大额存单的投资人。其包括个人、非金融企业、机关团体和中国人民银行认可的其他单位。

（4）大额存单的发行。大额存单以电子化方式在发行人的营业网点、电子银行、第三方平台以及经中国人民银行认可的其他渠道发行。

（5）大额存单的期限规定。大额存单采用标准期限形式，包括1个月、3个月、6个月、9个月、1年、18个月、2年、3年和5年等9个期限品种。

（6）大额存单的认购起点规定。个人投资人认购大额存单起点金额不低于30万元（2016年6月6日，央行将之下调至20万元），机构投资人认购大额存单起点金额不低于1 000万元。

（7）大额存单利率的确定。大额存单的发行利率以市场化方式确定。固定利率存单采用票面年化收益率的形式计息，浮动利率存单以上海银行间同业拆借利率（SHIBOR）为浮动利率基准计息。市场利率定价自律机制根据市场发展状况，对大额存单发行交易的利率确定及计息规则等实施自律管理。

（8）大额存单计息的规定。大额存单自认购之日起计息，付息方式分为到期一次还本付息和定期付息、到期还本。发行人应当在发行条款中明确采用何种计息规则。

（9）大额存单流动性的规定。发行人应该于每期大额存单发行前在发行条款中明确是否允许转让、提前支取和赎回等规则。大额存单的转让可以通过第三方平台开展，转让范围限于非金融机构投资人。对于通过发行人营业网点、电子银行等自有渠道发行的大额存单，可以根据发行条款通过自有渠道办理提前支取和赎回。

（10）大额存单可以作为质押品。大额存单可以用于办理质押业务，包括但不限于质押贷款、质押融资等。

补充阅读资料3-5　　　　　　　　　　现阶段大额存单的期限结构分布情况

银行大额存单共有9种期限，分别为1个月、3个月、6个月、9个月、1年、18个月、2年、3年、5年，和普通定期存款相比，多了1个月、9个月、18个月这三种期限。不过并非每家银行的大额存单都有9种期限，一般都会选择性发行部分期限。在大额存单的9种期限中，3年期大额存单发行量一直都是最高的。数据显示，3月份各大银行发行的大额存单中，3年期大额存单发行量占比51.6%。也就是说，在所有的大额存单中，3年期大额存单占比超过一半。

这比较容易理解。和其他产品一样，大额存单的期限越长，利率越高，所以3年期、5年期大额存单比其他期限有明显的利率优势，平均利率超过4%，最受投资者青睐，而2年及以内期限大额存单利率相对来说比较低，投资者购买热情不高。

2020年3月份，5年期大额存单发行量占比仅2.37%，5年期平均利率为4.119%，甚至要低于3年期平均利率。为何银行发行5年期大额存单的意愿不高？

实际上，近年来不管是普通定期存款还是大额存单，3年期和5年期利率倒挂的现象一直都很普遍，尤其是国有银行和股份制银行。近两年市场利率处于下行趋势，低利率预计会持续较长时间，大中型银行的存款来源相对稳定，不愿意为5年期这样的存款支付更高的成本。

进入2020年以来，部分国有银行下架3年期大额存单。目前，中国银行、农业银行、交通银行仍然在发行3年期大额存单，工商银行、建设银行、邮储银行均无3年期大额存单。其中，邮储银行2019年以来一直未发行3年期大额存单，工行和建行则是在2020年初开始下架了3年期大额存单。此外，2020年以来，只有交通银行发行了5年期大额存单，其他5家国有银行均没有。国有银行之所以不愿意发行3年期和5年期大额存单，主要是因为利率太高，银行的揽储成本压力很大。

不过目前股份制银行、城商行、农商行的3年期大额存单并未减少，且发行比例在各期限中仍然是最高的。地方性银行存款来源不稳定，通常会为3年期、5年期定期存款或大额存单设置较高的利率，目前很多城商行和农商行的3年期大额存单利率上浮

55%至顶，3年期利率可达4.2625%，个别银行的5年期利率会更高。

在行业净息差收窄的压力之下，未来中小银行的大额存单利率整体也会有所下调，3年期和5年期利率的调整空间更大。

资料来源　金浩. 部分银行悄然下架3年期大额存单，存款产品现结构性调整［EB/OL］. ［2020-04-27］. https://mp.weixin.qq.com/s/YQPcJ_PIZqCUUk-TtE5J7w.

小思考3-10

小思考3-10

举例说明大额存单适合什么样的资金购买？

分析提示

3.5　我国的票据市场及运作实务

3.5.1　我国票据市场的发展历程

1）萌芽发展阶段（1949—1978年）

解放初期至1954年间，国家允许银行信用和商业信用存在，中国人民银行上海分行曾运用商业汇票承兑与贴现，为恢复和发展国民经济服务。1954年至1978年间，全国实行信用集中，取消商业信用，银行结算以划拨为主，只有零星的支票结算。

2）雏形发展阶段（1979—1994年）

1979年，中国人民银行开始批准部分企业签发商业承兑票据。1981年2月和11月，第一笔同城商业承兑汇票贴现业务和第一笔跨省市银行承兑汇票贴现业务成功办理，各商业银行在中央银行的批准下逐步将同城商业承兑汇票贴现业务和异地银行承兑汇票贴现业务列入资产业务项目，票据业务步入恢复发展阶段。

3）规范发展阶段（1995—1999年）

主要标志有：1995年颁布《中华人民共和国票据法》，初步建立并逐步完善了有关票据业务的法规和制度；中央银行相继发布《支付结算办法》、《票据管理实施办法》和《商业汇票承兑、贴现与再贴现管理暂行办法》等一系列规章，加强对商业汇票业务的宏观管理和制度建设；1998年，中央银行发布《关于加强商业汇票管理、促进商业汇票发展的通知》，三次下调贴现和再贴现利率，改进与完善贴现利率的生成机制；1999年，中央银行下发《关于改进和完善再贴现业务管理的通知》，改革再贴现率与贴现率的确定方式，扩大了贴现率的浮动幅度。

4）积极发展阶段（2000年至2009年10月）

主要表现在：票据业务走上规模化和专业化发展轨道，票据业务总量成倍增长；在票据业务全国范围内推广应用和市场制度建立后，票据业务运作机制逐渐成熟，商业银行票据业务开展的规模化和专业化程度明显上升，由此促成票据业务快速增长；票据市场参与主体迅速扩大，除票据业务恢复开展初期的大型国有商业银行之外，股份制商业银行、城市商业银行、财务公司、农村商业银行和农村信用社等金融机构纷纷开展票据业务，票据市场活跃程度明显提高。

5）快速创新阶段（2009年11月至2016年11月）

主要表现是：中国人民银行的电子商业汇票系统（ECDS）带来了革命性的电子票据产品，克服了纸质商业汇票操作风险大的缺点，改变了企业与金融机构的支付习惯和交易方式，普及率逐年提高，并取代纸票成为主流；为了解决票据对信贷规模占用的突出问题，业内出现了以票据资管、票据资产证券化等为代表的票据产品，"票据收益权"转让逐步成为票据交易创新的主要关注点；伴随着区块链技术的发展，数字票据呼之欲出并在特定机构和场景下得到应用，并将为数字货币的发展提供合适的应用场景。

6）整合发展阶段（2016年12月至今）

主要表现在：中国人民银行主导下的票交所成立，实现了票据市场基础设施的搭建，对整合票据市场、防范业务风险、优化资源配置、推动商业信用和第三方评级发展发挥重要作用；票交所的成立进一步扩大了票据市场的参与主体，券商、信托、资产管理公司均可以参与票据的转贴现市场，使得票据开始成为联系银行和非银行机构之间的主流媒介；电子商业汇票系统的迁移与整合，实现了全市场基础设施的统一和归并，并为纸电融合的进一步发展奠定了基础；一系列票据制度的推出，为统一票据市场的建设和发展奠定了基础。

3.5.2 我国票据市场的现状

2019年，中国票据市场保持了良好发展势头，票据承兑、背书、贴现、交易等各项业务量稳定增长，票据支持实体经济发展，解决民营、中小微企业融资难融资贵问题的功能得到进一步强化，在货币政策传导上发挥了积极作用，票据市场基础设施建设更趋优化，市场风险得到有效防控，市场规范创新迈出坚实步伐。但与此同时，票据"套利"问题、伪假电票风险、承兑信用风险等依然存在。2020年初公布的2019年票据市场运行情况显示，2019年全年票据业务总量达131.45万亿元，同比增长19.04%。2019年我国票据市场具体表现如下：

1）票据规模继续扩大，服务实体经济能力进一步增强

（1）票据签发承兑量在社会融资规模中占比提升。2019年，全市场累计签发承兑票据20.38万亿元，同比增长11.55%；年末承兑余额12.73万亿元，比年初增长15.27%。其中，银行承兑汇票累计签发承兑17.36万亿元，同比增长10.41%，年末余额10.89万亿元，比年初增长14.27%；商业承兑汇票累计签发承兑3.02万亿元，同比增长18.61%，年末余额1.84万亿元，比年初增长21.56%。票据签发承兑量在社会融资规模中占比为5.07%，比上年提高0.2个百分点。

（2）票据贴现在企业贷款中占比提升。2019年，票据累计贴现12.46万亿元，同比增长25.33%；年末贴现余额8.18万亿元，比年初增长24.03%，贴现增量在企业贷款增量中占比达到16.77%，成为支撑企业贷款增长的重要力量。

（3）企业的票据背书量增长较快。2019年，企业背书金额为46.47万亿元，同比增长16.86%。随着票据便利性和安全性的提高，票据在企业中的接受度也进一步提升，

2019年全国使用票据的企业达到245.11万家，同比增长24.89%。

（4）票据交易量增长明显。2019年，票据市场交易量为50.94万亿元，同比增长22.01%。其中，转贴现38.82万亿元，同比增长12.11%；回购12.12万亿元，同比增长70.11%。

2）票据市场利率持续下行，有效降低实体经济融资成本

（1）贴现利率不断走低。2019年12月，票据贴现加权平均利率为3.24%，同比下降59个基点，比贷款基准利率低111个基点，比12月一年期LPR低91个基点。

（2）转贴现利率持续下降。2019年12月，票据转贴现加权平均利率为3.11%，比上年同期下降61个基点。转贴现利率的走低又带动了贴现利率的走低，从而有效降低了实体经济融资成本。

（3）票据回购利率与其他货币市场回购利率联动性增强。2019年12月，票据回购加权平均利率为2.4%，比上年同期下降72个基点，与货币市场其他利率保持同向变动。其中，隔夜票据回购利率与同业拆借、债券质押式回购利率的相关系数分别达到0.8637和0.8583。同时，票据回购利率与货币市场其他利率的利差进一步缩小，与同业拆借的利差从上年末的55个基点缩小至31个基点，与债券质押式回购的利差从上年末的44个基点缩小至30个基点。

（4）利率波动性有所增强。2019年，票据市场利率在持续走低的同时波动性增强，特别是在11月末，票据利率波幅达到102个基点，和同业存单利率出现倒挂现象，引起市场的广泛关注。

（5）票据收益率曲线下移。2019年12月末，一年期国股票据（即国有银行和股份制银行承兑的票据）转贴现收益率为2.69%，比上年末下行87个基点，比一年期同信用等级同业存单到期收益率低28个基点。同期，一年期城商行承兑票据转贴现收益率为2.99%，比上年末下行96个基点；与国股票据收益率的利差为30个基点，比上年末收窄9个基点。

3）票据市场结构分化特征明显

（1）高信用等级票据的市场占比提高，银行信用分层显化。2019年，国股票据贴现量在全市场贴现量中占比达到57.35%，比上年提高2.8个百分点；转贴现占比达到60.95%，比上年提高2.7个百分点。同时，国股票据的贴现利率为3.13%，比其他类型银行承兑票据的贴现利率低48个基点，利差比上年扩大19个基点。

（2）票据业务进一步向经济发达地区集中。票据作为企业生产经营常用的金融工具，其规模的大小能够反映出企业生产经营活动的活跃程度。2019年，华东和华中等经济发达地区的企业用票量增长较快，其票据签发及背书量合计为40.3万亿元，市场占比为60.77%，比上年增长1.3个百分点。而同期，华北、西北、东北等地区的企业票据签发背书量为15.84万亿元，市场占比23.88%，比上年下降1.7个百分点。

（3）高新产业成为票据业务增长亮点。2019年，用票量增长最快的行业分别为科学研究和技术服务业以及信息传输、软件和信息技术服务业，票据签发背书量比上年提高2个百分点。同时，受经济增速下降、中美贸易摩擦等因素影响，传统用票行业如批

发零售业和制造业用票量有所下降，市场占比分别比上年下降2.4和1.1个百分点。

（4）票据成为解决民营、中小微企业融资问题的重要工具。2019年年末，出票人为中小微企业的票据承兑余额为8.89万亿元，占全部承兑余额的69.84%；贴现申请人为中小微企业的票据贴现余额为6.66万亿元，占全部贴现余额的81.39%。12月，中小微企业票据贴现平均利率为3.29%，同比下降57个基点，比贷款基准利率低106个基点，比12月一年期LPR低86个基点。

面临经济下行的趋势，国家进行了宏观政策逆周期调控，票据市场支持实体经济发展的能力和效率得到了提升。票据市场将继续发挥支持实体经济的作用，切实服务于实体经济，有效缓解民营和中小微企业融资难、融资贵问题。

补充阅读资料3-6　　　　　　　　科技进步与票据市场发展

中华人民共和国成立后，特别是改革开放40多年来，随着科技的快速发展，其在票据市场中发挥的作用日益凸显，已成为票据市场发展的关键推动力量。

2000年，中华人民共和国成立后第一家票据专营机构——工商银行票据营业部成立。它不仅首次对票据业务的专营模式进行了探索，对于票据科技系统的发展也具有重大意义。其搭建的以科技为基础的票据内部管理系统使得部分纸质票据业务操作流程不再需要使用手工方式，很好地提升了票据业务的安全性和操作效率，包括ISO质量管理体系的科技应用，标志着我国商业银行票据业务进入集约化、专业化、规范化、标准化的发展轨道。

2003年诞生了第一个票据官方报价平台——中国票据网，为金融机构之间的票据转贴现和回购业务提供报价、撮合、查询等服务。中国票据网的开通，标志着中国票据市场电子化建设进入新的里程，票据市场的信息透明度和市场效率得到显著提高，对票据市场快速发展起到积极的促进作用。

2005年，随着我国金融电子化水平不断提高，以招商银行"票据通"等为代表的基于各商业银行的电子票据业务蓬勃开展，将传统的票据业务与网络银行技术相结合，提高了行内票据业务效率，促进了市场加速回升。

2009年，由中国人民银行批准建立的电子商业汇票系统投入运行，标志着我国票据业务进入电子化时代，对票据市场发展产生深远影响。

对企业来说，电子商业汇票不仅具备纸质票据的所有功能，更重要的是企业在使用过程中不受时间和空间的限制，交易资金在途时间大大缩短，资金周转效率明显提高。

对商业银行来说，电子商业汇票系统的建成不但使电子票据能够实现实时、跨地区流通使用，而且节省了纸质票据业务的人工成本，节约票据印制成本，降低票据保管成本，规避票据遗失风险，增强了业务的安全性，加快了结算速度，从而能够有效提高银行的金融服务效率。

对中央银行来说，其通过电子商业汇票系统可以全面监测商业汇票的各种票据行为，准确了解资金流向，为宏观经济决策提供重要参考依据。

但由于电子票据制度设计还不完善、市场接受需要时间等多方面原因，电子票据初问世的几年，其发展相当缓慢。

截至2013年年末，电子商业汇票系统参与者共359家，2013年电子商业汇票系统出票金额15 864亿元，承兑余额16 258亿元，贴现金额6 405亿元，转贴现金额19 510亿元，电票承兑金额占全部票据承兑金额的比例仅为5.7%。

2012年，随着金融科技发展的推动和互联网金融的崛起，"互联网+票据"理财模式开始兴起并迅速发展起来，各互联网巨头等纷纷涉足这一领域，阿里招财宝、新浪微财富以及苏宁、京东也相继杀入，一度成为市场的热点，票据市场活跃度显著提高。

2015年，中信银行用非居民自由贸易账户（FTN账户）办理了在跨境人民币业务项下的电子商业汇票受让业务，实现了国内跨境人民币业务项下的票据业务，新产品、新业务不断涌现，票据贴现量达到了历史最高，为102.1万亿元，同比增长68.2%。

2016年票交所成立后，通过重塑票据业务规则和市场生态，显著提高了票据市场的信息透明度和规范性，在此背景下金融科技迎来了快速发展，业务创新在民间纷纷展开。

2017年以来，区块链技术在金融领域的应用研究如火如荼，2017年1月3日浙商银行基于区块链技术的移动数字汇票产品上线，并完成首单交易；3月15日深圳金服公司发布了国内首单票链业务；11月份，江苏银行应用区块链技术成功办理票据跨行贴现业务。2018年11月25日，数字票据交易平台实验性生产系统在上海票据交易所成功上线运行。

2018年以来，工行、浦发、中信、中行、招行、广发等国股大行依靠科技力量相继推出"极速贴现"或"在线贴现"等创新产品，提升企业票据贴现体验感，极大地提高了企业票据贴现融资效率。

民间票据经纪也搭建了一些具有金融科技元素的便利企业票据支付结转的票据平台，推动了市场发展，服务了实体经济。

为缓解中小微和民营企业融资难、融资贵的问题，票交所2018年12月上线"票付通"产品，上线一年多的时间里，已有招商银行、中信银行、平安银行、江苏银行、宁波银行5家合作金融机构和20多家平台试点接入该业务，绑定用票企业700家，合计发起6 500笔票据支付，支付金额约为60亿元。

2019年5月27日，票交所上线"贴现通"，第一次将商业银行引入票据经纪市场，建设了全国统一的贴现服务平台，架起了企业与贴现银行之间的桥梁，解决了贴现市场分散、信息不对称、企业受因于授信额度等多个痛点问题。

2019年8月，央企主动作为，由中国国新控股有限责任公司携手51家中央企业搭建"企票通"平台，致力于建立"信用共享，风险共担"机制，通过聚合央企商业信用，推动央企应收应付双降，有效优化资产负债结构，并通过产业链实现信用传导，助力化解中小企业融资难和贵的问题，为商业承兑汇票的发展提供广阔空间，促进商票高效有序流转，提高央企资产配置和运营效率，加快企业应收货款票据化进程。

资料来源　肖小和，蔡振祥. 从票据史看我国票据科技的发展变迁 [EB/OL]. [2020-06-09]. https://mp.weixin.qq.com/s/e6AjxLjDEN2DNDUhf1cypg.

3.5.3　我国票据市场的参与主体

1）一级市场的参与主体

票据一级市场的参与主体有中央银行、银保监会、银行和企业。其中，银行和企业是一级市场的核心主体。中央银行在票据一级市场中的角色是政策的制定者，它通过制定票据管理办法和相关的商业银行制度引导票据市场的签发总量和签发行为。银保监会以监管者的角色参与到票据发行市场中。国有商业银行、股份制商业银行、地方性商业银行及农村信用社等银行金融机构通过承兑银行承兑汇票而参与到一级市场中。从银行承兑汇票的签发额来看，五大商业银行占据了重要的地位，但呈现出逐年下滑的趋势；股份制商业银行承兑票据呈现出平稳态势；地方性商业银行、农村信用社等其他银行占比则呈明显增长趋势。

2）二级市场的参与主体

票据二级市场又可以细分为票据直贴市场和转贴市场，二者参与主体有所不同。其中，票据直贴市场参与主体主要有中央银行、银保监会、企业、银行金融机构和经纪人。中央银行是票据贴现市场的政策制定者，它通过制定《商业汇票承兑、贴现与再贴现管理暂行办法》等法规，或者调整再贴现率来引导票据市场的贴现额和贴现利率。银保监会是以监管者的角色参与到票据贴现市场中的。企业是直贴市场必不可少的参与主体，是票据的卖方。从贴现额来看，大型企业依然是票据直贴市场的主力军。由于中小企业在产业供应链中处于弱势地位，因此往往成为票据的接受方，直贴市场成为其快速融资的主要渠道。随着市场经济的迅速发展，中小企业成为直贴市场不可或缺的组成部分。银行是直贴市场必不可少的参与主体，是票据的买方。从直贴额来看，股份制商业银行、地方性商业银行和农村信用合作社等中小银行成为直贴市场的主力军，其中地方性商业银行和农村信用合作社更是成为跨区域上门贴现的主力军。经纪人是直贴市场的重要参与主体，是企业和直贴银行的居间撮合人。经纪人主要服务于跨区域上门服务的中小银行和当地地方性商业银行，为其介绍企业票源。随着票据市场的发展，经纪人的出现成为一种必然，近年更是爆发性增长。

票据转贴市场的参与主体有中央银行、银保监会、银行金融机构、财务公司、信托公司和经纪人。中央银行和银保监会参与转贴的方式参见直贴市场。大银行是票据转贴市场的最终买家；大中银行是票据转贴市场的中间买家；中小银行是票据转贴市场的主要卖家。财务公司是直贴市场的零散买方，汇集一定金额后再将票据转贴给其他银行金融机构。信托公司与银行合作推出票据理财产品，它们采取银信集合资金信托的合作方式，其中银行作为委托方和受益人，将已贴现的银行承兑汇票或保贴的商业汇票等票据资产所对应的权利，以约定的利率转让给特定的信托计划，信托公司作为受托人从事理财计划设计和管理。经纪人为票据转贴市场各交易方提供信息咨询、交易撮合和技术服务。

3）三级市场的参与主体

其主要为银行金融机构和中央银行，主要业务体现为银行金融机构将贴现而来的票据提交给中央银行办理再贴现。

3.5.4 我国票据市场的运作实务

我国现行票据包括银行汇票、商业汇票、银行本票和银行支票四种，除商业汇票为远期票据外，其余三种均为即期票据。因此，只有商业汇票可以进行票据的贴现、转贴现业务，行使交换和转让职能，它构成了国际货币市场下票据交易子市场中交易的主体。在我国，商业承兑汇票由于资金回收率较低、风险性大，难以被企业（债权方）接受，在票据市场中处于被排斥的地位，所以长期以来银行承兑汇票占比较高。以下将主要介绍银行承兑汇票的交易流转运行。

1）银行承兑汇票概述

（1）我国银行承兑汇票的样式。银行承兑汇票一式三联。第一联为卡片，由承兑人留存；第二联为正联，持票人作为委托收款依据；第三联为存根，由出票人存查。银行承兑汇票的样式见表3-2。

表3-2　　　　　　　　　　　银行承兑汇票

出票日期　　　年　　月　　日　　　　　　　　汇票号码
（大写）

付款人	全　称				收款人	全　称							
	账　号					账　号							
	开户银行		行号			开户银行			行号				
出票金额	人民币（大写）				千 百 十 万 千 百 十 元 角 分								
汇票到期日			本汇票已经承兑，到期日由本行付款。			承兑协议编号							
本汇票请你行承兑，到期无条件付款。						科目（借）对方科目（贷）转账							
		出票人签章　　年　月　日		承兑行签章承兑日期　年　月　日		复核　　记账			年　月　日				

（2）银行承兑汇票必须记载的事项。根据《票据法》和《支付结算办法》的规定，签发银行承兑汇票必须记载下列事项：①表明"银行承兑汇票"的字样；②无条件支付的承诺；③确定的金额；④付款人名称；⑤收款人名称；⑥出票日期；⑦出票人签章。

欠缺记载上述规定事项之一的，银行承兑汇票无效。银行承兑汇票应由在承兑银行开立存款账户的存款人签发。

其中，"银行承兑汇票"字样是汇票文句。在实务中，它印刷在汇票的正面上方，出票人无须另行记载。无条件支付承诺是支付文句。在实务中，它也是印刷在银行承兑汇票的正面，通常以"本汇票于到期日付款""本汇票请予以承兑并于到期日付款"等类似文句来表示，出票人无须另行记载。确定的金额要求汇票上记载的出票金额必须确定，并且只能以金钱为标的，记载的汇票金额必须按《支付结算办法》附件一的规定来书写。出票金额大写必须与小写金额一致，两者不一致的，票据无效。出票金额不得更改，更改的汇票无效。付款人是银行承兑汇票的出票人在汇票上记载的委托其支付汇票金额的银行，付款人并非因出票人的支付委托即成为当然的票据债务人，而是必须经其承兑。在汇票承兑之前出票人为付款人，在承兑之后的承兑银行就是付款人，是银行承兑汇票的主债务人。收款人是汇票上记载的受领汇票金额的最初票据权利人。收款人的名称不得更改，更改的银行承兑汇票无效。出票日期必须按照《支付结算办法》的规定书写。出票日期不得更改，更改的银行承兑汇票无效。出票人在汇票上注明"不得转让"字样的汇票丧失流通性，其不得再转让。银行承兑汇票出票人必须签章，签章必须清楚。

出票人将签发好的银行承兑汇票交给收款人后，出票行为即告完成。提示承兑是指持票人向付款人出示汇票，并要求付款人承诺付款的行为。所谓提示，即持票人向付款人现实地出示汇票，以行使或保全其票据权利的行为。

（3）银行承兑汇票的相关规则。银行承兑汇票金额无起点限制，每张不超过人民币1 000万元整。

付款期限根据贸易合同确定，最长不超过6个月；提示付款期限自汇票到期日起10日（电子商业汇票的付款期限自出票日起至到期日止，最长不得超过1年）。

出票人应于汇票到期前将票款足额交存其开户银行。承兑银行应在汇票到期日或到期日后的见票当日支付票款。

承兑手续费按承兑金额的0.05%收取，每笔不足人民币10元的按10元收取。

其基本操作程序如图3-1所示。

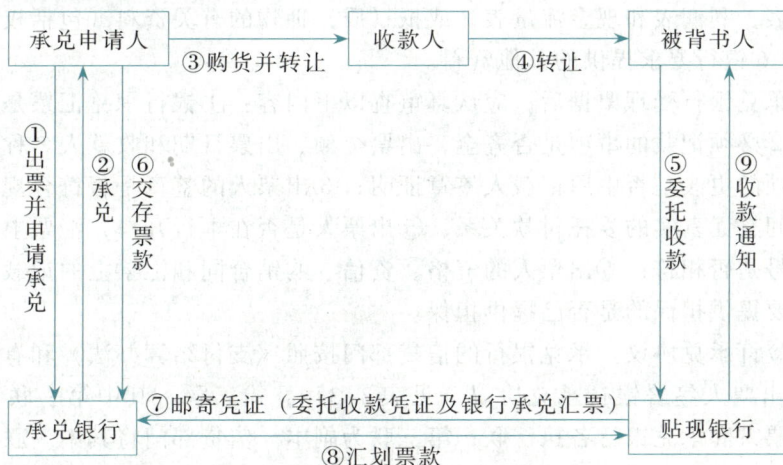

图3-1 银行承兑汇票操作流程图

2）银行承兑汇票承兑的业务操作

银行承兑汇票的承兑是指申请人向银行提出承兑申请，承兑银行在指定日期无条件支付确定金额给收款人或持票人的确认承诺行为。其具体流程如图3-2所示。

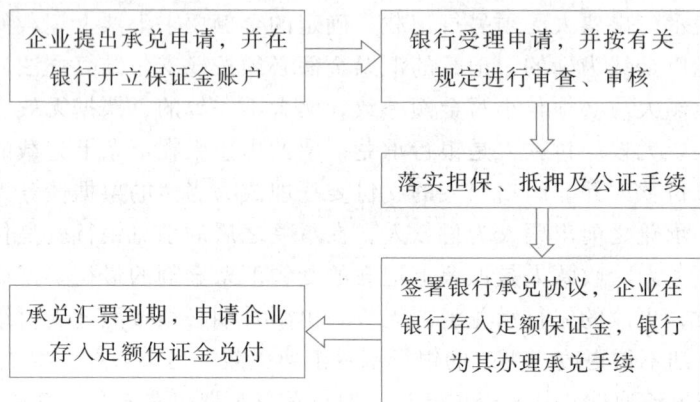

```
┌─────────────────────┐        ┌─────────────────────┐
│ 企业提出承兑申请，并在 │───────▶│ 银行受理申请，并按有关 │
│ 银行开立保证金账户     │        │ 规定进行审查、审核     │
└─────────────────────┘        └─────────────────────┘
                                          │
                                          ▼
                               ┌─────────────────────┐
                               │ 落实担保、抵押及公证手续 │
                               └─────────────────────┘
                                          │
                                          ▼
┌─────────────────────┐        ┌─────────────────────┐
│ 承兑汇票到期，申请企业 │◀───────│ 签署银行承兑协议，企业在 │
│ 存入足额保证金兑付     │        │ 银行存入足额保证金，银行 │
└─────────────────────┘        │ 为其办理承兑手续       │
                               └─────────────────────┘
```

图3-2 汇票承兑的业务流程

（1）出票人出票并申请承兑。出票人填写银行承兑汇票一式三联，并提交相关资料向汇票上记载的付款银行申请或提示承兑。

出票人必须具备下列条件：①是在承兑行开立存款账户的法人及其他组织；②与承兑行有真实的委托付款关系；③资信状况良好，具有支付汇票金额的可靠资金来源。

申请办理银行承兑汇票时，承兑申请人应向开户行提交下列材料：①银行承兑汇票承兑申请书，主要包括汇票金额、期限和用途以及承兑申请人承诺汇票到期无条件兑付票款等内容；②营业执照或法人执照复印件、法人代表身份证明；③上年度和当期的资产负债表、利润表和现金流量表；④商品交易合同或增值税发票原件及复印件；⑤按规定需要提供担保的，提交保证人的有关资料（包括营业执照或法人执照复印件，当期的资产负债表、利润表和现金流量表）或抵（质）押物的有关资料（包括权属证明和评估报告等）；⑥银行要求提供的其他资料。

（2）承兑银行受理票据后，应认真审查以下内容：①银行承兑汇票是否为统一印制的凭证；②必须记载的事项是否齐全，出票金额、出票日期和收款人名称是否更改，其他记载事项的更改是否由原记载人签章证明；③出票人的签章是否符合规定；④银行与付款人之间有无真实的委托付款关系；⑤出票人是否在本行开户，汇票上记载的出票人名称、账号是否相符；⑥出票人的资格、资信、购销合同和汇票上的记载内容是否符合规定，需要提供担保的是否已提供担保。

（3）签订承兑协议。承兑银行的信贷部门按照《支付结算办法》和有关规定审查同意后，与出票人签署银行承兑协议（见表3-3）一式三联。其中第一联和第二联为正联，由出票人和承兑银行各执一联；第三联为副本。信贷部门将其中一联及副本连同银行承兑汇票第一、二联交会计部门。

表3-3　　　　　　　　　　　　　　　　银行承兑协议　　　　　　　　　　　　编号：

银行承兑汇票的内容：	
出票人全称	收款人全称
开户银行	开户银行
汇票号码	汇票金额（大写）
出票日期　　　年　　月　　日	到期日期　　　年　　月　　日
以上汇票经银行承兑，出票人愿遵守《支付结算办法》的规定及下列条款： 1.出票人于汇票到期日前将应付票款足额交存承兑银行。 2.承兑手续费按票面金额万分之五计算，在银行承兑时一次付清。 3.出票人与持票人如发生任何交易纠纷，均由其双方自行处理，票款于到期前仍按第一条办理不误。 4.承兑汇票到期日，承兑银行凭票无条件支付票款，如到期日之前出票人不能足额交付票款，承兑银行对不足支付部分的票款转作出票申请人逾期贷款，并按照有关规定计收罚息。 5.承兑汇票款付清后，本协议自动失效。	
承兑银行签章	出票人签章 　　　　　　　　　　　　订立承兑协议日期　　　年　　月　　日

（4）承兑。会计部门接到汇票和承兑协议后，应认真审查。审核无误后，在第一、二联汇票上注明承兑协议编号，并在第二联汇票"承兑银行签章"处加盖汇票专用章，并由授权的经办人签章。由出票人申请承兑的，将第二联汇票连同一联承兑协议交给出票人；由持票人申请承兑的，将第二联汇票交给持票人，一联承兑协议交给出票人并按照规定向其收取承兑手续费。

补充阅读资料3-7　　　　　　　　　　　　　　**银行承兑汇票保证金**

　　银行承兑汇票保证金是指企业向开户行申请办理银行承兑汇票业务时，作为银行承兑汇票出票人按照自己在开户行（承兑行）信用等级的不同所需缴纳的保证银行承兑汇票到期承付的资金。由于银行承兑汇票到期时由银行承兑，即银行见票即付（付款人账上没钱时也需见票付款，此时银行形成一笔贷款），所以在签发时银行会对付款人进行资质审查，看其能否承担风险，根据付款人资质情况和信用等级要求付款人存入一定比例的保证金。根据企业在开户银行信用等级的不同，银行可能要求企业缴纳足额银行承兑汇票保证金、差额成数银行承兑汇票保证金，但对符合规定的低风险担保客户，可免收银行承兑汇票保证金。

　　3）银行承兑汇票贴现的业务操作

　　银行承兑汇票贴现业务基本操作程序如图3-3所示。

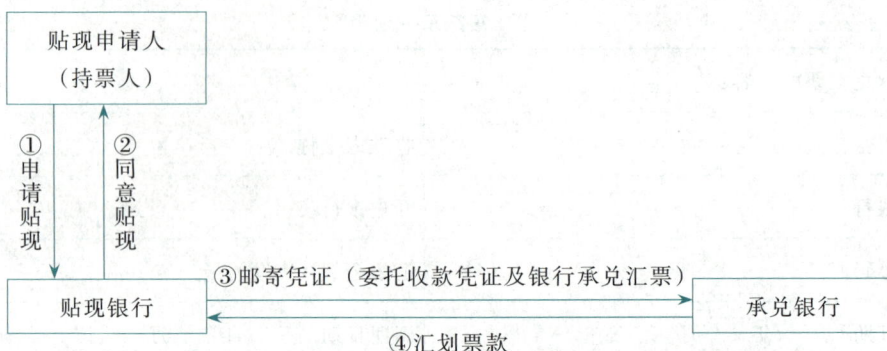

图 3-3　银行承兑汇票贴现业务基本操作流程

（1）贴现申请人提出申请并提供相关资料。持票人申请办理汇票贴现业务时，需填写贴现申请书，申请书的内容应填写完整，加盖申请企业公章和法定代表人名章（有的银行以银行贴现凭证第一联代替申请书）。银行贴现凭证一式五联，其中第一联见表3-4（其他联次略）。

表 3-4　　　　　　　　　　银行贴现凭证（第一联　代申请书）

填写日期　　年　月　日　　　　　　　　　　第　　号

申请人	全　称		贴现汇票	种类		号码	
	账　号			发票日			
	开户银行			到期日			
汇票承兑人（或银行）	名称		账号			开户银行	
汇票金额（即贴现金额）	人民币（大写）					千 百 十 万 千 百 十 元 角 分	

贴现率每月		贴现利息	千 百 十 万 千 百 十 元 角 分	实付贴现金额	千 百 十 万 千 百 十 元 角 分

兹根据《支付结算办法》的有关规定，附送承兑汇票申请贴现，请审核。
　此致
贴现银行

　　　　　　　　　　　　　申请人签章　　　　　　银行审批
　　　　　　　　　　　　　　年　月　日　　　　负责人　信贷员

另外需提供以下资料：①未到期并且要素完整的汇票及其正反面复印件和汇票清单（加盖公章）；②贴现申请人的企业法人营业执照副本及正本复印件，企业代码复印件（首次办理业务时提供）；③经办人身份证原件及经办人、法定代表人身份证复印件和单位介绍信；④经办人授权申办委托书和贴现申请书；⑤贷款卡（原件或复印件）、密码以及划款账户证明；⑥交易合同原件及其复印件；⑦持票人与出票人或其直接前手之间的增值税发票（对因《中华人民共和国增值税暂行条例》所列不得出具增值税发票的商品交易，无增值税发票作为附件的，可由申请人提交足以证明其具有真实商品交易关系的其他书面材料）和商品发运单据的原件及复印件；⑧上年度经审计的资产负债表、利润表和即期的资产负债表、利润表；⑨银行认为需要提供的其他资料。

（2）银行进行票据审验，办理查询查复手续。银行对贴现申请人提交的汇票进行票面审查和背书审查。背书审查应注意以下几点：①注明"不得转让"或"质押"字样的票据不得受理；②经收款人回头背书给出票人，并由出票人申请贴现的不得买入；③背书清晰、连续，背书章必须加盖在背书栏内；④对贴现申请人位于商业汇票第三背书人（含）之后且其名称与出票人名称一致的票据，经办客户经理要了解、查清其回头背书的原因，并与交易合同、税票的原件核对，核对无误的复印件上加注"已与原件核对无误"的字样，在确保真实贸易背景的前提下，与部门经理一起将调查简况记录于审批表上并签字；⑤在短时间内频繁跨地域背书转让，有明显的为融资套取资金而虚构交易特征的票据不得受理。

票面审查后，向承兑银行查询汇票的真实性。属本行的在系统网上查询，属他行的填写银行承兑汇票查询（复）书（见表3-5）一式三联，通过交换向承兑行查询票据的真实性。

表3-5　　　　　　　　　　　银行承兑汇票查询（复）书

（　　　　　　　　）行：你行　　　年　月　　　日承兑的号码为　　　的银行承兑汇票，票面主要记载事项为：

出票日期		汇票到期日	
出票人全称		收款人全称	
付款行全称		汇票金额	
以上记载事项是否真实，请见此查询后，速查复。 查询行签章： 经办人签章： 查询日期：　　年 月 日		·查询汇票记载事项与我行承兑的内容一致 ·与我行承兑的汇票所不符的记载事项： ·其他： 查复行签章： 经办人签章： 查复日期：　　年 月 日	

（3）银行对申请人提交的资料进行审查。审查申请人的营业执照，判断其是否具有真实法人或法人授权经营的资格。通过银行信贷登记咨询系统查询企业概况、贷款卡状态和贴现申请人的情况。

对交易合同复印件的审查要点如下：①复印件要清晰，交易合同的供需双方应是商业汇票的最后背书人与其直接前手；②合同复印件上的供需双方印章要清晰；③合同要素填写齐全，金额大小写必须一致，合同金额要大于或等于承兑汇票金额；④合同记载的履约有效期限、票据的出票日和税务发票开票日原则上应在合同有效期内。

对增值税发票的审查要点如下：①复印件要清晰，一般应提供一到四联中的其中一联；②发票复印件上的销货方增值税发票专用章必须清晰，加盖单位公章或其他印章的增值税发票无效；③发票载明的货物名称与所附合同交易的货物名称、规格应一致；④发票购销方与交易合同供需方及商业汇票最后背书人关系一致，购销双方单位名称必须使用全称；⑤发票的总金额必须大于或等于承兑汇票金额；⑥原则上开具发票的日期应在交易合同日期之后；⑦对于建筑、服务等行业不开具增值税发票，也可提供普通发票。

（4）银行进行贴现审批。银行承兑汇票贴现审批表（见表3-6）填制流程如下：填制审批表—调查人签字（客户经理）—调查负责人复审（公司业务部领导）—结算部门进行票据票面初审、复审及买入复核（营业部相关人员）—信贷管理审查人、审查负责人进行跟单文件审查—主管副行长签署意见—行长签字。

表3-6　　　　　　　　　　　　　　银行承兑汇票贴现审批表

申请人	名称					
	地址					
	在我行账号					
出票人			地址			
承兑行			汇票金额			
到期日			贴现期限			
贴现利息			贴现金额			
贴现款用途						
营业部意见	贴现汇票真实有效（　　）		贴现汇票有瑕疵（　　）			
			经办人员：	年	月	日
			主管领导（经理）：	年	月	日
公司业务部门意见			经办人员：	年	月	日
			主管领导（经理）：	年	月	日
风险管理部门意见			经办人员：	年	月	日
			主管领导（经理）：	年	月	日
主管行长意见			行长：	年	月	日

票据系统流程：新建买入审批表、票据录入（客户经理）—市场营销复审（公司业务部领导）—票面初审、复审及买入复核（营业部相关人员）—跟单文件初审、复审—最高签批人签批（主管副行长、行长依次进行）。

银行信贷部门按照信贷办法和《支付结算办法》的有关规定进行审查，符合条件的，在贴现凭证"银行审批"栏签注"同意"字样，并由有关人员签章后送交会计部门。

（5）银行与申请人签订协议。银行审批后，与申请人签订贴现协议（见表3-7）。

表3-7　　　　　　　　　　　　　　　银行承兑汇票贴现协议

贴现申请人：　　　　　　　（以下简称甲方）

住　所：　　　　　　　　邮政编码：

法定代表人：

电　话：　　　　　　　传　真：

开户银行：

账　号：

贴现人：　　　　　　　　（以下简称乙方）

住　所：　　　　　　　　邮政编码：

法定代表人/主要负责人：

电　话：　　　　　　　传　真：

甲方向乙方申请银行承兑汇票贴现，甲、乙双方协商一致，达成本协议：

第1条　本协议项下申请贴现的银行承兑汇票如下：

汇票号码	票面金额	出票人	出票日期	承兑银行	到期日期

第2条　本协议项下银行承兑汇票的贴现利率为____%，贴现期限内，如遇国家调整利率，本协议项下贴现利率不做调整。

第3条　本协议项下的银行承兑汇票的贴现期限为____天（从贴现之日起至汇票到期之日后____日（含汇票在途时间）止），即从_____年____月____日起至_____年____月____日止。

第4条　甲、乙双方同意按贴现票面金额、贴现利率、贴现期限计算贴现利息，从票面金额中扣除贴现利息后的余额即为实付贴现金额，贴现当日，乙方将贴现金额贷记甲方存款账户。

第5条　本协议项下的银行承兑汇票的贴现利息为_____，实付贴现金额为（大写）_____。

第6条　本协议项下的贴现资金用途：_____。

第7条　甲方的保证：

1.甲方为企业法人或其他经济组织,并依法从事经营活动。

2.甲方向乙方申请贴现的承兑汇票及其他申请材料是真实的。

3.甲方取得前款所述的承兑汇票是合法的,且有真实、合法的商品交易作为基础。

4.甲方在乙方处已开立存款账户。

5.已贴现的承兑汇票遭拒付,甲方按本协议第9条的约定向乙方承担支付责任。

第8条 甲方的权利和义务

1.申请贴现时甲方应向乙方提交银行承兑汇票及相对应的增值税发票,并根据乙方要求提交甲方企业设立情况、资信情况、财务状况、有关商品交易合同等资料。

2.贴现时甲方应真实有效地完成票据背书转让行为,且背书时不得附加任何条件。

3.甲方应负责所申请贴现的银行承兑汇票背书的连续性和其前手背书的真实性。

第9条 乙方的权利和义务

1.乙方对甲方提交的承兑汇票,有权按规定向承兑银行以书面方式查询。

2.在本协议生效后,应及时将贴现金额贷记甲方账户。

3.银行承兑汇票贴现后在汇票到期日前如遇承兑人宣告破产或被责令终止业务活动或在汇票到期时被拒绝付款,乙方对甲方行使票据追索权时,有权要求甲方支付下列金额及费用:

(1)被拒绝付款的汇票票面金额。

(2)汇票票面金额自贴现期限到期日起至清偿日止,按_____计算逾期利息。

(3)乙方为行使追索权而支付的诉讼费、律师费、差旅费和其他一切相关费用。

(4)赔偿其他经济损失。

第10条 协议双方在履行本协议中如发生纠纷,双方可协商解决;如协商不成需诉讼的,由乙方所在地法院管辖。

第11条 计算贴现利息及贴现金额的贴现凭证为本协议的组成部分。

第12条 本协议未尽事宜,遵照《中华人民共和国票据法》及相关法律规范执行。

第13条 本协议自甲、乙双方法定代表人/主要负责人或其委托代理人签字并加盖公章后生效。

第14条 本协议于____年____月____日在_____签订。

甲方:(盖章)   乙方: (盖章)

法定代表人:(签字)   法定代表人/主要负责人: (签字)

(或委托代理人)   (或委托代理人)

年   月   日   年   月   日

(6)放款。在贴现放款前,通过银行业务部门指定人员向分行申请贴现贷款指标,在接到批复后,由营业部将贴现资金划入贴现申请人指定账户。

(7)票据贴现后的管理。票据到期后,客户经理及时通过会计结算部门了解票据款项的收回情况,将收回凭证入档案库管理。如果逾期,则按文件规定的催收程序进行催收。每季度末填写票据资产五级分类审批表,经相关人员签署意见后入档案库保管。

补充阅读资料3-8   **贴现申请人必须具备的条件**

(1)在贴现行开立存款账户的,经市场监督管理机关(或主管机构)核准登记的企(事)业法人或其他经济组织。

（2）与出票人或直接前手之间有真实、合法的商品交易关系。

（3）能够提供与其直接前手之间的增值税发票（按规定不能出具增值税发票的除外）和商品发运单据复印件。

（4）应持有中国人民银行颁发的贷款卡。

（5）申请贴现的汇票合法有效，未注明"不得转让"字样。

（6）企业经营、财务状况正常，无不良贷款和欠息记录。

4）转贴现业务操作

经中国人民银行批准有权经营票据贴现业务的金融机构能够办理转贴现业务。其基本操作程序如图3-4所示。

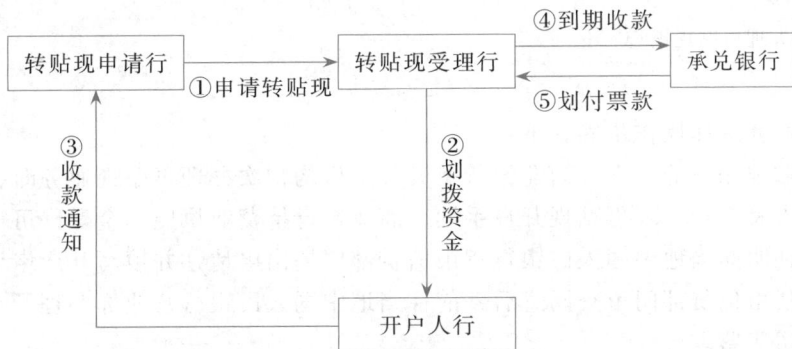

图3-4　转贴现业务操作流程

（1）转贴现的申请。商业银行持贴现汇票向其他商业银行转贴现时，应提供以下相关资料：①加盖公章和法人代表章的营业执照和金融许可证复印件（仅限于初次办理转贴现业务的申请行，年检通过后，应每年提供一次）；②法定代表人身份证复印件、经办人员身份证复印件和单位介绍信；③经办人授权申办委托书；④商业汇票转贴现合同（加盖公章及法人代表人章）；⑤上级机构出具的有效授权文件（或授权证实书）；⑥用于转贴现的商业汇票清单（加盖公章）；⑦加盖公章或财务章的转贴现凭证（一张商业汇票对应一张转贴现凭证，以贴现凭证代替，如是连号，则可一张）；⑧办理贴现业务时的相关资料；⑨票据营业部要求的其他资料。

（2）审查与审批处理。转贴现银行信贷部门接到申请行提供的资料后，按照有关规定审查。对持票人未承诺回购的，按贴现程序重新查询票据的真实性。材料审核无误后，报有权机构审查审批。经审批同意的，在转贴现凭证"银行审批"栏签注"同意"字样，并由有关人员签章后送交会计部门。

会计部门接到转让背书的汇票和转贴现凭证后，按照《支付结算办法》的有关规定审查无误，转贴现凭证的填写与汇票核对相符后，按照受理贴现的手续处理。

（3）转贴现到期收回的处理。转贴现银行作为持票人向付款人收取票款，按照贴现到期收回的手续处理。对未收回的，按照《票据法》的规定进行追索。

5）再贴现业务操作

再贴现业务的基本操作程序如图3-5所示。

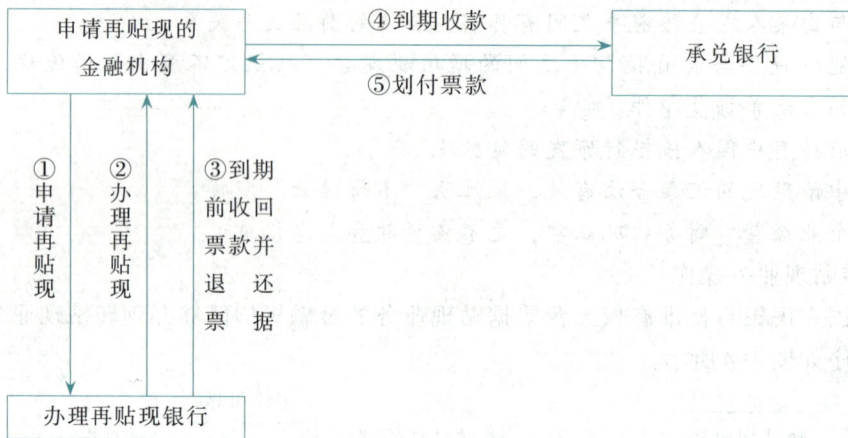

图 3-5 再贴现业务流程

再贴现业务具体操作步骤如下：

（1）再贴现账户的开立。商业银行及其分支机构初次办理再贴现业务时，必须首先到当地中国人民银行办理再贴现开户手续。商业银行持营业执照、金融许可证以及上级银行的授权证明向当地中国人民银行货币信贷部门提出申请，并填写开户申请书，经中国人民银行货币信贷部门审查同意后，前往当地中国人民银行营业部办理开户手续，领取账号并预留印鉴。

（2）再贴现限额的申请。由于中国人民银行对再贴现采用限额管理办法，因此商业银行在办理再贴现业务前，首先需要向当地中国人民银行申请再贴现额度，并在中国人民银行核定的额度内选择符合中国人民银行要求的票据，报送再贴现资料。

（3）再贴现资料的准备。凡向中国人民银行申请再贴现的金融机构须于再贴现前向当地中国人民银行货币信贷部门提交下列材料：①再贴现申请一览表和大额再贴现申请书（单张汇票金额在500万元以上时需填写）；②再贴现凭证（一式五联，需加盖再贴现申请行的财务专用章和法人或其授权人名章，与预留印鉴一致）；③申请再贴现银行已贴现、背书的商业汇票；④商业汇票查询查复书（需加盖业务公章）；⑤中国人民银行要求提供的其他资料。

（4）中国人民银行受理汇票再贴现的处理。商业银行持已贴现的未到期的汇票向中国人民银行申请再贴现时，应根据汇票填制一式五联再贴现凭证（格式由中国人民银行省级分行比照贴现凭证确定），在第一联上加盖预留印鉴，连同汇票一并交中国人民银行。

中国人民银行计划资金部门接到汇票和再贴现凭证后，按照有关规定和《支付结算办法》的规定审查。符合条件的，在再贴现凭证"银行审批"栏签注"同意"字样，在有关栏填明再贴现率，并由有关人员签章后送交会计部门。

会计部门接到做成转让背书的汇票和再贴现凭证后，按照《支付结算办法》的有关规定审查，核对再贴现凭证的填写与汇票是否相符。审查无误后，在汇票背面加盖"已办再贴现"字样戳记，退还商业银行，同时按照规定的再贴现率计算出再贴现利息和实付再贴现金额。

（5）再贴现到期收回的处理。再贴现到期后，中国人民银行从申请再贴现行存款户内收取到期的再贴现款，再由再贴现行向承兑申请人或承兑银行自行收回贴现款。如果再贴现到期日申请再贴现行在中国人民银行的存款户余额不足以归还到期再贴现款，中国人民银行应将其不足款项转入该商业银行的"逾期贷款账户"。

（6）再贴现到期未收回的处理。再贴现银行收到付款人开户行或承兑银行退回的委托收款凭证、汇票和拒绝付款理由书或付款人未付票款通知书，追索票款时，可从再贴现申请行账户收取，并将汇票和拒绝付款人理由书或付款人未付票据通知书交给再贴现申请行。

小思考3-11

分析提示

小思考3-11

我国银行承兑汇票具有哪些特点？

综上，完整的票据运作包括签发、承兑、贴现、转贴现、回购、投资、再贴现等环节，兼具信贷业务、资金业务、中间业务等多重属性。随着电子票据的高速发展和全国统一票据交易平台的建立，我国票据业务呈现出流程一体化趋势，这就对银行提出了更高的要求，要求商业银行从企业融资服务方案的设计，到票据承兑、贴现、转贴现、投资、再贴现等环节都交由票据专营部门统筹管理，根据企业综合融资成本来设计企业票据融资模式，全面考虑企业的授信额度使用、承兑保证金比例、承兑手续费率、贴现方式、贴现利率，以及该笔贴现票据卖出可获得的价差收益或投资收益，进行合理且市场化的定价，使企业能够支付合理成本、银行能够提高综合收益，形成银企共赢和可持续发展的局面。

补充阅读资料3-9　　　　　　　　票据业务的发展创新与经济金融的关系

1.票据业务发展支持实体经济发展

一是票据承兑环节能为实体的企业支付结算提供便利，满足企业间短期资金支付的需要，有利于加快资金周转和商品流通，促进贸易往来，并且根据中央银行的口径，近几年由中小企业签发的票据占到了三分之二。二是以企业间的背书转让和票据贴现为代表的交易方式能为实体经济特别是中小企业提供便捷的融资渠道和低成本资金，并且与普通信贷相比，具有操作流程简便、获取资金周期短等优势。三是票据业务体量与宏观经济发展关系密切，2018年累计签发商业汇票18.27万亿元，较2001年增长14.23倍，金融机构累计贴现51.69万亿元，较2001年增长29倍。同期，我国GDP增长5倍多，票据累计承兑量/GDP占比从2001年的7.5%上升至2018年的20.29%，累计贴现量/GDP占比从2001年的16%上升至2018年的57.41%，从中不难看出票据业务发展与宏观经济有着明显的正相关性，相关系数达0.9，且格兰杰因果检验显示它们之间存在显著的相互引起与被引起关系。

2.票据业务发展有助于推动货币市场发展

一是在票据交易的二级市场中，也就是金融机构之间的转贴现业务加快了短期资金的融通和调剂，不仅可以解决资金余缺问题，调节流动性不足，还成为银行等金融机构一项重要的资产业务，有利于商业银行平衡资产负债表、增加资金运作渠道、提高资产收益。二是以中央银行的再贴现、回购为代表的货币政策工具，使得票据在货币政策传导、增强货币政策实施效果、促进信贷机构调整、引导扩大中小企业融资范围等方面发挥了重要作用，从而实现了宏观经济调控、稳定货币供应的核心目的。

3.票据业务创新有助于丰富金融市场产品

一是由于票据兼有支付、资金、信贷、资产等多重属性，加上持票机构的多样化和跨领域流通，使得以票据为载体的衍生产品成为连接货币市场和资本市场的重要探索。一方面，票据作为核心载体可以发挥货币市场低风险、期限短、流动性高等特点；另一方面，金融工具的引入又可以在风险可控的前提下提高收益，使得票据成为金融投资产品创新的重要载体。二是票据业务有利于加速利率市场化进展，由于票据交易的价格受资金供求关系影响较大，对市场的敏感性较强，已形成较为完备的市场价格指数和形成机制，加上票据贴现与短期流动资金贷款本身存在竞争性的替代关系，使得金融机构有条件通过客户细分来扩大贷款浮动范围、分级定价。

资料来源 肖小和．中国票据市场七十周年发展创新与未来思考选［EB/OL］．［2020-04-29］．https://mp.weixin.qq.com/s/hpuMnc9Ukd6W1zWFVKsKjQ.

本章小结

本章主要介绍了如下内容：①票据的特征、功能、分类，票据市场的概念、分类与作用。②商业票据市场的构成，商业票据的发行，商业票据评级及流通。③银行承兑汇票的概念，银行承兑汇票的出票与承兑、转让与贴现等程序。④大额可转让定期存单的特点、发行与转让以及我国的大额存单市场。⑤我国票据市场的发展历程及现状，我国银行承兑汇票的有关规定，汇票承兑、贴现、转贴现、再贴现业务的运行及操作处理。

主要概念和观念

○ 主要概念

票据　商业票据　银行承兑汇票　大额存单

○ 主要观念

票据的性质　票据市场的功能　银行承兑汇票的价值　大额可转让定期存单的投资价值

基本训练

随堂测3

1.判断题

（1）转贴现是银行将贴现购得的未到期票据向中央银行所做的票据转让。　　　　　　　　　　　　　　　　　　　　　　　　　　　（　　）

（2）再贴现是指银行将贴现购得的没有到期的票据向其他商业银行所做的票据转让。　　　　　　　　　　　　　　　　　　　　　　　　（　　）

（3）商业票据的信用评级基本上是评估发行者的基本信用品质，在分析方法上，与一般债券大致相同。　　　　　　　　　　　　　　　　　　（　　）

（4）一般来说，大额可转让定期存单票面利率越低，存单的转让价格越高。（　　）

（5）承兑是各种票据都有的一种票据行为。（　　）

（6）现行大额存单对个人投资者规定的最低认购起点金额是50万元。（　　）

（7）我国目前还没有建立起全国统一的票据交换所。（　　）

（8）我国大额存单采用电子化方式发行。（　　）

2.选择题

（1）由出票人开立一张远期汇票，以银行作为付款人，命令其在确定的将来日期支付一定金额给收款人的汇票是（　　）。

A.银行汇票　　　　　B.银行承兑汇票　　　C.商业汇票　　　　　D.远期汇票

（2）同国债相比，商业票据（　　）。

A.风险性更大　　　　　　B.流动性更好　　　　　　C.利率较低

D.流动性更差　　　　　　E.风险性更小

（3）与普通定期存款相比，大额可转让定期存单的不同在于（　　）。

A.可流通转让　　　B.金额固定　　　　C.不记名　　　　D.可提前支取

（4）承兑在（　　）与（　　）之间形成主债权债务关系。

A.出票人　　　　　B.背书人　　　　　C.持票人　　　　D.承兑人

（5）我国银行承兑汇票的承兑银行，应按票面金额的（　　）向出票人收取手续费。

A.0.3%　　　　　　B.1%　　　　　　C.0.5%　　　　　　D.0.05%

（6）票据金额以中文大写和阿拉伯数字同时记载，二者不一致时，（　　）。

A.以大写为准　　　B.以小写为准　　　C.银行可予受理　　　D.银行不予受理

（7）实付贴现金额按票面金额扣除贴现日至（　　）的利息计算。

A.汇票到期日　　　B.汇票到期前1日　　C.汇票到期后1日　　D.实际结算日

（8）现阶段我国大额存单的期限不包括（　　）。

A.1年　　　　　　B.2年　　　　　　C.3年　　　　　　D.4年

3.简答题

（1）什么是票据，票据有哪些特点？

（2）票据具有哪些功能？如何理解这些功能？

（3）影响商业票据发行成本的因素有哪些？

（4）我国银行承兑汇票的票面必须记载事项有哪些？

（5）简述我国大额存单的主要规定。

（6）简述贴现业务的操作流程。

技能训练

一、商业汇票的承兑业务

1.训练目标

（1）准确知悉汇票承兑申请、办理的基本程序。

（2）能够完整准备汇票承兑申请、办理所需要的资料。

（3）清晰陈述汇票承兑审核要求、风险防范控制等制度要求。

（4）能够规范填写银行与客户间的汇票承兑协议。

2.技能训练的要点

（1）准确审核承兑贸易背景的真实性。

（2）审核承兑相关资料的合规性。

（3）汇票承兑申请办理的处理流程。

3.技能训练操作

2019年11月2日，江苏泰岳贸易公司业务员携带相关材料到农业银行南京市玄武办事处要求开立以杭州市为民贸易公司为收款人、金额为人民币500万元的银行承兑汇票。经过银行审核，该公司的申请符合银行各项要求，同意为其办理承兑业务。

具体资料：江苏泰岳贸易公司，开户行：工行南京市玄武办事处；杭州市为民贸易公司，开户行：农行杭州市虎跑分理处；汇票号码：A09382372，出票日为2019年11月3日，3个月后到期。

（1）以小组为单位，4名同学分别扮演出票人、收款人（背书人）、持票人（被背书人）和付款人（承兑行），借助语言和动作模拟银行承兑汇票的流转程序。

（2）请模拟填制该练习中涉及的银行承兑汇票（见表3-8）。

表3-8 银行承兑汇票

出票日期 年 月 日 汇票号码
（大写）

付款人	全 称			收款人	全 称												
	账 号				账 号												
	开户银行		行号		开户银行		行号										
出票金额	人民币（大写）					千	百	十	万	千	百	十	元	角	分		
汇票到期日		本汇票已经承兑，到期日由本行付款。		承兑协议编号													
本汇票请你行承兑到期无条件付款。			科目（借）														
			对方科目（贷）														
			转账														
出票人签章 年 月 日		承兑行签章 承兑日期 年 月 日		复核 记账 年 月 日													

（3）指定同学认真审核上述填制的银行承兑汇票，并指出银行承兑汇票票面上的书写错误。

（4）以小组为单位，2名同学分别扮演出票人、承兑行信贷部门人员，模拟承兑银行承兑汇票的操作。

4.总结与分享

以小组为单位，交流通过本项技能训练得以巩固的理论知识以及相关制度规定；分享在完成任务过程中遇到的困难、困惑以及解决办法；总结本项技能训练中获得的经验以及知识、技能方面的提升。

二、商业汇票的贴现、转贴现和再贴现业务

1.训练目标

（1）了解汇票贴现、转贴现和再贴现业务办理的基本程序和所需要的资料。

（2）掌握汇票贴现业务的审核要求及风险防范控制等制度要求。

（3）掌握银行与客户间汇票贴现协议、合同文本的规范填写要求。

（4）掌握查询书、贴现凭证、贴现清单等贴现文件的规范填写要求。

2.技能训练的要点

（1）贴现汇票真实交易背景的审核。

（2）汇票贴现实付金额、利息额的准确计算。

（3）申请客户的授信调查与潜在风险的判断。

3.技能训练操作

（1）假如甲公司有一张2019年1月20日签发的100万元的银行承兑汇票，于2019年5月20日到期，承兑行为A银行，出票人为乙公司。

请结合银行承兑汇票的有关规则，回答下列问题：

①如果甲公司持有该银行承兑汇票到期，甲公司向谁要求支付票款？

②如果为融通资金，甲于2019年2月20日向其开户行B银行贴现，假设贴现利率为10.2%，那么开户行B银行收取的贴现利息和实付贴现额分别是多少？

③如果B银行再于2019年3月10日将该银行承兑汇票转贴现给C银行，假设转贴现利率为9.8%，那么C银行收取的贴现利息和实付贴现额分别是多少？

④如果C银行于2019年4月10日向中国人民银行办理再贴现，假设再贴现利率为8%，那么中国人民银行收取的贴现利息和实付贴现额分别是多少？

（2）2019年11月11日，在工商银行广西分行营业部辖属新城支行开户的一单位客户带着一张银行承兑汇票到该行票据中心要求办理银行承兑汇票贴现业务。

票面资料：出票人：兰州家乐美商贸有限公司；账号：7028184470821012；收款人：烟台亨冠商贸发展有限公司；账号：1610120100001141；出票日期：2019年9月17日；到期日：2020年3月17日；金额：220万元整；付款行全称：兰州银行陇茂支行。

①角色扮演。以小组为单位，3名同学分别扮演客户（贴现申请人）、承兑银行、贴现银行，借助语言和动作模拟银行承兑汇票贴现的流转程序。

②假定你为工商银行广西分行营业部辖属新城支行票据中心的业务员林琳，需要履行票据查询程序。请正确填制银行承兑汇票查询（复）书（见表3-9）。

表3-9 　　　　　　　　　　　　银行承兑汇票查询（复）书

（　　　　　　　）行：你行　　　　年　月　　　　日承兑的号码为　　　　的银行承兑汇票，票面主要记载事项为：

出票日期		汇票到期日	
出票人全称		收款人全称	
付款行全称		汇票金额	
以上记载事项是否真实，请见此查询后，速查复。 查询行签章： 经办人签章： 查询日期：　　年　月　日		·查询汇票记载事项与我行承兑的内容一致 ·与我行承兑的汇票所不符的记载事项： ·其他： 查复行签章： 经办人签章： 查复日期：　　年　月　　日	

③假定经过承兑银行回复确认后，贴现银行审核确认该汇票为真实的。此外该客户申请贴现的材料也符合银行的相关要求，主管领导审批后同意为其办理贴现业务。假定你为票据中心的业务员，请根据相关票据的资料，填制贴现凭证及合同。

4.总结与分享

以小组为单位，交流通过本项技能训练得以巩固的理论知识以及相关制度规定；分享在完成任务过程中遇到的困难、困惑以及解决办法；总结从本项技能训练中获得的经验以及知识、技能方面的提升。

素质训练

结合票据业务及流程，组织遵章守纪、提升职业素养为主题的课堂讨论。

○ 参考资料

一农商行违法办理票据贴现　前董事长等遭处罚

银保监会网站2020年4月20日发布荆门银保监分局行政处罚信息公开表（荆门银保监罚决字〔2020〕1号、2号、3号、4号）显示，湖北京山农村商业银行股份有限公司（以下简称"湖北京山农商行"）存在违规办理票据贴现业务行为，银保监会荆门监管分局对其罚款50万元，行政处罚依据为《中华人民共和国银行业监督管理法》第四十六条第（五）项。

孙绪平对湖北京山农商行"违规办理票据贴现业务"的违规行为承担领导责任，银保监会荆门监管分局对其警告并取消高管任职资格一年，行政处罚依据为《中华人民共和国银行业监督管理法》第四十八条第（二）、（三）项。

肖永华对湖北京山农商行"违规办理票据贴现业务"的违规行为承担管理责任，银保监会荆门监管分局对其警告，行政处罚依据为《中华人民共和国银行业监督管理法》

第四十八条第（二）项。

龚桂平对湖北京山农商行"违规办理票据贴现业务"的违规行为承担经办责任，银保监会荆门监管分局对其警告，行政处罚依据为《中华人民共和国银行业监督管理法》第四十八条第（二）项。

天眼查信息显示，湖北京山农商行共15位股东信息，其中，第一大股东为湖北宜城农村商业银行股份有限公司，持股比例为31.43%；第二大股东为京山鑫利化工建材有限责任公司，持股比例为30.38%。

银保监会2016年5月23日发布荆门监管分局关于孙绪平任职资格的批复，经审查，核准孙绪平湖北京山农村商业银行股份有限公司董事长的任职资格。

银保监会2013年1月9日发布关于湖北京山农村商业银行股份有限公司开业的批复，核准柴松林、孙绪平、邹浩、余学志、刘杰、黄锡元、刘玉山、唐少波的董事和张先泽的独立董事任职资格。核准柴松林董事长、梁亦斌监事长、孙绪平行长、曾照平、王革忠副行长任职资格。

银保监会2018年2月12日发布关于肖永华任职资格的批复，经审查，核准肖永华湖北京山农村商业银行股份有限公司副行长的任职资格。

《中华人民共和国银行业监督管理法》第四十六条：银行业金融机构有下列情形之一，由国务院银行业监督管理机构责令改正，并处二十万元以上五十万元以下罚款；情节特别严重或者逾期不改正的，可以责令停业整顿或者吊销其经营许可证；构成犯罪的，依法追究刑事责任：

（一）未经任职资格审查任命董事、高级管理人员的；

（二）拒绝或者阻碍非现场监管或者现场检查的；

（三）提供虚假的或者隐瞒重要事实的报表、报告等文件、资料的；

（四）未按照规定进行信息披露的；

（五）严重违反审慎经营规则的；

（六）拒绝执行本法第三十七条规定的措施的。

《中华人民共和国银行业监督管理法》第四十八条：银行业金融机构违反法律、行政法规以及国家有关银行业监督管理规定的，银行业监督管理机构除依照本法第四十四条至第四十七条规定处罚外，还可以区别不同情形，采取下列措施：

（一）责令银行业金融机构对直接负责的董事、高级管理人员和其他直接责任人员给予纪律处分；

（二）银行业金融机构的行为尚不构成犯罪的，对直接负责的董事、高级管理人员和其他直接责任人员给予警告，处五万元以上五十万元以下罚款；

（三）取消直接负责的董事、高级管理人员一定期限直至终身的任职资格，禁止直接负责的董事、高级管理人员和其他直接责任人员一定期限直至终身从事银行业工作。

资料来源 票友—票据圈儿那些事. 一农商行违法办理票据贴现 前董事长等遭处罚 ［EB/OL］.［2020-04-21］. https://mp.weixin.qq.com/s/8RGNM-1LgncbzM0hK7oyNg.

要求：在阅读以上参考资料、查阅更多相关资料和案例基础上，围绕办理票据业务应坚守的职业道德、应遵守的规章制度以及法律法规，违反职业道德、违章甚至违法造成的危害等内容，开展讨论，交流认识，形成共识，提升职业素养。

网上资源

http：//www.pbc.gov.cn

http：//www.chinamoney.com.cn

http：//www.shcpe.com.cn/

http：//www.htbill.com/

第4章

股票市场

学习目标

通过本章学习，你应该达到以下目标：

知识目标：掌握股票的相关概念与特征，了解股票的分类、发行条件、发行程序、股票交易市场的框架和股票投资收益的构成。

技能目标：掌握股票发行价格的确定方法和股票的交易规则，能够正确选股，进行模拟交易，并进行盈亏分析。

素质目标：理解股票市场的交易流程和运行特点，进而能够结合职业道德要求针对实际交易案例分析当前我国股票市场存在的主要问题。

引例　　　　　　　　　　**我国丰富多彩的金融市场**

从世界金融史来看，相对于其他金融投资品种，股票的投资回报率最高。让我们先看看美国的例子：如果在1925年拿出1美元投资金融产品，一直持有到1998年，那么，这70多年间，假如你投资的是长期国债，1美元会变成46美元；如果你投资的是短期国债，1美元会变成14美元；如果你投资的是公司债券，1美元会变成56美元；而如果你将这1美元投进股市，它会变成2 330美元！

回到我国股市来看，其虽然是一个新兴的、高度投机的市场，虽然时刻充满着非理性的大幅波动，虽然存在信息不对称，时有操纵行为发生，但是到2020年6月，其中有相当数量的个股，已经涨了数百倍甚至上千倍。据统计，到2020年6月，沪深两市3 800多只股票中，2 349股自上市以来股价翻倍，其中股价上涨超10倍的有448只，超百倍的有25只，超千倍的有2只。更有下列佼佼者：

贵州茅台（600519），相比2001年的上市价格，上涨超过303.9倍；

长春高新（000661），相比1996年的上市价格，上涨超过310.4倍；

恒瑞医药（600276），相比2000年的上市价格，上涨超过335.7倍；

伊利股份（600887），相比1996年的上市价格，上涨超过348.6倍；

云南白药（000538），相比1993年的上市价格，上涨超过368.9倍；

泸州老窖（000568），相比1994年的上市价格，上涨超过397.1倍；

　　福耀玻璃（600660），相比1993年的上市价格，上涨超过921.2倍；

　　格力电器（600651），相比1996年的上市价格，上涨超过2 816倍；

　　万科A（000002），相比1991年的上市价格，上涨超过2 816.8倍。

　　在今天的投资者中，当年能够拿出1万元买股票的人应该不少。如果你当年买入这些股票，持有到今天，不需要任何技巧和辛苦，你就已经是百万富翁了。难怪《战胜华尔街》中第一句话就是"人人都应该买股票"。

　　资料来源　侯健. 股市赢家［M］. 北京：中国城市出版社，2007.东方财富研究中心. 茅台股价上涨300倍仅排第九　这些股涨超千倍［EB/OL］.［2020-06-23］. http://finance.eastmoney.com/a/202006231531865371.html.

4.1　股票的概念、特征及种类

4.1.1　股票及其他相关概念

　　1）股票

　　股票作为一种有价证券，是股份有限公司为筹集资本而发给股东作为投资入股并借以取得股息和红利的凭证。它必须符合法律、行政法规规定的条件，并依法报经国务院证券监督管理机构或者国务院授权的部门注册。每股股票都代表股东对企业拥有一个基本单位的所有权。股票是股份有限公司资本的构成部分，可以转让、买卖或作价抵押，是资本市场的主要长期信用工具。

　　股票作为一种所有权凭证，具有固定的格式和内容，许多国家都对股票票面格式做了规定，提出票面应载明的具体事项和具体要求。《中华人民共和国公司法》（以下简称《公司法》）规定，股票采用纸面形式或国务院证券管理部门规定的其他形式。股票应载明的事项主要有：发行股票的股份有限公司的名称、公司登记成立的日期、股票种类、票面金额及代表的股份数、股票的编号、董事长签名、公司签章。发起人的股票，应当标明"发起人股票"字样。

　　2）股东

　　股东就是股票的持有者。股东分两种：一种是原始股东，即在股票发行阶段通过申购或作为发起人而获得股票，是原始股；另一种为继受股东，即在流通市场上购买股票，或者通过继承和接受赠送而取得股票的股东。一般情况下，原始股东的投资盈利状况较好。

　　.3）股份

　　股份是持有的公司资本的份额，是股东对公司出资的经济行为所产生的权利和义务。所有股份构成公司的资本总额，股东拥有公司股份数量的大小，是决定其对公司权力大小的基本因素，一定数量的股票必然代表一定数量的股份，但并不是所有的股份都以股票的形式表现。例如，在有限责任公司中，股东拥有公司股份的大小是以出资证明书加以确定的。由此来看，股份是关于公司资本构成及持有状况和相应的股东权利的总称，而股票则是股份的一种特定的书面证明。

4）股息

股息是股票持有者凭股票从股份有限公司取得的收入。股息的分配取决于公司的股息政策，如果公司不派发股息，股东便不能获得股息。

5）股本

股本是股票面值的总和。目前我国股票面值基本都为人民币一元，所以股本就等于股份总额。

4.1.2　股票的特征

1）收益性

股票的收益性表现在股票的持有人可以获得两个方面的收益：一是按股份有限公司的章程从公司领取分配的收益；二是获得买卖差价。获取前一种收益是股票购买者向股份有限公司投资的基本目的，也是股份有限公司发行股票的必备条件。

2）风险性

证券投资风险的内涵是预期收益的不确定性。认购了股份有限公司的股票，就必须承担一定的风险。股票的风险主要表现在：第一，股份有限公司经营的业绩是不确定的，因此股票的股息和红利是不确定的；第二，二级市场上流通的股票的价格可能出现大起大落的现象，当股票的价格下跌时，股票持有者会因股票的贬值而蒙受损失。

3）流动性

它是指股票持有人可按自己的需要和市场的实际变动情况，灵活地转让股票以换取现金。股票是一种流动性较高的金融资产。流动性通常以可流通的股票数量、股票成交量以及股价对交易量的敏感程度来衡量。可流通股数越多，成交量越大，价格对成交量越不敏感（价格不会随着成交量一同变化），股票的流动性就越好；反之，就越差。

4）永久性

投资者购买了股票就不能退股，股票是一种无期限的法律凭证，它反映的是股东与股份有限公司之间比较稳定的经济关系。在向股份有限公司参股投资而取得股票后，任何股东都不能退股，只要没有合并、倒闭、破产等事项发生，公司就会无限期地存在下去。对股票持有者来说，只要其持有股票，其股东身份和股东权益就不能改变。如要改变股东身份，要么将股票转售给第三人，要么等待公司破产清算。

5）参与性

股东有权出席股东大会，选举公司董事会，参与公司重大决策。股票持有者的投资意愿和享有的经济利益通常是通过行使股东参与权来实现的。股东参与公司决策的权力大小，取决于其所持有的股份的多少。从实践中看，只要股东持有的股票数量达到左右决策结果所需的实际多数时，就能掌握公司的决策控制权。

4.1.3　股票的种类

按照不同的标准，可以对股票进行如下分类：

1）按照股票所代表的股东权益的不同可分为普通股、优先股

（1）普通股。它是股份有限公司资本构成中最普通、最基本的股份，是股份有限公司资本的基础部分。它代表着股东享有的平等权利，不加以特别限制。其具有以下特点：①持有普通股的股东有权获得股利。②当公司因破产等事项而进行清算时，普通股股东有权分得公司剩余资产。③普通股股东一般都拥有发言权和表决权，即有权就公司重大问题发言和投票表决。④普通股股东一般具有优先认股权，即当公司增发新普通股时，现有股东有权优先（可能还以低价）购买新发行的股票，以保持其对企业的所有权比例不变，从而维持其在公司中的权益。

（2）优先股。它是相对于普通股而言的，是股份有限公司发行的在分配红利和剩余财产时比普通股具有优先权的股票。优先股也是一种没有期限的所有权凭证，优先股股东一般不能在中途向公司要求退股（少数可赎回的优先股例外），但优先股具有固定的股息，在很多方面与债券相似，因此优先股常被视为一种混合证券，即有些特征像股票，有些特征像债券。其具有以下特点：①收益率固定。优先股一般在发行时就以固定股息率的形式确定了收益率。②具有优先分配股息权。当公司分配利润时，优先股应按固定股息率分得全部股息。③具有优先分配剩余资产的权利。在股份有限公司解散、破产清算时，优先股具有对公司剩余资产的优先分配权。④权利范围小。优先股股东一般没有对公司的投票权或对董事会董事的选举权，但在某些情况下可以享有投票权：如果公司股东大会需要讨论与优先股有关的索偿权，可允许优先股股东参加。此外，优先股的流通性会受到一定限制。

补充阅读资料4-1　　　　　　　中国证监会发布《优先股试点管理办法》

为贯彻落实《国务院关于开展优先股试点的指导意见》，加快推进资本市场改革创新，2014年3月21日，中国证监会发布《优先股试点管理办法》（以下简称《办法》）。

本次发布实施的《办法》共9章，70条，包括总则、优先股股东权利的行使、上市公司发行优先股、非上市公众公司非公开发行优先股、交易转让及登记结算、信息披露、回购与并购重组、监管措施和法律责任、附则等。主要内容包括以下方面：一是上市公司可以发行优先股，非上市公众公司可以非公开发行优先股。二是三类上市公司可以公开发行优先股：①其普通股为上证50指数成分股；②以公开发行优先股作为支付手段收购或吸收合并其他上市公司；③以减少注册资本为目的的回购普通股的，可以公开发行优先股作为支付手段，或者在回购方案实施完毕后，可公开发行不超过回购减资总额的优先股。三是上市公司发行优先股，可以申请一次核准，分次发行。四是公司仅向本《办法》规定的合格投资者非公开发行优先股，每次发行对象不得超过200人，且相同条款优先股的发行对象累计不得超过200人。五是优先股交易或转让环节的投资者适当性标准应当与发行环节保持一致；非公开发行的相同条款优先股经交易或转让后，投

资者不得超过200人。

为保护上市公司中小投资者的合法权益，《办法》重点针对易出现利益输送的环节进行了规定。一是限制公司非公开发行优先股的票面股息率水平，要求其"不得高于最近两个会计年度的加权平均净资产收益率"。二是将发行公司的董事、高级管理人员及其配偶排除在非公开发行的合格投资者范围之外，避免利益输送。三是规定上市公司向关联股东发行优先股的，关联股东需回避表决。四是要求独立董事对发行优先股发表专项意见。

资料来源　中国证券监督管理委员会. 中国证监会发布《优先股试点管理办法》［EB/OL］. (2014-04-28). http://www.csrc.gov.cn/pub/tianjin/xxfw/scyw/201404/t20140428_247914.htm.

2）按照股票的票面是否记载股东姓名可分为记名股票和不记名股票

（1）记名股票。它是指在股票票面和股份有限公司的股东名册上记载股东姓名的股票。股份有限公司向发起人、法人发行的股票应当为记名股票，并应当记载该发起人、法人的名称及住所、各股东所持股份数、各股东所持股票的编号、各股东取得股份的日期等。

记名股票主要有以下特点：①记名股票所包含的股东权益应归属于记名股东，只有记名股东或其正式授权的代理人才能行使股东权。②认购记名股票的股款可以一次交足，也可以分次交足。③记名股票的转让必须依法律和公司章程规定的程序进行，而且要服从规定的转让条件。④记名股票便于挂失，相对安全。我国《公司法》规定，记名股票被盗、遗失或者灭失，股东可以依照民事诉讼法规定的公示催告程序，请求人民法院宣告该股票失效，然后股东可以向公司申请补发股票。

（2）不记名股票。它是指在股票票面和股份有限公司股东名册上均不记载股东姓名的股票。我国《公司法》规定，股份有限公司向社会公众发行的股票，可以为记名股票，也可以为不记名股票，发行不记名股票时，公司应当记载股票数量、编号及发行日期。

不记名股票主要有以下特点：①不记名股票所包含的股东权利应归属于股票的持有者，谁持有股票，谁就拥有股东权利，只要在拥有权利的过程中，向股份有限公司出示股票即为有效。②认购不记名股票的股款必须一次交足，这主要是因为不记名股票不记载股东姓名，如果允许股东分期交付股款，在实际催缴时会遇到困难。③不记名股票的转让比记名股票更自由、方便，只要向受让人交付股票便发生转让的法律效力，不需要办理过户手续，受让人即可以取得股东资格。④不记名股票安全性较差，一旦遗失，股东即丧失股东权利，无法挂失。但随着无纸化交易的展开，这种情况已经得到了很好的改善。

小思考4-1

小思考4-1

现阶段我国股份有限公司发行的股票是记名股票还是不记名股票？

3）按是否记载票面金额可分为有面额股票和无面额股票

（1）有面额股票。它是指在股票票面上记载一定金额（即票面价值）的股票。有面

分析提示

额股票的发行，可以采取面额发行、时价发行和中间价发行等方法。

（2）无面额股票。它是指在股票票面上不记载金额但记载所占份额的股票。这种股票并非没有价值，只是不在票面上标明固定的绝对金额，而是标明相对金额。在某种意义上说，这种计价方法也有它的科学性，即不管股价涨跌，它代表的份额不变。

4）按购买股票的币种的不同可分为内资股和外资股

（1）内资股。它是公司以人民币标明股票面值、在境内上市、向境内投资人发行的以人民币认购的股份。内资股在境内上市，称为境内上市内资股，也就是我们常说的A种股票，简称A股。

（2）外资股。它是指股份有限公司向境内居民和外国及我国台湾地区投资者发行的以外币认购的股票。这是我国股份有限公司吸收外资的一种方式。外资股按上市地域的不同可以分为境内上市外资股和境外上市外资股。目前我国有B股、H股和N股3种外资股，其中，B股、H股为境内上市外资股，N股为境外上市外资股。B股是指在我国境内以人民币标价、以外币认购的股票。H股是指在香港证券交易所上市的中国企业发行的股票。N股是指在纽约证券交易所上市的中国企业发行的股票。

补充阅读资料4-2 B股市场渐成我国股票市场"鸡肋" 市场日益边缘化

2020年5月12日，上证B指盘中跌幅一度超过7%，创下2012年7月以来最低水平，引发了市场对B股久违的关注。截至当日收盘，上证B指重挫5.10%，深证B指重挫2.53%。沪深两市96只B股中有91只下跌，其中仅跌幅超过9%的就有14只。2020年以来，上证B指和深证B指分别累计下跌了21.25%和14.90%，跌幅亦远超同期大盘。业内人士指出，流动性缺乏及B股市场的日益边缘化是导致其出现大跌的主要原因。

中国资本市场开放之初，上海与深圳交易所即分为境内投资者参与的A股市场与专供境外投资者的B股市场。随着官方逐步扩大对外开放，境外机构可用更多方式参与投资境内市场后，B股市场的存在就形同"鸡肋"。

B股曾经辉煌过。1992年2月21日，电真空B作为中国首只B股登陆上交所；当年2月28日，深南玻B成为深交所首只B股。从1992年到1997年的6年间，B股市场每年以十几家上市公司的速度增长，之后IPO数量越来越少。2001年2月之前，B股仅限外国投资者买卖，之后，开始对国内个人投资者开放。截至目前，B股市场共有95家上市公司。

从辉煌到"非主流"似乎只在转瞬间。近些年，B股市场已经逐渐边缘化。一方面，没有新的公司发行上市，也没有上市公司做再融资，B股市场的融资功能几乎丧失；另一方面，在对国内个人投资者开放后，并没对境内机构投资者开放，市场投资者结构已变成纯散户结构，对投资标的的买卖成为击鼓传花的游戏，对市场资金吸引力非常有限。

"在外汇短缺时代，国家开设B股的目的是吸引当时来说稀缺和珍贵的外汇。但我国加入世贸组织后，逐渐成为世界排名前列的贸易和出口大国，我国从外汇短缺的国家一跃成为外汇储备最多的国家。"中泰证券分析师马刚表示。如今我国外汇储备超过3

万亿美元，B股市场创汇的历史使命已经完成。

边缘化之后，一旦市场有风吹草动，资金便纷纷出走。业内人士称，这次B股出现暴跌，主要与3月1日上路的新证券法，要求个人账号不得出借给他人有关。对境外投资者来说，随着我国资本市场的国际化加速，特别是QFII、RQFII的发展和沪港通、深港通的开通，从投资标的和便利性、可投资规模等各种角度看，B股市场都无法与之相比，甚至有学者开始讨论关于B股市场的去留问题。

在这样的背景下，B股市场多少显得有些尴尬，而几次暴跌也成了这种尴尬的注脚。

资料来源　何川. B股市场渐成我国股票市场"鸡肋" 市场日益边缘化［EB/OL］. (2016-11-07). http：//www.ce.cn/xwzx/gnsz/gdxw/201611/07/t20161107_17566458.shtml. 吴黎华. B股指数遭重挫　创8年来新低［J］. 经济参考报，2020-05-13.

4.1.4　我国的股权分置改革

20世纪90年代，我国股票市场正处于先发展、后规范的阶段，因此股票的常用分类和国外有所不同。1992年5月的《股份制企业试点办法》规定："根据投资主体的不同，股权设置有四种形式：国家股、法人股、个人股、外资股。"

国家股又叫国有股，是指有权代表国家投资的政府部门或机构以国有资产投入股份有限公司形成的股份，包括公司现有国有资产折算成的股份。国家股由国务院授权的部门或机构持有，或根据国务院规定，由地方人民政府授权的部门或机构持有，并委派股权代表。

法人股是指企业法人以其依法可支配的资产投入股份有限公司所形成的股份，或具有法人资格的事业单位和社会团体以国家允许用于经营的资产向股份有限公司投资所形成的股份。法人股是法人自身财产投资所形成的，法人股股票必须以法人记名。

个人股也可以称为公众股，它是指社会个人或股份有限公司内部职工以个人合法财产投入公司所形成的股份。公众股有两种基本形式：公司职工股和社会公众股。

外资股是经批准，由外国和我国香港、澳门、台湾地区投资者向公司投资形成的股份。

1994年7月1日生效的《公司法》，对股份有限公司改按股东权益的不同，设置普通股、优先股等。这样，在我国股票市场的上市公司内部普遍形成了"两种不同性质的股票"（非流通股和流通股）。流通股主要是社会公众股，非流通股大多为国有股和法人股。这就是中国股市的股权分置，据统计，21世纪初中国股市上有2/3的股权不能流通。

由于持股的成本有巨大差异，造成了非流通股与流通股两类股东之间的严重不公。这种制度安排不仅使上市公司或大股东不关心股价的涨跌，不利于维护中小投资者的利益，也越来越影响到上市公司通过股权交易进行兼并达到资产市场化配置的目的。

作为推进资本市场改革开放和稳定发展的一项制度性变革，2004年1月31日，国务院发布《国务院关于推进资本市场改革开放和稳定发展的若干意见》，明确提出"积极稳妥解决股权分置问题"。到2009年年底，中国股票市场绝大部分的公司都已经完成了改革，可以说我国资本市场股权分置改革基本完成。

小思考4-2

小思考4-2

为什么20世纪90年代我国上市公司总股本中国有股比例较高？

分析提示

4.2 股票发行市场

股票发行市场就是指买卖新股票的市场，是股份有限公司通过出售新股票直接向投资者筹集资本的场所。这是个无形市场，一般股票发行都借助二级市场网络进行。

4.2.1 股票发行条件

我国《公司法》明确规定只有股份有限公司才能发行股票，而有限责任公司是不能发行股票的。鉴于我国的实际情况，目前，具备发行股票资格的公司为已经成立的股份有限公司和经批准拟成立的股份有限公司。

设立股份有限公司公开发行股票，应当符合《公司法》规定的条件和经国务院批准的国务院证券监督管理机构规定的其他条件，向国务院证券监督管理机构报送募股申请和下列文件：（1）公司章程；（2）发起人协议；（3）发起人姓名或者名称，发起人认购的股份数、出资种类及验资证明；（4）招股说明书；（5）代收股款银行的名称及地址；（6）承销机构名称及有关的协议。

公司首次公开发行新股，应当符合下列条件：（1）具备健全且运行良好的组织机构；（2）具有持续经营能力；（3）最近三年财务会计报告被出具无保留意见审计报告；（4）发行人及其控股股东、实际控制人最近三年不存在贪污、贿赂、侵占财产、挪用财产或者破坏社会主义市场经济秩序的刑事犯罪；（5）经国务院批准的国务院证券监督管理机构规定的其他条件。上市公司发行新股，应当符合经国务院批准的国务院证券监督管理机构规定的条件，具体管理办法由国务院证券监督管理机构规定。

4.2.2 股票发行方式

股票发行方式是多种多样的，大致可以归纳为以下几种分类方法：

1）根据发行的对象不同分为公开发行与私募发行

（1）公开发行又称公募，是指事先没有特定的发行对象，向社会广大投资者公开推销股票的方式。采用这种方式，可以扩大股东的范围，分散持股，防止囤积股票或被少数人操纵，有利于提高公司的社会性和知名度，为以后筹集更多的资金打下基础，也可增强股票的适销性和流通性。

（2）私募发行又叫私募，是指发行者只对特定的发行对象推销股票的方式。它通常有两种方式：一是股东配股，又称股东分摊，即股份有限公司按股票面值向原有股东分配该公司的新股认购权，动员股东认购。这种方式的新股发行价格往往低于市场价格，事实上是对股东的一种优待，一般股东都乐于认购。如果有的股东不愿认购，他可以自动放弃新股认购权，也可以把这种认购权转让给他人，从而形成认购权的交易。二是私人配股，又称第三者分摊，即股份有限公司将新股票分售给股东以外的本公司职工、往来客户等与公司有特殊关系的第三者。

2）根据发行者推销出售股票的方式不同分为直接发行与间接发行

（1）直接发行又叫直接招股，是指股份有限公司自己承担股票发行的一切事务和发行风险，直接向认购者推销出售股票的方式。采用直接发行方式时，要求发行者熟悉招股手续，精通招股技术并具备一定的条件。在一般情况下，私募发行的股票或因公开发行有困难（如信誉低所致的市场竞争力差、承担不了大额的发行费用等），或是大股份有限公司实力雄厚，有把握实现巨额私募以节省发行费用，才采用直接发行的方式。

（2）间接发行又称间接招股，是指发行者委托证券发行中介机构出售股票的方式。这些中介机构作为股票的推销者，办理一切发行事务，承担相应的发行风险并从中提取相应的收益。股票的间接发行有三种方法：

一是代销，又称为代理招股，推销者只负责按照发行者的条件推销股票，代理招股业务，而不承担任何发行风险，在约定期限内能销多少算多少，期满仍销不出去的股票退还给发行者。由于全部发行风险和责任都由发行者承担，证券发行中介机构只是受委托代为推销，因此代销费较低。

二是承销，又称余股承购，股票发行者与证券发行中介机构签订的推销合同中会明确规定，在约定期限内，如果中介机构实际推销的结果未能达到合同规定的发行数额，其差额部分由中介机构自己承购下来。这种发行方法的特点是能够保证完成股票发行额度，一般较受发行者的欢迎，而中介机构因需承担一定的发行风险，故承销费高于代销费。

三是包销，又称包买招股，当发行新股票时，证券发行中介机构先用自己的资金一次性地把将要公开发行的股票全部买下，然后再根据市场行情逐渐卖出，中介机构从中赚取买卖差价。若有滞销股票，中介机构减价出售或自己持有，由于发行者可以快速获得全部所筹资金，而推销者则要承担全部发行风险，因此包销费高于代销费和承销费。

小思考4-3

分析提示

小思考4-3

如何确定股票间接发行的方法？

对于一次发行量特别大的股票发行，一家承销机构往往不愿意单独承担发行风险，这时就会组织一个承销团，由多家机构共同担任承销人，这样每一家承销机构单独承担的风险就减少了。在我国，大宗股票和部分国债的发行经常采用承销团形式。

4.2.3　股票发行价格

股票发行价格是股份有限公司在募集公司股本或增资发行新股时所确定和使用的价

格。股票发行价格是股票发行中最重要的内容，价格的合适与否直接关系到股票的销售。

1）股票发行价格的几种形式

平价发行是指股票的发行价格与股票的面值一致，亦称等价发行、按票面金额发行。

溢价发行是以高于股票面值的价格发行。一般是那些业绩较好的公司，其股价在证券市场上呈现看涨趋势，因而可以以远高于面值的价格发行。发行价格与面值之间的差额就成为发行溢价，由此带来的收益归股份有限公司所有，作为资本公积。

折价发行是以低于股票面值的价格发行。这种发行方式不常见，我国《公司法》也明确规定股票发行时，不能以低于面值的价格发行。

2）我国股票发行的定价方法

在实际操作过程中，发行公司及承销商必须对公司的利润及增长率、行业因素、二级市场的股价水平等进行综合考虑，从而确定合理的发行价格。在相当长的时期内，我国股票的发行价格一般采用市盈率法来确定，即：

新股发行价=每股税后利润×发行市盈率

补充阅读资料4-3　　　　　　　　　　　　　　**我国的创业板市场**

2009年3月31日，证监会发布《首次公开发行股票并在创业板上市管理暂行办法》。该办法对拟到创业板上市的企业的发行条件、发行程序、信息披露、监督管理和法律责任等进行了明确规定。

创业板是服务于自主创新企业及其他成长型创业企业的市场，是多层次资本市场的重要组成部分。与主板市场只接纳成熟的、已形成足够规模的企业上市不同，创业板以成长型创业企业为服务对象，重点支持具有自主创新能力的企业上市。

2009年10月30日，28只股票集体上市，拉开了创业板的帷幕。到2020年6月，创业板上市的公司已经达到827家，成为深圳证券交易所市场的重要组成部分。

2020年6月12日，证监会发布了《创业板首次公开发行股票注册管理办法（试行）》，创业板改革并试点注册制正式落地，创业板日涨跌幅限制将改为20%。6月22日晚间，深交所通过发行上市审核业务系统，发出创业板改革并试点注册制下首批33家申报企业的受理通知，其中申请首发企业32家、申请再融资企业1家。分析指出，创业板试点注册制改革落地利好券商投行、直投、经纪业务发展，对券商股是利好。此外，金融科技也将充分享受政策红利。

资料来源　根据新浪财经网站2020年6月24日新闻内容及深圳证券交易所网站内容整理.

新股发行价格由每股税后利润和发行市盈率这两个因素决定。每股税后利润是根据企业的盈利状况和资本情况计算出来的；发行市盈率的高低是由推荐人和发行企业确定，经证监会同意的。发行市盈率主要根据发行时股市的行情、企业声誉和发行价格取向而定。例如，2019年11月13日邮储银行公告，中国邮政储蓄银行股份有限公司首次公开发行人民币普通股（A股）的申请已获中国证券监督管理委员会证监许可〔2019〕

1991号文核准。本次发行的初步询价工作已经完成，确定的发行价格为5.50元/股，对应的2018年摊薄后市盈率为9.58倍。

对于业绩好、前景佳、潜力大的公司，其每股税后利润多，发行市盈率高，发行价格也高，从而可募集更多的资金求得发展；反之，则募集的资金少，不利于公司的发展。

补充阅读资料4-4　　　　　　　　　**我国的科创板市场**

科创板，英文是Sci-Tech Innovation Board（STAR Market），是由国家主席习近平于2018年11月5日在首届中国国际进口博览会开幕式上宣布设立的，是独立于现有主板市场的新设板块，并在该板块内进行注册制试点。

设立科创板并试点注册制是提升服务科技创新企业能力、增强市场包容性、强化市场功能的一项资本市场重大改革举措。通过发行、交易、退市、投资者适当性、证券公司资本约束等新制度以及引入中长期资金等配套措施，增量试点、循序渐进，新增资金与试点进展同步匹配，力争在科创板实现投融资平衡、一二级市场平衡、公司的新老股东利益平衡，并促进现有市场形成良好预期。

2019年7月22日，科创板正式开市，中国资本市场迎来了一个全新板块。截至上午9时31分，科创板首批上市的25家公司全线上涨。截至2020年4月29日，科创板上市公司达到100家，整体来看，100家科创板上市公司来自19个行业，但前三大行业的上市公司便有64家，占比高达64%。这三大行业分别是计算机、通信和其他电子设备制造业，专用设备制造业，软件和信息技术服务业，在科创板的比例分别为22%、22%、20%。

设立科创板并试点注册制，是证监会深入贯彻习近平新时代中国特色社会主义思想和党的十九大精神，认真落实习近平总书记关于资本市场的一系列重要指示批示精神，按照党中央、国务院决策部署，进一步落实创新驱动发展战略，增强资本市场对提高我国关键核心技术创新能力的服务水平，支持上海国际金融中心和科技创新中心建设，完善资本市场基础制度，坚持稳中求进工作总基调，贯彻新发展理念，深化供给侧结构性改革的重要举措。

注册制试点下，上交所负责科创企业发行上市审核，证监会对股票发行进行注册。

发行人申请首次公开发行股票并在科创板上市，应当按照证监会有关规定制作注册申请文件，由保荐人保荐并向上交所申报。上交所收到注册申请文件后，5个工作日内作出是否受理的决定。

上交所主要通过向发行人提出审核问询、发行人回答问题方式开展审核工作，基于科创板定位，判断发行人是否符合发行条件、上市条件和信息披露要求。上交所按照规定的条件和程序，作出同意或者不同意发行人股票公开发行并上市的审核意见。

如若同意发行人股票公开发行并上市的，即将审核意见、发行人注册申请文件及相关审核资料报送证监会履行发行注册程序。如若不同意发行人股票公开发行并上市的，上交所作出终止发行上市审核决定。

证监会收到上交所报送的审核意见、发行人注册申请文件及相关审核资料后，履行发行注册程序。发行注册主要关注上交所发行上市审核内容有无遗漏，审核程序是否符合规定，以及发行人在发行条件和信息披露要求的重大方面是否符合相关规定。证监会认为存在需要进一步说明或者落实事项的，可以要求交易所进一步问询。中国证监会在20个工作日内对发行人的注册申请作出同意注册或者不予注册的决定。

资料来源　根据新浪财经网站2020年4月29日新闻内容及上海证券交易所网站内容整理.

4.2.4　股票发行程序

2000年3月之前中国的股票发行实行的是核准审批制度，即股票发行人必须是已经成立的股份有限公司，或者经批准拟成立的股份有限公司，具体的资格审查依据《公司法》和《证券法》中的相关规定。修订后的《中华人民共和国证券法》于2020年3月1日起正式施行，中国资本市场进入新证券法时代。国务院办公厅同时印发《关于贯彻实施修订后的证券法有关工作的通知》，明确在不同板块和市场分步实施股票公开发行注册制，相关板块和市场在注册制改革正式落地前，仍继续实施核准制。

按照2020年7月10日起施行的《关于修改〈首次公开发行股票并上市管理办法〉的决定》的规定，发行人发行股票的，应当按照中国证监会的有关规定制作申请文件，由保荐人保荐并向中国证监会申报。特定行业的发行人应当提供管理部门的相关意见。中国证监会收到申请文件后，在5个工作日内作出是否受理的决定。中国证监会受理申请文件后，由相关职能部门对发行人的申请文件进行初审，并由发行审核委员会审核。中国证监会在初审过程中，将征求发行人注册地省级人民政府是否同意发行人发行股票的意见。中国证监会依照法定条件对发行人的发行申请作出予以核准或者不予核准的决定，并出具相关文件。自中国证监会核准发行之日起，发行人应在6个月内发行股票；超过6个月未发行的，核准文件失效，须重新经中国证监会核准后方可发行。

补充阅读资料4-5　　　　　　　　　　　　**我国证券交易所股票代码命名规则**

沪市A股股票的代码以600、601、603或605打头，开头三位为"688"的是沪市科创板股票，如运盛实业股票代码是600767，中国国航股票代码是601111。B股股票买卖的代码以900打头，如市北B股代码是900902。

深市A股股票买卖的代码以000打头，如顺鑫农业股票代码是000860。B股股票买卖的代码以200打头，如深康佳B股代码是200016。

沪市新股申购的代码以707、730或780打头，如中信证券申购的代码是730030，中国一重申购的代码是780106。

深市新股申购的代码与深市股票买卖的代码一样，配售代码以003打头，如中信证券深市配售代码是003030。

配股代码，沪市以700打头，深市以080打头，如运盛实业配股代码是700767，深市草原兴发配股代码是080780。

中小板股票代码以 002 打头，如东华软件股票代码是 002065。创业板股票代码以 300 打头，如华谊兄弟股票代码是 300027。

资料来源　根据新浪财经网站 2020 年 4 月 29 日新闻内容及上海证券交易所网站内容整理.

发行人申请首次公开发行股票的，在提交申请文件后，应当按照国务院证券监督管理机构的规定预先披露有关申请文件。

国务院证券监督管理机构或者国务院授权的部门依照法定条件负责证券发行申请的注册。证券公开发行注册的具体办法由国务院规定。

按照国务院的规定，证券交易所等可以审核公开发行证券申请，判断发行人是否符合发行条件、信息披露要求，督促发行人完善信息披露内容。

依照前两款规定参与证券发行申请注册的人员，不得与发行申请人有利害关系，不得直接或者间接接受发行申请人的馈赠，不得持有所注册的发行申请的证券，不得私下与发行申请人进行接触。

国务院证券监督管理机构或者国务院授权的部门应当自受理证券发行申请文件之日起三个月内，依照法定条件和法定程序作出予以注册或者不予注册的决定，发行人根据要求补充、修改发行申请文件的时间不计算在内。不予注册的，应当说明理由。

证券发行申请经注册后，发行人应当依照法律、行政法规的规定，在证券公开发行前公告公开发行募集文件，并将该文件置备于指定场所供公众查阅。

发行证券的信息依法公开前，任何知情人不得公开或者泄露该信息。

发行人不得在公告公开发行募集文件前发行证券。

国务院证券监督管理机构或者国务院授权的部门对已作出的证券发行注册的决定，发现不符合法定条件或者法定程序，尚未发行证券的，应当予以撤销，停止发行。已经发行尚未上市的，撤销发行注册决定，发行人应当按照发行价并加算银行同期存款利息返还证券持有人；发行人的控股股东、实际控制人以及保荐人，应当与发行人承担连带责任，但是能够证明自己没有过错的除外。

股票的发行人在招股说明书等证券发行文件中隐瞒重要事实或者编造重大虚假内容，已经发行并上市的，国务院证券监督管理机构可以责令发行人回购证券，或者责令负有责任的控股股东、实际控制人买回证券。

小思考 4-4

在我国发行股票是否有期限限制？

小思考 4-4

分析提示

4.3　股票流通市场

4.3.1　流通市场

股票流通市场又称为交易市场或二级市场。目前发达国家的流通市场基本上有两个层次，即场内交易市场和场外交易市场。

1）场内交易市场

场内交易市场即证券交易所，它是证券市场的最高层次，也是一个国家经济发达程度的标志。交易所是股票流通市场最重要的组成部分，也是交易所会员、证券自营商或证券经纪人在证券市场内集中买卖上市股票的场所，是二级市场的主体。具体地说，它具有固定的交易所、固定的交易时间和规范的交易规则，接受和办理符合有关法律规定的股票上市买卖，使原股票持有人和投资者有机会在市场上通过经纪人进行自由买卖、成交、结算和交割。表4-1是我国证券市场概况统计表。

表4-1　　　　　　　　　　　我国证券市场概况统计表

项　目	2017年	2018年
上市公司家数（家）	3 485	3 584
上市公司股本（亿股）	53 746.67	57 581.03
流通股本（亿股）	45 044.87	49 047.57
股票市值（亿元）	567 086.08	434 924.03
流通市值（亿元）	449 298.15	353 794.2
成交量（亿股）	87 780.84	82 037.25
成交金额（亿元）	1 124 625.11	901 739.4
印花税（亿元）	1 124.63	901.75
上证综指收盘	3 307.17	2 493.9
深证综指收盘	1 899.34	1 267.87

资料来源　根据《中国证券期货统计年鉴2019》整理.

2）场外交易市场

场外交易市场又称柜台交易市场或店头市场。它不像场内交易市场——证券交易所那样有一个固定的集中场地，而是由很多各自独立经营的证券公司形成的。在证券转让的柜台上，绝大多数交易都是在投资人和证券公司之间进行的。证券的价格是由双方协商形成的。

4.3.2　证券交易所的运行架构

各国的证券交易所基本上都实现了高度的无纸化和电子化，建立了安全、高效的电脑网络运行架构。随着电脑网络的不断扩展，上海、深圳证券交易所跨越了场所、区域的限制，发展成为两个全国性的证券市场，并稳步向国际化市场迈进。证券交易所的运行架构包括四个部分：交易系统、结算系统、信息系统和监察系统，如图4-1所示。

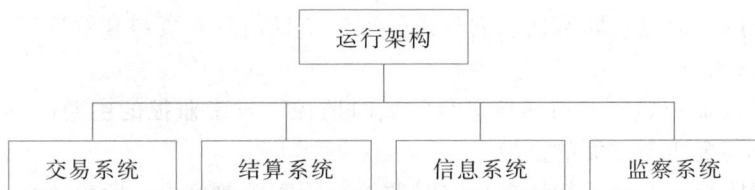

图4-1　证券交易所的运行架构

1）交易系统

交易系统由撮合主机、通信网络和柜台终端三部分组成。目前，投资者除了在证券商柜台终端直接下单买卖证券外，还可以通过拨打证券商的指定电话进行按键委托，委托由证券商柜台终端通过通信网络传送到交易所撮合主机，撮合成交后实时回报。投资者下单后可以在同一次委托内既实现下单又完成交易结果的查询。整个交易过程几秒钟内就可完成，其高效、快捷、方便的程度处于世界领先地位。

（1）撮合主机。撮合主机或交易主机是整个交易系统的核心，它将通信网络传来的买卖委托读入计算机内存进行撮合配对，并将成交结果和行情通过通信网络传回证券商柜台终端。

（2）通信网络。它是连接证券商柜台终端、交易席位和撮合主机的通信线路及设备，如单向卫星、双向卫星和地面数据专线等，用于传递委托、成交及行情等信息。

（3）柜台终端。证券商柜台终端系统用于证券商管理客户的证券账户和资金账户、传送委托、接收成交、显示行情等。

2）结算系统

结算系统是指对证券交易进行结算、交收和过户的系统。世界各国的证券市场都有专门机构进行证券的存管与结算。我国的上海、深圳证券交易所均下设结算公司，在每个交易日结束后，对证券和资金进行清算、交收和过户，使买入者得到证券，卖出者得到资金。由于上海、深圳证券交易所实现了无纸化和电子化交易，建立了高效、快捷、安全的结算系统，每日的结算和交收于次日上午开市前即可完成，实现了T+1日交收。

3）信息系统

信息系统负责对每日证券交易的行情信息和市场信息进行实时发布。目前，信息系统发布网络由四个渠道组成。

（1）交易通信网。通过交易系统的通信网络，如单向卫星、双向卫星和地面通信线路等，发布证券交易的实时行情、股价指数和重大信息公告等，几秒钟更新一次。

（2）信息服务网。向新闻媒介、会员、咨询机构等发布收市行情、成交统计和非实时信息公告等，用户可用传真机、计算机等接收。

（3）证券报刊。通过证监会指定信息披露报刊发布收市行情、成交统计及上市公司公告和信息等。

（4）互联网。通过互联网向国内外提供证券市场信息、资料和数据等。

4）监察系统

监察系统负责交易所对市场所进行的实时监控。日常监控的主要内容包括对行情、交易、证券和资金四个方面的监控。

（1）行情监控。对交易行情进行实时监控，观察股票价格、股价指数、成交量等的变化情况，如果出现股价或指数突然大幅波动或成交量突然增大等，监控人员可以立即掌握情况，做出判断。

（2）交易监控。对异常交易进行跟踪调查，如果异常交易是由违规引起的，则对违规者进行处罚，如停牌、罚款、暂停交易等。

（3）证券监控。对证券卖出情况进行监控，如果发现某证券账户中没有证券或证券数量不足而卖出证券，构成卖空，则对相应证券商进行处罚。

（4）资金监控。对证券交易和新股发行的资金进行监控，如果证券商未及时补足清算头寸，构成买空（即透支），监控系统可以立即根据实际情况做出判断。

4.3.3 股票上市

1）股票上市条件

根据《公司法》及《证券法》的有关规定，股份有限公司申请股票上市必须符合下列条件：

申请证券上市交易，应当向证券交易所提出申请，由证券交易所依法审核同意，并由双方签订上市协议。

证券交易所根据国务院授权的部门的决定安排政府债券上市交易。

申请证券上市交易，应当符合证券交易所上市规则规定的上市条件。

证券交易所上市规则规定的上市条件，应当对发行人的经营年限、财务状况、最低公开发行比例和公司治理、诚信记录等提出要求。

2）股票上市费用

一家公司的股票在证券交易所挂牌交易，证券交易所要为股票交易提供必要的场所、技术设施和相关的服务，因此上市公司必须向证券交易所支付一定的费用。

一般来说，上市公司需支付的费用有两种，即上市初费和上市月费。上市初费是公司上市时一次性支付的费用，一般在上市前两天支付给证券交易所。上市月费则是在上市后按月计算向证券交易所支付的费用，可以按月支付，也可以按年支付。上海、深圳证券交易所的上市费用见表4-2和表4-3。

3）上市股票的特别处理与退市

当上市公司连续两年出现亏损时，其股票被特别处理，进入特殊处理板块（ST板块）进行交易，股票名称前被加上ST。例如，深鸿基被特殊处理之后就叫ST鸿基。

表 4-2　　　　　　　　　　　　　上海证券交易所上市公司上市费收费标准表

业务类别	上市板块	收费项目	收费标准
人民币普通股票（A股）、人民币特种股票（B股）、存托凭证	主板	上市初费	A、B股总股本（总份数）≤2亿的，7万元，暂免
			2亿＜总股本（总份数）≤4亿的，10万元，暂免
			4亿＜总股本（总份数）≤6亿的，12.5万元
			6亿＜总股本（总份数）≤8亿的，15万元
			总股本（总份数）＞8亿的，17.5万元
		上市年费	上年末A、B股总股本（总份数）≤2亿的，2.5万元/年，暂免
			2亿＜总股本（总份数）≤4亿的，4万元/年，暂免
			4亿＜总股本（总份数）≤6亿的，5万元/年
			6亿＜总股本（总份数）≤8亿的，6万元/年
			总股本（总份数）＞8亿的，7.5万元/年
			上市不足1年的，按实际上市月份计算，上市当月为1个月
	科创板	上市初费	普通股总股本（总份数）≤2亿的，3.5万元，暂免
			2亿＜总股本（总份数）≤4亿的，5万元，暂免
			4亿＜总股本（总份数）≤6亿的，6.25万元，暂免
			6亿＜总股本（总份数）≤8亿的，7.5万元，暂免
			总股本（总份数）＞8亿的，8.75万元，暂免
		上市年费	上年末普通股总股本（总份数）≤2亿的，1.25万元/年，暂免
			2亿＜总股本（总份数）≤4亿的，2万元/年，暂免
			4亿＜总股本（总份数）≤6亿的，2.5万元/年，暂免
			6亿＜总股本（总份数）≤8亿的，3万元/年，暂免
			总股本（总份数）＞8亿的，3.75万元/年，暂免
			上市不足1年的，按实际上市月份计算，上市当月为1个月

注：优先股收费标准按表中同板块收费标准的80%确定，并适用相应暂免规定。

表4-3　　　　　　　　　　　深交所股票上市初费和上市年费

总股本	上市初费 （2019年12月13日起）		上市年费 （2020年1月1日起）	
	主板、中小板	创业板	主板、中小板	创业板
2亿以下（含）	暂免	暂免	暂免	暂免
2亿~4亿（含）	暂免	暂免	暂免	暂免
4亿~6亿（含）	125 000	62 500	50 000	25 000
6亿~8亿（含）	150 000	75 000	60 000	30 000
8亿以上	175 000	87 500	75 000	37 500

注：总股本不包括H股；计价单位为：人民币元。

补充阅读资料4-6　　　　　　**创业板新退市规则趋严　市场化退市将成主流**

2020年4月27日晚间，证监会和深交所相继发布多个创业板改革并试点注册制配套业务规则，并就此公开征求意见。创业板推行注册制的大幕拉起，资本市场深化改革迎来新的篇章。

沿着市场化的改革方向，创业板退市制度也同步迎来调整。根据《深圳证券交易所创业板股票上市规则（2020年修订征求意见稿）》，退市机制的变化主要包括三方面：一是丰富完善退市指标，将净利润连续亏损指标调整为"扣除非经常性损益前后孰低的净利润为负且营业收入低于1亿元"的复合指标，新增"连续20个交易日市值低于5亿元"的交易类退市指标和"信息披露或者规范运作存在重大缺陷且未按期改正"的规范类退市指标等，财务类退市指标全面交叉适用，且退市触发年限统一为两年，加大"僵尸"企业和空壳公司的出清力度。二是简化退市流程，取消暂停上市和恢复上市环节，交易类退市不再设置退市整理期，提升退市效率，优化重大违法强制退市停牌安排，保障投资者交易权利。三是强化风险警示，对财务类、规范类、重大违法类退市设置退市风险警示制度。

具体来看，上述规则列明了五个交易类退市指标、四个财务类强制退市指标、七个规范类强制退市指标，以及两类重大违法强制退市指标。

（1）五个交易类退市指标。上市公司出现下列情形之一的，深交所可以决定终止其股票上市交易：①连续120个交易日通过本所交易系统实现的股票累计成交量低于200万股；②连续20个交易日每日股票收盘价均低于每股面值；③连续20个交易日每日股票收盘市值均低于5亿元；④连续20个交易日每日公司股东人数均少于400人；⑤深交所认定的其他情形。其中，第三条为新增的交易类退市指标。

（2）四个财务类强制退市指标。上市公司出现下列情形之一的，深交所可以对其股票交易实施退市风险警示：①最近一个会计年度经审计的净利润为负值且营业收入低于

1亿元，或追溯重述后最近一个会计年度净利润为负值且营业收入低于1亿元；②最近一个会计年度经审计的期末净资产为负值，或追溯重述后最近一个会计年度期末净资产为负值；③最近一个会计年度的财务会计报告被出具无法表示意见或者否定意见的审计报告；④本所认定的其他情形。

（3）七个规范类强制退市指标。上市公司出现下列情形之一的，深交所可以对其股票交易实施退市风险警示：①未在法定期限内披露年度报告或者半年度报告，此后公司在股票停牌两个月内仍未披露；②因财务会计报告存在重大会计差错或者虚假记载，被中国证监会责令改正但公司未在规定期限内改正，此后公司在股票停牌两个月内仍未改正；③因信息披露或者规范运作等方面存在重大缺陷，被本所责令改正但公司未在规定期限内改正，此后公司在股票停牌两个月内仍未改正；④因公司股本总额或者股权分布发生变化，导致连续20个交易日不再符合上市条件，在规定期限内仍未解决；⑤公司可能被依法强制解散；⑥法院依法受理公司重整、和解和破产清算申请；⑦本所认定的其他情形。

（4）两类重大违法强制退市情形。重大违法强制退市，包括两类情形：一是，上市公司存在欺诈发行、重大信息披露违法或者其他严重损害证券市场秩序的重大违法行为，且严重影响上市地位，其股票应当被终止上市的情形。二是，上市公司存在涉及国家安全、公共安全、生态安全、生产安全和公众健康安全等领域的违法行为，情节恶劣，严重损害国家利益、社会公共利益，或者严重影响上市地位，其股票应当被终止上市的情形。

资料来源　根据深圳证券交易所网站资料整理.

对于已上市公司，国务院证券管理部门有权决定暂停或终止其股票上市资格。上市交易的证券，有证券交易所规定的终止上市情形的，由证券交易所按照业务规则终止其上市交易。证券交易所决定终止证券上市交易的，应当及时公告，并报国务院证券监督管理机构备案。

补充阅读资料4-7　　　　　　　　**2020年面值退市第一股——华锐风电**

2020年6月23日晚间，退市锐电发布公告称，截至公告当日，公司股票已于退市整理期交易满30个交易日，退市整理期结束。公司股票将于7月2日被上海证券交易所予以摘牌。根据相关规定，终止上市后，公司股票将转入全国中小企业股份转让系统挂牌转让。

华锐风电是中国第一家开发、设计、制造和销售适应陆地、海上和潮间带大型风电机组的高新技术企业，2008、2009年其风电设备连续两年保持中国市场占有率第一。2011年，华锐风电以高额发行价90元/股登陆A股，成为当时沪市历史上发行价最高的股票，市值超过900亿元，募资94.6亿元，备受市场关注。但该股上市首日即破发，股价暴跌9.59%。而在上市后的9年间，公司业绩迅速变脸。2011年，风电行业进入低潮期。华锐风电业绩大幅下滑，营收降至104.36亿元，同比下滑48.66%；净利润降至7.76亿元，同比下滑72.84%。2012年，华锐风电亏损5.83亿元，2013年亏损增至37.6

亿元。因连续两年亏损，首度"披星戴帽"。2013年，华锐风电自曝财务造假丑闻，公司在2011年虚增营收24亿元、虚增利润2.78亿元。2014年，华锐风电借债务重组实现账面盈利，成功保壳。2015年，华锐风电亏损44.5亿元。2016年再度亏损31亿元，刚刚摘掉一年的"星帽"又戴了回来。2018年，华锐风电的股价长期徘徊于1元附近。2019年，华锐风电实现营收6.29亿元，同比增长10.31%；实现归母净利润3 227.57万元，同比减少82.52%。2020年一季度，华锐风电实现营收8 668.22万元，同比增长1.48%，亏损198.74万元，较2019年同期亏损收窄。2020年4月13日，华锐风电收盘跌停，股价收报0.65元/股，连续第20个交易日股价低于1元，"面值退市"已成定局。2020年4月30日，上交所公告称，决定终止ST锐电股票上市。华锐风电成为2020年面值退市第一股。

资料来源 佚名."风电第一股"华锐风电谢幕 [EB/OL]. [2020-06-24]. http: //finance.sina. com.cn/stock/relnews/cn/2020-06-24/doc-iirczymk8 664 084.shtml.

4.3.4 交易股票

1）A股的交易程序

（1）开设股票账户。股票账户是投资者进入股票市场的通行证，只有拥有股票账户，才能确立股票投资者身份，进入市场买卖股票。

①开设股票账户需提供的证件。股票账户分为个人账户和法人账户两种。个人投资者开户时必须持有本人的有效身份证件。法人开户需提供的证件包括：有效的法人证明文件（营业执照）及复印件，法人代表证明书及本人身份证，法人委托书及受托人身份证。自然人或法人可到所选择的证券经营机构所在地的证券登记机构办理开户手续。如果是代办，还要提供代办人的身份证。

②开设股票账户需提供的资料。个人投资者在开设股票账户时，应提供本人和委托人的详细资料。这些资料包括本人和委托人的姓名、性别、身份证号码、家庭地址、职业、联系电话等。法人投资者应提供法人地址、电话，法定代表人和授权证券交易执行人的姓名、性别，书面授权书，开户银行账户和账号，邮政编码，机构性质等。

③开设股票账户的限制。股票账户的开设在范围上并非无限制的。为了维护市场交易秩序，避免内幕交易和市场操纵，保证市场交易公平公正，保护广大投资者的利益，根据国家的有关规定，有些从事证券管理事务或与发行人有直接关系的人员不得开设股票账户。

随着证券市场的发展，股票账户的功能已不再局限于买卖股票。在我国，它已扩大至买卖基金、股权证、无纸化国债等。

（2）开设资金账户。投资者办理了股票账户后，还需办理资金账户。我国目前实行指定交易，因而投资者要进行股票交易，必须指定一家从事经纪业务的证券经营机构，并在该处开设资金账户。对投资者资金账户上的存款，证券经营机构要按银行活期存款利率支付利息。开立资金账户所需的证件、提供的资料基本上与股票账户相同。

（3）下达委托指令。客户在办妥股票账户与资金账户后即可进入市场买卖股票，下达委托指令。委托分为以下4种形式：

第一，填单委托，也叫柜台委托和柜台递单委托，即客户到证券营业部柜台填写书面买卖委托单，委托证券商代理买卖股票的方式。我国证券市场成立初期采取填单委托形式，现已不再使用。

第二，电话委托，是指客户通过电话向证券商计算机系统输入委托指令，以完成证券买卖委托和有关信息查询的委托方式。由于操作复杂，现在已很少使用。

第三，电脑委托，又叫自助委托，是指投资者通过与证券商自动委托交易系统联结的电脑终端，按照系统发出的指示输入买卖委托指令，以完成证券买卖委托和有关信息查询的委托方式。只有在营业部的交易者才使用电脑委托。

第四，网上委托，即交易者在其开户的券商的交易网页上或通过下载开户券商的交易软件，直接发出委托的方式。目前这是绝大多数交易者使用的方式，因为其不受地点的限制，只要有网络的地方都可以实现委托，方便快捷。

补充阅读资料4-8　　　　　　　　　　**个人投资者如何进行新股申购？**

个人投资者要申购新股，首先要有沪、深A股交易账户并开通网上交易。申购或买卖创业板股票，还须开通创业板市场交易。个人投资者应亲自到证券公司营业部现场签署《创业板市场投资风险揭示书》，在经证券公司确认并按规定期限开通创业板市场交易后，才可以参与创业板新股申购或买卖交易。

投资者参与新股申购需在T-2日（含）前20个交易日日均持有1万元非限售A股市值才可申购新股，上海、深圳市场分开单独计算；具体操作与一般买入股票相同，输入申购代码委托买入即可。需要注意以下事项：委托数量有要求，上交所上市股票以1000股的整数倍申购，深交所上市股票一般以500股的整数倍申购，而且还有申购上限和下限。客户同一个证券账户多处托管的，其市值合并计算。客户持有多个证券账户的，多个证券账户的市值合并计算。融资融券客户信用证券账户的市值合并计算。

申购之后第二日主承销商公布发行价格及中签结果，投资者也可以向其指定交易的证券公司查询中签结果。中签的投资者应依据中签结果履行资金交收义务，确保其资金账户在T+2日日终有足额的新股认购资金。

（4）撮合成交。现代证券市场运作是以交易的自动化、股票清算与过户的无纸化为特征的，电脑撮合集中交易是根据输入的信息进行竞价处理，按"价格优先，时间优先"的原则自动撮合成交。交易所的竞价分为集合竞价和连续竞价。

集合竞价是指在每一交易日上午9：25，交易所电脑撮合系统对9：15—9：25接受的全部有效委托进行一次撮合处理的过程。在正式开市前一瞬间，对于每种证券，系统根据输入的所有买卖盘而产生一个开盘参考价，继而将能够成交的委托以此参考价为成交价全部撮合成交。这一处理过程称作集合竞价。

集合竞价确定成交价的原则是：首先，在有效价格范围内选取使所有有效委托产生最大成交量的价位。如有两个以上这样的价位，则按照以下规则选取成交价位：高于选取价格的所有买方有效委托和低于选取价格的所有卖方有效委托全部成交；与选取价格相同的委托一方必须全部成交。如果满足以上条件的价位仍有多个，则选取离上日收市价最近的价位。

集合竞价结束后，随即进入连续竞价，直至收市。连续竞价阶段的特点是：每一笔买卖委托输入系统后，当即判断并进行不同处理，能成交者撮合成交；不能成交者等待机会成交；部分成交者则让剩余部分继续等待。自动撮合的原则是"价格优先，时间优先"，即在一定价格范围内（有效区间），优先撮合最高报价买盘者或最低报价卖盘者；报价相同的买盘或卖盘则取输入时间优先者。等待排列的原则是：所有买方有效委托按照报价由高到低的顺序排列，报价相同则按照进入撮合主机时间的先后排列；所有卖方有效委托按照报价由低到高的顺序排列，报价相同者按照进入撮合主机时间的先后排列。

撤销委托，又叫撤单，在委托成交之前，委托人有权撤销委托。

（5）清算与交割。清算是指证券买卖双方在证券交易所进行的证券买卖成交后，通过证券交易所将各证券商之间证券买卖的数量和金额分别予以抵消，计算应收、应付证券和应收、应付股金差额的一种程序。清算包括资金清算和股票清算两个方面。

证券清算后，即可办理交割手续。交割是指证券卖方将卖出证券交付给买方，买方将买进证券价款交付给卖方的行为。

我国目前在证券交割上采取T+1规则，即证券商与委托人应当在证券成交后的下一个营业日办理完毕交割事宜，如该日正逢节假日，则交割日顺延。

（6）过户。所谓过户就是办理清算交割后，将原卖出证券的户名变更为买入证券的户名。对记名证券来说，只有办妥过户后，整个交易过程才算完成，才能表明拥有完整的证券所有权。

2）交易费用

目前在我国，投资者在上海证券交易所和深圳证券交易所挂牌交易的证券都需要交纳佣金、印花税、过户费等各项费用，表4-4是上海证券交易所交易费用表。

表4-4 上海证券交易所交易费用表

业务类别		费用项目	费用标准	最终收费单位
交易	A股	经手费	成交金额的0.00487%（双向）	会员等交上证所
		证管费	成交金额的0.002%（双向）	会员等交中国证监会（上证所代收）
		印花税	成交金额的0.1%（单向）	投资者交税务机关（上证所代收）
	B股	经手费	成交金额的0.0048%（双向）	会员等交上证所
		证管费	成交金额的0.002%（双向）	会员等交中国证监会（上证所代收）

（1）佣金。这是投资者在委托买卖成交后需支付给券商的费用。同一笔交易，买卖双方都要按照相同的比例交纳佣金。目前，各券商拥有确定佣金比例的权利，因此券商纷纷降低佣金比例以吸引客户。

（2）印花税。这是投资者在买卖成交后支付给财税部门的费用，以前是交易双方都按某一比例缴纳，目前是卖出方单边缴纳。此项税收由交易所统一代缴。

（3）过户费。这是指股票成交后，更换户名所需支付的费用。《关于调整 A 股交易过户费收费标准有关事项的通知》规定：A 股交易过户费由沪市按照成交面值 0.3‰、深市按照成交金额 0.0255‰ 向买卖双方投资者分别收取，统一调整为按照成交金额 0.02‰ 向买卖双方投资者分别收取。

小思考 4-5

分析提示

小思考 4-5

什么是经手费？

3）实际操作程序

（1）开设账户。带好本人的有效身份证件和银行借记卡，去已选择好的一个证券公司营业部，按客户经理提示签订相应合同文本，同时开设股票账户和资金账户。通常下一个交易日账户即可开通。

（2）委托。通过互联网选择证券公司的网上交易软件，在终端安装后，根据交易规则，输入委托数据。

（3）成交。根据市场竞价，通过交易软件查看成交结果。

目前绝大多数证券公司开立账户不收任何费用。委托要素包括以下几项：①证券代码：输入时用指定的 6 位数字。②委托价格：以人民币元为单位，报价时小数点后只能有两位。要注意涨跌幅限制：正常股票 10%；ST 股票 5%；创业板注册制新股上市前五日不设涨跌幅限制，之后涨跌幅限制比例为 20%。③委托手数：100 股为 1 手，不足 100 股为零手，买入委托不准有零手，卖出委托可以有零手，而且客户要想卖零手，必须把账户的零手一次性卖出，不能分拆卖出。

4.4　股票价格及投资收益

4.4.1　股票的价格

1）股票价格的种类

股票的价格有几种，常见的有票面价、发行价、账面价和市场价。

（1）股票票面价，简称股票面值，是指股票票面标明的价值，目前我国股票面值均为 1 元。

（2）股票发行价，即在发行市场上出售股票时的价格，可能与股票面值不同。

（3）股票账面价，又叫每股净值，是指每股所代表的净资产数量。

股票账面价＝（总资产-总负债）÷股本

　　　　　＝净资产÷股本

（4）股票市场价，简称市价，也叫股票的交易价格，即股票在交易市场上流通转让时的价格。

股票价格一般是指股票的市场价。市场价在每个交易日的交易过程中是时刻变化的，同一种股票的每一笔交易价格都可能不同，在观看市场价时需要注意如下几种市场价：①开盘价。它是指每个交易日第一笔交易成交的价格，这是传统的开盘价的定义。由于存在人为地造出不合理的开盘价的弊端，目前我国证券市场采用集合竞价的方式产生开盘价，弥补了传统意义上的开盘价的缺陷。②最高价。它是在每个交易日中，曾出现过的最高的交易价格。③最低价。它是在每个交易日中，曾出现过的最低的交易价格。最高价和最低价反映当时证券价格上下波动的幅度大小。如果这两个价格相差悬殊，说明当时市场交易活跃，买卖双方争斗激烈。但最高价和最低价是瞬间的价格表现，同传统的开盘价一样，最高价和最低价也容易被人为地故意做市而使价格脱离实际。最高价与最低价之间的间隔区域被称为当天的交易区域。④收盘价。它是指一只股票在每个交易日中最后一笔交易成交的价格，为避免人为操纵和增加参考性，我国采取的是最后一分钟成交交易的加权平均价。它是多方和空方经过一天的争斗最终达成的共识，是供需双方最后的暂时平衡点，具有指明当前价格位置的重要功能。

4个价格中，收盘价是最重要的，这一点早在100年前就被投资者所认识。很多技术分析方法只关心收盘价，人们在谈到证券的价格时，指的往往也是收盘价。

2）股票市盈率

股票市盈率（P/E）是衡量股票投资价值与股票市场价格水平高低的一个常用指标，是每股股票的市场价格与会计年度每股税后盈利的比率，即：

市盈率（P/E）=每股市场价格÷每股税后盈利

市盈率也称本益比，通常用"倍"表示，反映股票市价是盈利的多少倍。市盈率与投资价值成反比，市盈率越高，则投资价值越低；反之，市盈率越低，则投资价值越高。

但市盈率是一个动态指标，不能用静态的眼光去看待。若一个上市公司发展前景较好，则未来盈利会大幅增加，即使目前市盈率很高，也具有投资价值；反之，若上市公司发展前景不佳，则未来盈利会大幅降低或出现亏损，即使目前市盈率较低，也缺乏投资价值。

我国计算市盈率和平均市盈率通常遵循以下原则：①盈利上市公司全部纳入计算范围，亏损公司除外；②上市公司送、配股和派发现金红利时，先对每股盈利予以相应调整，再计算市盈率；③新股上市后，统一按前一会计年度每股盈利（按新发行后总股本予以摊薄）计算每股市盈率。

3）股息分配日期和除权效应

（1）股息分配的几个日期。上市公司向股东分派股利或配股时，前后有一个过程，主要经历：宣告日、股权登记日、除权除息日和股息分派日。

宣告日：将分红配股情况予以公告的日期。公告中将具体宣布股权登记日、除权除息日、股息分派日等相关时间。

股权登记日：有权领取分红配股的登记在册股东的资格登记的截止日期。

　　除权除息日：领取股息的权利与股票相互分离的日期。除权除息日前持有股票的股东有权获得分红，除权除息日之后购入股票的不享受分红。一般股权登记日后第一个交易日为除权除息日。

　　股息分派日：向股东发放股息的日期。

　　（2）除权参考价。除权即股权登记日后第一个交易日股票除权，股东失去分红配股的权利。除权后，股票会以较低的价格交易。交易所通常会在除权除息日提供一个交易参考价格，指导投资者买卖除权后的股票。

　　除权参考价是按股票除权除息前后投资价值不变原则计算的，即投资者在股权登记日按收盘价买卖股票，与在除权除息日按除权参考价买卖股票，其投资价值是相同的。计算公式为：

　　　除权参考价=（股权登记日收盘价-每股现金股息+配股价）÷（1+送股率+配股率）

　　当除权除息日实际交易价格高于除权参考价这一理论价格时，称为填权，参与分红配股的登记在册股东可以获利；反之，称为贴权，参与分红配股的登记在册股东将受损失。填权和贴权是股票除权后的两种可能，它与整个市场的状况、上市公司的经营业绩、送配的比例等多种因素有关，没有确定的规律可循。

4.4.2　股票价格指数

　　股票价格指数简称股价指数，是反映股市动态的综合指标。股价指数是对股票市场上的股票价格进行平均计算和动态对比后得出的数值。

　　1）股价指数的编制方法

　　综合股价指数采用统计指数中的综合加权法编制。这是通常所说的股价指数。这种方法选定一个基日，以基日股价总水平作为基准，用即日股价总水平与基日股价总水平相对比，反映即日股价总水平相对于基日股价总水平而言的高低和变动程度。

　　2）股价指数的基本计算公式

　　即日指数=即日指数总市值÷基日指数总市值×基日指数

　　　　　　=$\sum$（即日股价×股份数）÷$\sum$（基日股价×股份数）× 基日指数

　　在计算股价指数时要注意的问题如下：

　　（1）基日指数的确定。基日指数是对基日股价总水平的度量。将基日股价总水平分为若干等份，将等份位点作为指数计量单位，即1点。比如，将基日股价总水平分为100份，基日指数就是100点，根据股市实际，基日指数可以取不同的数字，有的为10点，有的为100点，也有的为1 000点。

　　（2）指数的权数。根据统计学原理不难看出，股价指数基本计算公式中的股份数是一种权数，有两个作用：一是统一度量作用，即将不能直接相加的个股股价转变为可以直接相加、有相同度量单位的市值；二是权衡轻重的作用，股份数较大的股票，其股价变动对指数的影响相对较大，反之则相反。

　　3）综合指数和成分指数

　　股价指数基本计算公式中的指数股是指纳入指数计算范围的股票，$\sum$符号表示对这些股票进行汇总。如果将全部上市股票纳入指数计算范围，计算出来的就是通常的综合指数；如果只选一部分股票作为指数股，计算出来的就是通常的成分指数。

4）股价指数的连锁公式

日常工作中通常采用连锁方式计算指数，即始终将上日作为基日，将上日收市股价和收市指数作为基准，用即日股份数加权计算。股价指数的连锁公式为：

即日指数＝即日指数股市值÷经调整的上日指数股收市市值×上日收市指数

$$=\sum（即日股价×即日股份数）÷\sum（上日收市价×上日股份数）×上日收市指数$$

国内外几种主要股价指数及其计算见表4-5。

表4-5　　　　　　　　　　国内外几种主要股价指数及其计算

指数名称	基期	基期点数	样本股数	计算方法
道·琼斯指数	1928年10月1日	100	全部	简单算术平均
标准普尔指数	1941—1943年抽样平均价	10	500	加权平均
纽约证交所指数	1965年12月31日	50	1 570	加权平均
日经指数	1949年5月16日	176.21	225	简单平均
《金融时报》指数	1935年7月1日	100	30	加权平均
香港恒生指数	1964年7月31日	100	33	加权平均
上证综合指数	1990年12月19日	100	全部	加权平均
深证成分指数	1994年7月20日	1 000	40	加权平均

小思考4-6

股票市盈率的倒数是什么？

小思考4-6

分析提示

4.4.3　股票投资收益

股票投资收益分为两部分：第一部分为股票持有收益，即投资者通过较长时间持有某种股票而获取的股息收益，通常包括股息和红利；第二部分为股票交易收益，即投资者通过买卖股票而形成的价差收益。

1）股息收益

（1）股息收益的内涵。一般优先股的收益称为股息，普通股的收益称为红利。但是往往不做区分，尤其是在分配时，统称为股息。一般情况下，只要公司经营正常，优先股股票持有者可以按照预定的股息率优先取得固定的股息。普通股的股息则是在公司支付了优先股的股息后，根据所剩利润情况来加以确定和支付的。普通股的股息水平是不固定的，它随着可分配利润的增减而增减：若股份有限公司经营良好，盈利较多，普通股所获股息可能会超过优先股股息；若经营不理想，盈利较少，有可能分完优先股的股息后，只能向普通股股东分配很低水平的股息，或不分股息；当公司财务出现亏损时，普通股股票投资者通常不能分到股息。

（2）股息在公司净收益分配中的地位。一般来说，股份有限公司经过一段时间的生产经营（通常为1年）后，就需将这段时间的盈利进行分配。股份有限公司盈利分配的资金来源是公司的净收益。净收益是公司在这段时间内的全部收入减去全部支出所剩的差额，在财务上也称为净利润，即税后利润。

我国《公司法》规定，股份有限公司的税后利润首先要提取法定盈余公积，再进行股息分配。股份有限公司提取盈余公积的目的是弥补公司亏损，扩大经营规模和营业范围，巩固公司的财力基础。盈余公积虽然暂时留存于公司而不做股息分配，但其所有权仍属于全体股东。世界各国对盈余公积的提取都有明确的规定，必须按规定的比例提取。但在某些情况下，盈余公积也可用于扩充资本，派发新股或作为股息红利分配给股东。至于股息，则是公司从净收益中分配给股东的部分，是公司对投资者进行投资回报的基本形式。

（3）股息的形式。普通股股息的派发主要采取3种形式：

第一，现金形式。它是指公司直接以货币形式支付股息给股票持有者，它是最普通、最常见的股息支付方式。一般以10股派几元来表示，如10股派1元，按照这个分配方案，在股权登记日的当天持有该股票的股东都可以获得每10股1元的收益。但是这种收益要缴纳20%的所得税。发放现金股息的优点在于使投资者对公司充满信心，支持股价的不断上扬。但这种方式不利于公司的资本积累，会影响公司的资金周转。

第二，股票形式。它是指公司以其股票作为股息支付给股东的一种方式。它实质上是无偿增资的一种形式。采用这种股息派发方式，可以减少资本外流，扩大公司资金实力，在使股东财产增加的同时能免缴一定数量的所得税。若股价上升，投资者还可获得填权效应带来的收益。投资者在发放股票股息时一般以10股送几股来表示，如10股送3股，就意味着原来持有10股的股东将无偿得到新增加的3股。

第三，财产形式。它是指公司以其持有的有价证券或实物向股票投资者支付股息。这里的有价证券主要包括公司持有的股票、债券、应付票据等。一些大量持有其他公司股票的控股公司，为避免涉嫌垄断，多采用内部转移的方式，以持有的其他公司的股票作为股息派发给股东，以继续维持对其他公司的控制。派发实物股息则通常是指公司用自己的产品抵充股息。

（4）影响股息收益的因素。

第一，股份有限公司的盈利水平。股份有限公司的税后利润是股息的唯一来源。公司的税后利润并非全部用来发放股息，而是只能使用弥补亏损和提取盈余公积之后的剩余部分。如果公司盈利状况好，可以发放股息的利润剩余部分就多，股息收益就高；反之，股息收益就低。

第二，股份有限公司的经营政策。从理论上讲，公司税后利润是用于发放股息还是留存下来作为资本积累，对股东来说是一样的。因为两者都属于股东权益，其财产所有权都归股东所有。但仔细分析，无股息政策在理论上有很多长处。首先，如果公司不发放股息，将税后利润都转作资本，股票价格就会上扬，股东未收回股息的时间价值和风险价值将通过资本增值收益得到补偿。其次，获取股息需缴纳的个人所得税一般要高于利润留存转为资本所需缴纳的资本所得税，因而不发股息而保留利润，对股东是比较有利的。再者，公司若从外部筹措资金，在时间上和经费上都要进行一定量的投入，而从内部筹措资金，将净利润留存，将大大节省时间和财力，筹资成本也会明显低于前者。应根据各股份有限公司债务情况和大多数股东的态度等因素来确定股息的发放水平。一般情况下，公司既不会把其税后利润全部用于发放股息，也不会完全不发放股息。

第三，股息发放策略。在盈利的情况下，不同的公司可能采取不同的股息发放策略。在具体的操作过程中，公司主要采取以下股息发放策略：一是定额发放股息，即每年派发的股息金额固定不变。当公司的生产经营比较稳定，盈利不会出现较大波动时，可采用这一方案。某些公司执行的是定额股息和额外股息相结合的派发方案，即当公司盈利较多时，就在发放定额股息的基础上再发放额外的股息。二是定率发放股息，即按照规定的股息付出率来支付股息。股息付出率是指每股股息占每股盈余的比率，它反映了公司发放股息的相对水平，由此也可以反映出股息发放与公司经营之间的关系。采用定率发放股息，当公司盈利状况较好时，股东可以分得较多的股息；当公司盈利状况欠佳时，可以少发股息，从而确保公司生产经营有足够的资金周转。三是不规则地发放股息，即公司既不按定额也不按定率发放股息，而是按公司盈利状况和进一步发展的需要随机调整股息发放水平。公司采取这样的股息发放方案，往往是先考虑自身投资的需要，如在满足积累需要后仍有剩余就发放股息，没有剩余就不再发放，故又称剩余股息发放策略。四是稳定梯级微升发放股息，即公司派发的股息额逐年缓慢稳步上升。当公司税后利润减少时，并不减发股息（前提是公司的盈利足以维持原有股息发放水平）；而当公司税后利润增加时，也不过多增发股息。

2）股票交易收益

股票交易收益是指股票持有者以低价买进、高价卖出而获得的差价收入，又称资本利得、资本收益。投资者欲获取理想的股票交易收益，首先要选择好股票投资对象，其次要选择好股票买卖时机。从理论上讲，唯有选择高质量、高收益的股票，并在股票价格最低时买进，最高时卖出，才能获得最理想的股票交易收益。实际上这只是一种理想的假设，任何投资者都不可能做到这一点。但投资者可以通过基本面分析和技术分析进行科学选择，尽可能地获得较大的股票交易收益，这两种分析方式将在本书第7章详细介绍。

本章小结

本章主要介绍了如下内容：①股票的概念、特征和种类。②股票的发行条件、发行价格、发行方式和发行程序。③股票交易市场的框架、股票的上市条件、交易程序和委托规则。④股票价格的种类、股价除权效应、股价指数和股票投资收益。

主要概念和观念

○ 主要概念

股票　优先股　股票账面价值　股票发行市场　股票流通市场　市盈率　除权参考价

○ 主要观念

股票的特征　证券交易所的运行框架　股票投资收益的构成　股价除权效应

基本训练

随堂测 4

1.判断题

（1）股票是一种债权证券。　　　　　　　　　　　　（　　　）

（2）优先股是指优先分配股息的股票。　　　　　　　（　　　）

（3）B 股是指用美元购买的股票。　　　　　　　　　　　　（　　　）

（4）股票发行是借助流通市场网络进行的。　　　　　　　　（　　　）

（5）有足够资金的法人都可以申请建立证券交易所。　　　　（　　　）

2.选择题

（1）目前，我国的外资股有（　　　）。

A.H 股　　　　　　　　B.N 股　　　　　　　　C.B 股　　　　　　　　D.P 股

（2）ST 股票交易价格的涨跌幅限制是（　　　）。

A.5%　　　　　　　　B.10%　　　　　　　　C.2%　　　　　　　　D.6%

（3）我国 A 股买卖委托数量的一手是指（　　　）。

A.20 股　　　　　　　　B.80 股　　　　　　　　C.100 股　　　　　　　　D.50 股

（4）股票价格的综合指数和成分指数的区别是（　　　）。

A.计算方法不同　　　B.样本股范围不同　　　C.基期不同　　　　D.基期点数不同

（5）股票投资收益包括（　　　）。

A.持有收益　　　　　B.交易收益　　　　　C.风险收益　　　　　D.临时收益

3.简答题

（1）股票的性质是什么？

（2）股息收益由哪些因素决定？

技能训练

（1）利用网络或股票行情分析软件，查找一家上市公司，根据其每股税后利润水平和当时的市场平均市盈率水平，确定这家公司发行股票的价格；利用其每股税后利润和当时的市场利率，计算这家公司股票的理论价值。比较计算出的理论价值与当时的实际市场价格，看看有多大差距，为什么？

（2）利用网络或股票行情分析软件，查找一家上市公司股票的账面价值。

（3）如果以当前一年期银行利率为市场利率，可以购买的股票的最大市盈率是多少?

（4）股票交易操作及盈亏分析。

建立网上模拟股票交易账户并进行模拟交易。

①建立模拟交易账户：按照提示输入所有的个人信息，并且确认成功。

②选股，确定委托内容。同样利用股票模拟交易系统选股，确定委托内容，由于是第一次委托，模拟账户上只有资金，没有股票，所以委托买卖方向只能是买入。

③将委托内容记入表4-6。

表4-6　　　　　　　　　　　　　网上模拟股票交易委托记录

股票代码	股票名称	买卖方向	委托价格	委托数量	市场价格或卖出价格

注：市场价格为下次上课时查询的价格。

④委托。按照要求把委托内容输入模拟账户，确认委托成功即可视为成交。

⑤交易盈亏计算（注意考虑佣金和印花税）。

素质训练

○ 案例分析

黄光裕被三罪并罚

案件简要情节：

（1）黄光裕作为北京中关村科技发展（控股）股份有限公司（以下简称中关村上市公司）的实际控制人、董事，于2007年4月至2007年6月28日间，利用职务便利，在拟将中关村上市公司与其经营管理的北京鹏泰投资有限公司（以下简称鹏泰公司）进行资产置换事项中，决定并指令他人于2007年4月27日至6月27日间，使用其实际控制交易的龙某、王某等6人的股票账户，累计购入中关村上市公司股票（股票代码000931）976万余股，成交额共计人民币9 310万余元，至6月28日公告日时，6个股票账户的账面收益额为人民币348万余元。

（2）黄光裕于2007年7、8月至2008年5月7日间，在拟以中关村上市公司收购北京鹏润地产控股有限公司（以下简称鹏润控股公司）全部股权进行重组事项中，决定并指令他人于2007年8月13日至9月28日间，使用其实际控制交易的曹某、林某等79人的股票账户，累计购入"中关村"股票1.04亿余股，成交额共计人民币13.22亿余元，至2008年5月7日公告日时，79个股票账户的账面收益额为人民币3.06亿余元。

（3）杜鹃于2007年7月至2008年5月7日间，接受黄光裕的指令，协助管理上述79个股票账户的开户、交易、资金等事项，并直接或间接向杜某、谢某（均另案处理）等人代传交易指令等。

（4）许钟民于2007年7月至2008年5月7日间，接受黄光裕的指令调拨资金，并指使许伟铭（另案处理）在广东地区借用他人身份证开立股票账户或直接借用他人股票账户共计30个。上述股票账户于2007年8月13日至9月28日间，累计购入"中关村"股票3 166万余股，成交额共计人民币4.14亿余元，至2008年5月7日公告日时，30个股票账户的账面收益额为人民币9 021万余元。其间，被告人许钟民将中关村上市公司拟重组的内幕信息故意泄露给原公安部经济犯罪侦查局（以下简称公安部经侦局）副局长兼北京直属总队（以下简称北京总队）总队长相怀珠及其妻子李善娟（均另案处理）等人，同年9月21日至25日，李善娟使用其个人股票账户分7笔买入"中关村"股票12万余股，成交额共计人民币181万余元。

其间，多名高级官员因涉嫌黄光裕案被双规或批捕。

2010年5月18日，黄光裕案一审判决，法院认定黄光裕犯非法经营罪、内幕交易罪、单位行贿罪，三罪并罚，决定执行有期徒刑14年，罚金6亿元，没收财产2亿元。国美被罚500万元。

要求：

（1）股票内幕交易的受害人是谁？

（2）在这个案件中受害人的损失有多大？

网上资源

http：//finance.ifeng.com

http：//www.10jqka.com.cn/

http：//finance.sina.com.cn

第5章

债券市场

学习目标

通过本章学习，你应该达到以下目标：

知识目标：掌握债券的相关概念及特征，了解债券的分类、发行条件和发行方式。

技能目标：掌握债券市场价格的计算方法和交易规则，能够正确选择债券进行模拟交易，并进行盈亏计算分析。

素质目标：能够结合外部环境对债券市场几类债券价格波动的原因进行综合分析。

引例　　中国国债"入富"结果揭晓在即　中国债券市场
双向开放进一步深化

据中央广播电视总台经济之声《天下财经》报道，中国国债将再次"闯关"富时罗素，结果将在北京时间9月25日早间揭晓。值得注意的是，本周债券市场动作频频，重磅政策利好扑面而来，双向开放进一步深化。

业内大多数观点预计，富时罗素将把中国国债纳入富时罗素世界政府债券指数（WGBI）。摩根士丹利策略师表示，本次中国国债被纳入的可能性为60%～70%；渣打银行中国策略主管则更为乐观，给出的可能性判断是80%。

中国财政科学研究院金融研究中心副主任封北麟在接受总台央广记者采访时表示，中国政府债券市场已成为全球继美国、日本之后的第三大政府债券市场和第一大新兴市场，规模达到15万亿美元。一旦将中国国债纳入指数，对于富时罗素来说，这是对其自身权威地位的巩固；对于中国政府债券市场来说，纳入本身是对中国政府债券尤其是国债市场发展的肯定，也将进一步推动中国在金融领域的对外开放。

封北麟说："我国政府债券市场在近年来不断取得进展，债券期限与币种结构不断丰富，发行定价与流通方式的市场化程度不断提升。富时罗素世界政府债券指数作为全球政府债券指数的标杆，需要纳入中国国债以体现和维持其指数权威地位。一旦中国国债被纳入到富时罗素指数，将直接吸引以富时罗素指数为投资标的的国际机构投资者的数千亿美元资金。"武汉科技大学金融证券研究所所长董登新认为，收益率因素对国际投资者构成较强的吸引力。"中国国债在国际上的优势比较突出。比如，美国国债的长期收益率，包括 10 年期和 30 年期国债的收益率基本上贴近零，而我们中国国债的收益率，无论是 10 年还是 30 年期的都在 3% 左右，所以这是中国国债市场一个比较大的诱惑。"

事实上，政策利好在近期密集释放，也在吸引国际资本不断"进场"。从 9 月 21 日开始，银行间债券市场延长 T+1 交易时间到晚上 8 点，便利境内外投资者交易银行间债券；同样是在 21 日，《境外机构投资者投资中国债券市场资金管理规定（征求意见稿）》出炉，其中一大亮点是优化资金汇出入管理。综合这几则影响债券市场的重磅消息，董登新表示："人民币国际化进程加快，资本市场双向开放的力度越来越大，那么人民币资产以及中国国债市场都受到了境外机构和国际资本的高度关注。"

不过，封北麟提醒，要警惕国际热钱"兴风作浪"。"近期利好消息叠加，使得国际资本涌入中国市场，我们要警惕一些鱼目混珠的国际热钱、投机资本对中国资本市场的不利影响，要避免这种短期投机资本套利逃离之后对中国经济和金融稳定带来的一些负面影响。"

资料来源　佚名. 中国国债"入富"结果揭晓在即 中国债券市场双向开放进一步深化［EB/OL］.［2020-09-24］. http://www.3news.cn/news/guandian/2020/0924/442 280.html.

政府、金融机构、企业等都可以通过发行债券筹集资金，解决资金需求，那么如何恰当发行、怎样组织交易，则需要认真研究。

5.1　债券

5.1.1　债券及其特征

1）债券

债券是政府、金融机构和公司（或企业）等各类经济主体为筹集资金而向特定或非特定投资者发行的、约定在一定期限内还本付息的证券，是表明投资者与筹资者之间债权债务关系的书面债务凭证，债券持有人有权在约定的期限内要求发行人按照特定的条件还本付息。与股票不同，债券不是一种所有权凭证，而是一种表明债权债务关系的债务凭证。对于债券出售者来说，债券代表一种债务；对于债券持有者来说，债券代表债权或一种资产。

2）债券的特征

债券作为一种重要的融资手段和投资工具，具有如下特征：

（1）偿还性。债券代表了一种债权债务的责任契约关系，它规定债券发行人在既定的时间内必须支付利息、在约定的日期内必须偿还本金，从而明确了双方的权利、义务和责任。

（2）流动性。债券一般都可以在流通市场上自由转让，当投资者在债券到期前由于各种原因而需要资金时，就可以随时在证券市场上变现。

（3）安全性。与其他有价证券相比，债券的安全系数较大，投资者遭受损失的可能性小。这是因为：首先，除浮动利率债券以外，债券在发行时，利率基本上已经确定，从而几乎不受市场利率变动的影响，可见债券收益与企业绩效没有直接联系，收益比较稳定；其次，债券本息的偿还和支付有法律上的保障，有的还有相应的公司做担保；再次，债券的发行必须具备一定的条件，并且要经过严格的审查，对发行量也有严格的限制；最后，与股票相比，当企业破产时，债券持有者优先于股票持有者享有对企业剩余资产的索取权。

（4）收益性。债券的收益性主要表现在两个方面：一是投资债券可以定期或不定期地给投资者带来利息收入；二是投资者可以利用债券价格的变动，买卖债券，赚取差价。此外，一部分公司债券持有者可以在一定条件下将其持有的公司债券转换成另一种金融工具，如股票等。

5.1.2　债券的基本要素

（1）债券的面值。债券的面值是指债券发行时所设定的票面金额，它代表了发行人借入并承诺在未来某一特定日期（如债券到期日）偿付给债券持有人的金额。

在债券的面值中，首先要规定面值的币种，即以何种货币作为债券价值的计量标准。确定币种时，应主要考虑债券的发行对象。一般来说，在国内发行的债券通常以本国的本位货币作为面值的计量单位；在国际金融市场筹资时，通常以债券发行地所在国家或地区的货币，或以国际上通用的货币作为面值的计量标准。此外，确定币种时还应考虑债券发行者本身对币种的需要。

币种确定以后，还要规定债券的票面金额。票面金额的大小不同，适用的投资对象不同，同时也会产生不同的发行成本。票面金额定得较小，有利于小额投资者购买，持有者分布面广，但债券本身的印刷及发行工作量大，费用可能较高；票面金额定得较大，有利于少数大额投资者认购，且印刷费用等也会相应减少，但小额投资者无法参与。因此，债券票面金额的确定，要根据债券的发行对象、市场资金的供给情况及债券发行费用等因素综合考虑。

（2）债券的票面利率。债券的票面利率即债券票面上载明的利率，它是债券利息与债券面值之间的比值，在债券到期以前的整个时期，都按此利率计算和支付利息。在银行存款利率不变的前提下，债券的票面利率越高，则债券持有人获得的利息就越多，债券价格也就越高；反之，则越低。债券利率有固定利率和浮动利率之分，前者是指债券发行时，利率就已经确定，并且在债券到期前不会改变；后者是指在债券的偿还期内，票面利率可以按照某个参照的基准利率的变动而做出调整。有些贴现债券不规定票面利率，而是采用折价发行方式，到期时按照票面金额返还。

（3）债券的偿还期限。债券的偿还期限即在债券发行时就确定的债券还本的年限，债券发行人到期必须偿还本金，债券持有人到期收回本金的权利受到法律的保护。债券按照期限的长短可分为长期债券、中期债券和短期债券。长期债券的偿还期限在 10 年以上，短期债券的偿还期限一般在 1 年以内，中期债券的偿还期限则介于二者之间。还有一种永久性债券，又称无期债券，是指不规定到期期限，债权人也不能要求偿还，但可以按期取得利息的一种债券。债券的偿还期限越长，则债券持有者的资金周转速度越慢，在银行利率上升时债券持有者的投资收益越有可能受到影响，债券的投资风险也越高。所以，为了获取与所遭受的风险相对称的收益，债券持有人会对期限较长的债券要求较高的收益率，从而使得长期债券的价格一般要高于短期债券的价格。

（4）发行主体的名称、发行时间、债券类别、批准单位及批准文号。

5.1.3　债券的分类

债券按照不同的分类标准，可以分为很多种。

1）按发行主体分类

按发行主体的不同，债券可以分为政府债券、金融债券和公司债券。

（1）政府债券。它是指政府为筹集资金而发行的债券，主要包括国债、地方政府债券等，其中最主要的是国债。国债因其信誉好、风险小、利率比同期银行储蓄存款利率稍高，所以又被称为"金边债券"。

（2）金融债券。它是指银行或非银行金融机构发行的债券。发行金融债券的金融机构一般具有雄厚的资本实力，资信度高，并且债券的利率要比同期银行储蓄存款利率高。目前在我国，金融债券主要由国家开发银行、中国进出口银行等政策性银行发行。

（3）公司债券。它是公司依照法定程序发行的，约定在一定期限内还本付息的债券。公司债券的发行主体是股份有限公司，非股份有限公司发行的债券称为企业债券，人们在分类时通常把公司债券和企业债券合在一起。由于公司债券的信誉低于上述两种债券，因此公司债券的利率比较高，并且利息收入要按照国家规定纳税。

2）按计息方式分类

按计息方式的不同，债券可分为单利债券、复利债券和累进利率债券等。

（1）单利债券。它是指在计算利息时，不论期限长短，仅按本金计息，所生利息不再加入本金计算下期利息的债券。

（2）复利债券。与单利债券相对应，复利债券是指计算利息时，按一定期限将所生利息加入本金再计算利息，并逐期滚算的债券。

（3）累进利率债券。它是指以利率逐年累进方法计息的债券。

3）按利息支付方式分类

按利息支付方式的不同，债券可分为附息债券和贴现债券。

（1）附息债券。它是指在票面上规定利率且附有各种息票或一次还本付息的债券。息票上一般都标明支付利息的日期和金额。息票通常是半年为一期，到期时，债券持有者就从债券上剪下息票领取本期利息。一次还本付息是按票面利率，在债券到期时一次取本取息。一般来说，长期债券通常采用附息债券的形式。

（2）贴现债券。它也称贴水债券，是指在票面上不规定利率，发行时按某一折扣率以低于票面金额的价格发行，到期时仍按面额偿还本金的债券。债券的发行价格与票面金额之间的差额就是利息。

4）按债券形态分类

按债券形态的不同，债券可分为实物债券、凭证式债券和记账式债券。

（1）实物债券。它是一种具有标准格式的、实物形态的债券。与无实物形态的债券相对应，实物债券是纸质的，而非电脑里的数字。实物债券的票面上一般印制了面额、利率、期限、发行人全称、还本付息方式等各种债券票面要素。实物债券不记名、不挂失，可上市流通。实物债券是一般意义上的债券，很多国家通过法律或法规对实物债券的格式予以明确规定。由于发行成本较高，实物债券将逐步被取消。

（2）凭证式债券。它是一种债权人认购债券的收款凭证，而不是债券发行人制定的标准格式的债券。近年来，我国通过银行系统发行的凭证式国债，票面上不印制票面金额（根据认购者的认购额填写实际缴款金额），是一种国家储蓄债券，可记名、可挂失，以"凭证式国债收款凭证"记录债权，不能上市流通，从购买之日起计息。在持有期内，持券人如果遇到特殊情况，需要提取现金，可以到购买网点提前兑取。提前兑取时，除偿还本金外，利息按实际持有天数及相应的利率档次计算，经办机构按兑付本金的0.2%收取手续费。

（3）记账式债券。它是指将投资者持有的债券登记于证券账户中，投资者仅取得收据或对账单以证实其所有权的一种债券。

小思考5-1

小思考5-1

我国记账式国债如何交易？

分析提示

5）按有无担保分类

按有无担保，债券可分为信用债券、抵押债券和担保债券等。

（1）信用债券。它又称无抵押担保债券，是不以任何公司财产作为担保，完全凭信用发行的债券。政府债券就属于此类债券。除此之外，一些公司也可以发行这种债券，即信用公司债。与抵押债券相比，信用债券的持有人承担的风险较大，因此往往要求较高的利率。为了保护投资人的利益，发行这种债券的公司往往会受到种种限制，因此只有那些信誉卓著的大公司才有资格发行信用债券。信用债券的契约中通常要加入保护性条款，如不能将资产抵押给其他债权人、不能兼并其他企业、未经债权人同意不能出售资产、不能发行其他长期债券等。

（2）抵押债券。它是指以发行者的部分财产作为抵押而发行的债券。按抵押品的不同，抵押债券可以分为不动产抵押债券、动产抵押债券和证券抵押债券。以不动产如房屋等作为抵押品的债券，称为不动产抵押债券；以动产如适销商品等作为抵押品的债券，称为动产抵押债券；以有价证券如股票及其他债券作为抵押品的债券，称为证券抵押债券。一旦债券发行人违约，债权人就可以将抵押品变卖处置，以保证自身的优先求偿权。

（3）担保债券。它是指由保证人做担保而发行的债券。这种债券的担保人一般是银行或非银行金融机构或公司的主管部门，也可能会由政府做担保。

小思考 5-2

分析提示

小思考 5-2

抵押债券一定比信用债券的风险小吗？

6）按票面利率在偿还期内是否变化分类

按票面利率在偿还期内是否变化，债券可分为固定利率债券和浮动利率债券。

（1）固定利率债券。它是指在发行时规定债券利率在整个偿还期内不变的债券。固定利率债券不考虑市场变化因素，因此其筹资成本和投资收益可以事先预计，不确定性较小，但债券发行人和投资者仍然必须承担市场利率波动的风险。如果未来市场利率下降，则发行人能以更低的利率发行新债券，原来发行债券的成本就显得较高，而投资者获得了相对现行市场利率更高的报酬，原来发行债券的价格将上升；反之，如果未来市场利率上升，则新发行债券的成本增大，原来发行债券的成本就显得较低，而投资者的报酬低于购买新债券的收益，原来发行债券的价格将下降。

（2）浮动利率债券。它是指发行时规定债券利率随市场利率定期浮动的债券，也就是说，债券利率在偿还期内可以进行调整。浮动利率债券往往是中长期债券。浮动利率债券的利率通常根据市场基准利率加上一定的利差来确定。美国浮动利率债券的利率水平主要参照 3 个月期限的国债利率，欧洲则主要参照 LIBOR（即伦敦同业拆借利率，是指设在伦敦的银行相互之间短期贷款的利率，该利率被认为是伦敦金融市场利率的基准）。

7）按债券发行地点分类

按债券发行地点的不同，债券可分为国内债券与国际债券。

（1）国内债券。它又称为内债，是指以本国货币在国内金融市场上对企业团体或个人等发行的债券。

（2）国际债券。它是指一国政府、金融机构、工商企业或国际组织等为筹措和融通资金而在国外金融市场上发行的，以外国货币为面值的债券。国际债券的重要特征是发行者和投资者属于不同的国家，筹集的资金来源于国外金融市场。发行国际债券既可以平衡发行国的国际收支，也可以帮助发行国政府或企业引入资金从事开发和生产。

根据发行债券所用货币与发行地点的不同，国际债券又可分为外国债券和欧洲债券。外国债券是一国政府、金融机构、工商企业或国际组织在另一国发行的以当地国货币计值的债券。欧洲债券是一国政府、金融机构、工商企业或国际组织在国外债券市场上以可以自由兑换的第三国货币为面值发行的债券。欧洲债券的发行人、发行地以及面值货币分别属于 3 个不同的国家。欧洲债券产生于 20 世纪 60 年代，是随着欧洲货币市场的形成而兴起的一种国际债券。一方面，20 世纪 60 年代以后，由于美国资金不断外流，美国政府被迫采取一系列限制性措施。1963 年 7 月，美国政府开始征收"利息平衡税"，规定美国居民购买外国在美国发行的证券，所得利息一律要付税；1965年，美国政府又颁布条例，要求银行和其他金融机构限制对外国借款人的贷款数额。这两项措施使外国借款人很难在美国发行美元债券或获得美元贷款。另一方面，20世纪60年代，许多国家有大量盈余美元，需要投入借贷市场获取利息，于是一些欧洲国家开始在美国境外发行美元债券。这就是欧洲债券的由来。

补充阅读资料 5-1　　　　　　　　　　　　　　　　　　　　　　**巨灾债券**

巨灾债券（Catastrophe Bond）亦称自然风险债券，作为债券衍生产品，其通常是由承担巨灾保险业务的保险公司或再保险公司，通过发行与标的巨灾损失相连接的债券，将保险公司承担的巨灾风险部分转移给债券投资者。

从巨灾债券对应的风险类型来看，围绕地震、飓风、龙卷风、台风、流行病与生命保障等重大灾害，欧、美、日等发达经济体及世界银行等陆续推出了数量可观的巨灾债券产品，其中美国飓风和地震巨灾债券是占比最高的类型。

近些年来，全球疫情不断出现，对各地经济金融造成很大冲击。2014—2016年，埃博拉病毒（Ebola Virus）在西非地区快速蔓延，共导致约1万人死亡。为帮助疫区经济恢复，全球各国纷纷提供援助，但受制于跨境捐助制度限制，有时物资无法及时送达灾区。针对这一问题，世界银行决定尝试通过金融手段去帮助受疫情困扰的国家。

2017年7月7日，世界银行尝试发行了两期疫情防控债。品种1：发行金额2.25亿美元，期限3年，票面利率8.373%，募集资金主要用于防控流感和冠状病毒；品种2：发行金额0.95亿美元，期限3年，票面利率12.973%，募集资金主要用于防控埃博拉和拉萨病毒。

从这两只债券的情况可以看出，即使作为国际评级AAA的超主权机构，世界银行发行的三年期债券的利率都是较高的，品种2甚至超过12%。这是因为世界银行发行的疫情防控债是"巨灾债券"，是一个特殊的债券品种，根据发行条款，如果没有疫情暴发，则投资人可以获得高票息收益；但如果疫情一旦发生，投资的资金的80%将被用于救助灾区，相应的投资收益也将停止，而投资者只能收到剩余20%的投资本金。因此，这种存在"本金风险"的疫情防控债需要为投资人提供一个高票息来弥补投资风险，这需要给出一个合理的定价机制，使风险和收益能够大体均衡。在全球"负利率"环境下，高收益叠加企业社会责任的双重属性使得疫情防控债券对债券投资者极具吸引力，而且世界卫生组织为预防这些疾病做出了预防性努力，因此，2017年该债券首次发售即被大幅超额认购，融资总额近3.2亿美元，其中资产管理公司、养老金机构等机构投资者参与踊跃。

2020年1月31日，中国人民银行等五部委联合发布了《关于进一步强化金融支持防控新型冠状病毒感染肺炎疫情的通知》，提出具有针对性的30条措施；同时中央层面也在酝酿发行特别国债，支持防疫重点地区、行业建设。2月，中央国债登记结算有限责任公司率先破题，成功支持农业发展银行阻击疫情主题、国家开发银行战

"疫"专题、进出口银行抗击疫情主题等疫情防控主题债券的招标发行，合计发行量为 215 亿元，募集资金主要用于与当时新型冠状病毒感染肺炎疫情防控相关领域信贷投放；其成功发行进一步引导了市场资金主动参与支持疫情防控，提升了全社会协力打赢疫情阻击战的信心和决心。为进一步加大金融领域对防控疫情的支持力度，在机制上可进一步借鉴海外巨灾债券模式，将债券产品与巨灾保险有机结合，丰富抗疫主题金融产品谱系。

资料来源　闫彦明．"抗疫"巨灾债券的国际经验借鉴与启示［J］．当代金融家，2020（5）．有改动．

5.1.4　债券与股票的比较

债券与股票都是直接融资的工具，但它们是两种不同的有价证券。因此，它们之间既有相同之处，又有明显不同的性质和特征。

1）债券与股票的相同点

（1）对发行者来说，债券与股票都是资金融通的有价证券，都是为了获得所需资金而采取的一种筹资手段。

（2）对投资者来说，两者都是可以获得一定报酬的投资对象。

（3）两者都是虚拟资本，本身没有实际价值，却能给持有者带来一定的收入。

（4）两者都具有流动性，持有者可以将它们在市场上出售变成现金。

2）债券与股票的区别

（1）权利不同。股票是所有权凭证，股票所有者是发行股票公司的股东，因此股票所有者有权直接或间接地参与公司的经营管理。债券是一种债权凭证，债券所有者与发行债券的公司之间是债权债务关系，因此债券所有者无权参与公司的经营管理。

（2）发行目的与偿还期限不同。发行债券的目的是追加企业的资金，债券属于企业的负债，而不是资本；同时，债券有偿还期限，到期之后，债券发行者必须偿还全部本息，因此债券具有返还性。发行股票的目的是创办公司和增加资本，筹措的资金列入公司资本；同时，股票是永久性证券，没有偿还期限，投资之后就由发行者支配，除非公司破产清算，否则不能退还本金，因此股票具有非返还性。

（3）投资风险不同。股票投资的风险远远大于债券投资的风险，这不仅在于债券投资的收益稳定，而且在于债券投资者获得收益或收回本金的权利均在股票投资者之前；对于股票来说，除优先股股东按照固定的股息获得收益外，普通股股东的收益随着公司盈利情况的变动而变动。此外，公司破产时，股票投资者也不能享受保本的待遇，本金还有可能部分或全部丧失。因此，股票投资是一种风险很高的投资，债券投资则是一种相对保险的投资。

（4）收益不同。债券在购买之前利率已定，投资者在债券到期后就可以获得固定的利息收入，但是收入有限，因为债券的利息收入与企业的经营状况无关，无论企业业绩如何，都必须按照契约规定支付利息。股票的收益水平则要根据公司的盈利状况而定，盈利多就多分，盈利少就少分，甚至还可以不分。

　　　　　　　　　　　　　　　　　次级债券

次级债券是指偿还次序优于公司股本权益，但低于公司一般债务的一种债务形式。各种证券求偿权的优先顺序为：一般债券＞次级债券＞优先股＞普通股。求偿权优先级越高的证券，风险越低，期望收益也越低，反之亦然。次级债券中的"次级"与银行贷款五级分类法（正常、关注、次级、可疑、损失）里的"次级贷款"中的"次级"是完全不同的概念。次级债券中的"次级"仅指其求偿权为"次级"，并不代表其信用等级一定为"次级"；五级分类法里的"次级"与"可疑"和"损失"一并划归为不良贷款的范围。

次级债券的发行主体在国内主要是各大商业银行，发行资金用于提高资本充足率。由于包括增发和定向增发在内的股权融资方案在制度上有相对较为严格的要求，因此商业银行往往不能在急需资本的特定时间恰好完全满足增发的条件，而资本充足率一旦不能满足《巴塞尔协议》（Basel Accord）的要求（即资本充足率大于8%，核心资本充足率大于4%），商业银行的业务扩张就会受到极大的限制，如不能成立新的分行等。我国商业银行近年来业务发展的速度很快，仅采用定向增发方式已不能满足银行对补充资本金的要求，而发行次级债券作为一种较为简便的补充资本金的手段（承销成本也更低），已越来越频繁地为银行所采用。目前，我国很多商业银行均发行过次级债券。

资料来源　根据百度百科资料整理.

5.2　债券发行市场

债券发行市场就是债券由发行者手中转移到投资者手中所形成的市场。

5.2.1　公司债券的发行

1）公司债券的发行目的

（1）扩大资金来源。在现代市场经济条件下，公司的资金来源越来越广：公司自身资本增值可以用于积累；可以通过发行股票筹集资金；可以通过向银行贷款筹集资金；还可以通过发行债券筹集资金。社会上有些公众或机构不愿意购买风险较高的股票，或者有些机构有闲置资金用于投资，但是法律不允许投资于股票，在这种情况下，这些公众或机构更愿意购买债券。此外，在各种债券中，公司债券的利率比较高，因此这些公众或机构更加愿意购买公司债券，公司由此也吸引了更多的投资者，扩大了影响力。

（2）降低公司的融资成本。在证券市场上，债券的利息比较稳定，到期也可以收回本金，因此债券的投资风险比较小。风险小的金融工具，收益率低一点也会吸引投资者，因此公司债券的利率相对股票而言可以定得低一点，从而降低了公司的融资成本。

（3）减少税收支出。在欧美、日本等发达国家以及我国，公司债券的利息作为公司的一种经营费用，列支在公司的经营成本中，因此可以从公司的收入总额中扣除。股票的股息则被视作公司利润的一部分，应缴纳所得税。这样，公司发行债券就比发行股票多了一项减少税收支出的好处。

（4）发行债券不会影响股东对公司的控制权。债券投资者与发行债券的公司之间是一种债权债务关系，投资者无权参与公司的经营管理。因此，发行债券不会增加公司的股东，不会改变公司的股权结构，不会分散原有股东对公司的控制权。

2）公司债券的发行条件

公司债券有固定的存续期限，发行人必须在债券到期时向投资者支付本金，并按规定的利率水平支付利息，因此各国都对公司债券的发行制定了严格的限制条件，以确保发行人的偿债能力，保护投资者的合法利益。

我国法律规定以下三类公司可以发行公司债券：第一类是股份有限公司；第二类是国有独资公司；第三类是两个以上的国有企业或者两个以上的其他国有投资主体投资设立的有限责任公司。

公开发行证券，必须符合法律、行政法规规定的条件，并依法报经国务院证券监督管理机构或者国务院授权的部门注册。

《证券法》第十五条规定：公开发行公司债券，应当符合下列条件：（1）具备健全且运行良好的组织机构；（2）最近三年平均可分配利润足以支付公司债券一年的利息；（3）国务院规定的其他条件。公开发行公司债券筹集的资金，必须按照公司债券募集办法所列资金用途使用；改变资金用途，必须经债券持有人会议作出决议。公开发行公司债券筹集的资金，不得用于弥补亏损和非生产性支出。

《证券法》第十七条规定：有下列情形之一的，不得再次公开发行公司债券：（1）对已公开发行的公司债券或者其他债务有违约或者延迟支付本息的事实，仍处于继续状态；（2）违反本法规定，改变公开发行公司债券所募资金的用途。

3）公司债券的发行要素

发行公司债券不仅要考虑发行的目的与条件，还要确定发行要素，如债券的发行金额、期限、偿还方式、票面利率及发行方式等。只有这样，才能为正式发行公司债券做好准备。

（1）发行金额。债券发行金额的确定与发行人所需资金的数量、资金市场供给情况、发行人的偿债能力和信誉、债券的种类以及该种债券对市场的吸引力等方面的因素有密切的关系。发行金额的多少主要由承销商根据自己的专业性做出判断，然后向发行者提出建议。发行金额一般都是事先确定的。

（2）期限。从债券的发行到还本付息日止的时间就是债券的期限。债券的期限是根据发行人对资金需求的性质、未来市场利率水平的变化趋势、流通市场的发达程度、物价的变动趋势、债券市场上其他债券的期限构成以及投资者的投资偏好等因素来确定的。

（3）偿还方式。偿还方式由债券发行人发行债券时公布的章程、备忘录或说明书规定的偿还条款决定，包括还本、债券替代、转换股票三种方式。还本方式又可分为期满还本、期中还本、滞后还本三种。债券替代是指用一种到期日较迟的债券来替代到期日较早的债券，一般是以新债券替代未到期或已到期的旧债券，目的在于减轻举债者的负担。转换股票是指用自己公司的股票兑换债券持有人的可转换公司债券。债券的偿还方式直接影响到债券收益率的高低和风险的大小。

（4）票面利率。票面利率是指发行者一年向投资者支付的利息占票面金额的比率，它的大小直接影响着发行者的筹资成本。在确定票面利率时，一般要考虑金融市场状况、债券期限的长短、债券的信用等级、发行金额等因素。

（5）发行方式。

与股票的发行方式相似，公司债券的发行方式一般分为直接发行和间接发行两种。

小思考 5-3
分析提示

小思考 5-3

公司发行债券与向银行贷款相比，哪种筹资方式的条件更苛刻？

补充阅读资料 5-3　　　　　　　　**我国公司债券市场的发展情况**

我国公司债券市场从20世纪80年代初开始发展。1993年《企业债券管理条例》颁布以来，我国公司债券的发行管理手段不断完善，逐步朝着市场化和规范化的方向发展，市场规模有了一定的扩大，满足了部分企业的融资需求。虽然我国公司债券的发展速度较快，但是融资结构尚不协调，公司债券融资占公司融资总额的比例过低，公司债券管理政策不能完全适应市场发展的需要（例如，严格的额度管理）。

2005年以前，我国公司债券市场总体规模很小，托管余额不足1 300亿元，占市场总托管量的比例不足3%。2006年以来，公司债券的发行规模和托管规模迅速扩张。

2011年，我国公司债券发行规模为3 485.48亿元，比上年减少3.90%；发行189期，比上年增加17.39%。在中央和地方发行体的发行规模方面，中央发行体对利率成本相对敏感，在低迷的市场环境下融资比较谨慎，2011年公司债券发行规模为1 234亿元，比上年下降26.77%；地方发行体2011年公司债券发行规模为2 251.48亿元，比上年增加15.93%。从中央结算公司新发债券的券种结构来看，2012年发行公司债券6 474.31亿元，同比大幅增长160.49%。这表明我国公司债券市场总体规模偏小的局面正在快速改变。

2015年，中国证券监督管理委员会发布的《公司债券发行与交易管理办法》施行后，公司债券的发行全面提速。2015年共发行公司债券940期，募集资金规模为12 615.49亿元，同比分别增长80.77%和362.01%。其中，公募公司债券发行320期，发行规模为5 250.99亿元，同比分别增长300.00%和581.95%；私募公司债券发行510期，发行规模为4 699.57亿元，同比分别增长29.44%和620.21%。从月度发行情况来看，公司债券从2015年7月开始扩容明显，发行利率也从7月份开始下降。在政策上，2015年我国出台了一系列法规规范公司债券市场的发行和交易。

2017年和2018年，中国A股上市公司发债规模分别为25 000亿元、31 852亿元，而2019年1—11月达到37 744亿元。值得注意的是，自2014年首次有公司债违约后，中国债券市场的违约事件越来越多。据价值线研究院的统计，2019年全年共计新增106只违约公司债，违约金额达到561亿元，这引发了投资者对信用风险的担忧。

资料来源　冯光华，刘凡，蔡国喜．我国公司债券市场的发展情况［N］．金融时报，2004-11-29.曹志为，王婷，王燕．2011—2012年中国企业债券市场：规范与发展［N］．中国证券报，2012-01-05.齐闻潮．2012年我国债券市场发展势头良好 创新步伐加快［N］．金融时报，2013-01-09.高慧珂．2015年公司债券市场回顾与2016年展望［EB/OL］．［2016-01-14］．http：//www.pyrating.cn/zh-cn/n/10 016 950.根据以上资料综合整理．

5.2.2 国债的发行

1）国债发行要素的确定

国债的发行要素主要包括期限、付息方式、票面利率、发行价格、发行方式等。这些因素会影响到国债品种对投资者的吸引力，关系到国债能否迅速、顺利发行。

（1）期限。国债的期限是根据国家财政对短期与长期资金的需求、旧国债的偿还时间、未来市场利率水平的变化趋势及投资者的偏好等因素来确定的。我国已经发行过3个月、6个月、1年、2年、3年、5年、7年、9年、10年等期限的国债品种，其中以3年、5年期限品种为主。

（2）付息方式。国债的付息方式应将降低筹资成本与增加国债对投资者的吸引力结合起来。

目前，我国国债的付息方式分为以下三种：①按票面利率到期时一次还本付息。在这种付息方式下，如果投资者认购了年利率为2.83%、面值为10 000元的5年期国债，那么在5年到期后，投资者可收到本息共计11 415元，其中，10 000元为本金，1 415元为利息。②附有票面利率，每年付息一次。在这种付息方式下，如果投资者认购了年利率为2.83%、面值为10 000元的5年期国债，那么投资者每年可获得283元的利息，并且5年到期后，还可收到10 000元的本金。③低于面值发行，但到期时以面值偿还。在这种付息方式下，如果投资者以9 700元的发行价格认购了面值为10 000元的1年期国债，那么在1年到期后，投资者可收到10 000元的本金，其中300元的差价即为国债的利息。一般而言，贴现国债的期限较短。

（3）票面利率。对附有票面利率的国债而言，票面利率的高低直接影响着国债的发行成本。在以前一段时间，我国国债的票面利率主要按比同期银行储蓄存款利率高出1~2个百分点的原则来确定。随着国债利率市场化进程的加快，国债的票面利率更多地与二级市场的收益情况及银行间同业拆借利率联系起来。例如，2004年二期国债利率与银行同期储蓄存款利率的差别已经很小：3年期国债年利率为2.53%，同期储蓄存款利率为2.52%；5年期国债年利率为2.83%，同期储蓄存款利率为2.79%。

（4）发行价格。国债的发行价格是指社会投资者认购新发行的国债时支付的价格。目前，我国国债的发行价格主要有两种形式：

第一，平价发行：附有票面利率的国债，以面值的价格发行。

第二，贴现发行：无票面利率的国债，以低于面值的价格发行，这种国债又被称为贴现国债。其发行价格的计算公式为：

发行价格=票面值×（1-贴现率×期限）

例如，我国财政部发行的贴现国债，面值为100元，期限为3年，年贴现率为4%，计算其发行价格。

发行价格=100×（1-4%×3）=88（元）

（5）发行方式。自1981年恢复发行国债以来，我国国债的发行方式经历了从20世纪80年代的行政分配、90年代初的承购包销到目前的定向发售、承购包销和招标发行并存的发展过程，总的变化趋势是以低成本、高效率为目标，迅速走向规范化和市场化。

第一，定向发售。它是指向养老保险基金、失业保险基金等特定机构发行国债的方式，主要用于国家重点建设债券、财政债券、特种国债等品种。

第二，承购包销。它始于1991年，主要用于不可流通的凭证式国债，由各地的国债承销机构组成承销团，并通过合同确定国债发行人和承销商之间的权利与义务关系；同时，发行条件由发行人和承销商经过协商确定，因此承购包销是带有一定市场因素的国债发行方式。

第三，招标发行。它是指通过招标的方式来确定国债的承销商和发行条件。根据标的物的不同，招标发行又可分为缴款期招标、价格招标和收益率招标三种形式。

①缴款期招标。它是指在国债的票面利率和发行价格已经确定的条件下，按照承销机构向财政部缴款的先后顺序获得中标权，直到满足预定发行额为止。

②价格招标。它主要用于贴现国债的发行。根据中标规则的不同，价格招标又可分为荷兰式招标和美国式招标两种。

荷兰式招标是指按照投标人所报买价自高向低的顺序中标，直到满足预定发行额为止，中标的承销机构以相同的价格（所有中标价格中的最低价格）认购中标的国债数额。美国式招标的过程与荷兰式招标相似，但是中标价格为投标方各自报出的价格。目前，我国短期贴现国债主要采用荷兰式的价格招标方式发行。

举例来说，当面值为1 000元、总额为2 000亿元的贴现国债招标发行时，若有A、B、C三个投标人，则在荷兰式招标与美国式招标方式下，三个投标人的中标额和中标价见表5-1。

表5-1　　　　　荷兰式招标与美国式招标方式下不同投标人的中标额和中标价

项目	投标人 A	投标人 B	投标人 C
投标价（元）	950	940	930
投标额（亿元）	900	700	1 000
中标额（亿元）	900	700	400
荷兰式招标中标价（元）	930	930	930
美国式招标中标价（元）	950	940	930

从表 5-1 中可以看出，A、B、C 三者的中标额分别为 900 亿元、700 亿元和 400 亿元。但是中标后，在荷兰式招标方式下，A、B、C 三者的中标价都为 930 元；在美国式招标方式下，A、B、C 三者的中标价分别是自己的投标价，即 950 元、940 元和 930 元。

③收益率招标。它主要用于附息国债的发行，它同样可以分为荷兰式招标和美国式招标两种形式，原理与价格招标相似。

荷兰式招标是指按照投标人所报的收益率由低到高中标，直到满足预定发行额为止，中标的承销机构以相同的收益率（所有中标收益率中的最高收益率）认购中标的国债数额，同时以各中标人投标收益率的加权平均值作为国债的票面利率。美国式招标的过程与荷兰式招标相似，但是中标的承销机构分别以各自报出的收益率来认购国债。目前，我国中长期附息国债较多采用美国式的收益率招标方式发行。

举例来说，当面值为 1 000 元、总额为 2 000 亿元的附息国债招标发行时，若有 A、B、C 三个投标人，则在荷兰式招标与美国式招标方式下，三个投标人的中标额和中标收益率见表 5-2。

表 5-2　　荷兰式招标与美国式招标方式下不同投标人的中标额和中标收益率

项目	投标人 A	投标人 B	投标人 C
投标收益率（%）	3	4	5
投标额（亿元）	900	700	1 000
中标额（亿元）	900	700	400
荷兰式招标中标收益率（%）	5	5	5
美国式招标中标收益率（%）	3	4	5

从表 5-2 中可以看出，A、B、C 三者的中标额分别为 900 亿元、700 亿元和 400 亿元。但是中标后，在荷兰式招标方式下，A、B、C 三者的中标收益率都为 5%，国债的票面利率为 3.75%（3%×900÷2 000+4%×700÷2 000+5%×400÷2 000）；在美国式招标方式下，A、B、C 三者的中标收益率分别为各自报出的收益率，即 3%、4% 和 5%，票面利率也为 3.75%。

招标发行使得国债的发行过程中引入了市场竞争机制，从而能够反映出承销商对利率走势的一般预期和社会资金的供求状况，推动了国债发行利率的市场化进程。此外，招标发行还有利于缩短发行时间，促进国债一、二级市场之间的衔接。基于这些优点，招标发行已成为我国国债发行体制改革的主要方向。

2）国债发行市场体系

我国于 1993 年借鉴发达国家的做法，建立了国债一级自营商制度。此后，财政部、中国人民银行和中国证券监督管理委员会共同印发了《国债一级自营商资格审查与确认实施办法》（现已失效）。国债一级自营商是指具备一定资格条件并经财政部、中国人民银行和中国证券监督管理委员会共同审核确认的国债承销金融机构，包括除政策性银行以外的各类银行、证券公司及其他非银行金融机构。随着国债市场的发展，这一制度不断得到巩固和完善。

在国债一级自营商制度下，我国已初步形成了一个批发—零售架构的国债发行市场体系。国债一级自营商是全国性的承购包销团，其直接向财政部承销国债，然后按照财政部规定的价格向普通投资者销售，即财政将债券以批发价销给国债一级自营商，国债一级自营商再以零售价向社会销售。因此，财政部面对的是一些机构的批发商，而不是千千万万个分散的投资者，国债的发行效率得到提高。

补充阅读资料5-4　　　　　　　　　　　**我国2000年以来国债发行情况**

2000年以来我国国债发行情况见表5-3。

表5-3　　　　　　　　2000年以来我国国债发行情况一览表　　　　　　　单位：亿元

年份	记账式	凭证式	储蓄国债	特别国债	总量
2000	2 720	1 937			4 657
2001	3 354	1 530			4 884
2002	4 461	1 473			5 934
2003	3 775.5	2 504.6			6 280.1
2004	4 366	2 510			6 876
2005	5 042	2 000			7 042
2006	6 533.3	1 950	400		8 883.3
2007	6 347	1 600	34	15 502.28	23 483.28
2008	6 665	1 300	650		8 615
2009	12 718.1	2 000	1 511.11		16 229.21
2010	14 581.9	1 900	1 296.27		17 778.17
2011	12 446.5	1 400	1 551.41		15 397.91
2012	12 032.8	800	1 529.46		14 362.26
2013	13 374.4	1 400	2 169.61		16 944.01
2014	14 363.3	1 500	1 884.05		17 747.35
2015					21 000
2016					30 800
2017					39 000
2018					35 000
2019					40 000

资料来源　根据2000年以来统计资料整理.

5.3　债券流通市场

5.3.1　债券流通市场的概念

债券流通市场是指买卖已发行债券的市场。债券流通市场为债券持有者提供了变现的场所。债券流通市场与股票流通市场类似，主要有两种类型：一种是场内交易市场，也称证券交易所市场；另一种是场外交易市场，包括银行间债券市场、柜台市场。

5.3.2　债券的交易方式

无论是在场内交易，还是在场外交易，最主要的交易方式都是委托经纪人代理买卖和交易商自营买卖。债券卖出者与债券买入者之间直接进行交易，在技术、成本、信息以及风险防范方面都存在一定的困难或障碍，成交的机会不是很多，交易成本也比较高，所以直接交易方式很少被采用，有些国家还将直接交易方式视为非法交易或"黑市交易"。本书主要介绍代理买卖和自营买卖两种交易方式。

1）代理买卖方式

代理买卖，也叫委托买卖，是指债券买卖双方委托各自的经纪人买卖债券的行为。也就是说，债券经纪人根据客户的委托，代理客户买卖债券，并且从代理买卖中收取一定的佣金，即手续费。目前在我国，除了有代理资格和自营资格的证券商可以自己买卖债券以外，其他任何法人和自然人买卖债券都只能选择代理买卖的方式。

在场内交易中，代理买卖债券的程序与股票基本相同，只是委托规则有所区别：

（1）买入或卖出债券的数量。在我国，债券（含公司债券、国债现货和国债回购）以100元面值为一张，10张即1 000元面值为一手。委托买卖的数量通常为一手或一手的整数倍。卖出委托的数量可以不是一手的整数倍，但买入委托的数量必须是一手的整数倍。

（2）委托价格。在我国，债券委托买卖只能以委托价格成交。债券现货报价为每张债券（100元面值）的价格，最小变动单位为0.01元；国债回购以资金年收益率（去除百分号）为报价单位，最小变动单位为0.01。

在场外交易中，代理买卖债券的主要程序是：

（1）客户向证券公司询价和报价。当客户要买入或卖出某种债券时，就与代理商（证券公司）联系，代理商向其他证券公司询问该种债券的买入价和卖出价，并尽快通知客户，由客户提出买入或卖出的价格（即报价），发出买入或卖出委托指令。

（2）代理商用电话与有关的证券公司磋商，议定最好的买价和卖价，并按此价格成交，交易即告完成。

（3）代理商按规定向客户收取合理的佣金。

2）自营买卖方式

自营买卖也叫自己买卖，即交易商先用自己的资金买入债券，然后以略高于买入价的价格卖出债券，从中赚取价差。

在场内交易中，可以采取自营买卖方式的主要是那些取得自营商资格的交易商，自营商在交易所中拥有席位和自营柜台，可以根据自己的分析、判断和预测，买进或卖出某些债券。当自营商预测某种债券的价格不久将上升时，其就会先买入这种债券，当这种债券的价格果然上升时，再卖出这种债券，以从中赚取价差收益；当自营商判断某种债券的价格不久将下跌时，其就会马上卖掉这种债券，以卖出一个好价钱，当这种债券的价格果然下跌时，就可以考虑再买进这种债券。

在场内交易中，自营买卖在报价、竞价、成交等方面，与代理买卖基本相同，也要遵循"价格优先、时间优先"的原则。所不同的是，自营买卖没有委托、传递指令、支付佣金等环节。

在场外交易中，可以采取自营买卖方式的主要是证券公司。

5.3.3　债券的交易形式

债券二级市场上的交易形式主要有三种，即现货交易、期货交易和回购协议交易。

1）现货交易

债券的现货交易是指买卖双方根据商定的付款方式，在较短的时间内交割清算，即卖者交出债券，买者支付现金。在实际交易过程中，债券从成交到最后交割清算，总会有一个较短的拖延时间，因此，现货交易不完全是现金交易，不是一手交钱、一手交货。一般来讲，现货交易交割时间的安排可以分为以下三种：①即时交割，即于买卖成交时立即办理交割；②次日交割，即于成交后的第二天办理交割；③限日交割，即于成交后限定几日内完成交割。

2）期货交易

债券的期货交易是指买卖成交后，买卖双方按照契约规定的价格在将来指定的日期和地点进行交割清算。进行债券的期货交易，有利于回避风险、转嫁风险，实现债券的套期保值，同时因其是一种投机交易，所以也要承担较大的风险。有关期货交易的更多内容，本书将在第9章详细论述。

小思考 5-4

分析提示

小思考 5-4

我国的国债有期货交易吗？

3）回购协议交易

债券的回购协议交易是指债券买卖双方按照预先签订的协议，约定在卖出一笔债券后一段时期再以特定的价格买回这笔债券，并按照商定利率付息的行为。这种有条件的债券交易形式实质上是一种短期的资金借贷融通。这种交易对卖方来讲，实际上是卖现货买期货；对买方来讲，则是买现货卖期货。

回购协议交易的期限有长有短，最短的为1天（称为隔夜交易），最长的为1年，一般为1、2、3个星期或1、2、3、6个月。回购协议的利率由协议双方根据回购期限、货币市场行情以及回购债券的质量等有关因素议定，与债券本身的利率无直接关系。

与回购协议交易相对应的是逆回购协议交易，即债券买卖双方约定，买方在购入一笔债券后，过一段时间再卖给卖方。在回购交易中，对债券的原持有人（卖方）来说，是回购交易；对投资人（买方）来说，则是逆回购交易。由于是附有回购条件的买卖，因此在这种交易中，债券实际上只是被暂时抵押给了买方，卖方从中取得了资金上的融通，买方能得到的只是双方议定的回购协议的利息，而不是债券本身的利息，债券本身的利息属于卖方，即债券原持有人。正因为债券回购协议交易带有资金融通的功能，所以它被金融机构及大企业广泛采用，并且成为中央银行进行公开市场操作，即买卖政府债券、调节银根松紧的重要手段。

补充阅读资料 5-5　　　　　　　　　　**投资者如何购买记账式国债**

记账式国债主要通过证券公司和试点银行柜台发行，平均每个月发行一次或者多次，发行过后，再通过证券交易所和试点银行上市交易，投资者可以随时买进或卖出。由于记账式国债可以随时买卖，因此其价格跟股票一样是上下浮动的。如果国债价格上涨，那么投资者可以卖掉国债以赚取差价。记账式国债到期后，国家还是按100 元/张赎回。投资者可以带上身份证到证券公司开户购买，或者在试点银行柜台购买。

5.4　债券的价格及投资收益

5.4.1　债券的价格

1）债券价格的种类

债券的价格主要有票面价格、发行价格、市场价格和理论价格四种。

（1）债券的票面价格。它可以简单地理解为每张债券的面值，前面介绍债券的基本要素时已经解释过，它是写在券面上的。票面价格的重要性体现为两点：①所有债券票面价格的总和等于本金；②票面价格与票面利率的乘积就是投资者的利息收入。

（2）债券的发行价格。它是指债券第一次发售的价格，又分平价发行价格、溢价发行价格和折价发行价格。发行价格一般由发行者根据预期收益率计算得出。

（3）债券的市场价格。它是指债券在市场上交易时形成的价格，市场价格随着交易的进行而不断变化。

（4）债券的理论价格。它是根据债券的票面利率、面值、期限与市场利率，运用理论公式计算出来的价格，由债券的内在价值即现值决定。

2）债券公平价格的决定

（1）到期一次还本付息债券价格的计算。到期一次还本付息债券的将来值是固定不变的。因此，对于这种债券而言，只要将到期时才能收到的本息根据一定的市场利率贴现成现值，就可以得到该债券的公平价格，从而可以据此判断某一债券是否具有投资价值。之所以将债券的公平价格作为判断债券投资价值的标准，是因为：首先，尽管到期一次还本付息债券的将来值是固定的，但是要想取得这些将来值还必须跨越一个固定的时间，即债券到期期限。因此，在进行债券投资分析时，必须将货币的时间价值作为一个重要的衡量指标。其次，不能直接以票面利率的高低作为衡量债券是否具有投资价值的标准。在债券不是按面值出售的情况下，直接以票面利率的高低作为衡量债券收益的指标是不可取的。

因此，在衡量债券的投资价值时，我们一般将债券的公平价格同债券的市场价格进行比较：若债券的公平价格高于债券的市场价格，则说明该债券的市场价格被低估，投资这种债券是有利可图的，投资者可以选择买入；反之，若债券的公平价格低于债券的市场价格，则说明这种债券的市场价格被高估，此时投资这种债券不合适，因为实际获得的收益率将低于市场平均收益率。那么，如何计算债券的公平价格呢？这就要考虑如何把将来值贴现成现值，计算公式如下：

$$PV=FV \div (1+r)^n$$

这里采用的是复利计息方式下的贴现计算方法。如果采用单利计息方式下的贴现计算方法，上式就变为：

$$PV=FV \div (1+r \times n)$$

采用复利计息方式下的贴现计算方法比采用单利计息方式下的贴现计算方法更具有科学性，更符合货币的时间价值原理。

（2）附息债券价格的计算。附息债券每年会支付一次利息，直到到期为止。因此，附息债券的持有人不仅会在到期时收到本金和最后一次的利息，而且会在以前各期收到利息。也就是说，附息债券的利息和本金是在不同的时期收到的，不能直接把它们加总再贴现。

附息债券的投资者将在第一年年末收到第一次利息，那么，这笔利息相当于现在多少价值呢？这就是第一次利息的现值，计算公式如下：

$$PV_1=I_1 \div (1+r)$$

同样，投资者将在第二年年末收到第二次利息，这笔利息的现值为：

$$PV_2=I_2 \div (1+r)^2$$

依此类推，在附息债券到期时（第n年年末），投资者将收到第n次利息和本金，其现值为：

$$PV_n=(I_n+M) \div (1+r)^n$$

因此，我们可以把附息债券的现值理解为所有这些现值之和，即附息债券的公平价格为：

$$PV=PV_1+PV_2+\cdots+PV_n$$

上式就是附息债券公平价格的计算公式。

5.4.2　债券的投资收益

1）债券投资收益的构成

债券的投资收益主要由两部分构成：一是债券持有收益；二是债券交易收益。

（1）债券持有收益。债券持有收益即投资者持有某种债券而获取的债券利息。债券利息是指发行债券时规定的债券票面利率所产生的利息，它是债券投资收益的主要部分。对于投资者来讲，债券利息是投资者凭借手中持有的债券按规定向发行者领取的利息收入。只要发行者不宣布破产，投资者的此项收益就有充分的保障。对于发行者来讲，债券利息是其借用投资者的资金用于生产或流通后所获利润再分配的一部分。

债券的利率一般由债券发行人事先确定，并且一旦确定，便不再变动（浮动利率债券除外）。债券利率的高低一般受以下因素的影响：

第一，债券期限的长短。债券期限是指从债券的计息日起到偿还本息日止的这段时间。债券期限越长，意味着投资者承担的市场风险越大，因此需要较高的利率予以补偿；反之，投资者承担的市场风险较小，利率也相应较低。

第二，债券的发行价格。一般来说，在其他条件相同的情况下，债券的发行价格越高，其利率也越高，反之利率越低。这样可使债券的实际收益与一般收益水平相适应，不致相差太悬殊。

第三，金融市场上的利率水平。发行债券时的市场利率是衡量债券票面利率高低的重要参数。一般而言，发行债券时的市场利率较高，则债券的发行利率也会制定得较高，反之可制定得低一些。一般的情形是：债券的发行利率高于相同期限的银行储蓄存款利率，低于相同期限的银行贷款利率。

第四，债券的计息方式。债券的计息可以采用单利、复利及贴现利率等方式。不同的计息方式，对投资者的实际收益具有不同的影响。一般而言，在实际收益水平确定的情况下，单利计息的债券利率要高于复利和贴现计息的债券利率。

第五，债券的付息频率。它是指在债券期限内，债务人隔多长时间支付一次利息。债券的付息频率通常有以下两种：

一是一次性付息，即无论债券期限有多长，发行者从发行到偿还这段时间内只支付一次利息。这次利息支付可以在债券到期还本时进行，也可以在债券发行时一次性付给债券购买者。前者属于利随本清方式，后者属于贴现发行方式。

二是分次付息，即发行者在债券期限内分次将债券利息支付给债券持有者。分次付息一般又分为按年付息、半年付息和按季付息三种方式。按年付息是指在债券期限内按债券的票面利率每年支付一次利息；半年付息是指在债券期限内每年按票面利率分两次付息，半年支付一次，付息额度为按票面利率计算出来的年应付利息额的1/2；按季付息是指在债券期限内每隔3个月（一个季度）付息一次，付息额度为按票面利率计算出来的年应付利息额的1/4。

第六，债券的信用级别。它是指信用评级机构根据债券发行者的资金使用合理性、按期偿还债券本息的能力、风险程度等予以评定的用符号表示的等级。不言而喻，债券的信用级别高，就可以适当降低利率，反之则要提高利率。若市场上无公开评级制度，则应考虑发行者的社会知名度、有无担保等保证条款，以此确定利率水平。

（2）债券交易收益。它是指投资者通过在证券市场上买卖债券所获得的差价收益。投资者在证券市场上购买债券主要有两种情况：一是通过发行市场认购新债，此时的买入价就是认购价格；二是通过交易市场购买上市交易债券，此时的买入价就是市场买入价格。如果投资者持有的债券到期，那么债务人到期支付的价格就是卖出价；如果投资者在债券到期前通过二级市场进行出售，那么卖出价就是转让价格。卖出价与买入价的差额，就是债券投资者的交易收益。

债券交易收益是由证券市场价格决定的。投资者根据对市场行情的分析，在低价时买进，在高价时卖出，就可以获得差价收益。证券市场上的债券价格是经常波动的，因此差价收益的获得具有不确定性，但与股票价格的波动相比，其波动幅度要小得多。

小思考 5-5

分析提示

小思考 5-5
我国大多数购买债券的投资者更注重哪方面的收益？

2）债券的实际收益率

在投资债券时，最直观的收入指标是债券的票面利率，但是大多数债券都是可转让的，其转让价格也随行就市，所以投资者购买债券时实际支出的价款并不一定与面值相等，用票面利率衡量投资收益没有实际意义，应该用实际收益率来衡量投资收益的高低。

实际收益率是指投资人在债券持有期内的平均年收益与投资额的百分比。根据投资人债券持有期的不同，实际收益率可分为两种情况：

（1）投资人中途转让债券，实际收益率的计算公式如下：

实际收益率=（债券卖出价−债券买入价）÷持有年度数÷债券买入价×100%

（2）投资人持有债券到期，实际收益率的计算公式如下：

实际收益率=利息收入÷持有年度数÷债券买入价×100%

此外，对于分期偿还的债券，还需要应用加权平均法计算出债券的平均期限，将实际收益率调整为平均期限收益率。

债券利息的不同支付方式对投资收益的影响也是不同的。一般而言，在相同的条件下，单利计息的到期一次性还本付息债券的利率水平会高于分次付息债券的利率水平，以补偿投资者因不能将中期所得利息进行再投资的利益损失。

本章小结

本章主要介绍了如下内容：①债券的特征和种类；②公司债券和国债的发行条件、发行价格、发行方式和发行程序；③债券交易市场的类型、债券的交易程序和规则；④债券价格的种类、债券市场价格的决定因素、债券公平价格及债券投资收益的计算。

主要概念和观念

○ 主要概念

债券　国债　贴现债券　回购协议交易

○ 主要观念

债券的特征 债券的基本要素 债券市场价格的决定因素 债券投资收益

基本训练

随堂测5

1.判断题

（1）债券是一种所有权证券。 （ ）

（2）在证券交易所，债券和股票的交易程序基本相同。 （ ）

（3）在我国，凡是法人企业都可以发行债券。 （ ）

（4）发行价格低于债券票面价格的发行称为折价发行。 （ ）

（5）国债资金主要用于生产，以赚取更多利润。 （ ）

2.选择题

（1）按照发行主体的不同，债券可分为（ ）。

A.金融债券 B.公司债券 C.国债 D.内债

（2）下列说法中，不是债券基本性质的有（ ）。

A.债券是一种虚拟资本 B.发行人必须在约定时间付息还本

C.债券是债权的表现 D.债券属于有价证券

（3）我国债券买卖委托数量的一手是指（ ）张100元面值的债券。

A.10 B.20 C.100 D.50

3.简答题

（1）债券和股票有什么异同？

（2）影响债券利息高低的因素有哪些？

技能训练

（1）国家决定发行一期贴现国债，发行额度为200亿元，期限为3个月，票面金额为100元，发行价格为99元。

问：①贴现率是多少？

②投资者的到期收益率是多少？

③查询当时的同期银行储蓄存款利率，看看投资该国债比存入银行的收益率高多少？（注意考虑利息所得税因素）

（2）利用网络或股票行情分析系统软件，查找一期国债的期限和市场价格，计算持有人的实际收益率。（假设持有人以票面金额购买，一直持有，按单利计算）

（3）模拟设计国债的招标发行。

①模拟价格招标：以组为单位进行。

方案设计及说明：上网查询我国最近一期国债的发行额度和收益率，由小组商量决定发行数额；由投标方设计投标价和投标额；由招标方确定招标价和中标额；由仲裁方确定中标结果。将设计方案填入表5-4。

表 5-4   **价格招标模拟设计方案**

项目	投标人 A	投标人 B	投标人 C
投标价（元）			
投标额（亿元）			
中标额（亿元）			
荷兰式招标中标价（元）			
美国式招标中标价（元）			

说明：招标方选择中标方案的理由由仲裁方确认。

计算各中标人的收益率，与同期银行储蓄存款利率比较，说明中标人此次投资是成功还是失败。

②模拟收益率招标：以组为单位进行。

方案设计及说明：上网查询我国最近一期国债的发行额度和收益率，由小组商量决定发行数额；由投标方设计投标收益率和投标额；由招标方确定中标收益率和中标额；由仲裁方确定中标结果。将设计方案填入表 5-5。

表 5-5   **收益率招标模拟设计方案**

项目	投标人 A	投标人 B	投标人 C
投标收益率（%）			
投标额（亿元）			
中标额（亿元）			
荷兰式招标中标收益率（%）			
美国式招标中标收益率（%）			

说明：招标方选择中标方案的理由由仲裁方确认。

③方案比较：对各组设计的方案进行比较，通过比较和讨论，互相取长补短，掌握国债招标发行的操作。

素质训练

○ 案例分析

要不要投资这样的债券？

申通快递股份有限公司于 2019 年 8 月 22 日获得中国证券监督管理委员会"证监许可〔2019〕1527 号"文核准公开发行面值不超过 20 亿元的公司债券。

发行人本次债券采取分期发行的方式，其中首期发行债券面值不超过人民币 5 亿元，剩余部分自中国证监会核准发行之日起 24 个月内发行完毕。本期债券简称"20STO01"，债券代码为"149107.SZ"。本期债券发行规模为不超过人民币 5 亿元（含

5亿元）。本期债券每张面值为100元，发行数量为不超过500万张，发行价格为100元人民币/张。

本期债券发行上市前，公司最近一期期末净资产为890 188.30万元（2019年9月30日合并财务报表中的所有者权益合计），合并口径资产负债率为29.89%，母公司口径资产负债率为0.43%；根据《申通快递股份有限公司2019年度业绩快报》，2019年度，发行人业务量、营业总收入保持较快速度增长，全年营业收入230.67亿元，同比增长35.58%，主要受益于公司加大了产能投放、快递时效及服务质量明显改善、业务量及市场规模明显提升等因素；2019年度，发行人营业利润17.49亿元，同比下降35.75%，利润总额18.18亿元，同比下降33.67%，归属于上市公司股东的净利润14.33亿元，同比下降30.06%，主要是因为市场竞争较为激烈，发行人为维持网络稳定、提升市场份额，加大了市场政策力度；另外，发行人2019年度加大了市场拓展力度，加强了省区管理及总部精细化管理，导致销售费用、管理费用及研发费用增幅较大，从而使得公司利润实现情况出现同比下降。

2020年4月29日，公司公告发行结果：本期债券期限为3年，为无担保债券，发行时间自2020年4月28日至2020年4月29日，实际发行数量为5亿元，票面利率为3.18%。

资料来源 申通快递股份有限公司. 申通快递：2020年公开发行公司债券（第一期）发行公告及发行结果公告［EB/OL］.［2020－04－29］. http：//data. eastmoney. com/notices/detail/002468/AN202004291379020185，%7Bgpmc%7D.html.

要求：请结合所学知识，分析要不要投资这样的债券。

网上资源

http：//www.10jqka.com.cn/

http：//bond.jrj.com.cn/

http：//finance.sina.com.cn/bond/

第6章

证券投资基金市场

学习目标

通过本章学习，你应该达到以下目标：

知识目标：掌握证券投资基金的相关概念及特征，了解其分类、设立程序和三方当事人的权利、义务或职责。

技能目标：掌握证券投资基金的交易规则及基金价格的影响因素，能够正确选择证券投资基金进行模拟交易，并进行盈亏分析。

素质目标：能够结合市场热点对证券投资基金市场行情进行综合分析。

引例　　　　　　　　王亚伟与他执掌的华夏基金

在中国基金界，王亚伟的名字几乎是无人不知。2002年，王亚伟开始担任华夏成长基金经理，第一年就使该基金在全部的开放基金中排名第一，成为金牛奖基金经理。2005年年末，其开始执掌华夏大盘基金，两年牛市创下了近730%的收益率，成为传奇基金经理。就是在2008、2009年两年的金融危机时期，其执掌的华夏大盘的收益仍居开放式基金榜首。

2010年上半年，由于宏观刺激政策的退出和打压房地产政策的出台，从3月31日到6月24日，沪指从3 109.11点跌到了2 552.82点，跌幅为17.89%；深成指从12 494.35点跌到了10 104.83点，跌幅为19.12%。同期，华夏大盘精选的基金净值由10.718元下跌为9.671元，下跌了9.77%。由于华夏大盘一直处于申购封闭状态，基金份额仍保持在6.32亿份的规模，除去10股派1元的分红，这意味着华夏大盘基金在二季度损失了6亿元。但是，从另一个角度看，在王亚伟的执掌下，华夏大盘的跌幅只相当于股票市场平均跌幅的一半，还是跑赢了指数。在王亚伟2005年12月31日至2012年5月3日担任华夏大盘基金经理期间，该基金收益率为1 182.16%，而市场同期同类基金收益率为234.82%。

2012年5月7日，华夏基金管理有限公司发布公告称，王亚伟因个人原因于2012年5月4日离职。2012年9月，王亚伟复出，在深圳成立了一家私募基金公司——深圳千合资本管理有限公司。公开信息显示，这家公司的经营范围为受托资产管理、股权投资、投资管理等，注册资本金为1 000万元人民币，法人代表即王亚伟，其个人出资比例为100%。2012年12月13日，王亚伟首款私募产品"外贸信托·昀沣证券投资集合资金信托计划"（昀沣）基金发行。

资料来源　根据上海证券交易所网站资料整理.

6.1　证券投资基金

6.1.1　证券投资基金的概念及特点

1）证券投资基金的概念

证券投资基金简称基金，是通过发行基金券来募集资金，通过设置信托进行股票、债券等金融工具的投资，并由投资者承担投资风险，享受投资收益的一种集合投资制度。

基金市场是指基金的发行市场及上市交易（赎回）的市场。基金的起源最早可以追溯到19世纪20年代的欧洲。当时一些达官贵人为妥善管理其资产，通常专门聘请理财有方的律师或会计师管理和运用其资产，他们向所聘请的管理人支付一定的报酬，自己则享有投资收益。

2）证券投资基金的特点

（1）集合投资。基金设立的目的是获取投资收益，但不是单个投资者分散投资，而是将单个投资者的资金集中起来进行投资，这便形成了集合投资的方式。集合投资方式的特点在于它是有组织的、是机构性的，因此集合投资也可称为组织投资或机构投资。

（2）专家经营。基金一般没有自己的经营机构，它是通过设置信托，将资产委托给基金管理人进行经营管理。基金管理人具有高效的组织机构，具有一批训练有素的基金管理人员，他们有扎实而广泛的金融证券知识、高超娴熟的投资技巧、丰富的投资经验，还可以获得及时全面的信息，从而为经营运用基金资产提供保证。基金专家经营的特点为基金的投资人提供了更好的服务。

（3）组合投资。投资者在进行基金投资时，一般会衡量投资收益与风险，希望把投资风险降到最小。为了达到这样的目的，往往在法律规定的投资范围内将基金进行科学的组合，分散投资于多种证券，以实现资产组合的多样化。通过组合投资，既分散了投资风险，也降低了投资风险。

（4）安全性较高。为保证基金资产的安全，一般要委托基金托管人保管基金的资产，而不是由基金管理人保管。基金托管人一般要由专门的机构担任，往往是商业银行等机构，这些机构一般实力雄厚、资信较好、设备先进，可以保证基金资产的安全。同时，基金托管人一般也负责监督基金管理人对基金资产的运用，以防发生损害基金投者利益的行为。

（5）流动性较高。基金的买卖十分方便，投资者可以根据个人的需求随时买卖基金。封闭式基金的买卖一般通过证券交易所或柜台进行，其程序与股票买卖相似。而开放式基金的买卖渠道则更多，投资者可以随时向基金管理公司认购或赎回基金。除此之外，投资者还可以通过基金的代销银行或证券商等买卖基金。

（6）交易费用较低。由于基金是一种集合投资，因此基金具有规模经济的优势，投资费用在众多的投资者之间分摊，降低了投资成本；基金之间的相互竞争，使得基金的购买费用和管理费用大为降低，直接降低了投资者投资于基金的成本。此外，很多国家对基金也给予一定的税收优惠。

小思考6-1

小思考6-1

基金与股票相比，哪种证券的投资风险更大？

分析提示

6.1.2 基金的分类

根据不同的标准，基金可以分为不同的种类。

1）按组织形式不同划分

按组织形式不同，基金可分为契约型基金和公司型基金。

（1）契约型基金。它又称单位信托基金，是指将投资者、管理人与托管人三者作为基金的当事人，通过签订基金契约的形式发行受益凭证而设立的一种基金。契约型基金起源于英国，后来在新加坡、印度尼西亚等国家和中国香港地区十分流行。

契约型基金是基于信托原理而组织起来的代理投资方式，没有基金章程，也没有公司董事会，而是通过基金契约来规范三方当事人的行为。基金管理人负责基金的管理操作。基金托管人作为基金资产的名义持有人，负责基金资产的保管和处置，对基金管理人的运作实行监督。

（2）公司型基金。它依据基金公司章程设立，以发行股份的方式募集资金，投资者购买基金公司的股份后，以基金持有人的身份成为基金公司的股东，股东凭其持有的股份依法享有投资收益。公司型基金在组织形式上与股份有限公司类似，由股东选举董事会，由董事会选聘基金管理公司，基金管理公司负责管理基金的投资业务。

2）按价格决定方式不同划分

按价格决定方式不同，基金可分为封闭式基金和开放式基金。

（1）封闭式基金。它是指经核准的基金份额总额在基金合同期限内固定不变，基金份额可以在依法设立的证券交易场所交易，但基金份额持有人不得申请赎回的基金。由于封闭式基金在封闭期内不能追加认购或赎回，投资者只能通过证券经纪商在二级市场上进行基金的买卖。

封闭式基金的期限是指基金的存续期，即基金从成立起到终止之间的时间。决定基金期限长短的因素主要有两个：一是基金本身投资期限的长短。如果基金的目标是进行中长期投资，其存续期就可长一些；如果基金的目标是进行短期投资（如货币市场基金），其存续期可短一些。二是宏观经济形势。如果经济稳定增长，基金存续期可长一些，否则应相对短一些。当然在现实中，存续期还应依据基金发起人和众多投资者的要求来确定。基金期限届满即为基金终止，管理人应组织清算小组对基金资产进行清产核资，并将清产核资后的基金净资产按照投资者的出资比例进行公正合理的分配。

（2）开放式基金。它是指基金份额总数不固定，基金份额可以在基金合同约定的时间和场所申购或者赎回的基金。为了满足投资者赎回资金、实现变现的要求，开放式基金一般都从所筹资金中拨出一定比例以现金形式保持的资产。这虽然会影响基金的盈利水平，但作为开放式基金来说是必需的。

（3）封闭式基金与开放式基金的主要区别

①期限不同。封闭式基金有固定的封闭期，通常在5年以上，一般为10年或15年，经受益人大会通过并经主管机关同意可以适当延长期限。开放式基金没有固定期限，投资者可随时向基金管理人赎回基金份额，若大量赎回甚至会导致清盘。

②发行规模限制不同。封闭式基金的规模是固定的，在封闭期限内未经法定程序认可不能增加发行。开放式基金没有发行规模限制，投资者可随时提出申购或赎回申请，基金规模随之增加或减少。

③基金份额交易方式不同。封闭式基金的基金份额在封闭期限内不能赎回，持有人只能在证券交易场所出售给第三者，交易在基金投资者之间完成。开放式基金的投资者则可以在首次发行结束一段时间后，随时向基金管理人或中介机构提出申购或赎回申请，绝大多数开放式基金不上市交易，交易在投资者与基金管理人或其代理人之间进行。

④基金份额的交易价格计算标准不同。封闭式基金与开放式基金的基金份额除了首次发行价都是按面值加上一定百分比的购买费计算外，以后的交易计价方式不同。封闭式基金的买卖价格受市场供求关系的影响，常出现溢价或折价现象，并不必然反映单位基金份额的净资产值。开放式基金的交易价格则取决于每一基金份额净资产值的大小，其申购价一般是基金份额净资产值加上一定的申购费，赎回价是基金份额净资产值减去一定的赎回费，不直接受市场供求影响。

⑤基金份额资产净值公布的时间不同。封闭式基金份额资产净值一般每周或更长时间公布一次，开放式基金份额资产净值一般在每个交易日连续公布。

⑥交易费用不同。投资者在买卖封闭式基金时，在基金价格之外要支付手续费。而投资者在买卖开放式基金时，则要支付申购费和赎回费。

⑦投资策略不同。封闭式基金在封闭期内基金规模不变，因此可进行长期投资，基金资产的投资组合能在有效的预订计划内进行。开放式基金因基金份额可随时赎回，所以为应付投资者随时赎回兑现，所募集的资金不能全部用来投资，更不能把全部资金用于长期投资，必须保持基金资产的流动性，在投资组合上需保留一部分现金和高流动性的金融工具。

3）按投资对象不同划分

按投资对象不同，基金可分为国债基金、股票基金、货币市场基金。

（1）国债基金。它是一种以国债为主要投资对象的证券投资基金。由于国债的年利率固定，又有国家信用作为保证，因而这类基金的风险较低，适合于稳健型投资者。

（2）股票基金。它是指以上市股票为主要投资对象的证券投资基金。股票基金的投资目标侧重于追求资本利得和长期资本增值。基金管理人拟定投资组合，将资金投放到一个或几个国家甚至全球的股票市场，以达到分散投资、降低风险的目的。

（3）货币市场基金。它是以货币市场工具为投资对象的一种基金，其投资对象期限在1年以内，包括银行短期存款、国库券、公司债券、银行承兑票据及商业票据等货币市场工具。货币市场基金的优点是资本安全性高、购买限额低、流动性强、收益较高且管理费用低，有些还不收取赎回费用。因此，货币市场基金通常被认为是低风险的投资工具。

按《货币市场基金管理暂行规定》的规定，目前我国货币市场基金能够进行投资的金融工具主要包括以下几种：①现金；②1年以内（含1年）的银行定期存款、大额存单；③剩余期限在397天以内（含397天）的债券；④期限在1年以内（含1年）的债券回购；⑤期限在1年以内（含1年）的中央银行票据；⑥中国证监会、中国人民银行认可的其他具有良好流动性的货币市场工具。

货币市场基金不得投资于以下金融工具：股票、可转换债券、剩余期限超过397天的债券、信用等级在AAA级以下的公司债券。

除上述分类之外，还有指数基金和衍生证券投资基金。指数基金是20世纪70年代以来出现的基金品种。它的投资组合模仿某一股价指数或债券指数，收益随着即期的价格指数上下波动。当价格指数上升时，基金收益增加；反之，收益减少。衍生证券投资基金是一种以衍生证券为投资对象的基金，包括期货基金、期权基金、认股权证基金等。这种基金风险大，因为衍生证券一般是高风险的投资品种。

4）按投资目标不同划分

按投资目标不同，基金可分为成长型基金、收入型基金和平衡型基金。

（1）成长型基金。它追求的是基金资产的长期增值。为了达到这一目标，基金管理人通常将基金资产投资于信誉度较高、有长期成长前景或长期盈余的所谓成长型公司的股票。成长型基金又可分为稳健成长型基金和积极成长型基金。

（2）收入型基金。它主要投资于可带来现金收入的有价证券，以获取当期的最大收入为目的。收入型基金资产的成长潜力较小，损失本金的风险相对较低，一般可分为固定收入型基金和股票收入型基金。

（3）平衡型基金。它将资产分别投资于两种不同特性的证券上，并在以取得收入为目的的债券及优先股和以资本增值为目的的普通股之间进行平衡。这种基金一般将25%～50%的资产投资于债券及优先股，其余的投资于普通股。

5）按投资样本不同划分

按投资样本不同，基金可分为ETF和LOF。

（1）ETF（exchange traded funds）。它常被译为"交易所交易基金"，上海证券交易所则将其定名为"交易型开放式指数基金"。ETF是一种在交易所上市交易的、基金份额可变的基金运作方式。ETF结合了封闭式基金与开放式基金的运作特点，投资者一方面可以像封闭式基金一样在交易所二级市场进行ETF的买卖，另一方面可以像开放式基金一样申购、赎回。不同的是，它的申购是用一揽子股票换取ETF份额，赎回时也是换回一揽子股票而不是现金。这种交易制度使该类基金存在一、二级市场之间的套利机制，可有效防止类似封闭式基金的大幅折价。

ETF出现于20世纪90年代初期。多伦多证券交易所于1991年推出的指数参与份额（TIPS）是严格意义上最早出现的交易所交易基金，但于2000年终止。现存最早的ETF是美国证券交易所（AMEX）于1993年推出的标准普尔存托凭证（SPDRs）。ETF的运行特点如下：

第一，参与主体。ETF主要涉及三个参与主体，即发起人、受托人和投资者。发起人即基金产品创始人，一般为证券交易所或大型基金管理公司、证券公司。受托人受发起人委托托管和控制股票信托组合的所有资产。

第二，基础指数选择及模拟。ETF能否发行成功与基础指数的选择有密切关系。基础指数应该是有大量市场参与者广泛使用的指数，以体现它的代表性和流动性；同时，基础指数的调整频率不宜过于频繁，以免影响指数股票组合与基础指数间的关联性。

第三，构造单位的分割。ETF的发起人将组成基础指数的股票依照组成指数的权数交付信托机构托管成为信托资产后，即以此为实物担保通过信托机构向投资者发行ETF。

第四，构造单位的申购与赎回。ETF的重要特征在于它独特的双重交易机制。ETF的双重交易特点表现在它的申购和赎回与ETF本身的市场交易是分离的，分别在一级市场和二级市场进行。也就是说，ETF同时为投资者提供了两种不同的交易方式：一方面投资者可以在一级市场交易ETF，进行申购与赎回；另一方面，投资者可以在二级市场交易ETF，即在交易所挂牌交易。

补充阅读资料6-1　　　　　　　　　　　　　　　　　　"股神"与ETF

巴菲特在2013年的致股东信中谈道："必须补充一点，我以我宣扬的投资方式管理自己的资金：我在这里所讲的，基本上就是我在我的遗嘱里的一些指示。我有一笔遗产是将一些现金交给受托人管理，而受益人是我太太。（这笔遗产必须是现金，因为我持有的全部波克夏股票，将在我的遗产结算后10年间全数捐给一些慈善组织）我对受托人的指示再简单不过了：拿10%现金购买短期政府公债，另外90%投资在费用非常低的标准普尔500指数基金上（我建议投资在先锋公司的基金上）。我相信这个信托基金的长期投资绩效将优于支付高费用、请经理人管理资产的多数投资人，无论他们是退休基金经理、法人还是散户。"

"股神"多年提倡零售投资者购买指数基金ETF，并在自己的遗嘱中忠告不擅投资的妻子在自己死后买ETF，但股神自己买入ETF却是史无前例。巴菲特掌管的伯克希尔哈撒韦公司（BRK.A.US）向美国证券交易委员会提交的13F持仓表显示，巴菲特在2019年第四季度"破天荒"首次买入了他多年来向大众推荐的ETF指数基金。

这笔 2 500 万美元的投资，几乎平分在了两只和标普 500 挂钩的 ETF 之上，一只是先锋领航集团发行的 Vanguard S&P 500 ETF（VOO.US），另外一只是道富环球投资管理发行的 SPDR S&P 500 ETF Trust（SPY.US）。SPDR 是 Standard & Poor's Depositary Receipts 的简写，发音则是 Spider（蜘蛛）。虽然全球与标普 500 指数挂钩的 ETF 数不胜数，但这两只属于发行时间最早、规模最大，也是（所有 ETF 中）最有名的两只指数基金。

资料来源 云锋金融. 巴菲特忠告妻子：我死后，买 ETF［EB/OL］.［2020-02-21］. https：// finance.sina.com.cn/stock/hkstock/hkstocknews/2020-02-21/doc-iimxxstf3 352 957.shtml.

（2）LOF（listed open-ended funds）。它常被译为"上市开放式基金"，是一种可以同时在场外市场进行基金份额申购、赎回，在交易所进行基金份额交易，并通过份额转托管机制将场外市场与场内市场有机地联系在一起的新的基金运作方式。

尽管同样是交易所交易的开放式基金，但就产品特性看，深圳证券交易所推出的 LOF 在世界范围内具有首创性。与 ETF 相区别，LOF 不一定采用指数基金模式，同时，申购和赎回均以现金进行。2004 年 10 月 14 日，南方基金管理公司募集设立了"南方积极配置证券投资基金"，并于 2004 年 12 月 20 日在深圳证券交易所上市交易。

6）按地域不同划分

按地域不同，基金可分为 QFII 基金和 QDII 基金。

（1）QFII（qualified foreign institutional investor）。它常被译为"合格的境外机构投资者"。QFII 基金是一国在货币没有实现完全可自由兑换、资本项目尚未开放的情况下，有限度地引进外资、开放资本市场的一项过渡性的制度安排。这种制度要求外国投资者若要进入一国证券市场，必须符合一定的条件，得到该国有关部门的审批通过后汇入一定额度的外汇资金，并转换为当地货币，通过严格监管的专门账户投资当地证券市场。

（2）QDII（qualified domestic institutional investor）。它常被译为"合格的境内机构投资者"。QDII 基金是在一国境内设立，经该国有关部门批准从事境外证券市场的股票、债券等有价证券业务的证券投资基金。与 QFII 基金一样，QDII 基金也是在货币没有实现完全可自由兑换、资本项目尚未开放的情况下，有限度地允许境内投资者投资境外证券市场的一项过渡性的制度安排。

补充阅读资料 6-2 QFII 松绑，进一步便利境外投资者参与我国金融市场

2020 年 5 月 7 日，为进一步扩大金融业对外开放，央行、国家外汇管理局发布《境外机构投资者境内证券期货投资资金管理规定》，明确并简化境外机构投资者境内证券期货投资资金管理要求，进一步便利境外投资者参与我国金融市场。

《境外机构投资者境内证券期货投资资金管理规定》包括六大要点：一是落实取消合格境外机构投资者（QFII）和人民币合格境外机构投资者（RQFII）境内证券投资额度管理要求，对合格投资者跨境资金汇出入和兑换实行登记管理。二是实施本外币一体化管理，允许合格投资者自主选择汇入资金币种和时机。三是大幅简化合格投资者境内

证券投资收益汇出手续，取消中国注册会计师出具的投资收益专项审计报告和税务备案表等材料要求，改以完税承诺函替代。四是取消托管人数量限制，允许单家合格投资者委托多家境内托管人，并实施主报告人制度。五是完善合格投资者境内证券投资外汇风险及投资风险管理要求。六是央行、国家外汇管理局加强事中事后监管。

该规定对引进境外长期资金、优化投资者结构、引导价值投资、促进实体经济发展、推动我国资本市场健康发展发挥了积极作用。

资料来源　刘四红. QFII松绑 外资要奔涌了吗？[N]. 北京商报，2020-02-21.

7）按募集方式不同划分

根据募集方式不同，基金可分为公募基金和私募基金。

公募基金是指通过向社会公众公开募集资金而形成的基金。私募基金是指通过向特定投资者募集资金而形成的基金。

补充阅读资料6-3　　　　　　　　中国证券投资基金的发展历程

1991年10月，在中国证券市场刚刚起步时，"武汉证券投资基金"和"深圳南山风险投资基金"分别由中国人民银行武汉分行和深圳南山区政府批准成立，成为第一批投资基金。此后仅1992年就有37家投资基金经各级人民银行或其他机构批准发行，其中"淄博乡镇企业基金"经中国人民银行总行批准，于1993年8月在上海证券交易所挂牌交易，这是第一只上市交易的投资基金。1993年年初，建业、金龙、宝鼎3只教育基金经中国人民银行总行批准在上海发行，共募集资金3亿元，并于当年年底在上海证券交易所上市交易。自2001年9月推出首只开放式基金以来，其数量、规模、质量等都快速增长。截至2017年4月底，我国境内共有基金管理人143家，其中公募基金管理公司128家、证券资产管理公司7家、证券公司6家、保险资产管理公司2家，共计管理公募基金7 069只，资产合计17.64万亿元。可见基金已经成为证券市场的重要投资工具。

资料来源　根据中国证券投资基金业协会网站资料整理.

6.1.3　基金的功能

基金将投资者的资金集中起来进行投资，这体现了基金的两个功能，即融资和投资功能。通过基金融资，可以筹集规模巨大的资金，具有股票、债券等金融工具所不可比拟的优势。基金投资可以通过专家服务获得较好的投资收益，基金除了融资、投资这两个基本功能外，还具有以下功能：

（1）为投资者拓展投资渠道。通过发行基金募集资金，再由专家进行投资，为投资者提供了一种较好的投资工具；投资者通过基金间接投资获取收益，获得了又一条投资渠道。再者，基金的设计往往根据投资者的预期收益和风险承受能力进行，这就使得基金更能为投资者提供个性化服务，更能满足投资者多样化的投资需求。

（2）将储蓄转化为投资。通过存款、债券、股票等金融工具可以将储蓄转化为投资，通过基金同样可以将储蓄转化为投资，而且更加有利于储蓄向投资的转化。由于基金可以为投资者提供个性化服务，可以吸引更多的投资者通过基金将储蓄转化为投资，因此基金在将储蓄转化为投资上更富有效率。存款、债券、股票等在将储蓄转化为投资上存在一定的时滞，而且募集资金还存在闲置的现象。基金募集的资金80%投资于债券和股票，闲置资金较少，其资产多以投资组合的形态存在；基金专家经营的特点，也决定了所投资的债券、股票具有业绩好、投资价值大的特点，这就提高了基金所转化的储蓄资金的使用效率。

（3）促进证券市场的发展。基金汇集众多资金进入证券市场，成为证券市场增量资金的来源，为证券市场源源不断地输送新鲜血液；同时基金也成为证券市场上一个新的投资工具，丰富了证券市场上的金融产品品种；基金作为投资者，成为证券市场上的机构投资者，是证券市场上一支十分重要的投资力量，从而改善了证券市场上的投资者结构；基金的产生还促进了金融创新，基金为了科学投资，往往需要大量的金融工具，比如股指期货。基金可以运用股指期货进行套期保值，以避免在证券市场行情下跌时遭受巨大损失。事实上，对于许多新出现的工具，基金等金融中介是其主要的使用者。从这几个方面来说，基金有助于证券市场的发展，可以使得证券市场更富有深度、广度和宽度。

（4）促进上市公司治理结构的改善。传统上基金一直遵守"华尔街准则"，即所谓"用脚投票"，对公司治理普遍采取消极主义的态度。但自20世纪80年代以来，基金对参与公司治理的态度发生了改变，开始积极参与公司治理，出现了所谓的机构股东积极主义。以养老基金为代表的这种机构股东积极主义产生的原因在于：①机构投资者的规模不断扩大，其所占的市场份额也越来越大。如教师保险和年金协会——大学退休权益基金所持有权益约占美国整个证券市场权益的1%。如果上市公司管理不善，基金即使想"用脚投票"，也要遭受股价下降所带来的巨大损失。②基金采取指数化投资策略，造成极低的换手率，如加利福尼亚州公共员工退休系统持有的权益的年换手率仅为10%左右，这迫使基金关心其所投资公司的治理问题。③20世纪80年代并购浪潮兴起时，基金可以高价抛出股票，获取额外收益，但一些反收购措施的运用，致使基金失去获取额外收益的机会，其不得不争取一定的发言权以维护其利益。

基金参与公司治理的方式主要有：与所投资的公司管理层直接沟通，征集股东代理投票权，提出股东议案，发布"黑名单"等。通过这些方式，基金在公司治理中发挥了较大的作用。

6.2 基金发行市场

6.2.1 基金的设立方式

基金的设立有两种基本方式，即核准制和注册制。

（1）核准制。基金核准制是指基金不仅要具备法规规定的条件，还要通过基金主管机关的实质审查才能设立。在基金核准制下，基金主管机关有权对基金发行人及其所发行的基金做出审查和决定。日本实行基金核准制。

（2）注册制。基金注册制是指基金只要具备法规规定的条件，便可以申请并获得注册。基金注册制遵循公开原则，根据此原则，基金发行人必须公开与基金发行有关的一切信息和资料。基金申请注册过程中，基金主管机关不对基金发行人的申请及基金本身做价值判断，只审查基金发行申请人是否严格履行了相关的信息披露义务，其对基金发行公开材料的审查只是形式审查，不涉及任何发行实质条件的审查。只要基金发行人完整、及时、真实、准确地披露了相关信息，基金主管机关就不得以申请人财务状况未达到一定的标准而拒绝其发行。

目前很多国家和地区采用注册制，如美国、英国等。美国对公募基金实行注册登记制，并对私募基金实行注册豁免。美国实行基金注册制，注册期为90天。美国共同基金（投资公司）注册的基本条件是：公司净资本超过10万美元；投资者在100位以上；已明确确定投资目标。向证券交易所申请注册的材料中必须提供以下信息：设立基金类型（如开放式或封闭式）；公司筹集资金的计划；公司集中投资于某单一行业的企图；欲投资于不动产或商品的计划；投票决定投资政策变更的条件；每一位关联人的姓名及地址；每位管理人员及董事近五年的从业经历等。根据《中华人民共和国证券投资基金法》（以下简称《证券投资基金法》）的规定，我国公开募集基金，应当经国务院证券监督管理机构注册。未经注册，不得公开或者变相公开募集基金。

6.2.2 基金的设立程序

1）申请

注册公开募集基金，由拟任基金管理人向国务院证券监督管理机构提交下列文件：（1）申请报告；（2）基金合同草案；（3）基金托管协议草案；（4）招募说明书草案；（5）律师事务所出具的法律意见书；（6）国务院证券监督管理机构规定提交的其他文件。

2）注册

国务院证券监督管理机构应当自受理公开募集基金的募集注册申请之日起六个月内依照法律、行政法规及国务院证券监督管理机构的规定进行审查，做出注册或者不予注册的决定，并通知申请人；不予注册的，应当说明理由。

3）募集

基金募集申请经注册后，方可发售基金份额。基金份额的发售，由基金管理人或者其委托的基金销售机构办理。

我国对基金募集的有关规定如下：

基金管理人应当在基金份额发售的3日前公布招募说明书、基金合同及其他有关文件。对基金募集所进行的宣传推介活动，应当符合有关法律、行政法规的规定，不得有下列行为：（1）虚假记载、误导性陈述或者重大遗漏；（2）对证券投资业绩进行预测；（3）违规承诺收益或者承担损失；（4）诋毁其他基金管理人、基金托管人或者基金销售机构；（5）法律、行政法规和国务院证券监督管理机构规定禁止的其他行为。

　　基金管理人应当自收到准予注册文件之日起6个月内进行基金募集。超过6个月开始募集，原注册的事项未发生实质性变化的，应当报国务院证券监督管理机构备案；发生实质性变化的，应当向国务院证券监督管理机构重新提交注册申请。基金募集不得超过国务院证券监督管理机构准予注册的基金募集期限。基金募集期限自基金份额发售之日起计算。

　　基金募集期限届满，封闭式基金募集的基金份额总额达到准予注册规模的80%以上，开放式基金募集的基金份额总额超过准予注册的最低募集份额总额，并且基金份额持有人人数符合国务院证券监督管理机构规定的，基金管理人应当自募集期限届满之日起10日内聘请法定验资机构进行验资，自收到验资报告之日起10日内，向国务院证券监督管理机构提交验资报告，办理基金备案手续，并予以公告。

6.2.3　基金的治理机制

　　基金设立后，一般通过设置信托的方式进行投资运作，委托基金管理人管理运用基金资产，委托基金托管人保管基金资产。基金份额持有人是委托人和受益人，基金管理人和基金托管人是受托人。在基金的治理结构中，有三个基本的当事人，即基金份额持有人、基金管理人和基金托管人。

　　（1）基金份额持有人。其也称基金投资人或基金受益人，是基金资产的所有者，享有基金的投资收益，并承担相应的投资风险。

　　第一，基金份额持有人应履行的义务。其包括：①遵守基金契约或基金公司章程；②交纳基金认购款项及规定的费用；③承担基金亏损或者终止的有限责任；④不从事任何有损基金及其他基金投资者利益的活动。

　　第二，基金份额持有人享有的权利。其包括：①分享基金财产收益；②参与分配清算后的剩余基金财产；③依法转让或者申请赎回其持有的基金份额；④按照规定要求召开基金份额持有人大会或者召集基金份额持有人大会；⑤对基金份额持有人大会审议事项行使表决权；⑥对基金管理人、基金托管人、基金服务机构损害其合法权益的行为依法提起诉讼；⑦基金合同约定的其他权利。

　　公开募集基金的基金份额持有人有权查阅或者复制公开披露的基金信息资料；非公开募集基金的基金份额持有人对涉及自身利益的情况，有权查阅基金的财务会计账簿等财务资料。

　　（2）基金管理人。这是指受托管理运用基金资产的机构，基金管理人水平的高低直接影响基金的投资收益，因此担任基金管理人的机构必须具备一定的资格。根据《证券投资基金法》的规定，基金管理人由依法设立的公司或者合伙企业担任。公开募集基金的基金管理人，由基金管理公司或者经国务院证券监督管理机构按照规定核准的其他机构担任。

　　第一，基金管理公司的设立条件。根据《证券投资基金法》的规定，设立管理公开募集基金的基金管理公司，应当具备下列条件，并经国务院证券监督管理机构批准：①有符合本法和《中华人民共和国公司法》规定的章程；②注册资本不低于1亿元人民币，且必须为实缴货币资本；③主要股东应当具有经营金融业务或者管理金融机构的良好业绩、良好的财务状况和社会信誉，资产规模达到国务院规定的标准，最近三年没有违法记录；④取得基金从业资格的人员达到法定人数；⑤董事、监事、高级管理人员具备相应的任职条件；⑥有符合要求的营业场所、安全防范设施和与基金管理业务有关的其他设施；⑦有良好的内部治理结构、完善的内部稽核监控制度、风险控制制度；⑧法律、行政法规规定的和经国务院批准的国务院证券监督管理机构规定的其他条件。

第二，公开募集基金的基金管理人应当履行的职责。其包括：①依法募集基金，办理基金份额的发售和登记事宜；②办理基金备案手续；③对所管理的不同基金财产分别管理、分别记账，进行证券投资；④按照基金合同的约定确定基金收益分配方案，及时向基金份额持有人分配收益；⑤进行基金会计核算并编制基金财务会计报告；⑥编制中期和年度基金报告；⑦计算并公告基金资产净值，确定基金份额申购、赎回价格；⑧办理与基金财产管理业务活动有关的信息披露事项；⑨按照规定召集基金份额持有人大会；⑩保存基金财产管理业务活动的记录、账册、报表和其他相关资料；⑪以基金管理人名义，代表基金份额持有人利益行使诉讼权利或者实施其他法律行为；⑫国务院证券监督管理机构规定的其他职责。

第三，基金管理人被禁止的行为。由于基金管理人的行为直接影响到投资人的利益，因此可能损害投资人利益的行为必须被禁止。公开募集基金的基金管理人及其董事、监事、高级管理人员和其他从业人员不得有下列行为：①将其固有财产或者他人财产混同于基金财产从事证券投资；②不公平地对待其管理的不同基金财产；③利用基金财产或者职务之便为基金份额持有人以外的人谋取利益；④向基金份额持有人违规承诺收益或者承担损失；⑤侵占、挪用基金财产；⑥泄露因职务便利获取的未公开信息、利用该信息从事或者明示、暗示他人从事相关的交易活动；⑦玩忽职守，不按照规定履行职责；⑧法律、行政法规和国务院证券监督管理机构规定禁止的其他行为。

第四，基金管理人职责终止。公开募集基金的基金管理人有下列情形之一的，基金管理人的资格将被终止：①被依法取消基金管理资格；②被基金份额持有人大会解任；③依法解散、被依法撤销或者被依法宣告破产；④基金合同约定的其他情形。公开募集基金的基金管理人职责终止的，基金份额持有人大会应当在6个月内选任新基金管理人；新基金管理人产生前，由国务院证券监督管理机构指定临时基金管理人。原基金管理人应当妥善保管基金管理业务资料，及时办理基金管理业务的移交手续，新基金管理人或者临时基金管理人应当及时接收。

（3）基金托管人。它是指受托保管基金资产的机构。

第一，基金托管人的资格。担任基金托管人的机构必须具备一定的资格。《证券投资基金法》规定，基金托管人由依法设立的商业银行或者其他金融机构担任。商业银行担任基金托管人的，由国务院证券监督管理机构会同国务院银行业监督管理机构核准；其他金融机构担任基金托管人的，由国务院证券监督管理机构核准。担任基金托管人，应当具备下列条件：①净资产和风险控制指标符合有关规定；②设有专门的基金托管部门；③取得基金从业资格的专职人员达到法定人数；④有安全保管基金财产的条件；⑤有安全高效的清算、交割系统；⑥有符合要求的营业场所、安全防范设施和与基金托管业务有关的其他设施；⑦有完善的内部稽核监控制度和风险控制制度；⑧法律、行政法规规定的和经国务院批准的国务院证券监督管理机构、国务院银行业监督管理机构规定的其他条件。

第二，基金托管人应当履行的职责。其包括：①安全保管基金财产；②按照规定开设基金财产的资金账户和证券账户；③对所托管的不同基金财产分别设置账户，确保基金财产的完整与独立；④保存基金托管业务活动的记录、账册、报表和其他相关资料；⑤按照基金合同的约定，根据基金管理人的投资指令，及时办理清算、交割事宜；⑥办理与基金托管业务活动有关的信息披露事项；⑦对基金财务会计报告、中期和年度基金报告出具意见；⑧复核、审查基金管理人计算的基金资产净值和基金份额申购、赎回价格；⑨按照规定召集基金份额持有人大会；⑩按照规定监督基金管理人的投资运作；⑪国务院证券监督管理机构规定的其他职责。

小思考6-2

小思考6-2

分析提示

同样是受托人，基金管理人与基金托管人在职责方面的主要区别是什么？

6.2.4　认购开放式基金

（1）开立基金账户。基金账户是基金注册登记人为基金投资者开立的，用于记录其持有的基金份额余额和变动情况的账户。投资者进行开放式基金的认购必须拥有基金注册登记人为投资者开立的基金账户。基金账户可以通过基金代理销售机构办理。

个人投资者开立基金账户，一般需提供以下材料：①本人法定身份证件（身份证、军官证、士兵证、武警证、护照等）；②委托他人代为开户的，代办人应携带授权委托书、代办人有效身份证件；③在基金代销银行或证券公司开设的资金账户；④开户申请表。

机构投资者申请开立开放式基金账户需指定经办人办理，并需提供下列资料：①法人营业执照副本或民政部门颁发的注册登记证书原件及复印件（加盖机构公章）；②加盖机构公章、法定代表人私章的给基金业务经办人的授权委托书；③机构代码证；④经办人身份证；⑤开户申请表；⑥在基金代销银行或证券公司开设的资金账户；⑦预留印鉴。

（2）资金账户的开立。资金账户是投资者在代销银行、证券公司开立的用于基金业务的结算账户，投资者认购、申购、赎回基金份额以及分红、无效认购、申购的资金退回款项等均通过该账户进行。

（3）认购确认。个人投资者办理开放式基金认购申请时，需先在资金账户中存入足够的现金，填写基金认购申请表进行基金的认购。个人投资者除可亲自到基金销售网点认购基金外，还可以通过电话、网上交易、传真等方式提交认购申请。机构投资者办理开放式基金认购申请时，需先在资金账户中存入足够的现金，填写加盖机构公章和法定代表人章的认购申请表进行基金的认购。

开放式基金的认购采用金额认购的方式，即投资者在办理认购申请时，不是直接以数量提出申请，而是以金额申请，在扣除相应的费用后再以基金面值为基准换算为认购数量。

开放式基金是发行总规模不固定，基金份额的数量随时可以增减的一种基金。在基金募集期内购买开放式基金份额的行为通常称为基金的认购。开放式基金的认购渠道主要包括基金管理人的直销中心、商业银行、证券公司等。

6.3 基金流通市场

6.3.1 开放式基金的交易

1）交易方式

开放式基金设立后，采用的是申购、赎回的方式进行交易，商业银行及经中国证监会认定的其他机构可以接受基金管理人的委托，办理开放式基金的申购和赎回业务。开放式基金一般不在证券交易所上市。商业银行开办开放式基金单位的申购和赎回业务，应当经中国证监会和中国人民银行审查批准。

补充阅读资料6-4   **开放式基金认购和申购的区别**

开放式基金的认购和申购是购买基金在两个不同阶段的说法。如投资者在一只基金募集期中购买基金份额，称为认购，每单位基金份额净值为人民币1元。基金募集期结束并设立后，投资者根据基金销售网点规定的手续购买基金份额则称为申购，此时由于基金净值已反映了其投资组合的价值，因此每单位基金份额净值不一定为1元，可能高于或低于1元，故同一笔资产认购和申购同一只基金所得到的基金份额数将有可能不同。

认购和申购的费率可能会有差别。目前，基金公司通常会设定不同档次的认购和申购费率，即根据投资者购买金额的多少适用不同水平的费率。在同一购买金额下，认购费率和申购费率也可能有所不同，具体情况需查询各基金费率情况说明。

资料来源　根据相关资料整理.

2）交易规则

（1）交易时间。《证券投资基金法》规定基金管理人应当在每个工作日办理基金申购、赎回业务；基金合同另有约定的，按照其约定办理。

（2）交易价格。开放式基金的基金管理人应当于每个开放日的第二天公告开放日基金单位资产净值。申购开放式基金单位的份额和赎回基金单位的金额，依据申购赎回日基金单位资产净值加、减有关费用计算，具体计算方法应当在招募说明书中予以载明。基金单位资产净值，应当按照开放日闭市后基金资产净值除以当日基金单位的余额数量计算。具体计算方法应当在基金契约和招募说明书中予以载明。

（3）成交及确认。投资人申购基金单位的份额时，必须全额交付申购款项。款额一经交付，申购申请即为有效；除有基金招募说明书载明的不接受投资人申购申请的情形发生外，基金管理人不得拒绝基金投资人的申购申请。基金管理人应当于收到基金投资人申购、赎回申请之日起3个工作日内，对该交易的有效性进行确认。除《开放式证券投资基金试点办法》另有规定外，基金管理人应当自接受基金投资人有效赎回申请之日起7个工作日内，支付赎回款项。除有下列情形外，基金管理人不得拒绝接受基金投资人的赎回申请：①因不可抗力导致基金管理人不能支付赎回款项。②证券交易场所依法决定临时停市，导致基金管理人无法计算当日基金资产净值。③基金合同约定的其他特殊情形。发生上述情形之一的，基金管理人应当在当日立即向中国证监会备案；已接受的赎回申请，基金管理人应当足额兑付；如暂时不能足额兑付，可按单个账户占申请总量的比例分配给赎回申请人，其余部分按基金契约及招募说明书载明的规定，在后续开放日予以兑付。

（4）巨额赎回。开放式基金单个开放日，基金净赎回申请超过基金总份额的10%时，为巨额赎回。巨额赎回申请发生时，基金管理人在当日接受赎回比例不低于基金总份额的10%的前提下，可以对其余赎回申请延期办理。对于当日的赎回申请，应当按单个账户赎回申请量占赎回申请总量的比例，确定当日受理的赎回份额；未受理部分可延迟至下一个开放日办理，并以该开放日当日的基金单位资产净值为依据计算赎回金额，但投资者可在申请赎回时选择将当日未获受理部分予以撤销。发生巨额赎回并延期支付时，基金管理人应当通过邮寄、传真或者招募说明书规定的其他方式，在招募说明书规定的时间内通知基金投资人，说明有关处理方法，同时在指定媒体及其他相关媒体上公告，通知和公告的时间最长不得超过3个证券交易所交易日。

开放式基金连续发生巨额赎回，基金管理人可按基金契约及招募说明书载明的规定，暂停接受赎回申请；已经接受的赎回申请可以延缓支付赎回款项，但不得超过正常支付时间20个工作日，并应当在指定媒体上进行公告。

发生基金契约或招募说明书中未予载明的事项，但基金管理人有正当理由认为需要暂停开放式基金申购、赎回申请的，应当报经中国证监会批准；经批准后，基金管理人应当立即在指定媒体上刊登暂停公告；暂停期间，每两周至少刊登提示性公告一次；暂停期间结束，基金重新开放时，基金管理人应当公告最新的基金单位资产净值。

（5）申购与赎回费用。开放式基金可以收取申购费，但申购费率不得超过申购金额的5%，申购费可以在基金申购时收取，也可以在基金赎回时从赎回金额中扣除。开放式基金可以根据基金管理运作的实际需要，收取合理的赎回费，但赎回费率不得超过赎回金额的3%；赎回费收入在扣除基本手续费后，余额应当归基金所有。开放式基金可以选用可调整的申购、赎回费率。开放式基金收取费用的方式、条件以及费率标准应当在基金契约和招募说明书中予以载明。

小思考6-3

分析提示

小思考6-3

为什么开放式基金的申购和赎回要收取费用？

6.3.2　封闭式基金的上市及交易

封闭式基金发行完毕，在存续期内一般都在证券交易所上市交易、转让，它的价格随自身净资产值的变动而波动。在交易中，一些国家往往免征证券交易印花税，其交易佣金也比较低，故较受投资者欢迎。

1）封闭式基金的上市

（1）封闭式基金的上市条件。封闭式基金募集成立后3个月即可申请上市，根据规定获批准后可在证券交易所上市流通。申请基金份额上市交易，基金管理人应当向证券交易所提出申请，证券交易所依法审核同意的，双方应当签订上市协议。上市条件：①基金的募集符合《证券投资基金法》的规定；②基金合同期限为5年以上；③基金募集金额不低于2亿元人民币；④基金份额持有人不少于1 000人；⑤基金份额上市交易规则规定的其他条件。基金份额上市交易规则由证券交易所制定，报国务院证券监督管理机构批准。

（2）封闭式基金的终止上市。基金份额上市交易后，有下列情形之一的，由证券交易所终止其上市交易，并报国务院证券监督管理机构备案：①不再具备《证券投资基金法》规定的上市交易条件；②基金合同期限届满；③基金份额持有人大会决定提前终止上市交易；④基金合同约定的或者基金份额上市交易规则规定的终止上市交易的其他情形。

（3）基金的上市费用。获准上市的基金必须按证券交易所规定交纳上市初费和上市月费。基金上市初费的标准，按基金总额的0.01%交纳，起点为10 000元，最高不超过30 000元。上市月费按年计收，每月为5 000元。

2）基金的交易

投资者买卖封闭式基金必须开立深圳、上海证券账户或深圳、上海基金账户及资金账户。基金账户只能用于基金、国债及其他债券的认购和交易。

个人投资者开立基金账户需持本人身份证到证券登记机构办理开户手续，办理资金账户需持本人身份证和已办理的股票账户卡或基金账户卡，到证券经营机构办理。每个有效证件只允许开设一个基金账户，已开设证券账户的不能重复开设基金账户。一个投资者只能开设和使用一个资金账户，并对应一个股票账户或基金账户。

我国上海、深圳证券交易所有如下交易规则：

（1）交易时间。交易日为每周一至周五。每个交易日9：15—9：25为集合竞价时间，9：30—11：30、13：00—15：00为连续竞价时间。国家法定假日和交易所公告的休市日，交易所市场休市。

（2）交易原则。基金交易遵循"价格优先、时间优先"的原则竞价以撮合成交。成交时价格优先的原则为：较高价格买进申报优先于较低价格买进申报，较低价格卖出申报优先于较高价格卖出申报。成交时时间优先的原则为：买卖方向、价格相同的，先申报者优先于后申报者。先后顺序按交易主机接受申报的时间确定。

（3）交易价格。封闭式基金的报价单位为每份基金价格，最小变动单位为0.001元人民币。买卖数量为100份的整数倍，单笔最大数量为100万份。基金交易实行价格涨跌幅限制，涨跌幅比例为10%。涨跌幅价格的计算公式为：

涨跌幅价格=前收盘价×（1±涨跌幅比例）

计算结果四舍五入至价格最小变动单位。基金上市首日不受涨跌幅限制。基金的交易价格通常会高于或低于基金单位资产净值，称为基金的溢价或折价。

溢价率/折价率=（基金市场价格−基金单位资产净值）÷基金单位资产净值×100%

（4）交割、交收。我国封闭式基金的交割、交收实行T+1交割、交收，即达成交易后，相应的基金交割和资金交收在成交日的下一个营业日。基金的交易程序与股票买卖基本相同，但交易规则上有所区别。

（5）交易费用。

第一，交易佣金。它为成交金额的0.25%，不足5元按5元收取。佣金由证券商向投资者收取，比照股票交易佣金的分配比例在证券商、交易所和证监会之间分配。

第二，登记过户费。上交所按成交面值的0.05%收取登记过户费，由证券商向投资者收取，登记公司与证券商平分；深交所按流通面值的0.0025%向基金收取基金持有人名册服务月费。

第三，分红手续费。它为派发现金总额的0.3%，由登记公司向基金收取，比照股票分红手续费的分配比例在登记公司和证券商之间分配。

6.4 基金的价格及投资收益

由于封闭式基金和开放式基金在买卖价格决定原理和买卖方式上的巨大差异，导致两者在流通市场上的交易价格有很大的不同。

6.4.1 封闭式基金的价格决定

封闭式基金在发行后，基金规模固定，投资者只能在基金上市的证券交易场所买卖。与开放式基金不同，封闭式基金的价格是由基金的供求关系来确定的。但是，它的价格是与内在价值相互联系的。

1）基金价值的理论基准

基金单位资产净值（NAV）是开放式基金申购和赎回价格的基础。它在封闭式基金的价值评估中也占重要地位。简单地说，基金单位资产净值指的是在基金总资产减去基金总负债后，除以发行在外的基金单位数所得的价值，即：

NAV=（基金总资产−基金总负债）÷发行在外的基金单位数

其中，基金总负债是指基金应付给基金管理人的管理费和付给基金托管人的托管费等必要开支，而基金总资产是指基金所拥有的所有资产的价值，包括现金、股票、债券、存款和其他有价证券。

2）基金价格的决定因素

虽然从理论上讨论，基金的净资产构成是基金价值的标准，但是，基金溢价交易和折价交易的现象比比皆是，即基金价格明显高于或低于基金单位资产净值。引起基金的溢价或折价的因素主要有以下四个方面：

（1）基金市场的活跃程度。一般来说，基金的价格和基金市场有着密切的关系，基金市场活跃程度的大小直接影响着基金交易的价格。

影响基金市场交易活跃的因素主要有下列三点：①基金交易成本。它主要包括基金交易佣金标准和基金交易印花税政策等。如基金交易佣金和基金交易印花税调高，将增加基金的交易成本，降低基金的投机性，对基金的价格有负面影响。②投资者的投机心理。如果大多数投资者偏重投机，追高杀跌，将加剧基金价格的波动。③基金市场的供求关系。如果想投资于基金的人较多，市场需求大，而基金发行的规模较小，基金供不应求，就会刺激二级市场基金价格的上升；反之，基金价格将会下跌。

（2）证券市场整体行情。基金的投资对象是各类证券，如果整个证券市场行情较好，基金投资的股票和债券涨幅较大，则基金价格就会随之上升；相反，如果整个证券市场行情看跌，基金投资的股票和债券价格下跌，则基金价格自然下跌。

（3）银行存款利率。对投资者来说，有着许多投资选择，如将闲置的资金存入银行，或者直接投资于证券市场，或购买基金等。如果银行存款利率提高，将会增强银行存款对投资者的吸引力，部分投资者将增加银行存款，减持基金，从而使基金价格回落；反之，如果调低银行存款利率，将使基金价格趋升。

（4）市场上主力的炒作和投资者认识上的错误，这类市场上的不正常情况会使基金的溢价或折价得以存在。基金单位供给的有限性使得主力恶意炒作成为可能，投机者有可能通过虚假的交易，人为放大交易量并将基金价格维持在很高的溢价水平上。相反，如果市场上的基金单位供给超过了需求，基金就会出现折价。

总的来说，影响基金价格的因素很多，除上述几个因素外，还包括其他各种政治、经济和人文因素，如外汇市场汇率的变化、资金市场利率的变化、投资者的心理因素、各种突发事件以及基金本身的封闭期限长短等。

6.4.2　开放式基金的价格决定

封闭式基金的交易价格是买卖行为发生时已确知的市场价格；与此不同，开放式基金的基金单位交易价格则取决于申购、赎回行为发生时尚未确知（但当日收市后即可计算并于下一交易日公告）的基金单位资产净值。

申购的基金单位数量、赎回金额计算公式如下：

认购价格=基金单位面值+认购费用

申购价格=单位基金资产净值×（1+申购费率）

申购单位数=申购金额÷申购价格

赎回价格=单位基金资产净值×（1-赎回费率）

赎回金额=赎回单位数×赎回价格

例：一位投资人有500万元用来申购开放式基金，假定申购的费率为2%，单位基金资产净值为1.5元。

申购价格=1.5×（1+2%）=1.53（元）

申购单位数=500÷1.53=327（单位）（非整数份额四舍五入取整数）

同样，假如一位投资人要赎回500万份基金单位，假定赎回的费率为1%，单位基金资产净值为1.5元，那么：

赎回价格=1.5×（1−1%）=1.485（元）

赎回金额=500×1.485=742.5（万元）

6.4.3 基金投资收益

基金持有人投资于基金的收益分为两部分：一是定期的基金分配的收益；二是买卖或申购赎回的差价。根据持有时间的不同，有的基金持有人可以获得两项收益，而有的则只能获得后一项，因为其持有期间基金没有分配收益。

基金管理人运用基金资产投资证券市场，基金持有人则通过基金收益的分配享有投资收益。

1）基金收益的构成

基金的收益一般由利息、股息和资本利得三部分收入构成。

（1）利息。证券投资基金的一部分资产会投资在国债和公司债券上，这些债券一般都会定期发放利息。同时，基金出于资产流动性的需要会保留一定比例的现金，这些现金存放在银行，也会获得利息收入。

（2）股息。上市公司视其经营状况的好坏会定期进行利润分配，分配的形式可以是分派现金红利，也可以是发放股票红利。基金投资在股票市场时，作为上市公司的股东便会获得股息收入。

（3）资本利得。资本利得是指基金通过买卖证券价格的变化所产生的收入或损失。资本利得可以分为已实现资本利得和未实现资本利得，已实现资本利得是指基金因卖出证券而获得的买卖差价，而未实现资本利得是指基金因所持有的证券价格的变化而获得的资产升值。基金的收入减去应扣除的费用后构成基金的净收益，也就是可供基金持有人分配的收益。

2）基金收益分配

按照《公开募集证券投资基金运作管理办法》的规定，封闭式基金的收益分配，每年不得少于一次，封闭式基金年度收益分配比例不得低于基金年度可供分配利润的90%。开放式基金的收益分配，由基金合同约定。基金收益分配应当采用现金方式，但中国证监会规定的特殊基金品种除外。开放式基金的基金份额持有人可以事先选择将所获分配的现金收益，按照基金合同有关基金份额申购的约定转为基金份额；基金份额持有人事先未做出选择的，基金管理人应当支付现金。

小思考6-4

小思考6-4

为什么我国基金管理人在收益分配时要持有大量现金？

分析提示

本章小结

本章主要介绍了如下内容：①基金的特征和种类；②基金的设立方式、设立程序和治理机制；③开放式基金的交易方式和交易规则，封闭式基金的上市条件、交易程序和交易规则；④基金价格的种类、市场价格的决定因素和基金投资收益。

主要概念和观念

○ 主要概念

基金　开放式基金　封闭式基金　基金的申购　基金的赎回　契约型基金　公司型基金

○ 主要观念

基金的特征　基金持有人的权利　基金管理人和基金托管人的职责　决定和影响基金价格的因素

基本训练

随堂测6

1.判断题

（1）基金是一种集合投资证券。　　　　　　　　　　　　　　　（　　　）

（2）基金的安全性较高。　　　　　　　　　　　　　　　　　　（　　　）

（3）投资于基金一定比投资于股票收益高。　　　　　　　　　　（　　　）

（4）基金持有人投资于基金的收益只来源于基金的分配。　　　　（　　　）

（5）只要有足够资金的法人都可以做基金管理人。　　　　　　　（　　　）

2.选择题

（1）目前，我国的基金托管人一般是（　　　　）。

A.中央银行　　　　　　B.商业银行　　　　　　C.保险公司　　　　　　D.证券公司

（2）按基金的组织形式不同，证券投资基金可分为（　　　　）。

A.封闭式基金和开放式基金

B.契约型基金和公司型基金

C.国债基金、股票基金、货币市场基金

D.成长型基金、收入型基金和平衡型基金

（3）目前我国货币市场基金能够进行投资的金融工具包括（　　　　）。

A.流通受限的证券

B.可转换债券

C.剩余期限在397天以内（含397天）的债券

D.股票

（4）基金收益由（　　　）等部分构成。

A.利息　　　　　　　　B.股息　　　　　　　　C.资本利得　　　　　　D.分配收入

3.简答题

（1）基金有哪些特征？

（2）封闭式基金市场价格由哪些因素决定？

技能训练

（1）利用网络或股票行情分析系统软件，查找一家上市基金，根据其资产负债情况，计算该基金单位净值。

（2）某一开放式基金单位资产净值为1.2元，假设有一位投资人有20万元用来申购该基金，申购的费率为1%。求：申购价格、申购单位数各是多少？若要赎回20万份基金单位，赎回的费率为0.5%。求：赎回价格和赎回金额各是多少？

素质训练

○ 案例分析

又一只新基金"一日售罄"

2020年6月8日开始发行的南方成长先锋受到市场热捧，募集规模达到百亿水平。南方基金很快发布公告，宣布南方成长先锋提前结束募集，这也是近期又一只"一日售罄"的新基金。按南方基金发布的公告，南方成长先锋混合型证券投资基金于2020年6月8日开始募集，原定募集截止日为2020年6月19日。大卖之后，该产品募集截止日提前至2020年6月8日，2020年6月9日起就不再接受认购申请。

数据显示，截至2020年5月末，新发的股票及混合基金中，共有26只基金发布提前结束募集公告。5月以来发行的权益基金实际募集期也比原定计划期大幅缩短，景顺长城成长领航混合原定12天的发行期，结果一日售罄；易方达均衡成长原定募集期17天，也只用一天时间就完成发行任务；交银启明混合、工银科技创新等其他多只基金实际募集期也不足10天。

从基金股票仓位来看，公募、私募基金仓位都处于高位，释放出较为积极乐观的信号。好买基金数据显示，6月1日至6月5日一周，偏股型基金整体小幅减仓1.56个百分点，当前仓位69.09%。其中，股票型基金仓位下降1.17个百分点，标准混合型基金仓位下降1.61个百分点，当前仓位分别为88.98%和66.44%。

据Wind统计，5月份以来权益基金募集超过1 500亿元，给市场带来较大增量资金。5月以来，基金销售特别火爆，主要是投资者购买基金的需求较大，也反映了居民财富大转移，未来资金会更多地从其他地方流入股市。而在布局方面，市场看好的是消费、券商和科技三大方向。对于赛道选择，南方基金权益研究部总经理茅炜根据产业发展趋势也有自己的布局思路：聚焦成长型赛道，主打龙头成长股，重点布局代表中国新经济的行业，如TMT、医疗医药、新能源、高端制造、新材料等。

要求：

（1）股票型基金、债券型基金和货币型基金的价格波动受到哪些因素的影响？

（2）投资者应如何选择这几种基金？

网上资源

https：//finance.sina.com.cn/

https：//www.eastmoney.com/

http：//www.10jqka.com.cn/

第7章

证券投资分析

通过本章学习，你应该达到以下目标：

知识目标：掌握证券投资基本分析的内容，理解证券投资技术分析和各种图形的内涵。

技能目标：掌握K线图的画法，能够利用K线图分析证券价格趋势。

素质目标：富于探索精神，能够进行证券投资的综合分析并给出投资建议。

引例　　　　　　股神杨百万2020年4月21日股评

　　周一两市小幅震荡走高，盘面上医药消费、水泥、建筑装饰等旧基建，还有数据中心等新基建方向表现较好，同时短线题材的活跃度很高，比如数字货币、RCS富媒体概念等，尾盘资金有继续流入的迹象。

　　整体看两市处于缓慢震荡上行的一个阶段，市场可操作的空间很大；同时也因为震荡上行的节奏变慢，导致了热点的散乱性，市场赚钱效应看起来不是很高。在整个板块轮动的过程中，能明显地感觉到盘面热点是很散乱的，操作起来会比较费劲。不过在没有了市场主线题材支撑的盘面，游资表现得异常活跃。比如，数字货币迎来了分化后的机会，飞天诚信、广电运通、数字认证等都是大涨，这块我们在上周四有提到，买入的应该都有赚的。还有省广集团被核按钮后反包上板，特高压的短线龙头国电南自分歧后继续上板，再有前期的热门股天银机电等也是涨停。

　　在我们看来，目前市场流动性充裕，短线资金的活跃度也得到明显提升，那在这种情况下，大家逢低做做短线是完全可以考虑的。像上面提到的省广集团、国电南自等，都是分歧后出现的机会，短期有这样走势的不妨留意下低吸机会，但最好是核按钮下来的当天或次日低点买入会比较稳。

　　资料来源　杨百万. 两市震荡上行 ［EB/OL］. ［2020-04-21］. http://blog.sina.com.cn/s/blog_af1df8a2010300os.html.

　　从这个股评中不难发现，证券投资分析包括证券投资的基本分析和证券投资的技术分析两个方面，其中：证券投资的基本分析主要是分析宏观经济形势、行业（板块）状况和发行人自身状况；证券投资的技术分析主要是运用一些指标和图形分析证券市场的价格走势。

7.1 证券投资的基本分析

7.1.1 宏观经济形势分析

证券投资的基本分析主要是对整个宏观经济形势走势、国家财政、货币政策、国际政治关系、其他有关法规政策、证券发行人所属行业状况和发行人自身状况等进行分析，通过分析影响证券价格的基础条件和决定因素，判断和预测今后的发展趋势。影响证券价格的因素很多，但从基本分析来看，最重要的有三个方面：一是国家的宏观经济形势是繁荣还是萧条；二是各经济部门如农业、工业、商业、运输业、公用事业、金融业等各行业的状况如何；三是发行该证券的企业的经营状况如何。上面提到的这三个因素，尤其是国家的宏观经济形势，对证券市场的长期趋势起着决定性的影响，其他如政治、社会心理等方面的因素只能对证券市场的短期走势产生影响，但不能改变整个股市的长期趋势。

国民经济发展的状况以及对国民经济发展有重要影响的一些因素都将对证券市场的运行发展起决定性的影响作用。证券市场是反映国民经济发展趋势的一个窗口，证券市场的兴衰反过来也影响国民经济的发展状况。从根本上来说，国民经济的发展决定着证券市场的发展。因此，证券投资者必须对宏观经济因素充分地了解，才能做出正确的投资决策。

1）宏观经济运行与证券投资

（1）经济周期与证券市场的关系。在影响证券价格变动的市场因素中，宏观经济周期的变动，或称景气情况，是最重要的因素之一，它对企业运营及证券价格的影响极大。因此，经济周期与证券价格的关联性是投资者不能忽视的。

经济周期一般包括衰退、危机、复苏和繁荣四个阶段。一般来说，在经济衰退时期，股票价格会逐渐下跌；在危机时期，股价跌至最低点；而经济复苏开始时，股价又会逐步上升；在繁荣时期，股价则上涨至最高点。这种变动的具体原因是：当经济开始衰退之后，企业的产品滞销，利润相应减少，促使企业减少产量，从而导致股息、红利也随之不断减少，持股的股东因股票收益不佳而纷纷抛售，使股票价格下跌；当经济衰退已经达到经济危机时，整个经济生活处于瘫痪状况，大量的企业倒闭，股票持有者由于对形势持悲观态度而纷纷卖出手中的股票，从而使整个股市大跌，市场处于萧条和混乱之中；经济周期经过最低谷之后又出现缓慢复苏的势头，随着经济结构的调整，商品开始有一定的销售量，企业又开始给股东分发一些股息和红利，股东渐渐觉得持股有利可图，于是纷纷购买，促使股价缓慢回升；当经济由复苏达到繁荣阶段时，企业的商品生产能力提高，产量大增，商品销售状况良好，企业开始大量盈利，股息、红利相应增多，股票价格上涨至最高点。

补充阅读资料7-1　　新冠疫情超出预期，IMF下调今年全球经济增速至−4.9%

国际货币基金组织（IMF）周三下调了对今明两年全球经济的预期。IMF预计，2020年全球经济将大幅收缩4.9%，相比今年4月时的预计下调1.9个百分点；2021年全球经济将增长5.4%，相比4月时的预测下调0.4个百分点。

"新冠肺炎疫情对2020年上半年活动的负面影响大于预期，而且复苏也将比之前预测的更缓慢，"IMF在最新一期《世界经济展望》中称。IMF指出，自4月发布上一期《世界经济展望》以来，新冠疫情在许多新兴市场和发展中经济体中迅速蔓延，迫使这些地区不得不采取严厉的封锁措施，对经济造成的负面影响超过了此前预期。IMF表示，疫情对低收入家庭的不利影响尤为严重，自20世纪90年代以来全球在消除极端贫困方面取得了重大进展，但现在这一成绩岌岌可危。

在报告中，IMF特别提到疫情对就业市场的影响。IMF援引国际劳工组织的数据称，相比2019年四季度，2020年一季度全球减少的工作时间，相当于损失了1.3亿份全职工作；第二季度的降幅可能相当于损失逾3亿份全职工作。疫情对于无法在家工作的低技能工人造成的冲击尤其严重；在性别层面，男女受到的影响也不相同，低收入妇女受到的影响可能更大。

在这期《世界经济展望》中，IMF下调美国2020年增速预测2.1个百分点至−8%，下调2021年增速预测0.2个百分点至4.5%；将欧元区2020年增速预测下调2.7个百分点至−10.2%，上调2021年增速预测1.3个百分点至6%；将中国2020年增速预测下调0.2个百分点至1%，下调2021年增速预测1个百分点至8.2%。和4月发布《世界经济展望》时一样，IMF指出，此次预测依然存在极高的不确定性，未来将视二季度全球经济情况以及疫情持续时间而调整。IMF建议所有国家，包括那些看似已度过感染高峰的国家，要确保其医疗系统资源充足。对那些仍需要封锁经济的国家，IMF建议拿出规模合理、目标明确的措施来减少家庭部门受到的冲击，并为被强制性限制活动的企业提供支持。

对那些正在重启经济的地区，IMF表示，随着复苏的展开，应逐步取消有针对性的支持，政策的刺激应旨在提振需求。此外，IMF呼吁国际社会立即采取行动，通过建立基本必需品和防护设备的全球储备、资助研究和支持公共卫生系统，以及建立可为最需要之人提供帮助的有效方式，以避免此次灾难的再次发生。IMF还强调了多边合作的重要性，指出除了疫情外，决策者还必须合作解决贸易和技术方面的紧张局势，因其有可能阻碍最终的复苏。

资料来源　崔璞玉. 新冠疫情超出预期，IMF下调今年全球经济增速至−4.9%［EB/OL］.［2020-06-24］. https：//dy.163.com/article/FFTR1QCH0534A4SC.html.

应当指出，经济周期影响股价变动的周期，但两者的变动又不是完全同步的。通常的情况是，不管在经济周期的哪一阶段，股价变动总是比实际的经济周期变动要领先一步，即在经济衰退以前，股价已开始下跌，而在经济复苏之前，股价已开始回升；经济周期未步入高峰阶段时，股价已经见顶；经济仍处于衰退期间，股市已开始从谷底回升。这是因为股价的涨落包含着投资者对经济走势变动的预期和投资者的心理反应等因素，因而股价能够灵敏地反映经济周期的变动。

（2）通货膨胀和通货紧缩与证券市场的关系。通货膨胀就是指物价水平的持续上涨。一般来说，通货膨胀与通货紧缩都会对经济的长期发展带来不利影响。尽管通货膨胀在短期内也有利于繁荣经济、增加就业、活跃证券市场，但是在长期，通货膨胀会导致市场利率的上升、失业的增加，从而就会导致经济出现混乱，证券市场也会表现为低迷。

通货膨胀主要是由于过多地增加货币供应量造成的。货币供应量与股票价格一般是成正比关系，即货币供应量增大，则涌入股市的资金就多，从而使股票价格上升；反之，货币供应量缩小，则股市中的资金也会相应地减少，从而促使股票价格下跌。但在特殊情况下，又有相反的作用。通货膨胀达到一定程度将会推动利率上升，资金就会从股市中流出，从而使股价下跌。

总之，当通货膨胀对股票市场的刺激作用大时，股票市场的趋势与通货膨胀的趋势一致；当其压抑作用大时，股票市场的趋势与通货膨胀的趋势相反。

通货紧缩是由于经济中货币发行量过少造成的。它表现为物价水平的持续下跌。从表面上来看，物价水平的下跌可以提高货币的购买力，增强公众的消费能力，但是物价水平的下跌会导致企业销售收入的下降，企业只能收缩生产规模，从而就业也会相应减少。所以，在通货紧缩的初期，由于货币购买力的增强，公众的消费和投资增加会带动证券市场走向兴旺。但是随着物价水平持续下跌，生产规模缩减，公众对未来的预期收入也趋于悲观，从而会相应地减少支出，商品就会出现积压，就业形势就会进一步恶化，整个经济将陷入萧条的状态，从而导致证券市场进入长期低迷的阶段。

（3）利率变动对证券市场的影响。证券市场对利率水平的变动最为敏感。一般来说，利率下降时，证券的价格就会上涨；利率上升时，证券的价格就会下跌。

第一，利率变化会导致公司成本变化，进而导致证券价格变化。利率上升，不仅会增加公司的借款成本，还会使公司发生筹资困难，这样，公司就不得不压缩生产规模，而生产规模的缩小又势必会减少公司的未来利润，公司可供分配的盈利也就减少，从而股价就会下降。根据股票定价的基本公式 $P=D/r$（P 为股票价格，D 为每股预期收益，r 为利率）可知，利率上升，股票价格就会下降；反之，股票价格就会上涨。对于已经发行的债券来说，由于其票面利率一般都是固定的，这样在市场利率上升的情况下，持有此债券的利息收入就会相对减少，投资者只能从购买价格上得到补偿，因而债券价格在市场利率上升的条件下就会下降。

第二，利率变化会导致社会投资流向的变化，进而导致证券价格的变化。当利率上升时，投资股市的资金的机会成本——银行存款利息就会增加，就会导致一部分资金从股市转向银行储蓄和一部分债券，从而会减少股票市场上的资金供给，股票需求下降，股票价格出现下跌；反之，当利率下降时，储蓄所获得的利息就会减少，一部分资金会回到股市中来，从而扩大对股票的需求，股票价格就会上涨。

上述的利率与股价成反向变化是一般情况，我们也不能将此绝对化。在股市发展的历史上，也有一些相对特殊的情形。当股票行情暴涨的时候，利率的调整对股价的控制作用就不会很大。同样，当股市处于暴跌的时候，即使出现利率下降的调整政策，也可能会使股价回升乏力。当然，这种利率和股票价格同时上升和同时回落的现象还是比较少见的。

（4）汇率变动对证券市场的影响。在经济全球化的背景下，汇率对一国经济的影响越来越大，并且影响程度的高低取决于该国的对外开放度。外汇行情与证券价格尤其是股票价格有着密切的联系。一般来说，如果一国的货币升值，股价便会上涨；一旦其货币贬值，股价亦随之下跌。

汇率变动对那些从事进出口贸易的公司影响较大。汇率变动会对公司的进出口额及利润产生影响，进而反映在股价上。

第一，若公司的产品相当部分面向海外市场销售，当汇率升高时，则产品在海外市场上的竞争力受到削弱，公司盈利就会下降，从而导致股票价格下跌；反之，汇率降低，公司股票价格就上涨。

第二，若公司的某些原料依赖进口，产品主要在国内销售，那么汇率升高就会导致公司进口的原料成本降低，盈利上升，从而使公司的股价趋于上涨；反之，汇率降低，公司股票价格就会下跌。

第三，如果预测到某国汇率将要上涨，那么货币资金就会向这个国家转移，而其中部分资金将直接进入股市，伴随汇率上升，该国的股市行情也可能因此而上涨。

补充阅读资料7-2　　　　　　　　　　　　**俄罗斯股市创2009年来单日最大跌幅**

受乌克兰局势拖累，俄罗斯股市早盘大幅低开，并一度跌逾13%。这也是俄罗斯MICEX指数自2009年来的最大跌幅。

俄罗斯近期卷入乌克兰国内局势，媒体证实俄罗斯军队入侵并已控制乌克兰的克里米亚半岛。这也引发了其他大国的担忧，美国此前就曾威胁要对俄罗斯进行经济制裁。

消息面上，俄罗斯央行周一（3月3日）宣布将官方基准利率由5.5%上调至7%，以稳定该国货币卢布的汇率并抵御通胀，此举同时也是出于对乌克兰潜在战争的担忧。

截至发稿，俄罗斯股指暴跌13%，德国DAX指数下跌2.92%，法国CAC指数下跌2.40%，英国金融时报100指数下跌1.96%。

资料来源　证券时报网快讯中心. 俄罗斯股市暴跌13%　欧洲股市大幅低开［EB/OL］.［2014-03-03］. http://stock.eastmoney.com/news/1438, 20140303365003129.html.

（5）政治因素对证券市场的影响。政治和经济有着千丝万缕的联系。政治形势，尤其是国际政治关系和国内政治形势的变化，对证券市场的影响越来越明显。国际形势的变化，如外交关系的改善会使有关跨国公司的股价上升。投资者应在外交关系改善时，不失时机地购进相关跨国公司的股票。国内重大政治事件，如政治风波等也会对证券市场产生重大影响，即通过对投资者的心理产生影响而间接地影响证券价格。

小思考 7-1

战争会对证券市场产生影响吗？

2）宏观经济政策与证券投资

（1）财政政策与证券投资。一般来说，财政政策分为扩张性的财政政策和紧缩性的财政政策。在实施紧缩性的财政政策时，政府财政除保证各种行政与国防开支外，并不从事大规模的投资。而在实施扩张性的财政政策时，政府积极投资于能源、交通、住宅等建设，从而刺激相关产业如水泥、钢材、机械等行业的发展。如果政府以发行公债方式增加投资的话，对经济的影响就更为深远。总体来说，紧缩性的财政政策使得过热的经济受到抑制，证券市场也将走弱，因为这预示着未来经济增长将减速或走向衰退；而扩张性的财政政策将刺激经济发展，证券市场将走强，因为这预示着未来经济将加速增长或进入繁荣阶段。

具体而言，实施扩张性的财政政策对证券市场的影响有以下几个方面：

第一，降低税率，减少税收，扩大减免税范围。其政策的经济效应是：增加微观经济主体的收入，以刺激经济主体的投资需求和消费需求。对证券市场的影响是促进股票和债券价格的上扬。

第二，扩大财政支出，加大财政赤字。其政策效应是：扩大社会总需求，从而刺激投资，扩大就业。政府通过购买和公共支出增加对商品和劳务的需求，刺激企业增加投入，提高产出水平，于是企业利润增加，经营风险降低，将使得股票和债券价格上扬。同时，居民在经济复苏中增加了收入，持有货币增加，经济景气的趋势更增强了投资者的信心，证券市场趋于活跃，价格自然上扬。特别是与政府购买和公共支出增加相关的企业将最先、最直接从财政政策中获益，这些企业的股票价格和债券价格率先上涨。但是，过度使用此项政策可能导致财政收支出现巨额赤字，在进一步扩大了需求的同时，也增加了经济的不稳定因素，通货膨胀加剧，物价上涨，有可能使投资者对经济的预期不乐观，反而会造成股价下跌。

第三，增加财政补贴。财政补贴的本质是财政支出的一种形式，增加财政补贴使财政支出扩大，其政策效应是扩大社会总需求和刺激总供给，从而使整个证券市场的总体水平趋于上涨。

紧缩性的财政政策的经济效应及其对证券市场的影响与上述情况相反。财政政策对证券市场的影响是十分深刻的，也是十分复杂的。正确地运用财政政策来为证券投资决策服务，应把握以下几个方面：①关注有关统计资料信息，认清经济形势。②从各种媒体中了解经济界人士对当前经济形势的看法，关注政府有关部门主要负责人的发言，分析其经济观点、主张，从而预见政府可能采取的经济措施和采取措施的时机。③分析过去类似形势下的政府行为及其经济影响，据此预期政策倾向和相应的政策影响。④关注年度财政预算，从而把握财政收支总量的变化趋势。更重要的是对财政收支结构及其重点做出分析，以便了解政府的财政投资重点和倾斜政策。一般而言，受倾斜的行业业绩较有保障，该行业平均股价因而存在上涨空间。⑤在预见和分析财政政策的基础上，进一步分析相应政策对经济形势的综合影响（比如通货膨胀、利率等），结合行业分析和公司分析做出投资选择。通常，与政府采购密切相关的行业和公司对财政政策的反应较为明显。

补充阅读资料7-3 　　　　　政府补贴！国内半导体"幸运儿"

为推动我国集成电路产业的发展，国家和地方先后出台了一系列鼓励扶持政策。2019年5月财政部和税务总局发布了《关于集成电路设计和软件产业企业所得税政策的公告》，对集成电路和软件企业继续实施所得税优惠政策。同时，北京、上海、深圳、合肥等地方政府也出台了若干支持本地集成电路产业发展的政策。这些政策为集成电路设计行业提供了财政、税收、技术和人才等多方面的支持，为企业创造了良好的经营环境，有力促进了本土集成电路设计行业的发展。政府对国内半导体上市公司的扶持力度见表7-1。

表7-1　　　　　2019年国内半导体上市公司政府补助金额一览　　　　　金额单位：万元

半导体上市公司	2019年营收	净利润	政府补助金额	占净利润比例
长电科技	2 352 628	8 866	29 606	333.93%
北方华创	405 831	30 903	26 731	86.50%
华润微	574 278	40 075	23 878	59.58%
中环股份	1 688 697	90 366	21 253	23.52%
华天科技	810 349	28 679	16 320	56.91%
通富微电	826 657	1 914	16 081	840.18%
士兰微	311 057	1 453	14 970	1 030.28%
兆易创新	320 291	60 692	6 202	10.22%
晶方科技	56 037	10 830	4 626	42.71%
闻泰科技	4 157 816	125 356	4 546	3.63%
兴森科技	380 372	29 192	4 294	14.71%
澜起科技	173 773	93 286	3 810	4.08%
北京君正	33 935	5 866	3 732	63.62%
汇顶科技	647 325	231 736	3 203	1.38%
中微公司	194 695	18 856	2 693	14.28%
斯达半导	77 943	13 527	1 840	13.60%
瑞芯微	140 772	20 471	1 837	8.97%
扬杰科技	200 707	22 515	1 460	6.48%

集成电路作为信息产业的基础和核心，是国民经济和社会发展的战略性产业，国家给予了高度重视和大力支持。为推动我国集成电路产业的发展，增强信息产业创新能力和国际竞争力，国家出台了一系列鼓励扶持政策，为集成电路产业建立了优良的政策环境。

这些政策为集成电路及其专用设备制造行业提供了财政、税收、技术和人才等多方面的支持，为企业创造了良好经营环境，有力促进了本土集成电路及其专用设备行业的发展。如：2020年1月份，商务部等8部门印发《关于推动服务外包加快转型升级的指导意见》，该意见指出，将企业开展云计算、基础软件、集成电路设计、区块链等信息技术研发和应用纳入国家科技计划（专项、基金等）支持范围。

资料来源 佚名. 国内知名半导体公司拿了多少政府补助？[EB/OL]. [2020-05-10]. https://www.sohu.com/a/394158958_120179917.

（2）货币政策与证券市场。中央银行的货币政策对证券市场的影响，可以从以下四个方面加以分析：

第一，利率对证券价格的影响。中央银行调节基准利率的高低，会对证券价格产生影响。一般来说，利率下降时，股票价格就会上升；利率上升时，股票价格就会下降。之所以产生上述现象，是因为有以下几个机制在发挥作用：首先，利率是计算股票内在价值的重要依据之一。当利率上升时，同一股票的内在价值下降，从而导致股票价格下跌；反之，则股票价格上升。对于债券，也会产生同样的影响。其次，利率水平的变动直接影响到公司的融资成本，从而影响股票价格。利率低，可以减轻公司的利息负担，增加公司盈利，股票价格也随之上升；反之，利率上升，股票价格下跌。最后，利率降低，部分投资者将把储蓄投资转成股票投资，需求增加，促使股价上升；反之，若利率上升，一部分资金将会从证券市场转向银行存款，致使股价下降。

利率对股票价格的影响比较明显，反应也比较迅速，因此要把握股票价格走势，首先要对利率的变化趋势进行全面掌握。有必要指出的是，利率政策本身是中央银行货币政策的一个组成内容，但利率的变动同时也受到其他货币政策的影响。如果货币供应量增加、中央银行贴现率降低、中央银行所要求的银行存款准备金比率下降，就表明中央银行在放松银根，利率呈下降趋势；反之，则表示利率总体上呈上升趋势。上述利率与股价运动成反方向的变动关系，但不能将此绝对化，股价和利率并不是绝对的负相关的关系。

第二，中央银行的公开市场业务对证券价格的影响。当政府倾向实施较为宽松的货币政策时，中央银行就会大量购进有价证券，从而促使市场上货币供给量增加，这会推动利率下调，资金成本降低，从而使企业和个人的投资和消费热情高涨，生产扩张，利润增加，进而推动股票价格上涨；反之，股票价格将下跌。同时，之所以强调公开市场业务对证券市场的影响，还在于中央银行公开市场业务的运作直接以公债为操作对象，从而直接关系到公债市场的供求变动，影响到公债市场的波动。

第三，调节货币供应量对证券市场的影响。中央银行可以通过存款准备金率和再贴现率政策调节货币供应量，从而影响货币市场和资本市场的资金供求，进而影响证券市场。如果中央银行提高存款准备金率，会在很大程度上限制商业银行体系创造派生存款的能力，就等于冻结了一部分商业银行的超额准备金。由于法定存款准备金率对应数额庞大的存款总量，加上货币乘数的作用，使货币供给量更大幅度地减少，证券市场价格趋于下降。同样，如果中央银行提高再贴现率，对再贴现资格加以严格审查，商业银行资金成本增加，市场贴现利率上升，社会信用收缩，证券市场的资金供应量减少，使证券市场行情走势趋软；反之，如果中央银行降低存款准备金率或降低再贴现率，通常都会使证券市场行情上扬。

第四，货币政策的其他工具对证券市场的影响。为了实现国家的产业政策和区域经济政策，我国对不同行业和区域采取区别对待的方针，一般来说，该项政策会对证券市场总体走势产生影响，还会因为板块效应对证券市场产生结构性的影响。当采取一些选择性的货币政策工具指导降低贷款限额、压缩信用规模时，从紧的货币政策使证券市场行情呈下跌走势。但如果在从紧的货币政策下实行总量控制，同时对不同行业进行区别对待，紧中有松，那么一些优先发展的产业、国家支柱产业以及农业、能源、交通、通信等基础产业及优先发展的地区的证券价格可能不仅不会受影响，甚至可能逆市而上。总的来说，此时的贷款流向反映了产业政策及区域政策导向，以及引起证券市场价格对此做出的结构性调整。

7.1.2　行业分析

1）行业分析的意义

行业是指具有某些相同特征的企业群体。在这个群体中，各成员企业由于其产品形态在很大程度上可相互替代而处于一种紧密联系的状态，并由于产品可替代性的差异而与其他企业群体相区别。在经济发展过程中，各行业的发展是不平衡的，随着技术、政策、环境等因素的变迁，一些行业蒸蒸日上，一些行业则日薄西山。

行业分析的主要任务包括：解释本行业所处的发展阶段及其在国民经济中的地位，分析影响行业发展的各种因素以及判断它们对行业影响的力度，预测并引导行业的未来发展趋势，判断行业投资价值，解释行业投资风险，进而为政府部门、投资者及其他机构提供决策依据或投资依据。

行业经济是宏观经济的构成部分，宏观经济活动是行业经济活动的总和。行业经济活动介于宏观经济活动和微观经济活动之间的经济层面，是中观经济分析的主要对象之一。宏观经济分析主要分析社会经济的总体状况，但没有对总体经济活动的各组成部分进行具体分析。宏观经济的发展水平反映了各组成部分的平均水平和速度，但各个组成部分的发展却有很大的差别，并非都和总体水平一致。实际上，总是有些行业的增长快于宏观经济的增长，有些行业的增长慢于宏观经济的增长。

从投资分析的角度看，宏观经济分析是为了掌握投资的宏观环境，把握市场的总体走势，但宏观经济分析并不能提供具体的对投资领域和投资对象的建议。面对只能投资于国内行业的投资者，理财规划师除了要提供宏观经济分析外，更需要提供深入的行业分析。当然，随着投资全球化趋势的发展，在不同国家进行投资的投资者越来越需要对各国的宏观经济进行分析，从而确定不同的投资比例。

每个行业都有自己特定的生命周期，处在生命周期不同发展阶段的各个行业的投资价值也不一样。而在国民经济中具有不同地位的行业，其投资价值也不一样。公司的投资价值可能会由于所处行业的不同而有明显的差异。因此，行业是决定公司投资价值的重要因素之一。

2）行业的一般特征分析

（1）行业的市场结构分析。根据各行业中企业的数量、产品的属性和价格控制程度等因素，可将行业分成四种类型：

第一，完全竞争。它的特点是各个企业的产品没有差别，因而不能控制价格，产品的价格和企业利润完全取决于供需关系。完全竞争行业中的企业生产的产品具有同一性的特征，相互之间没有根本的差别。由于企业的数量很多，单个企业很难控制或影响产品价格，企业的利润主要取决于市场供需关系。由于受市场条件和其他客观环境的影响较大，这类行业的企业经营业绩波动较大，利润往往很不稳定，证券价格容易受到影响，投资风险比较高。如小麦就是一种同质产品，如果风调雨顺，小麦生长良好，产量大幅度提高，而需求没有相应增加时，小麦价格会因供应增加而下降；如果天气条件恶劣，影响小麦产量，小麦价格就会提高。

第二，不完全竞争。它的主要特点是企业生产的产品有一定差别，这种差别可以是现实的差别，也可以仅仅是消费者观念上或消费习惯上的差别。由于企业数量仍然很多，产品之间替代性很强，单个企业无法控制产品的价格，只能在价格水平大致相同的条件下，在一定范围内决定本企业的产品价格。价格和利润仍受市场供求关系决定，但产品品牌、特征、质量在一定程度上会对价格产生影响。例如，啤酒、服装、鞋类、家用电器、快餐业等都属于这一类。

第三，寡头垄断。它的特征是企业数量很少，产品相同或只有微小差别，相互间替代性很强，个别企业对产品价格的控制程度较高。这类行业基本上是资本密集型或技术密集型的，由于需要巨额资本、高新技术和复杂的生产工艺而限制了大量新企业进入这一行业，如汽车制造、飞机制造等。

第四，完全垄断。它的特征是由单独的一家企业生产某种没有相似及可以替代的产品，产品价格和市场被一家企业控制。这类行业主要是公用事业，如自来水公司、煤气公司、电力公司。由于这类行业供应的产品是生产、生活不可缺少的，又是高度垄断的，政府一般对其价格的确定有所控制。通常情况下，政府允许它们的价格足以弥补成本支出并能得到一定的利润作为将来扩大再生产的基础，但又限制它们乱涨价，从而保证其他企业和居民的正常消费。

实际上，大多数行业处于完全竞争和完全垄断这两种极端情况之间，往往既有不完全竞争的特征，又有寡头垄断的特征，而且很多行业的产品都有替代品，当一种产品的价格过高时，消费者就会转向价格较低的产品。通常，竞争程度越高的行业，其产品价格和企业利润受供求关系影响越大，因此该行业的证券投资风险越大；而垄断程度越高的行业，其产品价格和企业利润受控制程度越大，投资该行业证券的风险相对较小。

（2）行业的竞争结构分析。美国哈佛商学院的迈克尔·波特教授认为，一个行业内激烈竞争的局面源于其内在的竞争结构。一个行业内存在五种基本竞争力量，即潜在进入者、替代品、供给方、需求方以及行业内现有的竞争者。

从静态角度看，这五种基本竞争力量的状况及其综合强度决定着行业内竞争的激烈程度，决定着行业内的企业可能获得利润的最终潜力。从动态角度看，这五种竞争力量抗衡的结果，共同决定着行业的发展方向，决定着行业竞争的强度和获利能力。但是，各种力量的作用是不同的，常常是最强的某个力量或几个力量处在支配地位，起着决定性的作用。例如，一个企业在某个行业中处于极为有利的市场地位时，潜在的加入者可能不会对它构成威胁。但是如果它遇到了高质量、低成本的替代品竞争时，可能会失去其有利的市场地位，只能获得较低的收益。有时，即使没有替代品和大批的加入者，现有竞争者之间的激烈抗衡也会限制企业的潜在收益。

五种力量中每一种力量都是行业结构或作为行业基础的经济特征和技术特征的一个函数。行业结构是相对稳定的，随着行业发展的进程而变化。结构变化改变了竞争力量总体的相对强度，从而能够以积极或消极的方式影响行业的盈利能力。

（3）行业的生命周期分析。任何行业都要经历一个由成长到衰退的发展演变过程，这一过程可分为若干个阶段，每一阶段都会显示出不同的特征。我们将行业发展必然经历的若干阶段以及各阶段具有的某些特征概括为行业的生命周期。行业的生命周期一般表现为早期增长率很高，到中期阶段增长率逐步放慢，在经过一段较长的成熟期后出现停滞和衰败的现象。通常，行业的生命周期可以分为创业、成长、成熟和衰退等四个阶段。

第一，创业阶段。它又称开拓阶段。新技术的出现、消费者偏好的转变等原因常常创造出新的行业。在新行业的初创期，由于其刚刚诞生不久，因而只有为数不多的创业公司投资于这个新兴行业。在新公司创立之前，创业者投入大量资金研制、开发新产品及购置厂房和生产设备等。在新产品生产出来以后，由于消费者对新产品缺乏了解，创业者还需要投入大量资金对新产品做必要的宣传、介绍和推广等，因此，在创业阶段，企业的投资往往大于销售额，不仅可能没有盈利，反而会亏损。较高的生产成本和较低的市场需求量，常常会使创业者面临较高的投资风险。如果生产状况和市场销售情况长期得不到好转，新行业就有被扼杀在摇篮里的危险。但是，一旦新产品为大多数消费者所接受，产品价格和市场需求量就会迅速上升，生产成本也会随生产规模的扩大而降低，盈利不断增加，创业者将会面临另外一种前景。

第二，成长阶段。它又称扩展阶段。新行业经历了创业阶段的艰难跋涉之后，由于自身的优势，新产品逐渐赢得广大消费者的欢迎和信赖，市场需求上升，新行业也随之繁荣起来，进入成长阶段。与创业阶段相比，成长阶段的新行业发生了以下三方面的变化：首先，由于需求量增加，价格稳步上升，产品销售量扩大，该行业的平均利润率高于其他行业，吸引各种生产要素向该行业流动，进入新行业的企业数增加，投资规模也不断扩大。其次，为适应市场需求的变化，原有企业在扩大生产规模的同时，增加花色品种，改进产品质量；新进入该行业的企业也尾随其后，推陈出新，开发新产品。这样，新行业的产品逐步从单一、低质、高价向多样、优质、低价方向发展。最后，随着企业数量的不断增加，各企业在产品价格、生产成本、质量和花色品种等方面展开激烈竞争。一些财力较弱、技术水平落后、经营管理不善的企业被兼并或淘汰，只有那些具有较强竞争力的企业得以在新行业中继续生存。经历了成长阶段以后，新行业里的企业数量逐步稳定下来。由于市场需求趋于饱和，产品销售量的增长势头减缓，该行业的平均利润与其他行业相差无几，整个行业步入成熟阶段。

第三，成熟阶段。行业的成熟阶段是一个相对较长的时期。与成长阶段相比，进入成熟阶段的行业呈现出以下特点：首先，经过成长阶段的激烈竞争以后，在竞争中生存下来的少数大企业垄断了整个行业的市场，每个企业都占有一定比例的市场份额。由于各企业彼此势均力敌，市场份额发生变化的可能性较小。其次，企业之间的竞争手段发生了变化。在成长阶段，各企业之间的竞争以价格竞争为主，通过降低产品的生产成本，从而降低产品的销售价格，以期在市场竞争中获得胜利。进入成熟阶段以后，进一步降低生产成本和销售价格的潜力不大，而且大企业之间展开价格竞争也要冒很大的风险。因此，各企业之间的竞争以非价格手段为主，如改进产品质量、提高产品性能、加强售后服务等。再次，新企业加入该行业的可能性不大。一方面，在市场需求和价格稳定以后，该行业只能获得与社会平均利润率相当的利润，新企业加入该行业的动机减弱；另一方面，原有企业经过长期发展，积聚了大量的人力、物力、财力，实力雄厚，新企业难以与之竞争。同时，该行业的市场已被几家大企业分割，要想立足于该行业，必须承担较大的投资风险，即使有些企业盲目进入，往往也会由于大量创业投资无法很快得到补偿，或因产品销售不畅、资金周转不灵而倒闭或转产。这种状态持续一段时间以后，该行业从成熟阶段进入衰退阶段。

第四，衰退阶段。经过较长时期的稳定发展以后，社会上又会有新的技术和新的行业出现，消费者偏好逐渐转移，原行业的市场需求量逐渐减少，产品的销售量也因替代品的出现而减少，价格下降，利润额也会低于其他行业的平均水平。此时，一些企业开始向其他更有利可图的行业转移资金，原行业出现了企业数目减少、利润下降的萧条景象。至此，整个行业进入了生命周期的最后阶段。在衰退阶段，厂商数目逐渐减少，市场不断萎缩，利润额下降。当正常利润无法维持时，或者当现有投资折旧回收之后，整个行业便逐渐解体。

总之，行业生命周期的不同阶段会表现出不同特点。在初创期，行业内企业数量很少，产品价格很高，利润很少甚至亏损，风险很大；在成长阶段，企业数量增加，产品价格急速下降，利润大幅增加，但由于竞争激烈，风险升高；在成熟阶段，企业多数由于淘汰或兼并而减少，产品价格稳定，销售量和利润都很高，风险降低；在衰退阶段，企业数量进一步减少，销售和利润下降，甚至出现亏损。

行业生命周期分析并非适用于所有行业。有的行业提供生活和生产中不可缺少的必需品，它有很长的生命周期，有的行业则由于科技含量高，需要高额成本、专利权和高深的知识而阻碍其他公司参与竞争，但行业生命周期分析仍适用于大部分行业。

3）影响行业兴衰的主要因素

（1）技术进步。当前正是科学技术日新月异的时代，不仅新兴学科不断涌现，而且理论科学向实用技术的转化过程也被大大缩短。技术进步对行业的影响是巨大的，它往往催生了一个个新的行业，同时迫使一个个旧的行业加速进入衰退期。例如，蒸汽动力行业被电力行业逐渐取代，喷气式飞机代替了螺旋桨飞机，大规模集成电路计算机取代了晶体管电子计算机等。这些新产品在定型和大批量生产后，市场价格大幅度下降，从而很快就能被消费者所接受。上述这些特点使得新兴行业能够很快地超过并代替原有行业，或严重地威胁原有行业的生存。未来优势行业将伴随新的技术创新而到来，处于技术尖端的基因技术、纳米技术等将催生新的优势行业。

当然，新旧行业并存是未来全球行业发展的基本规律和特征，大部分行业都是国民经济不可缺少的。多数行业都会在竞争中发生变化，以新的增长方式为自己找到生存空间。例如，传统农业已经遍布全世界，未来农业还会靠技术创新来获得深度增长。传统工业在通过技术创新获得深度增长的同时，还可以通过行业的国际转移，在其他相对落后的国家获得广泛增长的机会。

（2）政府的产业政策。政府对行业的管理和调控主要是通过产业政策来实施的。产业政策是国家干预或参与经济的一种形式，是国家（政府）系统设计的有关产业发展的政策目标和政策措施的总和。从具体政策内容来看，产业政策在实际执行过程中大致可分为产业结构政策、产业组织政策、产业技术政策和产业布局政策四大类，它们共同构成了产业政策的基本体系。

产业结构政策，通常是指政府制定的通过影响并推进产业结构转换而促进经济增长的产业政策。产业结构政策的核心内容是产业发展的重点顺序选择问题，即首先依照一定的基准，确定若干优先发展的产业，再施以政府的各种支持，使之得到较为迅速有效的发展，进而推动经济增长。

产业组织政策，是指政府为了获得理想的市场效果，所制定的干预和调整市场结构与市场行为的产业政策，其核心是通过协调竞争与规模经济的关系，既试图缓解垄断对市场经济运行造成的弊端，又维护一定的规模经济水平。从具体政策内容来看，产业组织政策一般分为反垄断政策和直接规制政策两大类。

产业技术政策，是指政府所制定的用以引导和干预产业技术进步的政策。产业技术政策的中心内容是影响和促进产业的技术进步，由于其几乎涉及国民经济的所有产业，因此产业技术政策也往往被视为整个国家的技术政策。

产业布局政策，是指政府制定的用于规划和干预产业的地区分布的政策，其主要内容包括地区发展重点的选择和产业集中发展策略的制定等问题。

（3）相关行业的变动。相关行业变动的影响一般表现在如下三方面：

第一，如果相关行业的产品是该行业产品的替代产品，那么相关行业产品价格上涨，就会提高对该行业产品的市场需求，从而使市场销售量增加，公司盈利也因此提高，行业发展空间增大；反之，则相反。如茶叶价格上升，可能对经营咖啡制品的行业产生有利影响。

第二，如果相关行业的产品与该行业生产的产品是互补关系，那么相关行业产品价格上升，对该行业发展能起到促进作用。如1973年石油危机爆发后，美国消费者开始偏爱节油型汽车，对美国汽车制造业形成相当大的打击，行业发展空间缩小。

第三，如果相关行业的产品是该行业生产的投入品，那么相关行业产品价格上升，会造成该行业生产成本增加，利润下降，对行业发展产生不利的影响；反之，则相反。如钢材价格上涨，就会对汽车生产行业不利。

（4）社会习惯的改变。随着人们生活水平和受教育水平的提高，消费心理、消费习惯、文明程度和社会责任感会逐渐改变，这又会引起对某些商品的需求变化，并进一步影响行业的兴衰。在基本温饱解决以后，人们更注意生活的质量，不受污染的天然食品和纺织品备受人们青睐；对健康投资从注重营养保健品转向健身器材；在物质生活丰富后，注重智力投资和丰富的精神生活，旅游、音响等成了新的消费热点；快节奏的现代生活使人们更偏好便捷的交通和通信工具；高度的工业化和生活现代化又使人们认识到保护生存环境免受污染的重要性。2020年新冠肺炎病毒来势汹汹，并将长期改变人类的生存方式，戴口罩或许将会成为许多人的习惯。所有这些社会观念、社会习惯、社会趋势的变化都足以使一些不再适应社会需要的行业衰退的同时激发新兴行业的发展。

所有影响行业兴衰的因素最终都集中于对某一行业产品的供应和需求关系上，投资者通过分析行业的供需关系可以对行业的发展前景有更深刻的了解。

7.1.3 公司分析

投资者为了进行证券投资，还必须对发行者进行认真的分析。因为大部分证券是公司发行的，所以公司的信誉和经营状况是决定其证券价格的根本。

1）公司一般因素分析

（1）公司行业地位分析。行业地位分析的目的是判断公司在所处行业中的竞争地位，如是否为领导企业，在价格上是否具有影响力，是否有竞争优势等。在大多数行业中，无论其行业平均盈利能力如何，总有一些企业比其他企业具有更强的获利能力。企业的行业地位决定了其盈利能力是高于还是低于行业平均水平，决定了其在行业内的竞争地位。衡量公司行业竞争地位的主要指标是行业综合排序和产品的市场占有率。

（2）公司经济区位分析。经济区位是指地理范畴上的经济增长点及其辐射范围。上市公司的投资价值与区位经济的发展密切相关，如处在经济区位内的上市公司，一般具有较高的投资价值。我们对上市公司进行区位分析，就是将上市公司的价值分析与区位经济的发展联系起来，以便分析上市公司未来发展的前景，确定上市公司的投资价值。具体来讲，可以通过以下几个方面进行上市公司的区位分析：

第一，区位内的自然条件与基础条件。自然条件和基础条件包括矿产资源、水资源、能源、交通、通信设施等，它们在区位经济发展中起着重要作用，也对区位内上市公司的发展起着重要的限制或促进作用。分析区位内的自然条件和基础条件，有利于分析该区位内上市公司的发展前景。如果上市公司所从事的行业与当地的自然条件和基础条件不符，公司的发展可能会受到很大的制约。

第二，区位内政府的产业政策。为了进一步促进区位经济的发展，当地政府一般都会相应地制定经济发展的战略规划，提出相应的产业政策，确定区位优先发展和扶植的产业，并给予相应的财政、信贷及税收等方面的优惠措施。这些措施有利于引导和推动相关产业的发展，相关产业内的公司将因此受益。如果区位内上市公司的主营业务符合当地政府的产业政策，一般会获得诸多政策支持，对上市公司的进一步发展有利。

第三，区位内的经济特色。经济特色是指区位内经济与区位外经济的联系和互补性、龙头作用及其发展活力与潜力的比较优势。它包括区位的经济发展环境、条件与水平、经济发展现状等有别于其他区位的特色。特色在某种意义上意味着优势，利用自身的优势发展本区位的经济，无疑在经济发展中找到了很好的切入点。比如，某区位在电脑软件或硬件方面，或在汽车工业方面已经形成了优势和特色，那么该区位内的相关上市公司，在同等条件下就比其他区位主营业务相同的上市公司具有更大的竞争优势和发展空间。

（3）公司产品分析。

第一，产品的竞争能力。首先是成本优势。成本优势是指公司的产品依靠低成本获得高于同行业其他企业盈利的能力。在很多行业中，成本优势是决定竞争优势的关键因素，理想的成本优势往往使企业在同行业价格竞争中获胜。如果公司能够创造和维持成本领先地位，并创造出与竞争对手价值相等或相似的产品，那么它只要将价格控制在行业平均或接近平均的水平，就能获取优于平均水平的经营业绩。成本优势的来源各不相同，并取决于行业结构。一般来说，产品的成本优势可以通过规模经济、专有技术、价格低廉的原材料和劳动力、科学的管理、发达的营销网络等实现。其中，由资本集中程度决定的规模效益是决定产品生产成本的基本因素。当公司的资本投入或生产能力达到一定规模时，根据规模经济的理论，生产成本和管理费用将会得到有效降低。

其次是技术优势。技术优势是指公司拥有的比同行业其他竞争对手更强的技术实力及研究与开发新产品的能力。这种能力主要体现在生产的技术水平和产品的技术含量上。在现代经济中，公司新产品的研究与开发能力是决定公司竞争成败的关键因素之一，因此公司一般都确定了占销售额一定比例的研究开发费用。这一比例的高低往往能决定公司的新产品开发能力。产品的创新包括：通过核心技术的研制，开发出一种新产品或提高产品的质量；通过新工艺的研究，降低现有的生产成本，开发出一种新的生产方式；根据细分市场进行产品细分，实行产品差别化生产；通过研究产品组成要素的新组合，获得一种原料或半成品的新的供给来源等。技术创新不仅包括产品技术创新，还包括人才创新。

最后是质量优势。质量优势是指公司的产品以高于其他公司同类产品的质量赢得市场，从而取得竞争优势。由于公司技术能力及管理等诸多因素的差别，不同公司间相同产品的质量是有差别的。消费者在进行购买选择时，产品的质量始终是影响他们购买倾向的一个重要因素。当一个公司的产品价格溢价超过了其为追求产品的质量优势而附加的额外成本时，该公司就能获得高于其所属行业平均水平的盈利。换句话说，在与竞争对手成本相等或相似的情况下，具有质量优势的公司往往在该行业中占据领先地位。

第二，产品的市场占有情况。产品的市场占有情况在衡量公司产品竞争力方面占有重要地位。通常可以从两个方面进行考察：①公司产品销售市场的地域分布情况。从这一角度可将公司的销售市场划分为地区型、全国型和世界范围型。市场地域的范围能大致地估计一个公司的经营能力和实力。②公司产品在同类产品市场上的占有率。市场占有率是对公司实力和经营能力较精确的估计。市场占有率是指一个公司的产品销售量占该类产品整个市场销售总量的比例。市场占有率越高，表示公司的经营能力和竞争力越强，公司的销售和利润水平越好、越稳定。

第三，产品的品牌战略。品牌是一个商品名称和商标的总称，可以用来辨别一个企业的货物或劳务，以便同竞争者的产品相区别。一个品牌不仅是一种产品的标识，而且是产品质量、性能和满足消费者效用可靠程度的综合体现。品牌竞争是产品竞争的深化和延伸，当产业发展进入成熟阶段，产业竞争充分展开时，品牌就成为产品及企业竞争力的一个越来越重要的因素。品牌具有产品所不具有的开拓市场的多种功能：一是品牌具有创造市场的功能；二是品牌具有联合市场的功能；三是品牌具有巩固市场的功能。

（4）公司经营能力分析。

第一，公司法人治理结构。它有狭义和广义两种定义。狭义上的公司法人治理结构是指有关公司董事会的功能、结构和股东的权利等方面的制度安排；广义上的法人治理结构是指有关企业控制权和剩余索取权分配的一整套法律、文化和制度安排，包括人力资源管理、收益分配和激励机制、财务制度以及内部制度和管理等。健全的公司法人治理机制至少体现在以下七个方面：

①规范的股权结构。股权结构是公司法人治理结构的基础，许多上市公司的治理结构出现问题都与不规范的股权结构有关。规范的股权结构包括三层含义：一是降低股权集中度，改变"一股独大"局面；二是流通股股权适度集中，发展机构投资者、战略投资者，发挥他们在公司治理中的积极作用；三是股权的流通性。

②有效的股东大会制度。股东大会制度是确保股东充分行使权力的最基础的制度安排，能否建立有效的股东大会制度是上市公司建立健全公司法人治理机制的关键。

③董事会权力的合理界定与约束。董事会作为公司的决策机构，对于公司法人治理机制的完善具有重要作用。股东大会应赋予董事会合理充分的权力，但也要建立对董事会权力的约束机制。

④完善的独立董事制度。在董事会中引入独立董事制度，可以加强公司董事会的独立性，有利于董事会对公司的经营决策做出独立判断。

⑤监事会的独立性和监督责任。一方面，应该加强监事会的地位和作用，增强监督制度的独立性和加强监督的力度，限制大股东提名监事候选人和作为监事会召集人；另一方面，应该加大监事会的监督责任。

⑥优秀的职业经理层。优秀的职业经理层是保证公司治理结构规范化、高效化的人

才基础。形成高效运作的职业经理层的前提条件是上市公司必须建立和形成一套科学的、市场化的、制度化的选聘制度和激励制度。

⑦相关利益者的共同治理。相关利益者包括员工、债权人、供应商和客户等主要利益相关者。相关利益者共同参与的共同治理机制可以有效地建立公司外部治理机制，弥补公司内部治理机制的不足。

第二，公司经理层的素质。所谓素质，是指一个人的品质、性格、学识、能力、体质等方面特性的总和。在现代企业里，经理人员不仅担负着企业生产经营活动等各项管理职能，还要负责或参与对各类非经理人员的选择与培训工作。因此，经理人员的素质是决定企业能否成功的一个重要因素。

在一定意义上，是否有卓越的企业经理人员和经理层，直接决定着企业的经营成果。对经理人员的素质分析是公司分析的重要组成部分。一般而言，企业的经理人员应该具备如下素质：一是从事管理工作的愿望；二是专业技术能力；三是良好的道德品质修养；四是人际关系协调能力。

第三，公司从业人员素质和创新能力。公司从业人员的素质也会对公司的发展起到很重要的作用。作为公司的员工，公司从业人员应该具有如下的素质：专业技术能力、对企业的忠诚度、责任感、团队合作精神和创新能力等。对员工的素质进行分析，可以判断该公司发展的持久力和创新能力。

（5）公司成长性分析。

第一，公司经营战略方析。经营战略是企业面对激烈的市场变化与严峻挑战，为求得长期生存和不断发展而进行的总体性谋划。它是企业战略思想的集中体现，是企业经营范围的科学规定，同时又是制定规划的基础。经营战略是在符合和保证实现企业使命的条件下，在充分利用环境中存在的各种机会和创造新机会的基础上，确定企业同环境的关系，规定企业从事的经营范围、成长方向和竞争对策，合理地调整企业结构和分配企业的资源。经营战略具有全局性、长远性和纲领性的特征，它从宏观上规定了公司的成长方向、成长速度及其实现方式。由于经营战略决策直接关系到企业的未来发展，其决策对象是复杂的，所面对的问题常常是突发性的、难以预料的，因此对公司经营战略的评价比较困难，难以标准化。

第二，公司规模变动特征及扩张潜力分析。公司规模变动特征和扩张潜力一般与其所处的行业发展阶段、市场结构、经营战略密切相关，它是从微观方面具体考察公司的成长性，可以从以下几个方面进行分析：①公司规模的扩张是由供给推动，还是由市场需求拉动；是通过公司的产品创造市场需求，还是生产产品去满足市场需求；是依靠技术进步还是依靠其他生产要素等，以此找出企业发展的内在规律。②纵向比较公司历年的销售、利润、资产规模等数据，把握公司的发展趋势是加速发展、稳步扩张，还是停滞不前。③将公司销售、利润、资产规模等数据及其增长率与行业平均水平及主要竞争对手的数据进行比较，了解其行业地位的变化。④分析预测公司主要产品的市场前景及公司未来的市场份额；分析公司的投资项目，并预计其销售和利润水平。⑤分析公司的财务状况以及公司的投资和筹资潜力。

小思考 7-2

分析提示

小思考 7-2

证券投资基本分析除了要对宏观经济状况、行业状况和公司状况进行分析外，还应该分析哪些因素？

2）公司财务分析

财务报表分析的方法有比较分析法和因素分析法两大类。比较分析法是指对两个或几个有关的可比数据进行对比，揭示财务指标的差异和变动关系，是财务报表分析中最基本的方法。因素分析法则是依据分析指标和影响因素的关系，从数量上确定各因素对财务指标的影响程度。

进一步细分，比较分析法与因素分析法这两类分析方法又各自包含了不同种类的具体方法，如财务比率分析、结构百分比分析、趋势分析、差额分析、指标分解、连环替代、定基替代等。在实际分析过程中，各种方法往往需要结合使用。

其中，最常用的比较分析法有单个年度的财务比率分析、对公司不同时期的财务报表比较分析、与同行业其他公司之间的财务指标比较分析三种。

单个年度的财务比率分析是指对本公司一个财务年度内的财务报表各项目之间进行比较，计算比率，判断年度内偿债能力、资产管理效率、经营效率、盈利能力等情况。

对公司不同时期的财务报表比较分析，可以对公司持续经营能力、财务状况变动趋势、盈利能力做出分析，从一个较长的时期来动态地分析公司状况。

与同行业其他公司之间的财务指标比较分析，可以了解公司各种指标的优劣，在群体中判断个体。使用此方法时常选用行业平均水平或行业标准水平，通过比较得出公司在行业中的地位，认识其优势与不足，真正确定公司的价值。

（1）获利能力分析。获利能力就是企业赚取利润的能力。不论是投资者、债权人还是企业经营管理人员，都非常关注企业的盈利能力，因而获利能力就成为财务比率分析法中的主要指标之一。反映企业盈利能力的指标很多，下面主要介绍通常使用的几个指标。

第一，销售毛利率。它是企业毛利占销售收入的百分比，其中毛利是销售收入与销售成本之间的差额。其计算公式如下：

销售毛利率=（销售收入−销售成本）÷销售收入×100%

销售毛利率表示每一元的销售收入扣除销售成本之后，有多少钱可以用于各项期间费用和形成盈利。销售毛利率是企业销售净利率的基础，没有足够高的毛利率便不能形成净利润。

第二，销售净利率。它是税后利润与销售收入之间的比率，是指公司平均每一元销售收入所能获得的净销售利润。其高低意味着公司获利能力的强弱。其计算公式是：

销售净利率=税后利润÷销售收入×100%

在我国会计制度中，净利指的就是税后利润。销售净利率表示销售收入的收益水平。销售净利率越高，说明企业的获利能力越强。

第三，资产净利率。它也叫投资盈利率，即指公司总资产平均所能获得的纯利润，它是用以衡量公司运用所有投资资源所获经营成果的指标。资产净利率越高，则表明公司越善于运用资产；反之，则表明公司资产利用效果越差。其计算公式为：

资产净利率＝税后利润÷平均资产总额×100%

式中：

平均资产总额＝（期初资产总额＋期末资产总额）÷2

由于资产净利率是用来衡量公司运用其所有资产总额的经营成效，而公司获得的资产来源，除了来自股东外，还有其他债权人，因此，资产净利率应加以调整，即在算式分子中，除归属股东所有的税后盈利外，还应包括支付债权人的利息费用。调整的资产净利率为：

资产净利率＝（税后盈利＋利息支出）÷平均资产总额×100%

第四，净值报酬率。它又称股东权益报酬率，是指公司普通股的投资者委托公司管理人员应用其资金所能获得的投资报酬率。净值报酬率的高低可以衡量公司普通股权益所得报酬率的高低，因而这一比率最为股票投资者所关注。股东权益报酬率越高，说明股东投资所获得的回报越多。其计算公式为：

股东权益报酬率＝（税后利润－优先股股利）÷股东权益×100%

（2）公司偿债能力分析。偿债能力是财务比率分析中的又一重要指标。其内容包括以下两个方面：

第一，反映公司短期偿债能力的比率。它用于研究公司资产转变为现金，用以偿还短期债务的能力，常用的指标主要有流动比率和速动比率。

①流动比率，即流动资产和流动负债的比率，是衡量公司短期偿债能力最通用的指标。投资者通过分析流动比率可以知道公司短期负债的清偿情况。流动比率越高，表现公司的短期偿债能力越强，公司有充足的运营资金。因此，财务制度健全的企业，流动资产应高于流动负债，流动比率一般以2：1左右较合适。其计算公式为：

流动比率＝流动资产÷流动负债

但是，流动比率也不是越高越好。因为，流动比率过高会影响公司的盈利能力，尤其是由于应收账款和存货余额大而引起的流动比率过高，表明财务状况不健全。一般认为，流动比率超过5：1，则意味着公司的资产未得到充分利用。

②速动比率，即速动资产和流动负债的比率，用于衡量公司到期的清算能力。投资者通过分析速动比率，就可以预测企业在极短时间内偿还短期债务的能力。一般认为，速动比率最低限为0.5：1，如果保持在1：1，则流动负债的安全性较有保障。因为，当此比率达到1：1时，即使公司资金周转发生困难，也不会影响其即时偿债能力。其计算公式为：

速动比率＝速动资产÷流动负债

式中：

速动资产＝流动资产－存货

第二，反映公司长期偿债能力的比率。长期偿债能力的强弱，不仅关系到投资的安全，而且体现了公司扩展经营能力的强弱。测算公司长期偿债能力的比率主要有股东权益对负债比率、自有资本率和利息保障倍数。

①股东权益对负债比率。它是股东权益与负债总额的比率，用来表示公司的每百元负债中，有多少自有资本抵债，即自有资本占负债的比例。该比率越大，表明公司自有资本越雄厚，负债总额越小，债权人的债权就越有保障；该比率越小，不仅意味着公司负债越重，而且意味着公司的举债能力越弱。其计算公式为：

股东权益对负债比率=股东权益÷负债总额×100%

②自有资本率。它是股东权益与总资产的比率，表明股东权益在总资产中所占的比重。自有资本率越高，表明公司自有资本占总资产的比重越大，从而其资产结构越健全，长期偿债能力越强。一般认为，自有资本率必须达到25%以上。其计算公式为：

自有资本率=股东权益÷总资产额×100%

③利息保障倍数。它是利息费用和税前利润之和同利息费用的比值，可用于测试公司偿付利息的能力。利息保障倍数越高，说明债权人每期可收到的利息越有安全保障；倍数越低，则说明债权人每期可得到利息的安全保障越小。其计算公式为：

利息保障倍数=（利息费用+税前利润）÷利息费用

（3）成长性分析。成长性指标一般反映公司的扩展经营能力，成长性是收益性的基础。一般用利润留存率来分析公司的成长性。

利润留存率是指公司税后盈利减去应发现金股利的差额与税后盈利的比率。它表明公司的税后盈利有多少用于发放股利，多少用于留存盈余和扩展经营。利润留存率越高，表明公司越重视发展的后劲，不会由于分红过多而影响企业的发展；利润留存率太低，可能表明公司生产经营不顺利，不得不动用更多的利润去弥补损失，或者是分红太多，发展潜力有限。其计算公式为：

利润留存率=（税后盈利-应发现金股利）÷税后盈利×100%

（4）经营效率分析。经营效率是公司经营的核心问题，主要可以用以下指标分析：

第一，存货周转率和存货周转天数。存货周转率是衡量和评价企业购入存货、投入生产、销售收回等各环节管理状况的综合性指标。它是销货成本被平均存货所除得到的比率，又叫存货的周转次数。用时间表示的存货周转速度就是存货周转天数。其计算公式如下：

存货周转率=销货成本÷平均存货

存货周转天数=360÷存货周转率

一般来说，存货周转率高，企业可以在保证生产经营连续性的同时，少占用经营资金，提高经营资金的使用效率；相反，如果存货周转率比较低，说明企业的大部分资金压在库存上面，不能充分发挥资金增值的作用。

第二，应收账款周转率和应收账款周转天数。应收账款周转率是年度内应收账款转为现金的平均次数，它说明应收账款流动的速度。用时间表示的应收账款周转速度就是应收账款周转天数，也叫平均收现期，它表示企业从取得应收账款的权利到收回款项转换为现金所需要的时间。其计算公式如下：

应收账款周转率=销售收入÷平均应收账款

应收账款周转天数=360÷应收账款周转率

一般来说，应收账款周转率越高，平均收账期越短，说明应收账款的收回越快；否则，企业的营运资金会过多地呆滞在应收账款上，影响正常的资金周转。

（5）投资收益分析。投资收益是直接衡量投资效果的指标，它可以作为投资者投资决策的直接依据，可以用以下指标分析：

第一，每股收益。它是公司本年净利润与年末普通股股份总数的比值。其计算公式为：

每股收益=净利润÷年末普通股股份总数

例如，一个上市公司当年净利润为4 000万元，发行在外的普通股为1亿股，则其每股收益为0.4元/股（4 000÷10 000）。

每股收益是衡量一个上市公司盈利能力最重要的指标，它是公司派发股息的基础。在分析时，可以进行公司间的比较，以评价该公司的相对盈利能力；也可以进行不同时期的比较，以了解该公司盈利能力的变化趋势。

但是投资者在使用每股收益分析盈利能力时要注意下列问题：

①每股收益不能反映股票所蕴含的风险。例如，某一上市公司原来从事日用品的销售，最近转向房地产投资，公司的经营风险增大了很多，从每股收益上表现出来可能是不变或增加，但是并没有反映风险增加的不利变化。

②股票是一个"份额"概念，不同公司每股含有的净资产和市场价格不同，也就是说每股收益的投入量不一定相等，因而也就限制了公司间的每股收益比较。

③每股收益多，也不代表公司会多分红，这还要看公司的股利分配政策。由此来看，每股收益还具有一定的局限性，那么投资者应该怎样克服该指标的局限性呢？我们可以将每股收益与市盈率指标联系起来分析。

第二，市盈率。它是指普通股每股市场价格与每股收益之间的比值。它是投资者普遍关注的一个重要指标，相关证券刊物几乎每天都要报道各类股票的市盈率大小。在上海证券交易所的每日行情表中，市盈率计算采用当日收盘价格与上一年度每股税后利润的比值称为市盈率Ⅰ，与当年每股税后利润预测值的比值称为市盈率Ⅱ，但一般意义上的市盈率是指市盈率Ⅰ。其计算公式为：

市盈率=普通股每股市价÷普通股每股收益

市盈率反映了投资者对每一元净利润所愿意支付的价格，可以用来估计股票的风险和报酬。在股票的市场价格确定的情况下，每股收益越高，市盈率越低，投资于该股票的风险就越小。在每股收益确定的情况下，市场价格越高，市盈率越高，投资风险就越大。市盈率是市场对公司的评价指标，市盈率越高，表明市场对公司的未来越看好，股票供不应求，价格节节上涨，这同时也意味着价格上涨的空间越来越小，股价下跌的可能性也在变大；相反，市盈率越低，表明市场对公司的未来越不看好，股票很少有人问津，价格节节下降，这同时也意味着价格上涨的可能性比较大，因为股票价格低，无论是对庄家还是对中小投资者来说都非常具有吸引力。投资者应该注意，市盈率与股票价格一样，是一个不断变化的动态指标，因而投资者需要参考某一股票一段时间甚至数年的市盈率指标才能得出比较准确的结论。

第三，每股净资产。它是指股东权益与股份总数的比率，计算公式为：

每股净资产=股东权益÷股份总数

这一指标反映了每股普通股股票代表的公司净资产价值，是支撑股票市场价格的物质基础。每股股票所拥有的资产净值越大，表明公司内部积累越雄厚，抵御外来因素影响和打击的能力越强。每股净资产也是公司清理时的股票账面价值，通常被认为是股价下跌的最低值。投资者可以把每股净资产和股票市场价格相比较，从中可以发现股票是否有潜在的获利性，大部分公司的股票市场价格都会高于每股净资产，而发展潜力大、盈利能力强的公司的股票市场价格更是大大高于每股净资产。

第四，净资产收益率。它是衡量上市公司盈利能力的重要指标，是指利润额与股东权益的比率，计算公式为：

净资产收益率=税后净利润÷股东权益×100%

净资产收益率是反映公司的所有股东投入资本的收益状况。净资产收益率对公司的生存和发展十分重要，如果公司不能给股东提供足够的报酬，公司就难以吸引潜在投资者来扩大生产经营规模。一般来说，该指标越高，表明投资带来的收益越高，而且它还弥补了每股收益指标的不足，可以直接用于不同公司业绩水平的比较。

第五，净资产倍率。它是指每股市价与每股净值的比值，它表示股价以每股净值的若干倍在流通转让，评价股价相对于净值而言是否被高估。其计算公式为：

净资产倍率=每股市价÷每股净值

净资产倍率越小，说明该股票的投资价值越高，股价的支撑也越有保证；反之，则是投资价值低估。这一指标同时也是判断某只股票投资价值的重要指标。

小思考7-3

为什么说股东和发行人是"一荣俱荣、一损俱损"的关系？

小思考7-3

分析提示

7.2 证券投资的技术分析

7.2.1 技术分析的内涵

1）技术分析的含义

技术分析是以证券市场过去和现在的市场行为为分析对象，应用数学和逻辑的方法，探索出一些典型变化规律，并据此预测证券市场未来变化趋势的技术方法。由于技术分析运用了广泛的数据资料，并采用了各种不同的数据处理方法，因此受到了投资者的重视和青睐。技术分析法不但应用于证券市场，还广泛应用于外汇、期货和其他金融市场。

2）技术分析的三大假设

作为一种投资分析工具，技术分析是以一定的假设条件为前提的。这些假设是：市场行为涵盖一切信息；证券价格沿趋势移动；历史会重演。

（1）市场行为涵盖一切信息。这一假设是进行技术分析的基础。其主要思想是：任何一个影响证券市场的因素，最终都必然体现在股票价格的变动上。外在的、内在的、基础的、政策的和心理的因素，以及其他影响股票价格的所有因素，都已经在市场行为中得到了反映。技术分析人员只需关心这些因素对市场行为的影响效果，而不必关心具体导致这些变化的原因究竟是什么。

这一假设有一定的合理性，因为任何因素对证券市场的影响都必然体现在证券价格的变动上，所以它是技术分析的基础。

（2）证券价格沿趋势移动。这一假设是进行技术分析最根本、最核心的条件。其主要思想是：证券价格的变动是有一定规律的，即保持原来运动方向的惯性，而证券价格的运动方向是由供求关系决定的。技术分析法认为证券价格的运动反映了一定时期内供求关系的变化。供求关系一旦确定，证券价格的变化趋势就会一直持续下去。只要供求关系不发生根本改变，证券价格的走势就不会发生反转。这一假设也有一定的合理性，因为供求关系决定价格在市场经济中是普遍存在的。只有承认证券价格遵循一定的规律变动，运用各种方法发现、揭示这些规律并对证券投资活动进行指导的技术分析法才有存在的价值。

（3）历史会重演。这一假设是从人的心理因素方面考虑的。市场中进行具体买卖的是人，是由人决定最终的操作行为。这一行为必然要受到心理学中某些规律的制约。在证券市场上，一个人在某种情况下按一种方法进行操作取得成功，那么以后遇到相同或相似的情况，其就会按同一方法进行操作；如果前一次失败了，后面这一次就不会按前一次的方法操作。证券市场的某个市场行为给投资者留下的阴影或快乐是会长期存在的。因此，技术分析法认为，根据历史资料概括出来的规律已经包含了未来证券市场的一切变动趋势，所以可以根据历史预测未来。这一假设也有一定的合理性，因为投资者的心理因素会影响投资行为，进而影响证券价格。

技术分析的三个假设有合理的一面，也有不尽合理的一面。首先，第一个假设说市场行为包括了一切信息，但市场行为反映的信息同原始的信息相比毕竟有一些差异，信息损失是必然的。正因为如此，在进行技术分析的同时，还应该适当进行一些基本分析和其他方面的分析，以弥补不足。其次，一些基本因素的确是通过供求关系来影响证券价格和成交量，但证券价格最终要受到其内在价值的影响。最后，第三个假设认为历史会重演，但证券市场的市场行为是千变万化的，不可能有完全相同的情况重复出现，差异总是或多或少地存在。因此，技术分析法由于说服力不够强、逻辑推理不够严密而引发了不同的看法与争论。

3）技术分析的四大要素

在证券市场中，价格、成交量、时间和空间是进行分析的要素。这几个因素的具体情况和相互关系是进行正确分析的基础。

市场行为最基本的表现就是成交价和成交量。过去和现在的成交价、成交量涵盖了过去和现在的市场行为。技术分析就是利用过去和现在的成交量、成交价资料，以图形和指标分析工具来分析、预测未来的市场走势。在某一时点上的价和量反映的是买卖双方在这一时点上共同的市场行为，是双方的暂时均势点。随着时间的变化，均势会不断发生变化，这就是价量关系的变化。一般来说，买卖双方对价格的认同程度通过成交量的大小得到确认。认同程度小，分歧大，成交量小；认同程度大，分歧小，成交量大。双方的这种市场行为反映在价、量上就往往呈现出这样一种趋势规律：价升量增，价跌量减。根据这一趋势规律，当价格上升到一定程度时，成交量不再增加，意味着价格得不到买方确认，价格的上升趋势将会改变；反之，当价格下跌时，成交量萎缩到一定程度就不再萎缩，意味着卖方不再认同价格继续往下降了，价格下跌趋势将会改变。成交价、成交量的这种规律是技术分析的合理性所在，因此价、量是技术分析的基本要素，一切技术分析方法都是以价、量关系为研究对象的，目的就是分析、预测未来的价格趋势，为投资决策提供服务。

在进行行情判断时，时间有着很重要的作用。一个已经形成的趋势在短时间内不会发生根本改变，中途出现的反方向波动，对原来趋势不会产生大的影响。一个已形成的趋势不可能永远不变，经过了一定时间又会有新的趋势出现。循环周期理论关心的就是时间因素，它强调了时间的重要性。

在某种意义上，空间是价格的一方面，指的是价格波动能够达到的极限。

7.2.2　技术分析方法的分类

每一种对反映市场行为或市场表现的资料数据进行加工处理的方法都属于技术分析方法。目前流行的技术分析方法可以分为六大类，即K线理论、技术指标法、形态法、支撑压力法或支撑压力线法、波浪理论法和循环周期法。

1）K线理论

K线理论的研究手法是根据若干天K线的组合形态，推测证券市场多方和空方力量的对比。单独一天的K线的形态有12种，若干天K线的组合种类就无法数清了。人们经过不断地总结经验，发现了一些对证券买卖有指导意义的组合形态。K线理论在我国很流行，广大投资者进入证券市场后进行技术分析时，首先接触的就是K线图。

2）技术指标法

技术指标法给出数学计算公式，建立数学模型，得到一个具体体现市场的某个方面内在特征的数字，这个数字叫技术指标值。指标值的具体数值和数值之间的相互关系将确认市场处于何种状态，并为投资者的交易行为提供指导建议。技术指标所反映的情况大多数是无法从行情报表的原始数据中直接得到的。

移动平均线（MA）、强弱指标（RSI）、平滑异同移动平均线（MACD）、随机指标（KDJ）、偏离率（BIAS）、动向指标（DMI）、心理线（PSY）和黄金分割律等都是著名的技术指标。更为可喜的是，新的技术指标还在不断涌现，每个致力于投资分析的研究机构和投资者都不时地根据自己对市场的认识和理解，不断地"创造"出新的技术指标。

3）形态法

形态法是根据价格在波动过程中留下的轨迹的形状来判断多方和空方力量的对比，进而预测价格未来趋势的方法。技术分析的假设之一是市场的行为包括了一切信息。价格的形态是市场行为的重要部分，是证券市场对各种信息感受之后的具体表现。这种表现比任何一个"聪明的大脑"所研究出来的"东西"都要准确有效。用价格的形态来推测价格的未来走势应该是很有道理的。从价格的形态中，我们可以推测出证券市场中多方、空方力量的对比和优势的转化，明了当前的市场处在一个什么样的大环境之中。形态分为反转和持续两种大的形态类型。著名的形态有 M 头、W 底、头肩形、三角形等十几种。

4）支撑压力法或支撑压力线法

按一定的方法在价格图表中画出一些直线，这些直线就叫支撑压力线。支撑压力线的作用是限制证券价格波动，也称为支撑或压力的作用。根据这些直线可以推测价格的未来趋势。支撑线和压力线往后的延伸位置也有可能对价格今后的波动起一定的制约作用。使用支撑压力线的重点是支撑压力线的画法。直线画得好坏直接影响预测的结果。画支撑压力线的方法是人们在长期研究中逐步摸索出来的。著名的支撑压力线有趋势线、通道线、黄金分割线、速度线等。

5）波浪理论法

波浪理论把价格的上下变动和不同时期的持续上涨下降看成是波浪的上下起伏，价格的波动过程遵循波浪起伏所遵循的周期规律，这个周期规律就是8浪结构。

此外，波浪理论指出了价格波动形状的"相似性"。根据波浪理论的观点，价格波动不论波动规模的大小都是8浪结构。因此，波浪理论中的各个浪在波动长度上有一定的规律，这就是波浪理论的比率分析，利用比率分析可以计算价格未来波动的支撑压力位置。

如果数清楚了浪，就能知道当前所处的位置，进而明确应该采用何种策略。利用比率分析还可以知道应该在"何时何地"采取行动。波浪理论最大的优点就是能提前很长的时间预测到底和顶，而别的方法往往要等到新的趋势已经确立之后才能看到。同时，波浪理论又是公认的最难掌握的技术分析方法。

6）循环周期法

循环周期法关心价格的起伏在时间上的规律。通过对时间的分析，告诉我们应该在一个正确的时间进行投资。循环周期理论是周期法的重要代表。波浪理论也涉及某一浪所经过的时间的长度的分析法。此外还有利用日历、螺旋历法、节气等进行周期分析的方法。

循环周期法的出发点是根据历史发现价格波动已经存在的周期性。既然证券市场是经济发展的"晴雨表"，证券市场中的价格起伏就应该与经济发展的周期性有一定的联系。

循环周期法中对时间的考虑分为两种方式：第一种是等周期长度的方式。例如，"每经过两年就会有一次牛市"和"每个上升的过程大约是两个月"就属于这一类。第二种是固定时间的方式。例如，"春节附近是低点"就是典型的固定时间的方式。

我国证券市场的发展历史较短，关于周期的界定，认识还不统一。

以上是六类技术分析的方法，它们从不同的方面理解和分析证券市场，各有其特点和适用的范围。从严格的意义上讲，这六类方法不是彼此孤立的，其中有交叉和联系。例如，波浪理论中就涉及时间和形态等方法。总之，这些方法既是证券市场运行经验的总结，也都是经过证券市场实际验证的。尽管所采取的方式不同，但彼此并不排斥，在使用上应该注意相互之间的借鉴。下面主要介绍K线理论和指标法。

小思考7-4

证券投资基本分析和技术分析在时间方面的主要区别在哪里？

小思考7-4

分析提示

7.3　K线理论

7.3.1　K线简介

K线又称为日本线，起源于日本德川幕府时代。当时日本没有证券市场，K线仅用于米市交易。经过多年的应用和完善，目前已经形成了一整套K线分析理论，在实际中得到了广泛应用，受到了证券市场、外汇市场以及期货市场等各类市场投资者的喜爱。

1）K线的画法

K线是一条柱状的线条，由影线和实体组成。影线在实体上方的部分叫上影线，在实体下方的部分叫下影线。实体表示一日的开盘价和收盘价，上影线的上端顶点表示一日的最高价，下影线的下端顶点表示一日的最低价。根据开盘价和收盘价的关系，K线又分为阳（红）线和阴（黑）线两种，收盘价高于开盘价时为阳线，收盘价低于开盘价时为阴线。两种最常见的K线形状如图7-1所示。

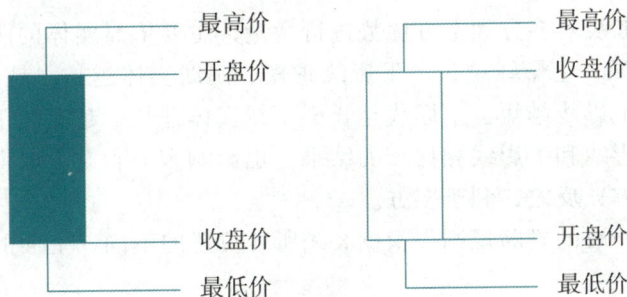

图7-1　两种最常见的K线形状

画K线需要明确三个要点：第一是上影线和下影线的位置；第二是实体的位置；第

三是实体的阴阳。实体的形状是矩形，实体矩形的宽度是没有限制的。实体矩形上下边的位置由开盘价和收盘价确定。实体的阴阳由开盘价和收盘价的关系确定。在图7-1中，左边K线的开盘价高于收盘价，按照规定应该是阴线。右边K线的开盘价低于收盘价，按照规定应该是阳线。上影线的位置由最高价确定，下影线的位置由最低价确定。在K线中，实体有长短之分，上下影线也有长短之分。实体的长度是开盘价与收盘价之间的距离。上影线的长度是最高价到实体上边之间的距离，下影线的长度是最低价到实体下边之间的距离。

实体的阴阳和长短、上下影线的长短都是K线的重要特征。一根K线记录的是证券在一个交易单位时间内价格变动的情况。将每个交易时间的K线按时间顺序排列在一起，就组成该证券价格的历史变动情况，叫K线图。

2）K线的12种基本形状

除了图7-1之外，根据4个价格（开盘价、收盘价、最高价、最低价）相互之间不同的特殊取值，K线的其余10种形状如图7-2所示。最左边的两种K线的特点是没有上影线，也没有下影线。紧跟其后的两种K线只有上影线，没有下影线。再后面两种K线正好相反，只有下影线，没有上影线。前6种属于缺影线的情况，后4种K线的共同特点是没有实体，最后3种还同时缺影线。

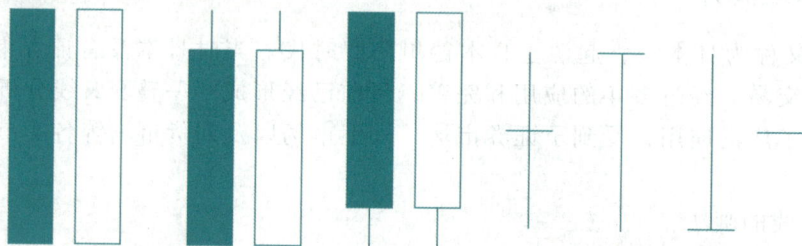

图7-2 K线的其余10种形状

7.3.2 单独一根K线的含义

单独一根K线有12种基本形状，每种形状都有不同的含义，进行K线分析，首先要读懂单根K线的含义。

根据单独一根K线对多方和空方优势进行衡量，主要依靠实体的阴阳长度和上下影线的长度。一般来说，上影线越长、下影线越短、阴线实体越长，越有利于空方占优，不利于多方占优；上影线越短、下影线越长、阳线实体越长，越有利于多方占优，而不利于空方占优。上影线和下影线相比较的结果，也影响多方和空方取得优势。上影线长于下影线，利于空方；反之，利于多方。

上面所述只是一般的判断规则，根据K线所处位置的不同，上面的说法有时会有一些变化。

1）长实体

长实体是占主要地位的K线。"长"描述了实体的长度，或者说是开盘和收盘的差距。长实体表示当天的价格有大的移动。换句话说，开盘价和收盘价之间有相当的不同。如果市场中出现了长实体，它所提供的信息量是很大的。长实体是分析人员所关注的重点之一，在后面介绍的K线组合形态中，多数组合形态中都含有长实体。长实体如图7-3所示。

图7-3　长实体

如果是阳线，大实体就是长阳线或大阳线。如果是阴线，大实体就是长阴线或大阴线。

判断实体的长短有个量化的问题，就是要确定长到何种程度实体才能视为"长实体"。这是个带有主观因素的问题。长与短是相对的概念，在实际判断中，必须考虑该K线前后的情况，最好只同最靠近的K线的实体长度和价格的移动距离相比较。K线分析所依赖的是短期的价格移动，所以确定"长短"要用短期的方式。

2）短实体或小实体

短实体表示价格所覆盖的区域小，一般发生在交易不活跃的时候。短实体在实际的图形中出现最多，表明多方和空方的争斗不激烈，或者说投资者对其关注程度很低。

同样，短实体也有何种程度算"短"的问题。短实体的"短"也是相对的，在相互比较之后才能确定是否属于"短"，可以采用判断长实体时的考虑方法。短实体如图7-4所示。

图7-4　短实体

3）光头光脚阳线和阴线

光头光脚阳线是K线的上下两头都没有影线的长阳线实体，这种类型的K线被认为是极度强壮的K线。与光头光脚阴线相反，它通常成为牛市的继续或者熊市反转的一部分。光头光脚阳线如图7-5所示。

图7-5　光头光脚阳线

光头光脚阴线是K线的上下两头都没有影线的长阴线实体。这种类型的K线被认为是极度脆弱的K线。它通常是熊市持续或牛市反转组合形态的一部分。光头光脚阴线如图7-6所示。

图7-6　光头光脚阴线

"上下两头都没有影线"是个严格的说法。这里所说的没有影线是指影线的长度相对于实体的长度来说很短。有时，如果影线很短也可以认为没有影线。这个时候，同样会遇到量化的问题。这同样是带有很强的主观性的判断。

4）收盘无影线

收盘无影线的K线缺少从收盘方向向外伸出的影线，无论是阳线还是阴线。如果实体是阳线，则没有上影线，此时，该K线也称为光头阳线，表示走势强。如果实体是阴线，则没有下影线，此时，该种K线也称为光脚阴线，表示走势弱。由于涉及"没有影线"的问题，必然有主观的判断存在。可以将相对于实体而言比较短的影线视为"没有影线"。收盘无影线如图7-7所示。

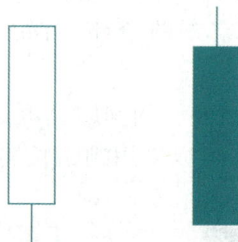

图7-7　收盘无影线

5）开盘无影线

开盘无影线的K线缺少从开盘方向向外伸出的影线。如果实体是阳线，则没有下影线，也称为光脚阳线，表示走势强。如果实体是阴线，则没有上影线，又称为光头阴线，表示走势弱。由于涉及"没有影线"的问题，必然有主观的判断存在。可以将相对于实体而言比较短的影线当成"没有影线"。开盘无影线如图7-8所示。

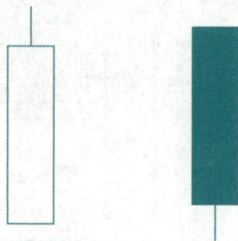

图7-8　开盘无影线

6）纺轴线

纺轴线是同时有上影线和下影线，而且小实体比较短的K线。在长度方面，影线比实体长，这表示多方和空方力量的不可靠性。纺轴线实体的颜色（阴阳）和影线的实际长度是不重要的，同影线相关的小实体构成纺轴线的主体。纺轴线如图7-9所示。

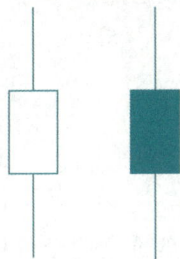

图7-9　纺轴线

7）无实体线

当K线的实体小到开盘价和收盘价相等的程度时，就被称为无实体线。无实体发生在开盘价和收盘价相同或几乎相同的时候。影线的长度是可以变化的，严格的无实体线具有相同的开盘价格和收盘价格。如果要求开盘价和收盘价严格相等，一分钱也不差，将会对数据的限制过多，在实际中出现无实体线的机会将大大减少。开盘价和收盘价之间的差距如果在一个比较小的范围，就可以认为是无实体线。

判断一根K线是否无实体，与判断一根长实体是否"长"的方法类似，主要根据主观的判断，没有严格的规定。同长实体一样，需要参考前面的价格的高低。如果前面的K线多数是无实体线，那么无实体线就不重要。如果无实体线单独出现，那么，它是一个不能被忽视的有关"不可靠因素出现"的信号。无实体线本身，还不足以预测价格趋势改变，仅仅是即将到来的趋势改变的警告。

8）大无实体

大无实体有很长的上下影线，当天的实体在居中的部分，清楚地反映了买卖双方的力量对比的不确定性和不稳定性。在全天的交易中，市场大起大落。如果开盘价或收盘价正好在交易区域的正中，这时的大无实体就叫"十字"。大无实体如图7-10所示。

图7-10　大无实体

9）墓碑线和蜻蜓线

墓碑线是无实体线的一种。当没有下影线或下影线很短的时候，就会出现这种K线。上影线很长的墓碑线有强烈的下降含义。开盘后全天在高位进行交易，但收盘时又回到了开盘价，这也是当天的最低价格，这除了可以解释为反弹失败外，没有别的解释。墓碑线如图7-11所示。

金融市场

蜻蜓线出现在开盘和收盘处在全天的最高点的时候。同其他无实体线一样，这种K线通常出现在市场的转折点。读者将在以后看到，蜻蜓线是上吊线和锤形线的特殊情况。蜻蜓线如图7-12所示。

图7-11　墓碑线 　　　　　　图7-12　蜻蜓线

10）一字线

当开盘价、最高价、最低价和收盘价这四个价格都相同的时候，就会出现这样的K线。当数据来源只有收盘价的时候，会出现这种K线。此外，开盘后直接达到涨跌停板也会出现这种K线。一字线在市场中出现的机会是比较小的。一字线如图7-13所示。

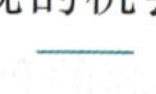

图7-13　一字线

7.3.3　认识K线组合

K线组合可以是单根的也可以是多根的，很少有超过5根或6根的组合。从大的分类上看，K线的组合形态分为反转组合形态和持续组合形态两种。投资者总结了非常多的组合形态，有简单的也有复杂的。由两根K线或多根K线形态组合所考虑问题的方式是相同的，都是由最后一根K线相对于前面K线的相对位置、K线本身的阴阳和形状来判断多方和空方的实力大小。下面列举三种反转组合形态，这三种K线的组合形态比较容易掌握，在实际中的影响也比较广泛。

1）锤形线和上吊线

（1）锤形线和上吊线的基本图形。锤形线和上吊线的基本形状如图7-14和图7-15所示。

图7-14　锤形线　　　　　　图7-15　上吊线

（2）锤形线和上吊线的形态特征。这两种组合形态有四个特征：①小实体在交易区

206

域的上面。②下影线的长度应该比实体的长度长得多，前者通常是后者的 2 ~ 3 倍。③上影线非常短，甚至没有。④小实体的阴阳不重要。

（3）锤形线和上吊线的市场含义。

第一，锤形线处在下降趋势中。在当天，疯狂的卖出行动被遏制，市场价格又回到或者接近当天的最高点。此时，投资者担心踏空。如果收盘价高于开盘价，产生一根阳线，情况甚至更有利于上升。第二天较高的开盘价和更高的收盘价将使得锤形线的牛市含义得到确认。

第二，上吊线处在上升趋势中。当天的交易行为一定发生在低于开盘价的位置，之后的反弹使收盘价几乎达到最高价的位置。上吊线中的长下影线显示了疯狂卖出是怎样开始的。如果第二天开盘价较低，就有很多持有多头头寸而等待卖出时机的参与者在一旁观望。如果小实体是阴线并且第二天开盘价较低，将使得上吊线的熊市含义得到确认。

2）早晨之星和黄昏之星

（1）早晨之星和黄昏之星的基本形状。早晨之星和黄昏之星是相对图形，分别发生在下降和上升市场的三根 K 线组合形态。早晨之星和黄昏之星基本形态如图 7-16 和图 7-17 所示。

图 7-16 早晨之星

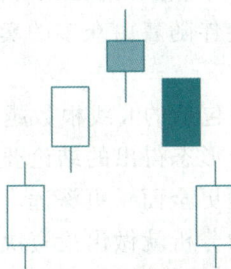

图 7-17 黄昏之星

（2）早晨之星和黄昏之星组合形态特征。早晨之星和黄昏之星组合形态有以下四个特征：①第一天 K 线的阴阳与趋势方向一致。早晨之星是阴线，黄昏之星是阳线。②第二天的小实体星形线与第一天之间有缺口，小实体的阴阳不重要。③第三天的 K 线的阴阳与第一天 K 线的阴阳相反。④第一天的 K 线是长实体，第三天的 K 线基本上也是长实体。

（3）早晨之星和黄昏之星的市场含义。

第一，早晨之星开始是一根长阴线，它加强了原有的下降趋势，很难怀疑价格走势将继续下去。第二天向下跳空出现新低，交易区域发生在小的范围内，收盘价同开盘价接近，这个小实体显示了不确定性的开始。第三天跳空高开，收盘价更高，显著的趋势反转向上已经发生。

第二，黄昏之星的情况同早晨之星正好相反，是上升趋势出现反转的组合形态。黄昏之星的开始是一根长阳线，它加强了原有的上升趋势。第二天向上跳空出现新高，交易发生在小的范围内，收盘价同开盘价接近。这个小实体显示了不确定性的开始。第三天跳空低开，收盘价更低。显著的趋势反转向下已经发生。

3）三乌鸦

（1）三乌鸦组合形态的基本图形。三乌鸦是发生在上升趋势末期的组合形态，是看跌的组合形态。基本图形如图7-18所示。

图7-18　三乌鸦

（2）三乌鸦的形态特征。三乌鸦组合形态有以下四个特征：①连续三天长阴线。②每天的收盘价出现新低。③每天的开盘价在前一天的实体之内。④每天的收盘价等于或接近当天的最低价。

（3）三乌鸦的市场含义。在上升趋势中，三乌鸦呈阶梯形逐步下降。市场要么靠近顶部，要么已经有一段时间处在一个较高的位置了。由于出现一根长阴线，明确的趋势倒向了下降的一边。后面的两天会伴随着由众多的卖出压力和获利了结所引起的进一步的价格下降。

综上所述，K线组合形态中所包括的K线根数越多，获得的信息就越充分，得到的结论相对于根据K线根数少的组合形态得出的结论要准确。这一点完全可以理解，多一根总比少一根好，因为考虑的问题更全面、更深远。

不可以仅凭对K线组合形态的分析就做出投资决策。运用K线图最理想的做法是根据K线组合形态的分析，结合基本分析和其他指标分析做出投资决策。

7.4　几种常用指标

1）移动平均线（MA）

移动平均线是利用统计学"移动平均"的原理，将每天的股价予以移动平均，求出一个趋势值，用来作为股价走势的研判工具。在技术分析领域里，移动平均线是必不可少的指标工具。我们通常采用5天（MA5）、10天（MA10）和30天（MA30）三个移动平均线指标进行行情分析。

移动平均线的买入时机：平均线从下降逐渐走平，而股价从平均线的下方突破平均线时，是买进信号；股价虽跌入平均线之下，但平均线在上扬，不久股价又回到平均线之上时为买进信号；股价走在平均线之上，股价虽然下跌，但未跌破平均线，股价又上升时可以加码买进；股价低于平均线，突然暴跌，远离平均线之时，极可能再趋向平均线，为买进时机。

移动平均线的卖出时机：平均线从上升逐渐走平，而股价从平均线的上方向下跌破平均线时，是卖出信号；股价呈上升突破平均线，但又立刻回到平均线之下，而且平均线仍在继续下跌时，是卖出时机；股价在平均线之下，股价上升但未达平均线又再次回落，是卖出时机；股价在上升中，且走在平均线之上，突然暴涨，远离平均线，很可能再趋向平均线，为卖出时机。

补充阅读资料7-4　　　　　　　　　　"黄金交叉"与"死亡交叉"

所谓黄金交叉，就是指上升中的短期移动平均线由下而上穿过上升中的长期移动平均线的交叉，这个时候压力线被向上突破，表示股价将继续上涨，行情看好。所谓死亡交叉，是指下降中的短期移动平均线由上而下穿过下降中的长期移动平均线的交叉，这个时候支撑线被向下突破，表示股价将继续回落，行情看跌。

"黄金交叉"和"死亡交叉"，实际上就是向上或向下突破压力线或支撑线的问题。黄金交叉和死亡交叉就是指短期移动平均线和长期移动平均线形成两个交点。投资者仅仅依据黄金交叉或死亡交叉来买进或卖出是有片面性的，因为移动平均线只是一种基本趋势线，在反映股价的突变时具有滞后性，因而，黄金交叉或死亡交叉只能作为一种参考。

2）强弱指标（RSI）

RSI的原理简单来说是以数字计算的方法求出买卖双方的力量对比，譬如有100个人面对一件商品，如果50个人以上要买，竞相抬价，商品价格必涨；相反，如果50个人以上争着卖出，商品价格自然下跌。

强弱指标的计算公式如下：

RSI=100×RS÷（1+RS）

或：RSI=100-100÷（1+RS）

式中：

RS=14天内收市价上涨数之和的平均值÷14天内收市价下跌数之和的平均值

根据RSI的计算公式，操作者只要每天把股价资料输入电脑，就能够获得RSI的数值，连续的RSI数值就构成了曲线。

强弱指标理论认为，任何大涨或大跌，RSI均在0～100之间变动，根据常态分配，认为RSI值多在30～70之间变动，30及70通常为超卖及超买信号。通常，当RSI达到

80甚至90时，市场被认为已到达超买状态（overbought），此后市场价格将出现回落调整。RSI跌至30以下即被认为是超卖（oversold），市场价格将出现反弹回升。

3）平滑异同移动平均线（MACD）

平滑异同移动平均线是基于均线的构造原理，对收盘价进行平滑处理（求出算术平均值）后得到的一种趋向类指标。具体来说，它是一种移动平均线的波动指标，是将长期与中期的平滑移动平均线（EMA）的累积差距计算出来。在MACD图形中显示两条图线，一条实线就是MACD，而另一条虚线（trigger line）就是MACD的移动平均线。MACD与虚线之间的差距可以画成柱状垂直线图，且以零（0）为中心轴，以柱状垂直线图的正负表示MACD线与虚线何者在上、何者在下，以此作为研判买卖的最佳时机。

（1）股价横盘、MACD指标死叉卖出，指股价经过大幅拉升后横盘整理，形成一个相对高点，MACD指标率先出现死叉，即使5日、10日均线尚未出现死叉，亦应及时减仓。

（2）假如MACD指标死叉后股价并未出现大幅下跌，而是回调之后再度拉升，此时往往是主力为掩护出货而做的最后一次拉升，升幅极为有限，此时形成的高点往往是一波行情的最高点，判断顶部的标志是"价格、MACD"背离，即当股价创出新高，而MACD却未能同步创出新高，两者的走势出现背离，这是股价见顶的可靠信号。

4）随机指标（KDJ）

随机指标最早起源于期货市场，由乔治·莱恩首创，它通过当日或最近几日最高价、最低价及收盘价等价格波动的幅度，反映价格趋势的强弱。随机指标在图表上共有三根线——K线、D线和J线。由于在计算中考虑了计算周期内的最高价、最低价，兼顾了股价波动中的随机振幅，因而人们认为随机指标更真实地反映了股价的波动，其提示作用更加明显。

（1）一般而言，D线由下转上为买入信号，由上转下为卖出信号。

（2）K线和D线都在0~100的区间内波动，50为多空均衡线。如果处在多方市场，50是回档的支持线；如果处在空方市场，50是反弹的压力线。

（3）K线在低位上穿D线为买入信号，K线在高位下穿D线为卖出信号。

（4）K线进入90以上为超买区，进入10以下为超卖区；D线进入80以上为超买区，进入20以下为超卖区。

（5）高档区D线的M形走向是常见的顶部形态，第二头部出现时及K线二次下穿D线时是卖出信号。低档区D线的W形走向是常见的底部形态，第二底部出现时及K线二次上穿D线时是买入信号。M形或W形的第二底部出现时，若与价格走向发生背离，分别称为"顶背驰"和"底背驰"，买卖信号可信度极高。

（6）J值可以大于100或小于0。J指标为依据KD买卖信号是否可以采取行动提供可信判断。通常，当J值大于100或小于10时被视为采取买卖行动的时机。

5）心理线（PSY）

心理线指标是研究投资者对股市涨跌产生心理波动的情绪指标。它对股市短期走势的研判具有一定的参考价值。研究人员发现：一方面，人们的心理预期与市势的高低正相关，即市势升心理预期也升，市势跌心理预期也跌；另一方面，当人们的心理预期接近或达到极端的时候，逆反心理开始起作用，并可能最终导致心理预期方向的逆转。心理线指标将一定时期内投资者趋向买方或卖方的心理事实转化为数值，从而判断股价的未来趋势。

PSY=50，为多空分界点。由计算式可知，0≤PSY≤100，而PSY=50，则表示N日内有一半时间市势是上涨的，另一半时间是下跌的，是多空的分界点，从而将心理域划为上下两个分区。投资者通过观察心理线所在区域的动态，可对多空形势做出基本判断：①PSY值位于25～75区间是心理预期正常理性变动范围；②PSY值在75以上属超买区，市势回档的机会增加；③PSY值在25以下属超卖区，市势反弹的机会增加；④PSY的M形走势是超买区常见的见顶形态，W形走势是超卖区常见的见底形态；⑤PSY值在90以上或10以下，逆反心理要起明显作用，市势见顶或见底的技术可信度极高。

补充阅读资料7-5　　　　　　　　　　　　　　　　**"羊群效应"**

经济学里经常用"羊群效应"来描述经济个体的从众、跟风心理。羊群是一个很散乱的组织，平时在一起也是盲目地左冲右撞，一旦头羊动起来，其他的羊也会不假思索地一哄而上，全然不顾前面可能有狼或者不远处有更好的草。"羊群效应"就是比喻人都有一种从众心理，从众心理很容易导致盲从，而盲从往往会使人陷入骗局或面临失败。

有则幽默说：一位石油大亨到天堂去参加会议，一进会议室发现已经座无虚席，没有地方落座，他灵机一动，喊了一声："地狱里发现石油了！"这一喊不要紧，天堂里的石油大亨们纷纷向地狱跑去，很快，天堂里就只剩下他自己了。这时，大亨心想，大家都跑了过去，莫非地狱里真发现石油了？于是，他也急匆匆地向地狱跑去。

资料来源　根据百度百科资料整理.

本章小结

本章主要介绍了如下内容：①宏观经济环境分析、行业分析和公司分析；②技术分析的内涵和技术分析的方法；③K线的画法、单根K线的含义、常见的K线组合的含义；④移动平均线（MA）、强弱指标（RSI）、平滑异同移动平均线（MACD）、随机指标（KDJ）、心理线（PSY）。

主要概念和观念

○ 主要概念

净值报酬率　净资产倍率　波浪理论　证券投资基本分析　证券投资技术分析
K线

○ 主要观念

宏观经济环境对证券投资的影响　行业状况对证券投资的影响　公司整体运行情况对证券投资的影响　技术分析方法的理论依据

随堂测7

基本训练

1.判断题

（1）发行人的利息保障倍数越高，说明债权人每期可收到的利息越有安全保障。　　　　　　　　　　　　　　　　　　　　　　　　　　（　　）

（2）一般来说，应收账款周转率越高，平均收账期越短，说明应收账款的收回越快，股东和债权人的收益越有保证。　　　　　　　　　　　　　　（　　）

（3）投资者如能在扩张期的适当价位入市，则其收益会随着公司的增长而上升。　　　　　　　　　　　　　　　　　　　　　　　　　　（　　）

（4）高税率会对证券投资产生积极的影响，投资者的投资积极性也会得到提高。　　　　　　　　　　　　　　　　　　　　　　　　　　（　　）

（5）若公司的产品有相当一部分向海外市场销售，当汇率提高时，则产品在海外市场的竞争力受到削弱，公司盈利就会下降，从而导致股票价格下跌。　（　　）

2.选择题

（1）循环周期法关心价格的起伏在（　　）上的规律。

A.形状　　　　　　　B.时间　　　　　　　C.空间　　　　　　　D.幅度

（2）利率变化导致（　　）因素的变化，进而导致证券价格变化。

A.公司成本　　　　　B.社会资金流向　　　C.资金供给　　　　　D.资金需求

（3）光头光脚阳线是K线的上下两头都没有影线的长阳线实体，这种类型的K线的特点是（　　）。

A.开盘价是最低价　　　　　　　　　　　B.开盘价是最高价

C.收盘价是最高价　　　　　　　　　　　D.收盘价是最低价

（4）K线组合三乌鸦的形态特征是（　　）。

A.连续三天长阴线　　　　　　　　　　　B.每天的收盘出现新低

C.每天的开盘价在前一天的实体之内　　　D.每天的收盘价等于或接近当天的最低价

3.简答题

（1）哪些宏观政策会对证券投资产生影响？

（2）证券投资的基本分析和技术分析各侧重哪些方面的分析？

技能训练

（1）利用网络或证券行情分析软件，查询一家上市公司的财务报表，查找或计算其各项财务指标，参考当时该公司股票的市场价格，分析其是否具备投资价值。

（2）K线图的验证。登录新浪或搜狐网站，或利用证券行情分析软件，查看一只股票的K线图并进行下面的操作：

①选择股票：把股票名称和代码填到下面的空格里：

股票（　　　　），代码（　　　　）。

②分别查找该股票三种K线组合形态出现的时间，填入表7-2中。

表7-2   K线组合形态与出现时间对应表

K线组合形态	出现时间
锤形线	
上吊线	
早晨之星	
黄昏之星	
三乌鸦	

③说明各种K线组合形态对行情走势的验证：锤形线、上吊线、早晨之星、黄昏之星、三乌鸦。

（3）运用K线图预测股票价格走势。

①登录新浪或搜狐网站，或利用证券行情分析软件，查看一只股票的K线图，分析该股票K线图目前的特点。

②预测该股票未来的价格走势。

■ 素质训练

○ 案例分析

疫情影响下的中国股市

受"新冠"疫情影响，2020年2月3日，上证指数收盘跌7.72%报2746.61点；深证成指跌8.45%报9779.67点；创业板指跌6.85%报1795.77点。2020年2月3日，A股迎来庚子鼠年首个交易日，如各方预期，股指大跌；4日，市场情绪出现缓和，沪深股指携手反弹，截至收盘，三大股指悉数上涨。2月4日，沪指收报2783.29点，涨幅1.34%；深成指报10089.67点，涨幅3.17%；中小板指报6669.46点，涨幅3.67%；创业板指报1882.69点，涨幅4.84%。

关注A股波动之外，更应看到近两日出现的两大罕见操作。2月3日—2月4日两天之内，央行为市场注入了极为富裕的流动性。在2月3日创纪录单日公开市场操作投放1.2万亿元后，4日中国人民银行继续充足供应流动性，当日公开市场操作逆回购投放5000亿元。1.7万亿元充分显示央行稳定市场预期、提振市场信心的决心。

除政府驰援之外，商业资本也开始踊跃进入A股，包括北上资金、公募基金、险资及私募，由此A股迅速走出了修复行情。北上资金更是出现罕见行动。就在A股大跌之际，节前狂卖的北上资金，在鼠年开市第一天却狂买近182亿元，为近三个月最大单日买盘。

前瞻产业研究院认为，疫情对中国经济的影响只是暂时的、阶段性的，不会改变中国经济长期向好、高质量增长的基本面，中国经济也展现了极强的韧性。中国政府有充足的政策空间来稳定中国的经济增长，所以未来对中国股市和中国汇市的平稳运行是充满信心的。 以17年前"非典"为例，2003年"非典"疫情暴发期初期影响最大，冲击集中在4月第四周，单周下跌7.23%。在疫情数据好转时市场底部已探明，疫情冲击时间为3周。疫情往往只能引发股市短期下跌，基本面与流动性仍主导市场走向。

全球变局叠加百年一遇的疫情，上半年中国及全球资本市场表现一度惊心动魄，目前在政策支持等因素作用下逐步稳定。往前看，政策、疫情、中美关系等因素可能仍有阶段性干扰，但市场可能会"有惊无险"，依然处于积极有为、优选结构的阶段。理由如下：（1）政策与改革逐步落地，增长复苏下半年有望继续深化；（2）股市流动性仍较为有利；（3）市场整体估值不高。大类资产上，货币政策可能不会更宽松，预计股将强于债，房地产可能依然受"房住不炒"基调抑制，主要大宗商品受需求恢复支持可能也会有所表现，黄金呈震荡走势。市场下半年路径可能受内外部环境影响"先平后涨"。

资料来源　周尚仔.中金公司下半年展望：A股"有惊无险"，预计股强于债［EB/OL］.［2020-06-15］. https://cj.sina.com.cn/articles/view/1704103183/65928d0f02001re4p? from=finance. 前瞻产业研究院. 疫情影响短期下跌、基本面与流动性仍主导市场走向［EB/OL］.［2020-03-12］. https://bg.qianzhan.com/trends/detail/506/200312-70bfd873.html.经过整理.

要求：

（1）利用网络搜集2020年股市走势数据及国家在2020年出台的相关政策信息。

（2）分析各阶段出台的政策信息对股市走势的影响。

网上资源

https://finance.sina.com.cn/

http://stock.hexun.com/

http://www.10jqka.com.cn/

第8章

外汇市场与黄金市场

学习目标

通过本章学习，你应该达到以下目标：

知识目标：了解外汇市场、黄金市场的基本内容及运作原理，熟悉外汇和黄金市场的各种交易方式。

技能目标：能够分析、计算汇率价格，能够进行外汇实盘买卖操作；熟悉个人黄金投资交易；掌握国际外汇市场和黄金市场的发展现状；针对市场风险，了解主要避险工具的运用。

素质目标：掌握外汇市场和黄金市场的交易准则及道德规范，具备从事外汇和黄金交易的心理素质。

引例　　　2020年全球外汇市场日交易量达6.6万亿美元！

债券研究公司 LearnBonds 的数据显示，过去十年里，每日外汇交易量增长了40%，全球外汇市场的每日成交量达6.6万亿美元。LearnBonds 称，这是自2010年每日外汇交易额达4万亿美元以来达到的最高值。此次25%的增长也是2001年以来出现的首次大幅增长。

2015年，由于瑞士法郎汇率震荡、银行业实行新监管环境、避险投资者占市场主导地位，导致了2016年外汇日均交易额降至5.1万亿美元。

但报告称，在2016至2019年间，每日外汇交易量猛增30%，同期增长1.5万亿美元，外汇市场增长创历史新高。出现这一增长的主要原因是用于流动性管理的外汇掉期和对冲外汇投资组合的激增。

2019年，外汇掉期交易占外汇市场总交易额的49%，达3.2万亿美元，较上一报告增加34%。现货交易激增至1.98万亿美元，占全球外汇交易量的30%。电子交易占外汇交易总额的56%。全球外汇市场的网络连接使得某些金融中心的交易更加集中。

资料来源：酷外汇 Fx Cool.2020年全球外汇市场日交易量达6.6万亿美元！［EB/OL］．［2020-01-20］．https://www.sohu.com/a/367998371_100170658.

从以上相关统计数据可见，在国际外汇市场这个全球最大的金融市场上，随着经济快速增长以及各国贸易往来愈加紧密，全球外汇市场交易量呈显著增长态势，外汇交易品种以及交易方式也在发展变化。因此，研究和分析外汇市场和黄金市场的交易原理、交易方式以及价格影响因素等内容是具有重要现实意义的。

8.1 外汇市场的基本内容

8.1.1 外汇市场的含义

外汇市场是由外汇需求者、外汇供应者和中介机构组成的外汇交易或者货币兑换的有形场所或无形交易网络。它是国际金融市场的重要组成部分，国际市场上的所有多边资金借贷和融通关系，无论是国际货币市场、资本市场，还是黄金市场，要进行资金的转移，都要借助外汇市场这个平台进行外汇交易。目前，国际外汇市场是全球日交易量最大的金融市场。

按照外汇交易参与者的不同，外汇市场可分为广义外汇市场和狭义外汇市场。狭义外汇市场又称为外汇批发市场，它特指银行同业间的外汇市场，包括各国中央银行、商业银行、非银行金融机构、外汇经纪公司等，交易金额巨大。广义外汇市场，除了上述狭义外汇市场外，还包括银行与一般客户之间的外汇交易。本章所述外汇市场是广义外汇市场。

按照外汇交易组织形式的不同，外汇市场可分为有形外汇市场和无形外汇市场。有形外汇市场是指有固定交易场所的交易所（exchange），参加外汇交易的各方按照规定的营业时间和业务程序在交易所进行交易，但许多交易也可在商业银行之间进行，如欧洲大陆德国的法兰克福、法国的巴黎、比利时的布鲁塞尔等外汇市场即属此类，故又称其为"欧洲大陆式外汇市场"。无形外汇市场是指没有固定交易场所的由现代通信工具所构成的交易网络（network），参加外汇交易的各方利用电报、电话、电传和互联网进行交易，英国、美国、加拿大、瑞士等国即属此类，故又称其为"英美式外汇市场"。实际上，即使在有固定场所的外汇市场中，许多交易也是通过各种通信工具进行的，可以随时向世界各地通报市场行情，并随时承接来自世界各地的交易。随着交易日益电子化和网络化，有形外汇市场的业务量逐渐减少，取而代之的是通过计算机网络来进行外汇的报价、询价、买入、卖出、交割、清算。

从全球范围来看，外汇市场是一个24小时全天候运作的市场。每天凌晨，大洋洲的惠灵顿、悉尼最早开盘，接着向西移到亚洲的东京、中国香港、新加坡，然后是欧洲的法兰克福、苏黎世、巴黎和伦敦。由于英国将传统的格林尼治时间改为欧洲标准时间，英国和欧洲大陆间一个小时的时差已经消失，英国与欧洲各国形成了一个大规模的同时市场。到欧洲时间下午2点，大西洋彼岸美国的纽约、旧金山和洛杉矶陆续开市。当纽约市场闭市时，大洋洲的外汇市场又将开始一天的外汇交易了。外汇市场最活跃的时间是欧洲的下午，此时欧洲和美国东海岸两大市场均在营业，是大额交易成交的最佳时间；而美国西海岸市场闭市，东京、中国香港市场刚开市时，外汇交易最为清淡，中央银行以及大的外汇投机商均倾向选择在这一时间影响外汇汇率，从而影响第二天欧美市场的行情。

8.1.2　外汇市场的构成

在外汇市场上，外汇交易的参与者主要有以下几类：

（1）外汇银行。它是外汇市场的主体，主要包括专营或兼营外汇业务的本国商业银行；在本国的外国商业银行分行及本国与外国的合资银行；其他经营外汇买卖业务的本国金融机构，如信托投资公司、财务公司等。外汇银行在外汇交易中主要有两个获利渠道：一是直接向客户买卖外汇，赚取买卖价格的价差利润；二是开展诸如掉期、期货、期权等外汇创新业务，通过这些业务来为客户安排外汇保值或套利，从中收取高额的服务费和手续费。现在，此项收入已成为外汇银行的主要收入来源。此外，外汇银行还可以在本行的经营方针和限额之内调动外汇头寸，通过一定的外汇投机而盈利。

（2）外汇经纪人。外汇经纪人是专门从事介绍外汇买卖成交的人。他们一般自己不买卖外汇，不能直接报出自己的汇率，而是凭借与外汇银行的密切联系和自己所掌握的外汇信息，促成双方交易，从中赚取手续费。在西方国家，外汇经纪人必须经过当地中央银行的批准，才能取得经营业务的资格。有的国家还规定，外汇买卖必须通过外汇银行和外汇经纪人才能进行。所以，外汇经纪人在这些国家具有较高的社会地位，其收入十分可观。资料显示，通过经纪公司完成的交易占外汇市场总交易量的40%左右。

（3）中央银行。它是一个主权国家或多个国家的货币联盟（如欧元区）的货币当局，负责制定本国或本地区的货币政策，发行货币，调整利率，维持外汇储备。中央银行是外汇市场的特殊参与者，它进行外汇买卖不是为了谋取利润，而是为了监督和管理外汇市场，引导汇率变动方向，使之有利于本国宏观经济政策的贯彻或符合国际协定的要求。

（4）客户。在外汇市场中，凡是与外汇银行有外汇交易关系的公司或个人，都是外汇银行的客户，作为外汇市场上外汇的最初供应者和最终需求者，其在外汇市场上的作用和地位仅次于外汇银行。外汇银行的客户包括：交易性的外汇买卖者，如进出口商、国际投资者、旅游者等；保值性的外汇买卖者，如套期保值者；投机性的外汇买卖者，即外汇投机商。如果离开了上面这些参与者，外汇市场就不可能发展成当前最大的国际金融市场。

（5）国际性的公司。一些在国际上很有名的跨国公司，其子公司遍布世界各地，参与外汇交易是其开展国际贸易的一部分。有些公司还有自己的外汇交易室，专门从事外汇交易。它们的实力富可敌国。它们参与投机和交易，也愿意承担外汇风险。

（6）基金机构。作为市场上真正的投机者，它们手中的资金就是我们俗称的"热钱"。这些机构投资者在市场上呼风唤雨，经常攻击他国的货币，较知名的基金机构是索罗斯的量子基金。

外汇（foreign exchange）指以外币表示的用于国际结算的支付手段。这里指人民币以外的币种，例如，美元（USD）、欧元（EUR）、英镑（GBP）、日元（JPY）等。

外汇交易（foreign exchange transaction/FX transaction）指交易双方按约定的价格和金额买入一种货币并且卖出另一种货币的交易，包括人民币外汇交易和外币对交易。人民币外汇交易（RMB-FX transaction）指买入人民币并卖出外汇，或买入外汇并卖出人民币的交易。外币对交易（foreign currency transaction）也称外币买卖或外汇买卖，指不涉及人民币的外汇对外汇的交易。

基准货币（base currency）指一个货币对中作为被计价标的的货币。

非基准货币（term currency/quote currency）也称计价货币、相对货币，指一个货币对中用于计量1个货币单位基准货币价格的货币。通常基准货币在前，非基准货币在后，中间以"/"或"."分隔。

例如，在美元/人民币（USD/CNY）货币对中，假设美元/人民币汇率为7.0577，即1美元兑换7.0577元人民币，美元是基准货币，人民币是非基准货币；在欧元/美元（EUR/USD）货币对中，假设欧元/美元汇率是1.1211，即1欧元兑换1.1211美元，欧元是基准货币，美元是非基准货币。机构A与机构B达成一笔外汇交易，买入USD/CNY 1 000万美元，则美元是交易货币，人民币是对应货币；买入USD/CNY 1 000万元人民币，则人民币是交易货币，美元是对应货币。

交易方向（direction）是指外汇交易的方向。除非交易双方另有约定，交易方向为基准货币方向，通常包括买入和卖出。例如，在美元/人民币（USD/CNY）货币对中，买入（buy）即为买入美元（基准货币）卖出人民币，卖出（sell）即为卖出美元（基准货币）买入人民币。

基点（basis point，BP），常用于价差或者汇率变动幅度计量，通常为汇率的最小变动单位。1个基点的数值通常为0.0001，但USD/JPY和EUR/JPY为0.01。

报价精度（decimal point），汇率数值的小数点后精确位数。

例如，美元/人民币（USD/CNY）的汇率为7.0577，表示1美元等于7.0577元人民币，其报价精度为4，1个基点为0.0001。

港币/人民币（HKD/CNY）的汇率为0.91252，表示1港币等于0.91252元人民币，其报价精度为5，1个基点为0.00001。

欧元/日元（EUR/JPY）的汇率为119.59，表示1欧元等于119.59日元，其报价精度为2，1个基点为0.01。

日元/人民币（JPY/CNY）货币对中，日元的货币单位为100，JPY/CNY的汇率为6.6273，表示100日元兑换6.6273元人民币。

美元/人民币（USD/CNY）的市场买入报价和卖出报价分别为7.0577/7.0876（通常也表示为7.0577/876），表示报价方愿意以7.0577的价格买入美元，以7.0876的价格卖出美元，该报价的价差为 299 个基点（7.0876−7.0577=0.0299）。

资料来源　根据中国外汇交易中心网站资料整理.

8.1.3　外汇市场的交易层次

根据上述对外汇市场参与者的分类，外汇市场的交易可以分为三个层次，即银行与客户之间、银行同业之间、银行与中央银行之间的交易。

（1）银行与客户之间的外汇交易市场。这一交易往往在银行的柜面上进行。银行在与客户的交易中，对不同的客户分别买入或卖出不同种类的外汇，实际上是在外汇的最终供给者与最终需求者之间起中介作用，赚取买卖的差价。这一市场又被称为"零售市场"。

（2）银行同业之间的外汇交易市场。在每个营业日，银行根据客户的需要与其进行外汇交易，难免产生各种外汇头寸的多头或空头，统称敞口头寸。多头表示银行该种外汇的购入额大于出售额，空头表示银行该种外汇的出售额大于购入额。当银行外汇头寸处于敞口头寸状态时，银行就将承担外汇风险。若要避免外汇敞口风险，就需要通过银行间外汇市场的交易"轧平"头寸，即将多头抛出，空头补进。此外，银行还出于投机、套利、套期保值等目的从事同业之间的外汇交易。外汇市场交易总额的 90% 以上是银行同业间的交易，这一市场交易的金额一般比较大，至少每笔 100 万美元，因此被称为"批发市场"。银行之间的外汇交易市场是外汇市场的主体。

（3）银行与中央银行之间的外汇交易市场。中央银行为了使外汇市场上自发形成的供求关系所决定的汇率能相对地稳定在某一期望的水平上，可以通过其与外汇银行之间的交易对外汇市场进行干预。如果某种外币兑换本币的汇率低于期望值，中央银行就会向外汇银行购入该种外币，增加市场对该外币需求量，促使银行调高其汇率；反之，如果中央银行认为该外币的汇率偏高，就向外汇银行出售该种外汇储备，促使其汇率下降。

8.1.4　外汇市场的交易设备

目前，外汇市场上的交易大都借助先进的交易设备在无形市场中完成，不受交易场所的限制。在无形市场中，买卖双方的交易员分布于不同国家和地区的外汇市场，需要使用交易工具迅速成交。这些交易工具包括：

（1）电话。在外汇市场中，越来越多的交易通过经纪商来完成，电话成为其联络成交的常用工具，而银行同业间的直接交易和银行与客户间的交易有许多也通过电话来进行。因此，银行的交易电话普遍有许多条线路，同时，为保障银行自身的安全，避免成交后的纠纷，许多银行投入很大成本安装或改善录音系统，如配备多声道电话录音机的国际直拨电话（IDD）。

（2）电传。电传在几十年前还是外汇市场交易中的常用工具，但在卫星通信技术十分发达的今天，由于电传获得价格速度慢，其作为主要交易工具的地位已逐渐被电话和网络交易系统所替代。但在一些大银行的交易室中，仍配有几部电传机以备与一些小银行或客户报价成交使用。

（3）外汇交易系统。外汇交易系统是一种高速电脑系统，主要包括控制器、键盘、屏幕和打印机等。用户通过有关部门将自己的终端机和交易系统的交易机连接上后，交易员只需启动机器，通过键盘输入自己的终端密码，即可在系统内与对方银行联系，比如当前使用最广泛的路透交易系统。路透交易系统由英国路透新闻社推出，利用分散于全球各地和金融中心的新闻记者，广泛采集有关政治、经济、金融、贸易等信息，并通过卫星、交易机等先进的通信工具，以最快的速度向用户提供服务。服务内容主要包括：即时信息服务、即时汇率行情、走势分析、外汇买卖和技术图表分析以及从事外汇交易。全世界参加路透交易系统的银行达数千家，每家银行都有一个指定的英文代号，如中国银行总行代号为BCDD。交易员若想与某银行进行交易，在键盘上输入对方银行代号，叫通后即可询价并与其还价。交易员可同时与两个、三个或四个交易对手询价，即时择优选择汇价成交。交易完毕后，双方的交易过程全部显示在终端机的屏幕上，即可通过打印机打印出来。它是双方交易的唯一文字记录，因而也是最重要的交易合同依据。

补充阅读资料8-2　　　　　　　　　　　　**其他外汇交易系统简介**

1.美联社系统

美联社系统结合了美联社在财经市场上的经验和在提供即时金融数据上的专长。通过个人电脑终端或地区网络，该系统可以提供有关外汇买卖价、投资组合、外汇数据、经济指标和公司活动等信息。美联社系统不同于路透交易系统之处表现在提供的项目上：

（1）汇率服务。客户可以了解到超过100种外币即时汇率报价（包括交叉汇率的报价），根据各主要金融中心的报价，还可以提供金融期货、欧洲美元、境内金融工具、美国政府债券及黄金市场行情。

（2）外汇市场消息。客户可以通过终端机的屏幕查阅所有主要的即时经济新闻，自行浏览每条消息的详细内容。终端机里一般设有警报系统，用以提醒客户注意突发的要闻简报。

（3）期货服务。世界期货市场的即时价格，以及由市场专家撰写的推荐和评论都可以在信息终端机的屏幕上显示出来。其提供了金属、谷物、油料、咖啡、可可豆、糖和橡胶等商品的行情信息。用户可以全套收看，也可以选择个别项目。

（4）资本市场服务。64个国家超过3 500名从事资本市场业务的人员，提供信息给该项服务系统。报价的范围包括欧洲债券、政府和境内发行的票据、认股凭证、商业票据和其他资本市场工具。

（5）股票服务。与亚洲、欧洲、北美洲和澳大利亚主要证券和期货交易所直接连接，为客户带来源源不断的市场信息。美联社在世界各地的记者不断报道有关股票的新闻与价格动向，专家、经纪人和其他专业人士也直接将报价与市场资料输入信息系统。

2.德励财经资讯系统

德励财经资讯系统是1969年创设的电子化金融信息市场，它以即时同步方式，提供全球最新的经济和金融信息。德励财经终端资讯来自全世界各大交易中心、数千家外汇银行、经纪商、证券公司、研究机构等。

德励财经资讯系统的服务主要包括：提供汇价和经济新闻，提供汇率、利率、黄金、证券和期货等的即时同步报价，提供美联社的全球性新闻服务、评论和图表走势，提供1 900家银行及其他专门金融研究机构的市场分析。

除了上述两种外汇交易系统外，美国的银行间清算所交付系统（CHIPS）和环球金融电讯网（SWIFT）也为全球众多外汇交易从业者提供相关服务。

资料来源　根据外汇通网站资料整理.

8.1.5　外汇市场的交易方式

外汇市场的交易方式有许多种，其中即期外汇交易、远期外汇交易和外汇掉期交易是外汇市场上的基本交易形式，被称为传统外汇交易。随着国际金融业的发展，金融工具创新层出不穷，20世纪70年代以后出现了许多外汇交易创新形式，如外汇期货交易、外汇期权交易、货币互换与利率互换交易、远期利率协议等，被称为衍生外汇交易。本章主要介绍传统外汇交易方式，并简单介绍衍生外汇交易方式。

1）即期外汇交易

（1）即期外汇交易的概念。即期外汇交易又称现汇交易，是指买卖双方以当时外汇市场的价格成交，并在两个营业日内办理交割的外汇交易。即期外汇交易是外汇市场上最常见、最普遍的交易形式，其成交汇率构成了外汇市场上所有外汇交易的基础汇率。一般来说，在国际外汇市场上进行外汇交易时，除非特别指定日期，一般都视为即期外汇交易。

（2）即期外汇交易的类型。根据交割日期的不同，可以将即期外汇交易分为三种类型：第一种是标准交割日，即在成交后的第二个营业日交割；第二种是隔日交割，也叫次日交割，即在成交后的第一个营业日交割；第三种是当日交割，即在成交的当日交割。目前大部分的即期外汇交易采取第一种交割方式。

（3）即期外汇交易的惯例。根据国际金融市场惯例，交割日必须是两种货币的发行国家或地区各自的营业日（遇非营业日顺延），并遵循"价值抵偿原则"，即一项外汇交易合同的双方必须在同一时间进行交割，以免任何一方因交割时间不同时而蒙受损失。例如，某年1月24日，纽约花旗银行与日本东京银行通过电话达成一项外汇买卖交易，花旗银行愿意以106.74日元的汇率卖出100万美元，买入10 674万日元；而东京银行也愿意按同样汇率卖出日元，买入美元。1月26日，两家银行分别按对方要求，同时将卖出的货币打入对方指定的账户内（具体方式视双方账户开设情况而定），从而完成这笔买卖。

（4）即期外汇交易的主要作用。其主要包括：①可以满足临时性的支付需要。通过即期外汇买卖业务，客户可将手上的一种外币即时兑换成另一种外币，用以支付进出口贸易、投标、海外工程承包等外汇结算或归还外汇贷款需要。②可以调整外币的币种结构。遵循"不要把鸡蛋放在同一个篮子里"的原则，通过即期外汇交易实现币种转换，规避汇率风险。③可以作为外汇投机的重要工具。这种投机行为既有可能带来丰厚利润，也可能造成巨额亏损。

（5）即期外汇交易实例。

案例一：某公司需在下个星期三归还某外国银行贷款100万美元，而该公司目前持有的货币为日元。

分析：该公司持有日元，而需求货币是美元，可以利用标准交割日的即期外汇交易进行操作，即可以在星期一按1美元=110.00日元的即期汇率向外汇银行购入100万美元，同时出售日元。星期三，该公司通过转账将1.1亿日元交付该行，同时该行将100万美元交付给该公司，该公司便可将美元汇出以归还贷款。

案例二：某客户在银行账户中持有一定数量的美元，近期，美元兑其他主要货币呈现汇率下降的趋势，该客户担心自己的外币资产有所损失。

分析：通过即期外汇买卖，客户可将其持有的美元进行币种转换。例如，根据汇率走势分析，将全部外汇的25%由美元调整为欧元、20%调整为日元、20%调整为英镑等，通过调整货币组合分散汇率风险。

案例三：某日即期外汇市场上美元兑港币的汇率为1美元=7.8377港币，投机者手中有10万美元暂时闲置，经过分析，该客户预期港币将升值。

分析：在看涨港币的情况下，该投机者可将10万美元通过即期外汇交易换成78.377万港币并存到银行赚取利息，假设3个月后港币的即期价格升为1美元=7.7597港币，此时投机者以即期价格卖出港币可得到约10.1万美元，从而获利。但是，如果投机者预测错误，港币价格不升反降，也会遭受相应损失。

补充阅读资料8-3 **外汇交易的规则**

国际外汇市场以无形市场为主，每天有巨额的外汇交易达成。在银行间外汇交易中存在着一些约定俗成的习惯和做法，最后被外汇交易员们认定为规则，在外汇交易中经常使用。这些规则主要有以下几点：

（1）使用统一的标价方法：除了英镑、欧元、澳大利亚元和新西兰元等采用间接标价法以外，其他交易货币一律采用直接标价法，并同时报出买入价和卖出价。

（2）采取以美元为中心的报价方法：由于美元的特殊地位，各国外汇市场现已形成一个规则，即除非特别说明，外汇市场上的货币汇率都是针对美元报价的，非美元货币之间的汇率通过以美元为中介套算得出。

（3）使用小数报价：交易员进行询价、报价以及成交的过程，可能只有几秒钟的时间，汇价的变动一般不可能影响大数汇价的变动。为节省交易时间，把握交易机会，对即期外汇交易，只报出汇价的最后两位数，即小数汇价。

（4）交易单位为100万美元：外汇交易通常以100万美元的整数倍作为外汇交易额，如交易中的"one dollar"表示100万美元。需要注意的是，这种交易规则仅适用于银行间大批量的外汇交易。

（5）客户询价后，银行有义务报价：银行在接受客户询价时，须报出某种货币的买入价和卖出价，并承担按此汇价买进或卖出该货币的义务，但此报价有交易时间和成交金额的限制，即交易一方不能要求另一方按其在10分钟以前给出的报价成交。

（6）交易双方遵守"一言为定"的原则：外汇交易双方必须恪守信用，买卖一经成交不得反悔。以电话达成的交易有电话交易录音，以电传达成的交易有电传机打印的交易记录，以交易系统达成的交易有该系统打印的文字记录。因此，交易双方不得以各种借口抵赖、变更或要求注销。

（7）交易术语规范化：在外汇交易的磋商过程中交易员经常使用简洁语言和行话，以节省交易时间，例如，"five yours"即表示"我卖给你500万美元"，在进行外汇交易时要注意其语言的规范化。

资料来源　刘瑛，张乐. 国际金融［M］. 5版. 大连：东北财经大学出版社，2020.

小思考 8-1

影响汇率波动的主要因素有哪些？

2）远期外汇交易

（1）远期外汇交易的概念和特点。远期外汇交易也称期汇交易，指在外汇买卖成交后并不立即办理交割，而是预先签订远期合约，在合约中约定交易的币种、金额、汇率、交割时间和地点等相关条件，在未来的约定日期再办理交割的外汇交易。远期外汇交易与即期外汇交易的主要区别在于起息日不同，凡是起息日在两个营业日以后的外汇交易均属远期外汇交易，远期外汇交易的交割期限通常为1个月、2个月、3个月、6个月等，其中最为常见的期限是3个月。远期外汇交易最长可以达到1年，超过1年的交易称为超远期外汇交易。在远期外汇交易中，事先约定的未来交割日的汇率称为远期汇率。远期汇率是在即期汇率的基础上，由利用汇率与利率之间的密切联系而发生的套利活动所确定的。

远期外汇交易的特点是：①买卖双方签订合同后，无须立即支付交易货币，而是延至将来某个时间；②买卖规模较大；③买卖的目的主要是保值避险，避免外汇汇率波动带来的风险。因此，远期外汇交易既是一种保值的工具，同时也可以作为投机的工具。

（2）远期汇率的报价方式。在实际外汇交易中，银行远期汇率采用双向报价方式。根据国际惯例，通常有两种远期汇率报价方式：完整汇率报价方式和掉期率报价方式。

完整汇率报价方式又称全数报价法或直接报价方式，是指银行直接报出某种货币远期外汇交易的买入价和卖出价。例如，某年某月某日，某银行报出美元兑港元的3个月远期汇率为USD/HKD=7.7970/80。这种报价方式的最大优点是一目了然，通常应用于银行对顾客的远期外汇报价。此外，日本和瑞士银行同业间的远期外汇交易也采用这一报价方式。

掉期率指某一时点远期汇率与即期汇率的汇率差。掉期率报价方式报出远期汇率与即期汇率差异的点数，故又可称为点数汇率报价方式或远期差价报价方式。用掉期率报

价的好处是简明扼要，能够直接看出远期汇率与即期汇率的关系。银行间的远期汇率报价通常采用这种方式。

掉期率报价有升水、贴水和平价3种方式。升水表示远期外汇比即期外汇贵，贴水表示远期外汇比即期外汇贱，平价表示两者相等。就两种货币而言，一种货币的升水必是另一种货币的贴水。

在不同的汇率报价方式下，远期汇率的计算方式不同。

第一，在直接报价方式下：升水时，远期汇率等于即期汇率加上升水数字；贴水时，远期汇率等于即期汇率减去贴水数字。

案例一：在苏黎世外汇市场上，即期汇率为1USD=0.9603CHF，当3个月美元远期外汇分别为升水0.25生丁（1生丁=100基点）和贴水0.25生丁时，远期汇率各为多少？

分析：苏黎世外汇市场采用直接报价法，应在即期外汇汇率基础上加升水数字或减贴水数字。因此升水时，3个月美元远期汇率为1USD=0.9603+0.0025=0.9628CHF，贴水时，3个月美元远期汇率为1USD=0.9603-0.0025=0.9578CHF。

第二，在间接报价方式下：升水时，远期汇率等于即期汇率减去升水数字；贴水时，远期汇率等于即期汇率加上贴水数字。

案例二：在伦敦外汇市场上，即期汇率为1GBP=1.2640USD，3个月美元远期外汇升水0.46美分（1美元=100美分），则3个月美元远期汇率是多少？如3个月美元远期外汇贴水0.46美分，则3个月美元远期汇率又是多少？

分析：伦敦外汇市场采用间接报价法，应在即期外汇汇率基础上减升水数字或加贴水数字计算。因此升水时，3个月美元远期汇率为1GBP=1.2640-0.0046=1.2594USD，贴水时，3个月美元远期汇率为1GBP=1.2640+0.0046=1.2686USD。

第三，实务中，银行报出掉期率时通常并不标明是升水还是贴水，因此如何判断相关货币是升水还是贴水尤为重要。在外汇市场上，一般根据一个简单原则来做判断：明确即期汇率报价中的基准货币，无论何种报价方式，凡是点数前低后高，即远期汇率等于即期汇率加上点数，基准货币远期为升水；凡是点数前高后低，即远期汇率等于即期汇率减去点数，基准货币远期为贴水。

案例三：某日纽约某银行报出的英镑买卖价为：

即期汇率	GBP/USD=1.2683/93
3个月远期点数	80/70

分析：根据上面给出的判断方法可知，点数前高后低应该在即期汇率基础上减去点数，因此可计算出远期汇率，3个月买入价是1.2683-0.0080=1.2603，3个月卖出价是1.2693-0.0070=1.2623，报价中的基准货币英镑3个月远期是贴水的。

通过对上述案例的分析，可知给出即期外汇汇率和掉期率报价时，不用考虑标价方法，只需明确即期汇率中的基准货币，然后根据掉期率给出的两个数字顺序进行判断，判断原则为："前小后大往上加，前大后小往下减"，即在即期汇率的基础上对买入价和卖出价分别进行加减，然后根据算出的远期汇率判断基准货币的升贴水。汇率数字变大，基准货币即为远期升水；汇率数字变小，基准货币为远期贴水。

远期汇率与利率的关系极为密切，在其他条件不变的情况下，一种货币对另一种货币是升水还是贴水，升水或贴水的具体数字以及升水或贴水的年率，受两种货币之间的利率水平与即期汇率的直接影响。

3）外汇掉期交易

（1）外汇掉期交易的概念。外汇掉期交易是指在外汇市场上买进（或卖出）某种外币的同时，卖出（或买进）金额相等但期限不同的同一种外币的外汇业务。掉期业务实际上由两笔外汇业务构成，两笔业务交易的货币金额及币种相同，期限与汇率不同。进行掉期交易的主要目的是轧平各货币因到期日不同所造成的资金缺口，进行资金调度。

（2）外汇掉期交易举例。例如，瑞士某银行因业务经营的需要，以瑞士法郎购买3 000万欧元存放于米兰3个月。为防止3个月后欧元汇率下跌，存放于米兰的欧元不能换回原来数额的瑞士法郎，瑞士某银行就利用掉期业务，在买进3 000万欧元现汇的同时，卖出3个月欧元期汇，从而转移在此期间欧元汇率下跌而承担的风险。

（3）外汇掉期交易的种类。根据交割日的不同，外汇掉期交易分为3种类型。

第一种为即期对远期的掉期交易。这是最常见的掉期交易，相当于在即期卖出甲货币、买进乙货币的同时，反方向地买进远期甲货币、卖出远期乙货币的外汇交易。即期对远期的掉期交易还可细分为两大类型：即期对1周，即自即期交割日算起，为期1周的掉期交易；即期对数月，即自即期交割日算起，为期1个月、2个月、3个月或6个月等整数月的掉期交易。

第二种为即期对即期的掉期交易。这是指由当日交割或隔日交割和标准即期外汇交易组成的掉期交易。这种掉期交易一般用于银行间同业的资金拆借。

第三种为远期对远期的掉期交易。这是指同时买进并卖出两笔同种货币不同交割期限的远期外汇。一种方法是买进较短交割期限的远期外汇（如1个月），卖出较长交割期限的远期外汇（如3个月）。另一种方法正相反，买进期限较长的远期外汇，而卖出期限较短的远期外汇。例如，某银行在卖出200万1个月远期欧元的同时买进200万3个月远期欧元，就构成此种类型的掉期交易。远期对远期的掉期交易可以使银行及时利用较为有利的机会，从汇率变动中获利，因而越来越受重视。

4）套汇与套利交易

（1）套汇交易。套汇是指套汇者利用同一时刻两个或两个以上外汇市场上某些货币的汇率差异进行贱买贵卖，从中套取差价利润的行为。通常所说的套汇一般都是指地点套汇，其具体做法是：在价格较低的市场上买进某种货币，转而在价格较高的市场上将这种货币卖出，从中获取差价收益。例如，某日纽约外汇市场上美元和欧元的汇率为1 EUR =1.1425USD，同时法兰克福外汇市场上汇率为1 EUR =1.1325USD，两个外汇市场上美元兑欧元的汇率不一致，存在套汇机会。交易者可以在纽约外汇市场上卖出欧元、买入美元，同时在法兰克福外汇市场上卖出美元、买入欧元，实现低买高卖，不考虑其他成本，每交易1欧元即可获得0.01美元的套汇收入。在外汇市场上，由于交易者的信息不完全，不同市场或不同银行报出的汇率会出现短暂的差异，由此产生了套汇的机会。随着现代通信设备越来越先进，套汇机会也逐渐减少。

（2）套利交易。套利又称利息套汇，是指在两国短期利率出现差异的情况下，将资金从低利率的国家调到高利率的国家，赚取利息差额的行为。例如，美国金融市场短期利率的年息为7%，而在英国则为9.5%，于是短期投资者可以在美国以7%的年息借入一笔资金，购入英镑现汇，汇往英国。如不考虑手续费等因素，在英国英镑存款的利息收入比在美国高2.5%，即为英、美两国短期利率的差额。由于调往英国的资金无论是自有的还是借入的，都要承担英镑汇率波动的风险，因此，在美国购进英镑现汇的同时，一般还要做一笔远期外汇买卖，即同时在英国售出与这笔美元资金等值的英镑远期外汇，以避免英镑汇率波动带来的损失。

套利与套汇一样，是外汇市场上重要的交易活动。由于目前各国外汇市场联系十分密切，一有套利机会，大银行或大公司便会迅速投入大量资金，最终促使各国货币利差与货币远期贴水率趋于一致，使套利者无利可图。套利活动使各国利率和汇率形成了一种有机联系，两者互相影响制约，推动国际金融市场一体化进程。

补充阅读资料8-4　　　　　　　　　　　无本金交割远期外汇交易NDF

无本金交割远期外汇交易（Non-deliverable Forwards，NDF）实际上是远期外汇交易的一种，与一般意义上的远期外汇交易不同的是，无本金交割远期外汇交易不做本金的实物交割，而是根据契约所订立的远期汇率与到期即期汇率之差进行差额交割。无本金交割远期外汇交易由银行充当中介机构，供求双方基于对汇率判断（或目的）的不同，签订非本金交割远期外汇交易合约，确定远期汇率，合约到期时只需将该汇率与实际汇率差额进行交割清算，结算的货币是自由兑换货币（一般为美元），无须对本金进行交割。无本金交割远期外汇交易的期限一般在数月至数年之间，主要交易的是一年期和一年以下的品种，超过一年期的合约一般交易不够活跃。无本金交割远期外汇交易市场起源于20世纪90年代，可让投资人押注不可自由兑换货币的走势或进行避险，主要用于实行外汇管制国家的货币。人民币、越南盾、韩元、印度卢比、菲律宾比索等亚洲新兴市场国家货币都存在无本金交割远期外汇交易市场，与这些国家存在贸易往来或设有分支机构的公司可以通过无本金交割远期外汇交易进行套期保值，以此规避汇率风险。无本金交割远期外汇交易市场的另一功能是可用于分析这些国家汇率的未来走势，由于人民币目前还不可自由兑换，了解无本金交割远期外汇交易市场的基本知识对关注人民币汇率走势很有益处。

资料来源　刘金波．外汇交易原理与实务［M］．2版．北京：人民邮电出版社，2016.

5）外汇期货与期权交易

（1）外汇期货交易。其又称货币期货交易，是指外汇交易双方在外汇期货交易所通过经纪公司或经纪商以公开竞价的方式，买入或卖出未来某一特定日期的标准化外汇期货合约的交易。外汇期货交易属于金融期货，金融期货除了外汇期货交易外，还包括黄金期货、指数期货、利率期货等。

外汇期货交易的主要特点：①外汇期货交易以美元作为报价货币。在外汇期货报价时，采取一个单位交易货币折合美元的形式，买卖双方可以只报数额，不用报货币单位。②外汇期货交易合约是标准化的。其标准化体现在3个方面，即每种交易货币的每份合约代表的货币数额是标准化的、交割月份与交割日期是标准化的、每种交易货币的价格波动幅度限制是标准化的。③外汇期货交易采用保证金制度。保证金分为两种，即初始保证金和维持保证金。初始保证金是外汇期货交易成交后，买卖双方按照规定的比例交付的资金，通常是按照交易金额的2%～3%交纳，且每天根据市场价格变动计算盈亏入账；维持保证金是指当期货价格发生变动时，客户必须保持其保证金账户内的最低保证金金额，一般情况下，维持保证金是初始保证金的70%～80%。如果账面金额低于维持保证金水平，则必须追加资金使之重新达到初始保证金水平。④外汇期货交易的履约方式特殊。外汇期货交易通过买卖合约的转让即对冲平仓免除到期交割实物的义务，现代期货交易中，95%以上的交易都是通过对冲交易进行履约，大大提高了外汇期货市场的流动性。期货交易是在有组织的期货交易所内以公开竞价的方式成交，最早是通过公开喊价的方式，现在是在电脑内由系统撮合成交，价格和信息的公开性也是其重要特点。

外汇期货交易与远期外汇交易之间有很多相似之处，例如实际交易都发生在将来某一日期、交易中都需要远期合约等，但两者之间存在一些实质性区别。第一，买卖双方的合约责任关系不同。外汇期货交易中的买卖双方分别与期货市场的结算所签订合约，买卖双方与结算所具有履约责任关系，彼此之间并无直接合约责任关系；而远期外汇交易双方（客户与银行）具有合约责任关系。第二，远期合约标准化程度不同。外汇期货交易是对标准化期货合约的买卖；而远期外汇交易在成交单位、价格、交割期限、交割地点等方面均无统一规定，根据买卖双方需求自由议定。第三，报价内容不同。外汇期货交易的买方和卖方只报出一种价格，买方只报买价，卖方只报卖价；而远期外汇交易的买方或卖方报出两种价格，既报买价，又报卖价。第四，交割方式不同。外汇期货交易一般不进行最后交割，而是"以卖冲买"或"以买冲卖"的原则对冲合约；远期外汇交易大多数需要进行最后交割。

（2）外汇期权交易。它是期权合约的买方付出期权费，获得以协定价格买卖某种约定数量的货币的权利（也可以放弃这种权利），而合约的卖方获得期权费，承担汇价波动风险的交易。外汇期权交易实际上是一种权利的买卖，权利的买方在支付一定数额的期权费后，有权在未来的一定时间内按约定的汇率向权利的卖方买进或卖出约定数额的外币，权利的买方也有权不执行上述买卖合约。不论是否履约，买方所交纳的期权费都不能退回。外汇期权交易既为交易者提供了外汇保值的方法，又提供了从汇率变动中获利的机会，具有较大的灵活性。

外汇期权交易的特点是：①外汇期权交易的协定汇价都以美元为报价货币。②与外汇期货交易一样，外汇期权交易一般采用标准化合约，有标准的货币数量、标准的交割期等。③外汇期权交易的买卖双方权利义务是不对等的，即期权的买方拥有选择的权利，期权的卖方承担履约的义务。当合约的协定汇价对买方有利时，买方就执行合约；当协定汇价对买方不利时，买方就放弃执行。无论期权的买方选择执行与否，卖方都必须满足对方要求。④外汇期权交易买卖双方的收益与风险是不对称的，这是由买卖双方权利义务不对等所决定的。对期权买方而言，其成本是固定的，即其所支付的期权费，而收益在理论上可以是无限的；对期权的卖方而言，其最大收益是期权费，损失是无限的。当然，期权买卖双方权利义务的不对等是表面上的，并不意味着买方一定能获得利益。在市场价格波动很大的情况下，买方需要支付很高的费用来购买期权。

根据不同的标准，外汇期权交易有不同的分类：

第一，看涨期权和看跌期权。这是根据期权的买方买入或卖出某种货币的角度不同来划分的。看涨期权又称买权，期权的买方与卖方约定在到期日或期满前买方有权按约定的汇率向卖方买入特定数量的货币；看跌期权又称卖权，期权的买方与卖方约定在到期日或期满前买方有权按约定的汇率向卖方卖出特定数量的货币。在此基础上，还有双向期权，即买方同时买进了看涨期权和看跌期权，使买方获得了在未来一定期限内根据合约所确定的价格买进或卖出某种外汇的权利。

第二，美式期权和欧式期权，这是根据行使权力有效日的不同来划分的。美式期权是指期权的买方可以在期权到期日之前的任何一个营业日行使选择权的外汇期权；欧式期权是指期权的买方只能在期权到期日当天才能行使选择权的外汇期权。

8.1.6　全球主要外汇市场

目前，全世界有30多个主要的外汇市场，它们分布于各大洲的不同国家和地区。根据传统的地域划分，可分为亚洲、欧洲、北美洲三大部分，其中，最重要的有欧洲的伦敦、法兰克福、苏黎世和巴黎，美洲的纽约和洛杉矶，澳大利亚的悉尼，亚洲的东京、新加坡和中国香港等。另外，一些新兴的区域性外汇市场如巴拿马、开罗和巴林等也大量涌现，并逐渐走向成熟。各大外汇市场被空间和时差所隔，每个市场都有其自身的特点，各自独立又相互影响。

这些外汇市场以其所在的城市为中心，辐射周边的其他国家和地区。由于所处的时区不同，各外汇市场在营业时间上此开彼关，相互衔接，它们相互之间通过先进的通信设备和计算机网络连成一体，市场的参与者可以在世界各地进行交易，外汇资金流动顺畅，形成了全球一体化运作、全天候运行的国际外汇市场。表8-1为全球主要外汇市场交易时间表。

8.1.7　外汇市场的风险

1）外汇风险的概念

外汇风险是指由于汇率波动而使一项以外币计值的资产、负债、盈利或预期未来现金流量（不管是否确定）的本币价值发生变动而给外汇交易主体带来的不确定性。对于具有外币资产与负债的关系人来讲，外汇风险可能有两个结果：获得盈利或遭受损失。由此，外汇风险有狭义和广义之分：广义的外汇风险是指既有损失可能性又有盈利可能

表 8-1　　　　　　　　　　　　　全球主要外汇市场交易时间表

地区	主要市场	当地时间	北京时间
亚太地区	惠灵顿	09：00—17：00	04：00—12：00
	悉尼	09：00—17：00	06：00—14：00
	东京	09：00—15：30	08：00—14：30
	中国香港	09：00—16：00	09：00—16：00
	新加坡	09：30—16：30	09：30—16：30
欧洲	苏黎世	08：30—15：00	13：30—20：30
	法兰克福	09：00—16：00	14：00—21：00
	巴黎	09：00—16：00	16：00—23：00
	伦敦	09：30—15：30	16：30—（次日）00：30
北美洲	纽约	08：30—15：00	20：30—（次日）03：00
	芝加哥	09：30—16：00	21：30—（次日）04：00
	旧金山	08：30—15：00	00：00—（次日）07：00
	洛杉矶	08：30—15：00	00：00—（次日）07：00

性的风险；狭义的外汇风险仅指给经济主体带来损失可能性的风险。一般认为，外汇风险产生于不同货币之间的兑换，只要有币种之间的兑换，就不可避免地存在外汇风险，实际上，一些以本币计值的预期未来现金流量也可能遭受外汇风险。比如，一家在本土市场上销售汽车的德国公司同一家美国公司竞争，在这种情况下，如果美元兑换比率发生变化，势必通过生产成本、销售价格的变化影响到两个公司预期现金流量的现值，从而提高或降低德国公司同美国公司竞争中的地位。

2）外汇风险的分类

按照分析惯例，一般将外汇风险划分为交易风险、经济风险和折算风险。

（1）交易风险。由于外汇汇率波动而引起的应收资产与应付债务价值变化的风险即为交易风险。交易风险是国际企业面临的最主要的外汇风险，主要表现在以下几个方面：

第一，以即期或延期付款为支付条件的商品或劳务的进出口，在装运货物或提供劳务后，货款或劳务款尚未收付期间，外汇汇率变化所产生的风险。例如，我国某公司 2 月 1 日从日本进口一批价值 100 万美元的家电，双方签订 6 个月远期合约，8 月 1 日进行交割。签约时美元兑日元汇率为 USD/JPY=116.10，美元兑人民币汇率为 USD/CNY=7.1300。8 月 1 日交割时汇率发生变化，1 美元兑换 109.20 日元，兑人民币汇率升至 7.1330。由于合同货币美元在半年内对日元和人民币分别有所贬值和升值，因此对中日双方来讲，均面临外汇风险。经过计算可知，中国进口商损失金额为 3 000 元人民币（（7.1330-7.1300）×1 000 000），日本出口商损失金额为 6 900 000 日元（（116.10-109.20）×1 000 000）。

第二，以外币计价的国际信贷活动，在债权债务未清偿前所存在的风险。例如，中国国际信托投资公司在日本东京发行 200 亿日元公募武士债券，期限为 5 年，债务形成时市场汇率为 USD1=JPY108.30，将其兑换为美元数额为 1.8467 亿美元。5 年后，债务清偿时美元兑日元汇率变为 USD1=JPY97.26，该公司应该偿还的本金数额变为 2.0563 亿美元，损失 0.2096 亿美元。

第三，由于交易者进行期货、期权、远期交易或者外汇银行在即期交易市场上持有各种货币的多头或空头，也面临外汇交易风险。

（2）经济风险。它又称经营风险，是指由于外汇汇率发生意外波动而引起企业未来收益发生变化的一种潜在的风险。收益变化的幅度主要取决于汇率变动对该企业的产品数量、价格与成本可能产生影响的程度。潜在的经济风险直接关系到企业在海外的经营效果或一家银行在国外的投资效益。例如，我国某啤酒厂在 20 世纪 80 年代初，使用美元外汇贷款从国外进口了当时非常先进的啤酒生产设备，产品质量、销售情况也很好，毛利润当时在 40% 左右，但到了 90 年代，美元兑人民币的汇率出现了很大变化，从 1 美元兑 5 元多人民币涨至 1 美元兑 8 元多人民币，汇率涨幅达 60% 左右，由于该企业产品在国内销售，使用人民币结算，又无其他外汇来源，因此不得不用人民币购买相应的美元外汇来偿还银行贷款，但此时人民币汇率的飙升使企业的经营利润远远不能弥补巨大的汇率损失，企业难以为继，最后不得不破产。由此可见，经济风险是一种概率分析，是企业从整体上进行预测、规划和经济分析的一个具体过程，很大程度上取决于公司的预测能力，预测的准确程度将直接影响该公司在融资、销售与生产方面的战略决策。

（3）折算风险。它又称会计风险，它是指在对资产负债表、利润表等以外币计值的会计报表以母国货币进行折算过程中所产生的外汇风险。它是因报告日与资产负债表各项目发生日的汇率差异所形成的一种账面风险，是一种存量风险。折算风险受不同国家的会计制度与税收制度的制约，非本章研究范围。

3）外汇风险的管理方法

外汇风险管理是指涉外经济主体对外汇市场可能出现的变化采取相应的对策，以避免汇率变化可能造成的损失。外汇风险管理对政府、银行和企业来说，主要有事前外汇风险的防范和事后外汇风险的转嫁。

事前外汇风险的防范，主要是通过改善内部管理、提高外汇业务水平来实现。首先，要做好合同货币的选择。一般选择货币的原则是：进口商、借贷资金的输入者争取使用软通货，出口商、借贷资金的输出者争取使用硬通货；尽量选用本币作为计价货币，在买卖双方争执不下时，选择第三国货币；尽可能选择可自由兑换的货币。其次，要多元化地经营国际贸易业务，在国际市场中商品的分散销售和生产原料多渠道进口，是防范外汇风险的基本策略。它可以在汇率波动时，使不同市场上的商品价格的差异带来的风险相互抵消。最后，筹集资本多样化。要从多个资本市场以多种货币形式筹集资金。

事后外汇风险的转嫁，主要是利用外汇市场金融资产的交易来实现。这种交易分为两类：一是利用传统的外汇交易如即期、远期、掉期等。二是利用金融衍生工具如期货、期权、互换、远期利率协议、固定利率协议等。

8.2 我国的外汇市场

改革开放前，我国实行计划经济体制下的外汇管理政策，外汇由国家综合平衡、统一分配使用，没有外汇市场。1979年，我国开始对出口企业实行外汇留成制度，允许留成的外汇相互调剂，产生了外汇调剂市场，并由此形成了官方汇率与调剂市场汇率并存的双重汇率制度。1994年到21世纪初，我国对外汇管理体制进行了重大改革，取消外汇留成与上缴，实施银行结售汇，实行以市场供求为基础的、单一的、有管理的浮动汇率制度，建立了全国统一的银行间外汇市场，实现人民币经常项目可兑换，初步确立了市场配置外汇资源的基础地位。2005年，我国启动了完善人民币汇率形成机制改革，人民币不再盯住单一美元，而是参考一篮子货币计算多边汇率指数的变化，维护人民币汇率在合理均衡水平上的基本稳定。2015年8月，中国人民银行宣布实施人民币汇率形成机制改革，以货币供求变化为依据，使汇率保持在适宜的均衡水平，逐步形成有管理的浮动汇率体系。2016年，人民币被国际货币基金组织纳入特别提款权货币篮子，向国际化大步迈进。

8.2.1 我国外汇市场的层次

我国外汇市场分为两个不同的层次，即银行对客户市场和银行间外汇市场。

1）银行对客户市场

银行对客户市场又称为零售市场，是外汇指定银行与客户之间交易的市场。外汇指定银行根据中国人民银行公布的基准汇率，在规定的幅度内制定挂牌汇率，办理对企业和个人的结售汇。银行结售汇包括结汇、售汇和付汇。"结汇"是指企业和个人通过银行或其他交易中介卖出外汇换取本币；"售汇"是指企业和个人通过银行或其他交易中介用本币买入外汇；"付汇"是指企业和个人通过金融机构对外支付外汇。在结售汇制度下，外汇指定银行使用自有本外币资金办理结售汇业务，进行外汇买卖时，有时买多，有时卖多，这就会引起银行外汇持有量（外汇头寸）的变化。当银行的外汇头寸超出或低于规定的数额即银行结售汇周转头寸时，就需要在银行之间进行外汇头寸相互调节和平补的交易。

补充阅读资料8-5　　　　　　　　　上海首次跻身八大外汇交易中心

在外汇及黄金市场实现每天24小时连续不间断交易后，全球外汇交易活动越来越集中在少数金融中心。国际清算银行（BIS）2019年9月16日公布的每三年一次的外汇调查报告让我们更加清晰地看到，全球外汇交易的集中区域以及交易量大幅攀升。报告显示，2019年的全球外汇交易大多数通过英国、美国、中国香港、新加坡以及日本等五个国家和地区进行，该区域占据全球79%的交易量，其中英国与美国合计占比60%。

值得注意的是，中国内地外汇交易活动大幅增加，成功跻身全球第八大外汇交易中心行列。上海作为中国最为重要的金融中心，且是中国外汇交易中心所在地，绝大多数外汇交易活动在上海完成。随着中国监管部门不断扩大对金融市场的开放，以及更多金融改革措施出台，上海不断向国际金融中心的目标迈进。上海打造国际金融中心，最重要的对标对象之一就是伦敦。伦敦在国际机构集聚度、市场参与度、离岸业务比重等方面的显著优势，恰是上海亟待提升的短板。

金融中心：上海

日均外汇交易量：1 360亿美元

全球外汇交易量占比：1.6%

从国际清算银行的数据可以看出，相比往年，2019年中国外汇交易活动大幅增加，日均交易量1 360亿美元，相比2016年飙涨了87%，排名从三年前的第13位到目前的第8位，这是一个跳跃式的上升。这也从侧面说明中国金融市场开放激活了外汇等交易活动，也印证了人民币国际化不断向前的步伐。

资料来源　汇商传媒. 重磅报告：全球日均外汇交易量6.6万亿美元，上海首次跻身八大交易中心［EB/OL］.［2019-09-17］. https://www.sohu.com/a/341484698_189372.

2）银行间外汇市场

银行间外汇市场是指经中国人民银行、国家外汇管理局批准可以经营外汇业务的境内金融机构（包括中外资银行和非银行金融机构）之间通过中国外汇交易中心的银行间外汇交易中心系统进行人民币和外汇之间交易的市场。该市场具有以下特点：

（1）市场采取有固定交易场所的有形市场的组织形式。我国银行间外汇市场，又称中国外汇交易中心系统，成立于1994年4月，总部设在上海，备份中心建在北京，在广州、成都、天津、大连等各个中心城市设有分中心，总、分中心之间通过计算机联网，基本上形成一个覆盖全国的外汇交易系统。

（2）实行做市商制度。我国银行间外汇买卖的交易主体分为做市商和会员两类，采取做市商报价驱动的电子竞价交易模式。

会员指经批准进入银行间外汇市场交易的机构，分为人民币外汇会员和外币对会员，会员应签署"外汇交易系统会员协议"并遵守银行间外汇市场交易规则等规章制度。做市商指经批准向银行间外汇市场持续提供买、卖双向报价并在规定范围内承诺按所报价格成交的机构，分为人民币外汇做市商和外币对做市商。做市商须签署"做市主协议"并遵守银行间外汇市场做市商相关规章制度。同一机构经批准可以同时具备人民币外汇会员、人民币外汇做市商、外币对做市商、外币对会员中的一个或多个身份。但人民币外汇做市商必须是人民币外汇会员，外币对做市商则并非必须为外币对会员。会员入市可以通过以下两种方式进行：一是现场交易，会员指派其交易员进入交易市场中心固定的交易场所，通过交易中心为其设立的专用交易台进行交易。二是远程交易，会员通过其与交易中心系统的计算机联网，在自己设置的交易台进行交易。中央银行公开市场业务操作室作为会员，对外汇市场进行适时干预与调控。

（3）交易模式。银行间外汇市场提供的外汇交易业务模式，包括竞价交易和询价交易。竞价交易也称匿名交易，指交易双方通过外汇交易中心系统匿名报价，系统按照"价格优先、时间优先"的原则进行匹配，达成交易，交易达成后双方通过集中清算模式进行清算的交易模式。竞价交易仅适用于外汇即期交易。询价交易指有双边授信关系的交易双方，通过外汇交易中心系统双边直接协商交易要素达成交易，交易达成后双方通过双边清算模式或其他模式进行清算的交易模式。

（4）清算制度。中国银行间外汇市场清算指交易的匹配确认、盈亏以及双方支付或交割权利义务的计算、结算指令的发送和到账确认等过程。清算包括集中清算和双边清算两种模式，也可以分为全额清算和净额清算两种方式。集中清算指外汇交易达成后，第三方作为中央清算对手方分别向交易双方独立进行资金清算。双边清算指外汇交易达成后，由交易双方按交易要素直接进行资金清算。全额清算指交易双方对彼此之间达成的交易按照交易要素逐笔进行资金清算。净额清算指对同一清算日的交易按币种进行轧差，并根据轧差后的应收或应付资金进行结算。

补充阅读资料8-6 　　　　　　国家外汇管理局公布2020年5月中国外汇市场交易概况数据

国家外汇管理局统计数据显示，2020年5月，中国外汇市场（不含外币对市场，下同）总计成交15.67万亿元人民币（等值2.21万亿美元）。其中，银行对客户市场成交2.33万亿元人民币（等值3 280亿美元），银行间市场成交13.34万亿元人民币（等值1.88万亿美元）；即期市场累计成交5.81万亿元人民币（等值8 177亿美元），衍生品市场累计成交9.86万亿元人民币（等值1.39万亿美元）。

2020年1—5月，中国外汇市场累计成交74.96万亿元人民币（等值10.67万亿美元），见表8-2。

表8-2　　　　　　　　　　2020年1—5月中国外汇市场交易概况　　　　　　　单位：亿元人民币

交易品种	2020年1月	2020年2月	2020年3月	2020年4月	2020年5月	合计
一、即期	58 905	48 375	70 460	57 732	58 054	293 527
银行对客户市场	18 188	18 067	24 453	19 413	18 243	98 364
其中：买入外汇	9 089	8 806	11 894	9 404	8 558	47 750
卖出外汇	9 099	9 262	12 559	10 009	9 685	50 614
银行间外汇市场	40 717	30 308	46 007	38 319	39 811	195 163
二、远期	1 759	2 600	4 288	2 241	2 511	13 398
银行对客户市场	1 362	2 071	3 334	1 530	1 975	10 272

交易品种	2020年1月	2020年2月	2020年3月	2020年4月	2020年5月	合计
其中：买入外汇	370	485	1 084	619	717	3 275
卖出外汇	992	1 586	2 250	911	1 258	6 997
其中：3个月（含）以下	574	769	1 203	519	753	3 818
3个月至1年（含）	650	1 077	1 700	724	1 041	5 192
1年以上	138	225	430	287	181	1 262
银行间外汇市场	397	529	954	711	535	3 126
其中：3个月（含）以下	306	366	718	597	456	2 443
3个月至1年（含）	89	126	140	31	61	447
1年以上	1	37	96	83	19	236
三、外汇和货币掉期	69 746	68 345	94 246	98 476	91 258	422 071
银行对客户市场	758	847	2 176	2 481	1 280	7 542
其中：近端换入外汇	89	181	603	628	436	1 935
近端换出外汇	669	667	1 574	1 853	844	5 607
银行间外汇市场	68 988	67 498	92 070	95 995	89 978	414 529
其中：3个月（含）以下	58 431	59 909	77 489	85 575	78 062	359 466
3个月至1年（含）	10 065	7 392	14 103	9 933	11 345	52 839
1年以上	492	197	478	487	570	2 224
四、期权	3 912	2 862	4 652	4 289	4 858	20 572
银行对客户市场	1 389	1 017	2 208	1 423	1 788	7 825
其中：买入期权	670	462	1 079	745	983	3 939
卖出期权	720	554	1 129	678	805	3 886
其中：3个月（含）以下	652	392	697	428	542	2 710
3个月至1年（含）	607	538	1 182	827	1 018	4 172
1年以上	131	87	329	168	229	944
银行间外汇市场	2 522	1 845	2 445	2 866	3 069	12 747

交易品种	2020年1月	2020年2月	2020年3月	2020年4月	2020年5月	合计
其中：3个月（含）以下	1 730	1 238	1 625	1 847	2 198	8 639
3个月至1年（含）	776	599	812	1 018	865	4 071
1年以上	16	8	7	0	6	38
五、合计	134 321	122 181	173 646	162 738	156 681	749 568
其中：银行对客户市场	21 697	22 002	32 171	24 847	23 286	124 003
银行间外汇市场	112 624	100 179	141 475	137 891	133 395	625 564
其中：即期	58 905	48 375	70 460	57 732	58 054	293 527
远期	1 759	2 600	4 288	2 241	2 511	13 398
外汇和货币掉期	69 746	68 345	94 246	98 476	91 258	422 071
期权	3 912	2 862	4 652	4 289	4 858	20 572

资料来源　根据国家外汇管理局网站资料整理.

8.2.2　我国个人外汇买卖

一直以来，我国外汇指定银行对个人只经营传统的外汇储蓄业务，而不做个人外汇买卖。传统外汇储蓄业务是一种存取业务，以获取利息为目的，而个人外汇买卖是一种交易行为，以获取汇率差额为主要目的，客户还可以通过该业务把自己持有的外币转为更有升值潜力或利息较高的外币，以赚取汇率波动的差价或更高的利息收入。随着我国对外经济交往的日益扩大，我国居民手中持有的外汇资产数量越来越多。对持有外汇资产的居民来说，如何使手中的外汇资产保值增值成为其关注的要点；而对各家银行来讲，通过什么样的渠道将居民手中的外汇吸引进本行也是至关重要的。1993年，中国银行率先推出个人外汇买卖实盘交易，此后，各家商业银行竞相开通此类业务，并进一步推出各种外汇理财产品，个人外汇买卖如火如荼地发展起来，"炒汇"已成为家喻户晓的词汇。

目前，国内各大银行都开通了个人外汇理财业务。个人外汇理财业务是指商业银行为个人客户提供的、以外汇为交易标的或服务内容的财务分析、财务规划、投资顾问、资产管理等专业化服务活动。根据业务内容的不同，个人外汇理财业务可分为：外汇买卖类业务、外汇期权类业务、外汇结构性存款类业务和外汇投资咨询类业务。外汇买卖类业务包含了银行提供的外汇实时交易、委托交易、委托撤单、委托查询等业务。外汇期权类业务是指银行向客户提供的以各种外汇为标的的期权，包括买权和卖权。外汇结构性存款业务是指银行以外汇存款为交易主体，综合运用外汇金融衍生工具将国际金融市场上各类外汇产品进行组合和包装，向客户提供的一揽子外汇交易产品。外汇投资咨询类业务涵盖了银行向客户提供的各类有关外汇产品投资咨询和分析的服务。其中，个人实盘外汇买卖是最有效的个人外汇资产保值增值的金融工具之一，成为继股票、债券后又一金融投资热点。

1）个人外汇买卖的概念

个人外汇买卖一般有实盘和虚盘之分，目前我国对居民个人只开展了实盘外汇买卖。个人实盘外汇买卖，是指个人客户在银行通过柜面服务人员或其他电子金融服务方式进行的不可透支的可自由兑换外汇（或外币）间的交易。个人虚盘外汇买卖，是指个人在银行交纳一定的保证金后进行的交易金额可以放大若干倍的外汇（或外币）间的交易。

2）个人外汇买卖的交易货币

各大外汇指定银行的个人外汇买卖可交易的货币种类各不相同，但基本上都包括美元、欧元、日元、英镑、瑞士法郎、港元、澳大利亚元等主要货币，有的银行还包括加拿大元、新加坡元等。

居民个人可以通过个人实盘外汇买卖进行以下两类交易：一是与美元有关的货币兑换交易，如美元兑欧元、美元兑日元、英镑兑美元、美元兑瑞士法郎、澳大利亚元兑美元等直接盘交易；二是非美元货币之间的交易，如英镑兑日元、澳大利亚元兑日元、日元兑瑞士法郎等，此类交易被称为交叉盘交易。个人外汇买卖的价格由基准价格和买卖差价两部分构成，买价为基准价减买卖差价，卖价为基准价加买卖差价。银行根据国际外汇市场行情，按照国际惯例进行报价。

3）个人外汇买卖的交易手段和方式

目前，我国个人外汇买卖的交易手段主要有手工柜台交易、电话委托交易、自助终端交易、网上银行交易以及手机银行交易等。

最常见的交易方式有市价交易和委托交易两种。市价交易，又称即时交易、时价交易，即根据当前的报价即时成交；委托交易，又称挂盘交易，即投资者可以先输入包含理想交易价位和交易数量的交易指令，当报价达到投资者希望成交的汇价水平时，系统立即根据投资者的委托指令成交。

4）个人外汇买卖的交易流程

（1）了解银行个人实盘外汇买卖业务。以中国工商银行开办的"汇市通"外汇买卖为例，"汇市通"是中国工商银行面向个人客户推出的外汇买卖业务，是指客户在规定的交易时间内，通过个人外汇买卖交易系统（包括柜台、电话银行、网上银行、手机银行、自助终端等），进行不同币种之间的即期外汇交易。通过"汇市通"交易，可以实现以下目的：第一，外汇币种转换。将手中持有的外币直接换成另一种所需的外币。第二，赚取汇率收益。根据外汇市场上的每日汇率变动进行买卖操作，从而赚取汇差收益。第三，资产保值增值。将一种利率较低的外汇转换成另外一种利率较高的外汇，从而可以获得利差收益。

（2）开户申请外汇交易业务。按照银行要求，凭本人有效身份证件在银行开立账户并存入一定数量的外币现汇或现钞，向银行申请开办外汇买卖业务并经审核同意。

以中国工商银行手机银行业务为例，在手机银行界面中申请外汇交易账户，如图8-1、图8-2所示。

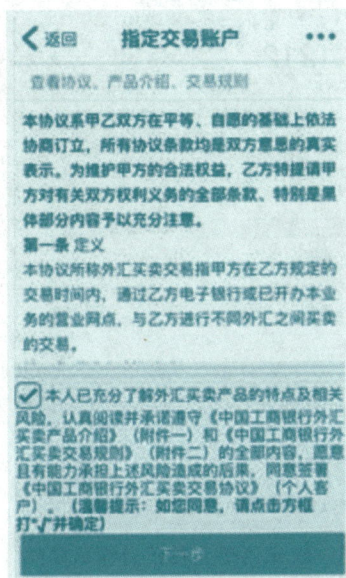

图8-1 申请外汇指定交易账户

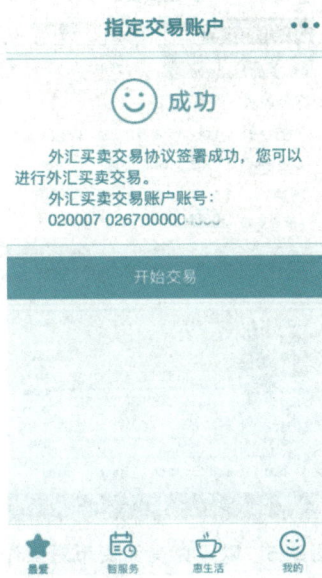

图8-2 申请指定交易账户成功

（3）进行个人实盘外汇买卖操作。根据账户中所持外币种类，进行基本盘或交叉盘外汇买卖，在不同货币间转换并赚取一定的汇差，以达到保值、增值的目的。

以中国工商银行手机银行业务为例，可进行外汇基本盘或交叉盘交易，并可选择先买后卖或先卖后买两种不同开仓模式，如图8-3、图8-4所示。

图8-3 外汇买卖基本盘交易行情

图8-4 外汇买卖交叉盘交易行情

以基本盘中欧元兑美元货币对的先买后卖开仓为例，可根据对市场的判断选择实时交易或挂单交易形式，然后输入价格或数量并确认下单，如图8-5、图8-6所示。

图8-5 欧元兑美元货币对操作

图8-6 欧元兑美元货币对挂单操作

5）个人外汇买卖应注意的问题

（1）因受国际上各种政治、经济因素，以及各种突发事件的影响，汇价经常处于剧烈的波动之中，因此进行个人实盘外汇买卖，风险与机遇并存。基于任何投资产品都具有风险的特性，在决定买卖前，投资者应先了解交易的风险，并考虑个人对风险的承受力、期望回报等。

（2）由于汇率随时变动，当银行经办人员为客户办理买卖成交手续时，会出现银行报价与客户申请书所填写的汇率不一致的现象，若客户接受新的价格并要求交易，应重新填写申请书，以新的汇率进行交易。

（3）个人实盘外汇买卖一旦成交，不能撤销。这与国际惯例是完全一致的。交易成交的认定以银行经办人员按客户申请书内容将其输入电脑，并打印出个人外汇买卖证实书为准。

（4）客户有义务在接到外汇买卖交易单时，核对交易内容是否与个人申请书内容一致，以便发现问题当场解决。

（5）银行在办理交易所需的必要工作时间之内，因市场发生突变或出现其他无法防范的因素而导致交易中断，造成客户未能完成交易的，银行不予负责。

6）我国个人外汇买卖的基本规则

作为个人外汇买卖的投资者，不但要了解有关外汇及国际外汇市场的基本知识，更要明确我国外汇买卖的一些基本规则。

（1）个人实盘外汇买卖是外币与外币之间的买卖，人民币不是可自由兑换货币，因此人民币不可以进行个人实盘外汇买卖。

（2）个人外汇买卖不需单交手续费，银行的费用体现在买卖差价上。此外，根据国际惯例，一般银行对大额交易实行一定的点数优惠，即在中间价不变的基础上，缩小银行买入价和卖出价的价差。

（3）个人实盘外汇买卖对交易金额有具体规定：通过柜台进行交易，一般最低金额为100美元；电话、自助交易的最低金额略有提高。以上各种交易方式，都没有最高限额。有些银行将最低金额限制在50美元或更优惠的水平。

（4）除周六、日、休市和其他非交易日，国际外汇市场全天候交易，白天、晚间均可投资，星期一早8点至星期六凌晨3点为交易时间（每日凌晨3点至4点除外）。

（5）根据国家外汇管理的有关规定，现钞不能随意换成现汇。个人外汇买卖业务本着钞变钞、汇变汇的原则。尽管如此，目前，大部分银行除对个别货币有现钞和现汇之分外，个人实盘外汇买卖现钞、现汇价格是一样的。

（6）个人实盘外汇买卖的清算方式是T+0，即客户进行柜面交易，及时完成货币的互换；客户进行电话交易或自主交易，在完成一笔交易后，银行电脑系统立即自动完成资金交割。如果行情动荡，投资者可以在一天内抓住多次获利机会。

小思考8-2

小思考8-2

个人实盘外汇买卖与虚盘外汇买卖有何不同？

分析提示

中国大陆还没有开放保证金交易，但由于国家并不干涉居民个人在国外投资，投资者可以在国外进行保证金交易。但由于是在国外进行交易，所以我国法律不提供对投资者的保护。

8.3　黄金市场的基本内容

8.3.1　国际黄金市场概述

国际黄金市场是各国集中进行黄金买卖的场所。目前全球共有40多个黄金市场。国际黄金市场的参与者主要包括黄金的买方、卖方和黄金经纪人。黄金卖方有产金国的采金企业、藏有黄金待售的私人或集团、做金价看跌空头的投机者以及各国的中央银行等；黄金买方有各国的中央银行、为保值或投资的购买者、做金价看涨多头的投机者及以黄金作为工业原料的企业等。黄金市场上的交易活动一般都通过黄金经纪人成交。国际黄金市场上的黄金供应有3条渠道：一是金矿开采；二是各种金融机构、企业、公司和私人出售的黄金；三是一些国家在黄金市场上出售的金币或发行的黄金证券。

需要指出的是，各国商业银行在黄金市场上占有极其重要的地位。国际黄金市场的发展表明，利用商业银行的金融运作经验、金融管理人才、金融营销渠道能极大地推动和促进黄金交易。同时，利用商业银行雄厚的资金实力可为黄金市场提供必需的资金，这是维持市场流动性的前提，也是黄金市场健康发展的保证。

8.3.2 国际黄金市场的类型

国际黄金市场可以根据其交易方式、市场性质等不同标准进行分类。

（1）按交易方式不同，可将黄金市场划分为现货交易市场和期货交易市场。目前世界上存在两大黄金集团：伦敦-苏黎世集团是国际黄金现货交易的中心；纽约（包括芝加哥）-香港集团是国际黄金期货交易中心。这两大集团之间的合作十分密切，共同操纵着黄金市场。其中，伦敦黄金市场的作用尤为突出，该市场的黄金交易和报价仍然是反映世界黄金行市的"晴雨表"。

（2）按市场性质不同，可将黄金市场划分为主导性市场和区域性市场。目前起主导作用的市场有伦敦、苏黎世、纽约、香港、芝加哥，这些主导性市场是国际性交易集中的市场，其交易量的变化及价格的形成对其他市场有很大影响；区域性市场的交易规模有限，且市场的价格、交易量以及市场的参与者只涉及某一地区或某一国家，对国际上其他黄金市场的影响不大，主要有迪拜、巴黎、法兰克福、新加坡、东京、布鲁塞尔等地的黄金市场。

（3）按交易管制的程度不同，可将黄金市场分为自由交易黄金市场和限制交易黄金市场。自由交易黄金市场内黄金可以自由输出入，居民和非居民可以自由买卖黄金，如苏黎世。而在限制交易黄金市场内，黄金的输出入一般要受管制，只准非居民自由买卖黄金。还有一些实行严格管制的黄金市场，对黄金输出入实行严格管制，只准居民自由买卖，实质上只是国内黄金市场。

（4）按交易形式不同，可将黄金市场划分为有形黄金市场和无形黄金市场。有形黄金市场是指有固定交易场所的黄金市场，又可分为美式交易市场和亚式交易市场。美式黄金市场建立在典型的期货市场基础上，在商品交易所内进行黄金买卖业务，以美国纽约商品交易所和芝加哥商品交易所为代表。亚式黄金市场在专门的黄金交易所里进行交易，以香港金银业贸易场和新加坡黄金交易所为代表，交易实行会员制，只有达到一定要求的公司和银行才可以成为会员，并对会员的数量配额有极为严格的控制。无形黄金市场是指无固定交易场所，通过现代化通信工具联系成交的黄金市场，以伦敦黄金市场和苏黎世黄金市场为代表。

补充阅读资料8-7 　　　　　　刷新前高！现货黄金持续上涨

2020年6月24日，据行情走势图显示，现货黄金"平开高走"，继续小幅上涨，已经是四连涨了。就在前一天，现货黄金刷新了前高1764美元/盎司，这是否预示着现货黄金将向1800挺进？

从目前来看，现货黄金持续上涨，向1800挺进的概率很大。据行情走势图显示，近两天，美元指数再次"暴跌"，截至目前3个交易日，美元指数累计跌了1098个基点。美元指数下跌，这表明美元的避险需求在降温，从而推升了黄金的避险情绪。未来，随着美元指数的下跌，现货黄金持续上涨的概率非常大。

据多位分析人士表示，2020年以来，基本面整体利好黄金价格走势，其中全球经济增长放缓、美国无限量宽松货币政策，以及全球央行继续增加黄金储备等因素，成为支撑国际金价创出新高的主要原因。基于对下半年全球经济复苏不及预期的判断，全球货币宽松趋势已成大概率事件，从资产端来看，国际金价后期上涨的概率相对较大。从大类资产配置情况来看，黄金成为投资者最关注的品种，主要基于2020年多个基本面利多因素影响。

方正中期期货投资咨询部董事总经理王骏表示，像新冠疫情扩散、地缘政治事件、全球经济增长放缓和美国无限量宽松货币政策等，都对黄金价格上涨产生影响。2020年国际金价在2月份至6月份呈现先扬后抑的走势，投资者除了踊跃加大对股票、商品、债券、基金和地产资产配置外，对黄金的配置也有所提升。数据显示，2020年前5个月，上海期货交易所黄金期货成交量为0.16亿手，同比增长54.11%，成交金额为6.13万亿元，同比增长98.09%；同时，上海黄金交易所黄金现货成交量为0.28亿千克，同比增长22%，成交金额为10.25万亿元，同比增长54%。

"国际金价在年内最高涨幅接近15%，成交量也保持活跃，持仓也在不断增加。"银河期货贵金属分析师万一菁也表示，全球最大的黄金ETF持仓量不断突破新高，这些均表明投资者对黄金未来走势保持乐观心态。截至6月22日，全球最大的黄金上市交易基金——SPDR Gold Trust称，最新的黄金持仓量较前一交易日增加了6.73吨至1 166.04吨，涨幅为0.58%，而上周五为1 159.31吨。以盎司计算，黄金持仓量从3 727.3万盎司升至3 748.9万盎司。

南华期货贵金属分析师薛娜则称，美联储推出无限量QE宽松政策后，美欧市场大量增持黄金ETF，这是推动国际黄金价格上涨的主要因素。由于受疫情影响，美国与很多国家之间的航线一度中断，导致实物黄金运输不畅。此外，疫情也影响了黄金的实物需求，COMEX黄金与伦敦现货黄金价差一度达到几十美元/盎司，令期现套利交易十分活跃，COMEX黄金库存因此大幅增加。薛娜表示，目前国际金价处于高位，下半年大涨的驱动力不太清晰，但利多因素较多，预计下半年国际金价将会震荡上涨，并有可能创出新高。随着国内需求回暖，国内外金价价差可能将趋于0，因此，国内黄金价格也将震荡上行。

资料来源 第一黄金网. 刷新前高！现货黄金持续上涨，将向1 800挺进？［EB/OL］.［2020-06-24］. http://www.dyhjw.com/gold/20200624-09429.html.

8.3.3　国际黄金市场投资工具的种类

目前，在国际市场上比较常见的黄金投资工具主要有以下9种：

1）标金

标金是标准金条的简称，是黄金市场为使场内的交易行为规范化、计价结算国际化、清算交收标准化而要求进场的交易标的物，必须按规定的形状、规格、成色、重量等要素精炼加工成标准化条状金。标金是黄金市场上最主要的交易品种，标金的出现也是市场成熟的表现。按国际惯例，参与黄金市场交易的标金，在精炼厂浇铸成形时必须标明其成色、重量，一般还应标有精炼厂的厂名及编号。

黄金零售市场上的标金大多用透明塑料袋密封包装，然后由精炼厂或商业银行外加铅封，并出具黄金证明书，投资者购买时只需核对铅封是否完好无损并取得证明书，而无须再去鉴别成色和重量。买入后应小心存放，保管好黄金证明书，并防止铅封及外包装破损。当投资者卖出黄金时，凭黄金证明书商业银行一般就无须再拆包检验成色和重量。原包装如得到银行认可，可以免收其黄金鉴定费。

2）金币

目前在国际黄金市场上参与交易的金币主要分为四大类：流通金币、纯金币、纪念金币和贸易金币。

流通金币是一些国家专为流通目的而发行的金币。第一次世界大战后，流通金币逐渐退出流通领域，成为收藏的对象。目前在印度、孟加拉国、缅甸、泰国、老挝、柬埔寨和一些中东及西非国家，仍有少量流通金币在市场上流通。

纯金币是世界各国的中央政府或银行，为满足一般投资者希望拥有钱币状黄金作为储藏需求而发行的具有一定重量、成色和面值，并铸成一定形状的铸金货币。纯金币的价格与等量标金价相比要略高一些，二者差价被称为"额外价格"或"溢价"。纯金币一般带有面值，如加拿大枫叶金币有50加元的面值，中国熊猫金币也带有面值。目前在国际黄金市场上比较常见的金币有10多种，如南非福格林金币、墨西哥自由金币、英国不列颠金币、美国鹰洋金币、奥地利金币等。

纪念金币是世界各国的中央政府或银行，为某一纪念题材而限量发行的具有一定重量、成色和面值，并铸成一定形状的铸金货币。其价格构成除了受纯金币的各项价格要素影响外，还受稀有程度、铸造年代、工艺造型以及金币品相等因素的影响。如一枚面值为400元人民币、成色为91.6%、重量为1/2盎司的1979年版中华人民共和国成立30周年纪念金币，在集币市场上的报价曾高达8 000元人民币，已远远超出自身所含有的黄金价值。纪念金币一般只在特定交易场所交易，在集币爱好者、金币收藏者中流转。

补充阅读资料8-8　　　　　　　　中国熊猫金币简介

熊猫金币是"中国熊猫金质纪念币"的简称，是中国人民银行自1982年开始发行的一款成系列发行的金币，为中华人民共和国法定货币。

熊猫金币按照铸造的质量分为普制金币和精制金币两种，其定位为投资金币。熊猫金币以其独特的选题、奇美的图案、栩栩如生的画面处理、精湛的铸造工艺、标准的成色、齐全的规格、超群的质量等特点赢得了国内外集藏界的一致赞誉和好评。在国内众多的黄金投资产品中，熊猫金币具有"权威性"、"稀缺性"和"可投资性"三大属性，也是目前实物黄金投资的最佳选择对象。熊猫金币与南非福格林金币、加拿大枫叶金币、美国鹰洋金币、澳大利亚袋鼠金币并称为世界五大投资金币，是当代中国贵金属纪念币中的品牌和明星产品。

熊猫金币正面图案均为北京天坛祈年殿，并刊中华人民共和国国名、发行年号。背面图案是熊猫金币的一大特色，除2001年和2002年两个版本相同外，其余年份发行的金币背面图案均不同，各具特色，奠定了熊猫金币极高的鉴赏价值和艺术魅力。

2019年10月9日，2020版熊猫普制金币图案与观众正式见面，这也是央行首次在发行熊猫金币公告前，就将图案展现在观众面前。2019版的熊猫金币图案是母子熊猫，小熊猫躺在妈妈的怀抱中；2020版熊猫币的图案是2019版的延续，图案是一只已经成长为"儿童"的小熊猫，在很满足、很快乐地玩耍，旁边有美丽的草地和山川，象征着2020年人民富足和世界和平。

资料来源 根据中国人民银行网站资料整理．

贸易金币是指专门用于国际贸易支付手段的金币（又称硬通货），主要运用于1850—1940年这一段时期被西方列强侵占的殖民地国家和地区。贸易金币可以有面值和重量，但比较强调它的实际贵金属含量。退出贸易领域的金币根据品相、年代，会有不同的价格，有时相差悬殊。在许多场合，流通金币和纯金币也可作为国际贸易支付手段。

补充阅读资料8-9 　　　　　　　　　　　**黄金的主要用途**

（1）用于国际储备。这是由黄金的货币商品属性决定的。由于黄金的优良特性，历史上黄金充当货币的职能，如价值尺度、流通手段、储藏手段、支付手段和世界货币。20世纪70年代黄金与美元脱钩后，黄金的货币职能也有所减弱，但仍保持一定的货币职能。各国官方的黄金储备主要作为国际支付的准备金，一国黄金储备的多少与其外债偿付能力有密切关系，为了保持一定的黄金储备比例，各国中央银行及国际金融机构都会参与世界黄金市场的交易活动。

（2）用于珠宝装饰。华丽的黄金饰品一直是社会地位和财富的象征。

（3）用于工业与科技领域。由于黄金独一无二的物理和化学属性，它广泛应用于现代工业以及高新技术领域，如电子、通信、航天、化工、医疗以及计算机领域等。

（4）用于投资。一方面，人们利用金价波动，入市赚取利润；另一方面，人们在不同条件下，可在黄金与其他投资工具之间做出选择。如当美元贬值、油价上升时，黄金需求量便会有所增加；如股市上涨，吸引大量资金，那么黄金需求量可能会相应减少。

资料来源 根据汇金网站资料整理．

3）黄金账户

黄金账户是指商业银行为投资者提供的一种黄金投资方式，又称黄金请求账户。投资者通过银行进行黄金交易时，只在开设的黄金账户中做买卖记录，在指定的资金账户收付款项，无须做黄金实物的提取交收。这种投资工具的特点是：不需成色鉴定、重量计称等烦琐的手续，交易的流转速度快；不需保管、运输黄金，无存储风险和费用；参与黄金账户交易者，一般为黄金交易大户，投资金额大、交易费用低等。但需注意的是，由于黄金账户交易成交后的实物黄金保存在受托银行，故转让时就会有一定的限制，即只能转让给受托银行。投资者应避免在不能提取黄金实物或提取受限制的商业银行开户，也应避免在提取黄金时会予以课税的国家参与交易。

4）纸黄金

纸黄金又称为黄金凭证，就是在黄金市场上买卖双方交易的标的物是一张黄金所有权的凭证而不是实物黄金。黄金储蓄存单、黄金交收订单、黄金证券、黄金账户单据、黄金现货交易中当天尚未交收的成交单等，均属纸黄金的范畴。

5）金饰品

金饰品的种类繁多，按其用途不同，一般可分为用于人体装饰的金首饰及用于表彰激励的金杯、金牌、金质奖章等。从投资学的角度来看，金饰品的实用价值应大于投资价值。买卖金饰品之所以收益率低，主要的原因是其价格中包含了大量的税费、利润等，这些税费、利润最后又转嫁到消费者的身上，造成金饰品售价较贵。此外，金饰品在使用过程中会有不同程度的磨损，因此再次出售时价格不涨反跌，但特殊金饰品除外，例如具有文物性质的金饰品会售价不菲。

6）黄金股票和磐泥黄金股票

黄金股票是金矿公司向社会公开发行的上市或不上市的股票，又称为金矿公司股票。由于买卖黄金股票不仅是投资金矿公司，还间接投资黄金，因此这种交易行为比单纯的黄金买卖或股票买卖更为复杂。投资者不仅要关注金矿公司的经营情况，还要对黄金市场走势进行分析。

磐泥黄金股票是指已购置了大量可能含有沙金成分的河床或矿金的土地，但还未被开发证实的股份有限公司所发行的股票。也就是说，投资磐泥黄金股票，就是投资那些未经证实、过去没有生产记录的金矿公司的未来。投资磐泥黄金股票风险很大，但假如证实该公司所置的地下确有金矿，收益也是惊人的。

7）黄金基金

黄金基金是黄金投资共同基金的简称，就是由基金发起人组织成立基金管理公司，由没有时间或没有能力参与黄金买卖的投资人出资认购，基金管理公司组成专家委员会来负责实施具体的投资操作，并专门以黄金或黄金衍生交易品种作为投资媒体，以获取投资收益的一种共同基金。

黄金基金的投资风险较小，收益比较稳定，能较好地解决个人黄金投资者资金少、专业知识不足、市场信息不灵而又想通过黄金投资获得稳定收益的矛盾，故受到了投资者的广泛欢迎。投资黄金基金也有其不利之处：首先，买卖基金的佣金要高于纸黄金等交易所收取的佣金；其次，黄金基金也会由于基金管理公司的投资运作不当，造成投资失误，甚至出现亏损的情况。因此，投资者在参与黄金基金投资时，应向黄金经纪人索取此黄金基金的说明书或其他有关资料，以了解该基金的佣金比例、投资策略、市场操作风格及以往几年的投资收益，以确定参与买卖何种黄金基金。

8）黄金理财账户

黄金理财账户又称黄金管理账户，投资者在商业银行开立一个黄金理财账户，将买入的黄金存放到商业银行的金库里，记载在黄金理财账户上，并交予商业银行全权管理处置，到了约定的投资收益分配期，由黄金理财账户的运作与管理者即商业银行来分配投资利润。黄金理财账户适合有资金没有时间或没有投资经验的投资者。

9）黄金期货与期权

黄金期货和其他商品期货一样，也是按一定成交价，在未来指定时间交割的标准化合约的买卖。一般而言，黄金期货的交易者都会在合约到期日前，再进行一笔与先前交易合约数量相同而方向相反的操作，即对冲平仓，以了结到期履约的责任，而无须真正交割实物黄金。每笔交易所得利润或亏损，等于两笔相反方向合约买卖时价格的差额，这种买卖方式也是人们通常所称的"炒金"。黄金期货交易只需交易额10%左右的保证金作为投资成本，具有较大的杠杆性，即能够以少量资金推动大额交易。正因如此，黄金期货交易的风险较大，要求投资者有较丰富的专业知识和对市场走势的准确判断能力。

黄金期权是指期权的买方支付一笔期权费，从期权的卖方那里得到在未来以约定价位购买或出售一定数量黄金的权利。期权买方可以根据未来价格的走势对自己是否有利而决定在到期日执行还是放弃该项权利，但无论是否行使权利，期权费都是不可以退回的，期权费由市场供求双方商量决定。最早开办黄金期权交易的是荷兰阿姆斯特丹证券交易所，1981年4月开始公开交易。不久，加拿大洲际交易所引进黄金期权交易。随后，英国、瑞士、美国等都开始经营黄金或其他贵金属的期权交易。

补充阅读资料8-10　　　　国内黄金ETF有巨大发展空间

随着金融市场的发展，国际金融市场上与黄金相关的金融衍生品层出不穷，除了较为传统的黄金期货和黄金期权外，黄金ETF（交易型开放式指数基金）近年来在黄金衍生品市场上获得了长足的发展。那么，黄金ETF到底是何方神圣？

顾名思义，ETF（Exchange Traded Funds）就是交易所交易基金，是一种在交易所上市交易的、基金份额可变的开放式基金。而黄金ETF也就是指绝大部分的基金资产以黄金为基础资产进行投资，密切跟踪黄金价格，并在证券交易所上市交易的开放式基金。具体的运行原理是：基金公司以一大批黄金实物为依托，在交易所内公开发行基金份额，销售给各类投资者，投资者在基金存续期间内可以自由赎回。由于黄金ETF交易和赎回的便捷性，并且与黄金实物和价格高度密切相关，投资者等于直接交易黄金而手续费又远低于买卖黄金实物，所以黄金ETF一经推出后便在市场上大受欢迎。

2003年，世界上第一支黄金ETF——Gold Bullion Securities（由世界黄金委员会首先发起，汇丰银行美国分行担当黄金保管人）在澳大利亚证券交易所上市。目前世界上规模最大、流动性最强的实物黄金ETF是SPDR Gold Trust（简称"GLD"），不仅它的实物黄金持有量世界第一，同时还由于其紧密跟踪国际金价、交易量大，而被认为是对黄金价格最具影响力的黄金ETF。

我国目前有四只黄金ETF，分别是华安黄金ETF、博时黄金ETF、国泰黄金ETF、易方达黄金ETF。按相关规定，国内黄金ETF持有上海黄金交易所的黄金现货合约的价值不得低于基金资产的90%。根据Wind（金融数据和分析工具服务商）的数据，截至2019年12月31日，四只黄金ETF规模合计146.62亿元，对应实物黄金43.64吨，最新成交额总和达 23.81 亿元。从实物持仓的规模来看，国内黄金 ETF 的规模还很小，对国际黄金市场价格的影响必然有限。

不过，从另一个角度来看，随着人民币国际化进程的加快，以人民币计价的黄金资产也必将受到国际投资者的关注，国内的黄金 ETF 还有着巨大的发展空间。

资料来源　搜狐网. 国内黄金 ETF 有巨大发展空间［EB/OL］.［2019-05-08］. https：//www.sohu.com/a/312700961_169427.

8.3.4　黄金交易的方式

黄金市场的交易方式主要有三种：现货交易、期货交易和期权交易，除此以外，还有黄金掉期交易等其他方式。

1）黄金现货交易

黄金现货交易是指交易双方成交后立即交割或在 2 个营业日内进行交割的交易。伦敦和苏黎世是世界黄金现货交易的中心，其他黄金市场的金价一般都是参照伦敦市场的定价水平，再根据本市场的供求状况决定的。黄金现货交易的价格较为特殊，在伦敦黄金市场上分为定价交易和报价交易两种：定价交易的特点是提供客户单一交易价，按所提供的单一价格，客户可自由买卖，金商只提取少量佣金；报价交易由买卖双方自行达成，其价格水平在很大程度上要受定价交易的影响。一般来说，报价交易达成的现货交易数量比定价交易多。

2）黄金期货交易

按照交易目的不同，黄金期货交易又分为套期保值交易和投机交易。

第一，套期保值交易。由于黄金现货市场上的买卖双方都面临变化无常的价格，所以必须寻找一种规避风险的方法，黄金期货市场就提供了这样一个可以减少黄金买方或卖方所承担风险的渠道。他们可在黄金期货市场上购买黄金期货合约，通过与现货市场交易方向相反的对冲，将现货市场上可能出现的损失用期货市场上所得到的利润来弥补，这被称为"套期保值"。

第二，投机交易。黄金期货市场上的许多交易者实际上并不持有黄金现货，但他们承诺在一定价格上将于某个日期买进（多头）或卖出（空头）黄金。由于他们手里并没有也不想持有黄金，就只是按合约到期时的价格来结算，因而需承担价格波动的风险，这些人就是投机商。投机商在黄金期货市场上的活动带有两面性：一方面，黄金投机买卖是现货价格波动的首要因素；另一方面，期货市场上的投机行为有可能纠正价格的偏离，平抑价格的波动。

3）黄金期权交易

黄金期权交易是期权合约的交易。合约的买方在支付一定的费用后，便从卖方那里获得了一种按事先商定的价格、期限来买卖数量标准化的黄金的权利。黄金期权合约也和其他商品及金融期权合约一样，分为看涨黄金期权合约和看跌黄金期权合约。

4）黄金掉期交易、黄金贷款、黄金抵押贷款

黄金掉期交易也称互换交易，黄金持有者把金条转让给交易商换取货币，在互换协

议期满时按约定的远期价格购回黄金。互换交易也可以是交易商之间不同成色或不同时点的黄金互换，前者是质量互换，后者是时间互换。黄金贷款是 20 世纪 80 年代中期发展起来的，持有黄金的机构贷出黄金可以获得一笔利息，借方可以得到黄金，在预约期满后把实物黄金还给贷方，这样贷方可以在不转让黄金所有权的情况下利用黄金获取收益。黄金抵押贷款是一方以黄金作为抵押向另一方借入外汇资金，中央银行常用这种交易来融通短期资金，以避免在价格不利的条件下出售黄金带来的损失。

8.3.5　全球主要黄金市场

黄金市场历史悠久。第一次世界大战之前，世界上只有英国伦敦黄金市场是国际性市场。布雷顿森林体系时期（20 世纪 40 年代至 70 年代初），黄金的价格及流动都受到较严格的控制，市场机制难以有效发挥作用。随着布雷顿森林体系的崩溃，黄金非货币化，完整意义上的黄金市场也迅速发展起来。

从地理位置上来看，全球黄金市场主要分布在欧洲、亚洲和北美洲。欧洲以伦敦、苏黎世黄金市场为代表；亚洲以中国香港和东京黄金市场为代表；北美则以纽约、芝加哥黄金市场为代表。伦敦每天上午开盘揭开金市的序幕，随后纽约、芝加哥等地陆续开盘，在伦敦下午的定盘价确定后，纽约等市场仍在交易中，此后香港也加入进来。伦敦的尾盘价会影响美国的早盘价格，而美国的尾盘价会影响到中国香港的开盘价，中国香港的尾盘价和美国的收盘价又会影响伦敦的开盘价，如此循环，全球各大黄金市场在时间上形成 24 小时连续不间断的黄金交易。

小思考 8-3

影响金价波动的主要因素有哪些？

小思考 8-3

分析提示

8.4　我 国 的 黄 金 市 场

8.4.1　我国黄金市场的历史与现状

中华人民共和国成立初期，我国黄金年产量仅为 4.07 吨，黄金成为绝对重要的战略物资和紧缺的国家储备，国内黄金白银买卖统一由中国人民银行经营管理，冻结一切民间金银买卖活动，严厉打击银元投机及黄金走私活动。改革开放后，随着我国综合国力的不断增强，外汇储备不断增加，逐渐拉开了黄金管理体制改革的序幕。1979 年国务院授权中国人民银行公开发行纪念金币，1982 年中国人民银行发出《关于在国内恢复销售黄金制品的通知》，此后，国家又颁布了一系列有关放松黄金管理的条例。1999年，在原国家经贸委、中国人民银行、世界黄金协会的支持下，中国改革基金会公布了开放国内黄金市场的研究报告。2002 年 10 月，上海黄金交易所的成立标志着我国黄金市场的产生，黄金市场与货币市场、证券市场、外汇市场等一起构筑成我国完整的金融市场体系。

随着我国黄金管理体制改革的不断推进，我国黄金市场快速发展，市场规模不断扩大。目前，我国黄金市场总交易量仅次于美国和英国，位居全球第三。同时从市场结构来看，我国已经基本形成了上海黄金交易所黄金现货市场、上海期货交易所黄金期货市场和银行OTC场外黄金市场共同发展、三位一体、较为成熟的黄金市场体系，这种多层次、多元化的市场格局，对于促进黄金产业发展和服务实体经济都起到了十分重要的作用。

2019年12月20日，上海期货交易所黄金期权正式挂牌交易，为黄金交易品种增添了新的避险工具，填补了我国金融市场中贵金属期权的空缺，为我国黄金产业提供了更加便捷的风险管理工具，能够促进黄金企业的风险管理水平和效益的提高，同时也进一步完善我国现有黄金市场体系，推动黄金市场风险管理体系的快速发展。

补充阅读资料8-11　　中国黄金协会：2019年我国黄金产量380.23吨，黄金消费量1 002.78吨！

据中国黄金协会统计数据显示，2019年，国内原料黄金产量为380.23吨，连续13年位居全球第一，与2018年相比，减产20.89吨，同比下降5.21%。2019年全国黄金实际消费量1 002.78吨，与2018年相比下降12.91%。其中：黄金首饰676.23吨，同比下降8.16%；金条及金币225.80吨，同比下降26.97%；工业及其他100.75吨，同比下降4.90%。

受经济下行压力增大等因素影响，国内黄金消费疲软，尤其随着下半年黄金价格的不断攀升，黄金首饰消费出现明显下滑，未能延续上半年同比增长的趋势。黄金首饰加工业继续削减库存，但中金珠宝、上海豫园等传统黄金零售商仍能依靠扩张加盟保持销量增长。黄金价格的高企，导致实金投资者持谨慎观望态度，重点企业及商业银行金条销量也出现大幅下降。

2019年，国际黄金价格自年初1 282.40美元/盎司开盘，6月起黄金价格开始向上突破，9月4日达到1 557.03美元/盎司，年末收于1 517.10美元/盎司。全年平均价格为1 395.60美元/盎司，比2018年增长9.84%。跟随国际金价走势，上海黄金交易所Au99.99黄金以年初283.98元/克开盘，8月29日达到最高点369.24元/克，年末收于340.80元/克，年平均价格为308.70元/克，比2018年增长13.73%。受人民币汇率变化的影响，国内黄金价格与国际黄金价格变化的时间点有所区别，但整体趋势一致。

在全球摩擦加剧、世界主要经济体经济下行压力增大、全球范围货币宽松潮愈演愈烈、地缘政治危机加剧的情形下，各国央行持续增加黄金储备。我国自2018年12月起已连续10个月增加黄金储备，合计增储105.75吨，充分体现了国家对黄金特殊地位作用的高度重视。截至2019年12月底，我国官方黄金储备为1 948.32吨，位列全球第7位。

同时，黄金市场也受到越来越多投资机构的关注，黄金现货、期货成交量呈大幅增长趋势。2019年，上海黄金交易所全部黄金品种累计成交量6.86万吨（双边），同比增长 0.12%，成交额 21.49 万亿元，同比增长 15.69%；上海期货交易所全部黄金品种累计成交量 9.25 万吨（双边），同比增长 186.84%，成交额 29.99 万亿元，同比增长 238.92%。

资料来源　第一黄金网. 中国黄金协会：2019年我国黄金产量 380.23 吨 黄金消费量 1 002.78 吨！［EB/OL］. ［2020-02-03］. http：//finance.sina.com.cn/roll/2020-02-03/doc-iimxxste8 526 905.shtml.

8.4.2　我国黄金市场的交易方式及交易品种

我国目前的黄金市场主要有香港的金银业贸易场，内地的上海黄金交易所、上海期货交易所以及天津贵金属交易所。以上海黄金交易所为例，上海黄金交易所主要实行标准化撮合交易方式，目前交易的商品有黄金、白银和铂金，交易标的必须符合交易所规定的标准。黄金有 Au99.95、Au99.99、Au50g、Au100g 等现货实盘交易品种，Au（T+5）、Au（T+D）等延期交易品种及 Au（T+N1）、Au（T+N2）等中远期交易品种。中国银行、中国农业银行、中国工商银行、中国建设银行、平安银行、兴业银行和华夏银行等作为交易所指定的清算银行，实行集中、直接、净额的资金清算原则。交易所实物交割实行"一户一码制"的交割原则，在全国设立指定仓库，金锭和金条由交易所统一调运配送。

对于个人投资者而言，我国黄金市场的交易品种主要有三大类。第一类是实物黄金的买卖，主要是金条（贺岁金条、普通金条以及奥运金条等）的买卖以及纪念金银币的收藏。第二类是黄金期货及期权交易。第三类是各种形式的"纸黄金"业务以及"电子黄金"业务。

补充阅读资料 8-12　　　　　　　　　　　黄金延期交易（T+D）

所谓黄金延期交易（T+D），是指客户以保证金交易方式进行黄金交易，客户既可以选择合约交易日当天交割，也可以延期交割，同时引入延期补偿费（简称延期费）机制的一种现货交易模式。黄金延期交易具有杠杆放大的特点，因此能够承受一定风险的交易者有望获得超额收益。

黄金延期交易与黄金期货类似，但有两大区别：黄金期货有固定交割日期，黄金延期交易没有固定交割日期，可以一直持仓；更重要的是，黄金延期交易设有夜场，每日交易时间是黄金期货的两倍以上，而夜场恰好是国际黄金市场的交易时间，是黄金投资的关键时间点，降低了隔夜持仓的风险。

黄金投资方式、交易方式、投资门槛各不相同，投资者应根据实际情况进行选择。

简单地说，从事中长期投资，并且有"压箱底"习惯的投资者，可以逢低买入实物投资金条；不想持有实物黄金，希望灵活"炒金"的投资者可以选择纸黄金交易，这种黄金投资方式门槛较低；具有一定黄金投资知识并且有风险承受能力的投资者可以参与获利较高的黄金期货或者黄金延期交易。

黄金虽然是很好的投资品种，黄金延期交易也是具有独特魅力的投资工具，但黄金投资初学者不宜选择此方式。与黄金期货类似，黄金延期交易也属于保证金交易，风险相对于纸黄金和实物黄金而言成倍放大。建议个人投资者有充足的风险清算准备金，控制好仓位，规避因保证金不足而被强行平仓的风险。

资料来源 根据中国黄金投资网站资料整理.

8.4.3 个人实盘黄金买卖业务

黄金作为避险投资工具，是个人进行合理投资组合的重要方式。我国有悠久的藏金于民的传统，目前广大居民个人投资和收藏黄金的愿望越来越强烈，由于实物黄金变现能力差，且保管、存储、鉴定等成本高，因此个人实盘黄金交易的推出给参与交易的个人投资者带来极大的便利。

个人实盘黄金买卖业务是商业银行专为参与黄金买卖的国内居民和非居民设计、提供的一种黄金买卖工具。客户在与银行做黄金交易时，所有交易的黄金均由银行在其客户预先开立的黄金账户内做黄金收付记录，并在指定的人民币存款账户或外汇存款账户中收付款项，银行所出具的黄金存折作为投资者持有黄金的物权凭证，故个人实盘黄金买卖业务实质上就是一种纸黄金交易业务。由于交易中银行不直接收取现金也不做黄金实物的提取交割，因此客户黄金账户上的黄金只能做买入卖出交易，不能做黄金实物的提取或存放。

个人实盘黄金交易在业务操作上与个人实盘外汇买卖相似，其独特之处在于：

一是交易成本低。个人实盘黄金交易采用元/克的报价方式，买卖点差为1元，此外没有其他手续费，银行根据国际黄金市场行情，按照国际惯例进行报价。因受国际上各种政治、经济因素，以及各种突发事件的影响，金价经常处于剧烈的波动之中，因此进行个人实盘黄金买卖，风险与机遇并存。

二是交易服务时间长。各银行结合不同情况，交易时间有所不同，最长为每天24小时，涵盖主要国际黄金市场交易时间。

三是交易方法多样。目前可以通过柜面服务人员、电话交易设备、网上交易系统等方法进行个人实盘黄金交易。

四是交易方式灵活。个人实盘黄金交易的方式包括市价交易和委托交易。市价交易又称时价交易，即根据银行当前的报价即时成交；委托交易又称挂盘交易，即投资者可以先将交易指令报给银行，当银行报价达到投资者希望成交的价格水平时，银行电脑系统立即根据投资者的委托指令成交。

五是资金结算时间短。当日可进行多次交易，具有较多投资机会。

本章小结

本章主要介绍了如下内容：①外汇市场的基本内容，包括外汇市场的概念、类型、外汇交易方式等。②我国外汇市场的现状、构成及个人外汇买卖。③国际黄金市场的概况、黄金投资工具及主要交易方式。④我国黄金市场的历史沿革、现状及个人实盘黄金买卖。

主要概念和观念

○ 主要概念

外汇市场 有形外汇市场 无形外汇市场 即期外汇交易 远期外汇交易 外汇掉期交易 外汇期货交易 外汇期权交易 个人外汇买卖 黄金市场 黄金现货市场 黄金期货市场 个人实盘黄金交易 纸黄金

○ 主要观念

外汇市场的作用 外汇交易类型 黄金交易的方式和特点 个人外汇黄金交易

基本训练

随堂测8

1.判断题

（1）外汇市场仅仅是一种无形市场，世界上已不存在有形外汇市场。

（　）

（2）零售市场是真正意义上的外汇市场，因为零售市场上的参与者较多。（　）

（3）在外汇交易中，银行之间可以进行直接交易，根本不需要外汇经纪人。

（　）

（4）期权合约的卖方具有选择权，而买方没有选择权。 （　）

（5）外汇（黄金）期货（期权）既是避险工具，又是投机工具。 （　）

2.选择题

（1）外汇市场有3个层次：银行与客户之间、银行同业之间、银行与中央银行之间，银行同业之间的市场被称为（　）。

A.零售市场　　　B.批发市场　　　C.干预市场　　　D.有形市场

（2）即期外汇交易的交割可以分为（　）。

A.标准交割　　　B.当日交割　　　C.约定交割　　　D.次日交割

（3）我国个人实盘外汇买卖是外币与（　）之间的交易。（　）不是可自由兑换货币，不可以进行交易。

A.人民币　外币　　　　　　　　B.人民币　人民币

C.外币　外币　　　　　　　　　D.外币　人民币

（4）目前世界上黄金现货交易的中心是（　）。

A.纽约、芝加哥　　　　　　　　B.巴黎、法兰克福

C.伦敦、苏黎世　　　　　　　　D.中国香港、新加坡

（5）上海黄金交易所黄金的交易方式有（　）。

A.黄金现货交易　B.黄金期货交易　C.黄金期权交易　D.黄金掉期交易

3.简答题

（1）为什么说现在的外汇市场是一种无形市场？

（2）国际黄金市场的投资工具有哪几种？

技能训练

（1）某年10月中旬外汇市场行情为：

即期汇率　　　　　　　　　　　　　　GBP/USD=1.6700

3个月远期贴水　　　　　　　　　　　16

美国出口商签订向英国出口价值62 500英镑仪器的协议，预计3个月后才收到英镑，到时需将英镑兑换成美元核算盈亏。假若美出口商预测3个月后GBP/USD即期汇率将贬值到GBP/USD=1.6600。不考虑买卖价差等交易费用，那么：①若美出口商现在就可收到62 500英镑，可获得多少美元？②若美出口商现在收不到英镑，也不采取避免汇率变动风险的保值措施，而是延后3个月才收到62 500英镑，预计到时这些英镑可兑换多少美元？③美出口商3个月到期收到的英镑折算为美元，相对10月中旬兑换美元将会损失多少美元（暂不考虑两种货币的利息因素）？④若美出口商现在拟采取保值措施，如何利用远期外汇市场进行操作？

（2）某公司借入1 000万欧元贷款，期限1年，固定利率6%。公司只有美元收入，在以后还本付息时，需要用美元买入欧元。请问：①该公司是否存在外汇风险？②如有，请为该公司设计一种解决方案。

（3）根据本校实际条件，模拟个人外汇（黄金）交易。

素质训练

○ 案例分析

案例一：一家日本贸易公司向美国出口产品，收到货款500万美元。该公司需将货款兑换为日元用于国内支出。同时公司需从美国进口原材料，并将于3个月后支付500万美元的货款。此时，公司采取以下措施：做一笔3个月美元兑日元掉期外汇买卖：即期卖出500万美元，买入相应的日元，3个月远期买入500万美元，卖出相应的日元。通过上述交易，公司可以轧平其中的资金缺口，达到规避风险的目的。假设当时即期汇率为1美元=110.20/30日元，3个月的远期汇率为1美元=112.50/80日元，3个月后现汇市场汇率为1美元=114.30/40日元。

要求：

（1）比较做与不做掉期交易的区别，分析该公司这一掉期业务节约的成本。

（2）该公司采用此种避险方法是否得当？

案例二：某年9月6日，美国进口商A公司签订了一份3个月后要支付一笔价值100万加元的外汇给加拿大出口商B的合同。签约时，美元兑加元的即期汇率为1美元=1.6850加元，A公司担心3个月后加元升值导致外汇损失，就买入12月到期100万加元的看涨期权，协定汇价为1加元=0.5880美元，期权费为1 000美元。假定12月6日即期外汇市场加元果然升值，汇率为1美元=1.5310加元。

试问：

（1）12月6日该进口商是否履约？

（2）做与不做外汇期权交易，哪种情况对A公司更为有利？

网上资源

http：//www.china.fxstreet.com

http：//www.bank-of-china.com

http：//www.cngold.org.cn

http：//www.gold.org.cn

http：//www.sge.sh

第9章

衍生金融工具市场

学习目标

通过本章学习，你应该达到以下目标：

知识目标：掌握衍生金融工具的相关概念，了解各种衍生金融工具的分类及特征。

技能目标：掌握金融期货的交易规则和结算制度，能够正确选择期货品种，进行模拟交易，并进行盈亏分析。

素质目标：能够紧跟市场前沿，对各种衍生金融工具的市场行情进行综合分析。

引例 我国第一个金融期货品种是如何夭折的？

国债期货是我国的第一个金融期货品种，可惜只"存活"30个月的时间就夭折了。我国暂停国债期货交易的直接原因是"327"国债期货品种严重的市场操纵和违规操作。

1992年2月8日，上海证券交易所首先向证券自营商推出了国债期货交易。1994年至1995年春节前，期货交易快速发展，全国开展期货交易的交易所迅速增到14家（2家证券交易所、2家证券交易中心和10家商品交易所）。当时，股票市场处于低迷期，钢材、煤炭和食糖等大宗商品的期货交易品种相继被暂停，大量资金云集于期货市场，尤其是上海期货交易所的国债交易。这期间，交易最活跃的要数被编列为"327"、1992年发行、1995年6月份交割的3年期国债期货。到1995年2月23日事发前，空方已持约300万口"327"空仓合约（每口面值2万元），但苦于无利空题材，"327"价格（每百元面值计）一直徘徊在148元附近。2月23日，市场有传言"327"将分段计息加息且分段贴补（2月25日财政部才公告上述加息补贴消息），当天，一开市多头就大量买进，"327"价格暴升，由开市的148.50元开始，一路跳高，最高时达151.98元。在这种情况下，空方企图以资金实力造势拉低平仓，16点22分后，空方联手一下卖空1 000多万口"327"品种，将"327"价格打压至147.50元。市场秩序一时大乱，全天价差达3.48元，呈异常态势。当天"327"成交2 000多万口，达4 000多亿元。

254

24日上午10时前，上交所宣布暂缓国债期货开市，开展调查工作。下午2时，上交所在征询了中国证监会等有关部门的意见后，做出了23日下午4时22分13秒以后"327"品种成交无效和以151.30元作为该日收市价的决定，要求多空双方对超持仓限额部分协议平仓或强制平仓，同时发出了《关于加强国债期货交易监管工作的紧急通知》，公布实行±0.5元的涨跌停板，收紧持仓限量，调高保证金金额并建立风险基金等防范风险措施。

尽管采取了一系列措施，到1995年5月10日，期货交易仍然风波不断。5月17日，中国证监会鉴于中国当时尚不具备国债期货交易的基本条件，做出了暂停期货交易的决定。

资料来源 王明川，王胜强. 期货交易理论与实务［M］. 杭州：浙江大学出版社，2002：243.

期货交易为什么有这样大的风险？期货合约有什么特点？期货交易有哪些规则？这些问题都值得学习和研究。

9.1 金融期货市场

9.1.1 金融期货市场概述

金融期货市场产生的最直接原因是20世纪70年代初期外汇市场上固定汇率制的崩溃和浮动汇率制的实施。1971年以后，随着美元的两次贬值和美国政府宣布美元与黄金脱钩，布雷顿森林体系彻底崩溃，国际货币制度从固定汇率制走向浮动汇率制。浮动汇率制的实施不仅产生了汇率风险，加剧了外汇市场的波动，也使得短期利率和长期利率的波动幅度更大，而汇率、利率的急剧大幅度波动使得金融商品持有者（如贸易者、银行、存贷款者等）面临的风险加大，要求规避风险的呼声日趋强烈。

1972年，美国芝加哥商品交易所（CME）率先成立了国际货币市场（IMM），并于同年5月推出了外汇期货交易。1975年10月，芝加哥期货交易所（CBOT）首创了利率期货合约交易。20世纪80年代，金融期货交易从美国迅速扩展到世界其他国家。

1）金融期货合约

金融期货合约又叫金融期货合同或金融期货，是金融期货交易的买卖对象或标的物，指由期货交易所统一制定的、规定在将来某一特定时间和地点交割一定数量和质量的金融商品的标准化合约。金融期货合约的标准化条款一般包括：

（1）交易数量和单位条款。每种金融期货合约都规定了统一的、标准化的数量和数量单位，统称"交易单位"。

（2）交割地点条款。金融期货合约为期货交易的交割指定了标准化的、统一的交割地点，以保证交割的正常进行。

（3）交割期条款。金融期货合约一般规定几个交割月份，也叫合约月份，由交易者自行选择。

（4）最小价位变动条款。这是指在进行期货交易时买卖双方报价所允许的最小变动幅度，每次报价时价格的变动必须是这个最小变动价位的整数倍。

（5）每日价格最大波动幅度限制条款。这是指交易日期货合约的成交价格不能高于或低于该合约上一交易日结算价的一定幅度，达到该幅度则暂停该合约的交易。

（6）最后交易日条款。这是指金融期货合约停止买卖的最后截止日期。每种金融期货合约都有一定的时间限制，到了合约月份的一定日期，就要停止合约的买卖，准备进行实物交割。

补充阅读资料9-1　　　　　**芝加哥商品交易所3个月期欧洲美元期权合约**

芝加哥商品交易所3个月期欧洲美元期权合约见表9-1。

表9-1　　　　　　　　**芝加哥商品交易所3个月期欧洲美元期权合约**

交易单位	买进一份相关欧洲美元期货合约的看涨期权或卖出一份欧洲美元期货合约的看跌期权
最小变动价位	1个基础点或0.01IMM指数点（每份合约25美元）。如为对冲买卖双方交易部位而进行的交易，变动价位可为0.005IMM指数点（每份合约12.50美元）
敲定价格	按可交货的欧洲美元定期存款期货合约的IMM指数计算。IMM指数水平低于88.00时，按0.50间隔扩大或缩小；当IMM指数水平高于88.00时，间隔为0.25
每日价格最大波动限制	无
合约月份	3、6、9、12
交易时间	上午7：20至下午14：00（芝加哥时间），到期合约的最后交易日交易截止时间为当日上午9：30，市场在假日或假日之前将提前收盘。具体细节与交易所联系
最后交易日	与相关期货合约相同
履约日	期权交易期内的任何一个工作日

资料来源　根据芝加哥商品交易所网站的资料整理.

由此可见，金融期货合同不像现货合同那样复杂，不需要记载合同交货的价值、条件及地点，比现货合同标准、简单。金融期货合同也有现货交割的实例，但比例极小，多数为买空卖空交易。一般交易商对实物没有兴趣，几乎全部在合同到期前便结算完毕。所以买卖金银期货的不一定是金银商；买卖外汇或利率期货者，亦不一定是银行家。

2）金融期货的种类

目前，在世界各大金融期货市场，交易的合约种类较多，归纳起来可以分为四大类：外汇期货、利率期货、股票指数期货和股票期货。

（1）外汇期货。在金融期货中，外汇期货是最先产生的一个品种。自从1972年5月16日美国芝加哥商品交易所的国际货币市场分部推出第一张外汇期货合约以来，外汇期货交易得到迅速发展。它不仅为广大投资者和金融机构等经济主体提供了有效的套期保值工具，而且为套利者和投机者提供了新的获利手段。

外汇期货是在国际金融市场动荡不安、各国货币之间的汇率大起大落的背景下，为满足人们规避外汇风险的需要而产生的。外汇期货是指以外汇为标的物的期货合约。外汇期货交易是在集中性的交易市场以公开竞价的方式进行的外汇期货合约的交易。外汇期货合约是由交易所规定、约定在未来某一日期以成交时所确定的汇率交收一定数量的某种外汇的标准化合约。

在外汇现货市场，不仅美国因采取间接标价法而在报出各种货币的汇率时均以美元为标准，而且在美国以外的其他主要外汇现货市场也比较普遍地实行美元标价法。因此，在外汇现货市场，各种货币的即期汇率和远期汇率一般都以1美元折合若干单位的某种其他货币来表示。我国外汇报价采用直接标价法，即以每100外币折合多少人民币来表示汇率。

外汇期货的最小变动价位通常以一定的"点"来表示。所谓点，是指外汇市场所报出的外汇汇率中小数点之后的最后一位数字。但是，由于各种货币的汇率在小数点以后的位数不同，所以，同为1个点，不同的货币有不同的含义。外汇期货的最小变动价位是指每一单位标的货币的汇率变动一次的最小幅度。这一最小幅度与交易单位的乘积便是每份外汇期货合约的最小变动价位。

（2）利率期货。它是继外汇期货之后产生的又一个金融期货类别。所谓利率期货，是指以利率相关凭证（如国债、票据、CDs、100万欧洲美元以及100万欧元）为标的物的期货合约。利率期货交易指投资者在集中性的市场以公开竞价的方式所进行的利率期货合约的买卖。所谓利率期货合约，是指由交易双方订立、约定在未来某一日期以成交时确定的价格交收一定数量的与某种利率相关的商品（亦即各种债务凭证）的标准化契约。

利率期货产生于1975年10月。就产生的先后而言，它比外汇期货晚了3年多，但就发展速度而言，利率期货比外汇期货迅速；就应用范围而言，利率期货也远较外汇期货来得广泛。目前，在期货交易比较发达的国家和地区，利率期货早已超过农产品期货而成为成交量最大的一个类别。如在美国，利率期货的成交量竟占整个期货交易总量的一半以上。

利率期货之所以有如此迅猛的发展，主要是因为20世纪70年代中期以来，西方各国相继实行金融自由化，纷纷放松甚至取消利率管制，利率波动日益频繁而剧烈，利率风险日益成为各经济主体尤其是金融机构普遍面临的最重大的金融风险。因此，作为一种既简便易行又切实有效的管理利率风险的工具，利率期货自然比其他期货品种都重要，人们对它的需求更迫切，它的发展前景也更广阔。

（3）股票指数期货（简称股指期货）。它是金融期货中产生最晚的一个类别。自1982年2月美国堪萨斯期货交易所上市价值线综合平均指数期货以来，股指期货日益受到各类投资者的重视，交易规模迅速扩大，交易品种不断增加。目前，股指期货已成为金融期货也是所有期货交易品种中的第二大品种。

股指期货是从股市交易中衍生出来的一种新的交易方式。股指期货交易合约的标的物是股票价格指数。与外汇期货、利率期货和其他各种商品期货一样，股指期货也是顺应人们规避风险的需要而产生的。但是，与其他各种期货不同，股指期货是专门为人们管理股票市场的价格风险而设计的。

合约规格由相关标的指数的点数与某一既定的货币金额乘积来表示，这一既定的货币金额常被称为合约乘数。合约价值的大小既与标的指数的高低有关，也与规定的乘数大小有关。比如，S&P500指数在1994年之前最高不过400点，即使当时乘数为500美元，合约价值也不超过20万美元，而近几年S&P500指数一直在1 400点左右，尽管乘数已降为250美元，但合约价值仍高达35万美元左右。又如，香港的恒指期货于1986年5月推出，当时的指数没超过2 000点，乘数为50港元，意味着每份合约价值不超过10万港元。然而现在恒生指数已在26 000点甚至更高的水平上运行，这样，每份合约的价值就上升到130万港元甚至更高。正是由于指数上升导致合约价值过高这一原因，香港期货交易所在2000年10月9日推出了小型恒生指数期货合约交易，该合约的乘数为10港元，其合约价值是恒生指数期货合约的1/5。交易所通过对合约乘数大小的不同规定，可以达到有效控制合约价值大小的目的。

中国证监会于2007年1月4日通过其官方网站发表公开信，要求投资者全面了解股指期货，树立正确的投资理念，提高参与股指期货的风险意识，以确保我国即将推出的股指期货顺利推出和平稳运行。股指期货产品的推出意味着我国股市有了"做空机制"，这是我国股市交易制度上的重大变化。机构投资者利用它可以套期保值，对冲大盘下跌带来的系统性风险。其鼓励机构投资者长期持有股票，有利于股市的稳定和发展。中国金融期货交易所首个股指期货合约设计的总体原则是满足投资者的风险管理需求，具备较好的防操纵性及流动性。根据这一原则，中国金融期货交易所对标的指数进行了严格挑选，最终选择沪深300指数作为合约标的。2010年4月16日，我国沪深300股指期货合约正式在中国金融期货交易所上市交易。

（4）股票期货。它是以股票为标的物的期货合约。与股指期货一样，股票期货同样是股票交易市场的衍生交易品种，差别仅仅在于股票期货合约的对象是单一的股票，而股指期货合约的对象是代表一组股票价格的指数，因而市场上通常也将股票期货称为个股期货。

股票期货的交易费用低廉，每张股票期货合约相当于数千股股票的价值，而买卖合约的佣金则视张数而定，所以交易成本相对合约价值而言极低，沽空股票更便捷。由于投资者可以便捷地沽空股票期货，所以在跌市时，投资者可借着沽空股票期货而获利。股票期货的杠杆效应使投资者买卖股票期货合约只需缴付占合约面值很小比例的保证金，令对冲及交易更合乎成本效益，从而降低海外投资者的外汇风险；同时，股票期货合约为海外投资者提供了投资本地优质股票的途径，因为买卖股票期货只需要缴付保证金而非全部的合约价值，故大大降低了海外投资者所要承受的外汇风险。为确保市场的流通量充裕，股票期货实行庄家制度。注册庄家会在一个指定的差价范围内同时提供买入价和卖出价，庄家的报价再加上其他会员的参与，使股票期货市场变得更活跃、流通性更强，投资者可以轻松地开仓或平仓，通过电子交易系统进行买卖。

股票期货合约采用期货交易所的电子交易系统进行买卖，所有买卖盘会按价格及时间的先后次序执行对盘，并能即时显示买入价、卖出价和成交价，令市场透明度达到最高水平。此外，结算公司会提供履约保证，由于结算公司作为所有未平仓合约的对手，因此参与者将无须承担对手风险。但是，保证的范围并不包括结算所参与者对其客户的财务责任，因而投资者选用经纪公司进行买卖时必须小心慎重。

股票期货交易提供了一种相对便宜、方便、有效的替代和补充股票交易的工具，使投资者有机会提高其股权组合的业绩，成为一种更灵活、更简便的管理风险和定制投资策略的创新产品。这种特征主要表现在以下几方面：①为投资提供一个快速、简单的机制，增加或者减少对一些股票的敞口暴露；②卖空期货不受卖空股票的限制，股票期货交易的杠杆性能增强资本效率；③提供一种低成本的投资方法，使投资者在不打乱投资组合的情况下方便地实现股票敞口暴露的转换，以实现调整投资组合、获取超额收益的目的；④使投资者能够进行单一股票的基差交易和采取套利策略，将在不同市场上市的同一股票的期货整合在一个交易平台上，受统一的规则体系规制；⑤有一个清算和保证金系统，促进市场的统一和效率提高。

3）金融期货交易的特征

（1）合约标准化。期货交易的对象是标准化的期货合约。期货交易通过买卖期货合约进行，期货合约是指由期货交易所统一制定的标准化的合约。期货合约对交易对象的品种、数量和数量单位、质量等级、最小变动价位、涨跌停板、合约月份、交易时间、最后交易日、交割日期、交割地点、合约到期日等内容都有统一的规定。其唯一的变量是标的物的交易价格，这是在交易所内以竞价方式产生的。期货合约标准化，大大简化了交易手续，降低了交易成本，最大限度地减少了交易双方因对合约条款的理解不同而产生的争议与纠纷。期货合约标准化是期货交易最显著、最重要的特征，也是期货交易区别于现货远期交易的又一个重要方面。

补充阅读资料9-2　　　　　　　　　　　沪深300指数期货合约

沪深300指数期货合约的相关内容见表9-2。

表9-2　　　　　　　　　　　沪深300指数期货合约的相关内容

合约标的	沪深300指数
合约乘数	每点300元
报价单位	指数点
最小变动价位	0.2点

合约月份	当月、下月及随后两个季月
交易时间	上午：9：15—11：30，下午：13：00—15：15
最后交易日交易时间	上午：9：15—11：30，下午：13：00—15：00
每日价格最大波动限制	上一个交易日结算价的±10%
最低交易保证金	合约价值的12%
最后交易日	合约到期月份的第三个周五，遇国家法定假日顺延
交割日期	同最后交易日
交割方式	现金交割
交易代码	IF
上市交易所	中国金融期货交易所

资料来源　根据中国金融期货交易所网站的资料整理.

（2）交易所集中交易。期货交易在专门的期货交易所内进行，一般不允许场外交易，期货转现货交易是唯一合法的场外交易方式。这就使期货合约具有很好的流动性。期货交易所不仅为期货交易者提供了专门的交易场所和进行期货交易所必需的各种设备及服务，而且为期货交易制定了严密的规章制度，使期货交易成为组织化、规范化程度很高的一种交易方式。同时，它还为所有在期货交易所内达成的交易提供财务和合约履行方面的担保。但交易所本身并不介入期货交易活动，也不干预期货价格的形成。

（3）公开竞价。在期货交易的早期，由于没有计算机，故在交易时都采用公开喊价的方式。公开喊价通常有两种方式：一是连续竞价制，是指场内交易者在交易所的交易池内面对面地公开喊价，表达各自买进或卖出合约的要求。这种竞价方式是期货交易的主流，欧美期货市场都采用这种方式。这种方式的好处是场内气氛活跃，缺点是人员规模会受到场地的限制。众多的交易者拥挤在交易池内，人声鼎沸，以至于交易者不得不使用手势来帮助传递交易信息。这种方式还有一个缺点是场内交易员比场外交易者有更多的信息和时间优势。"抢帽子"交易往往成了场内交易员的专利。二是日本的一节一价制，是把每个交易日分为若干节，每节交易中一种合约只有一个价格。每节交易先由主持人叫价，场内交易员根据其叫价申报买卖数量，如果买量比卖量多，则主持人另报一个更高的价；反之，则报一个更低的价，直至在某一价格上买卖双方的交易数量相等时为止。

计算机技术普及后，世界各国的交易所纷纷改弦更张，采用计算机来代替原先的公开喊价方式。计算机撮合成交是根据公开喊价的原理设计而成的一种自动化交易方式，具有准确、连续、速度快、容量大等优点。

（4）对冲交易。它也叫套利交易，是指期货市场参与者利用不同月份、不同市场、不同商品之间的差价，同时买入和卖出两张不同类的期货合约，以从中获取风险利润的交易行为。正如一种商品的现货价格与期货价格经常存在差异一样，同种商品不同交割月份的合约价格之间也存在差异，同种商品在不同交易所的交易价格变动也存在差异。这些差异的存在，使期货市场的对冲交易成为可能。

在期货市场中，对冲有时能比单纯的长线交易提供更可靠的潜在收益，尤其是当交易者对对冲的季节性和周期性趋势进行深入研究和有效使用时，其功效更大。对冲是期货投机的特殊方式，丰富和发展了期货投机的内容，使期货投机不仅仅局限于期货合约绝对价格的水平变化，还更多地转向期货合约相对价格的水平变化。

（5）杠杆交易。它实际上是交易商为投资者提供了放大若干倍的融资额度，投资者只需要投入少量保证金，即可操控数十甚至上百倍的资金量进行运作，获利的速度也是数十甚至上百倍的提升。杠杆交易制度产生的初衷是金融机构用其服务于资金量大的实盘投资者，让他们解放出99%的资金用于其他项目，以灵活提高资金利用率。后来投资者发现杠杆交易可以实现以小本钱快速获取暴利，因此越来越受资本炒家和个人投资者的欢迎。

（6）逐日盯市。它是指结算部门在每日闭市后计算、检查保证金账户余额，通过适时发出追加保证金通知，使保证金余额维持在一定水平之上，防止负债现象发生的结算制度。其具体执行过程如下：在每一交易日结束之后，交易所的结算部门根据整日成交情况计算出当日结算价，据此计算每个会员持仓的浮动盈亏，调整会员保证金账户的可动用余额。若调整后的保证金账户余额小于维持保证金，交易所便发出通知，要求在下一个交易日开市之前追加保证金；若会员单位不能按时追加保证金，交易所将有权强行平仓。

小思考9-1

期货交易和现货交易有什么区别？

小思考9-1

分析提示

4）金融期货的交易制度

交易所结算机构之所以能为交易所会员的交易提供结算担保，除了其会员良好的资信和交易所拥有的资本实力以外，更有一整套严格、完善的交易制度。

（1）保证金制度。在期货交易中，任何一个交易者都必须按照其买卖期货合约价值的一定比例（通常为5%~10%）缴纳少量资金，作为其履行期货合约的财力担保，然后才能参与期货合约的买卖，并视价格变动情况确定是否追加资金。这种制度就是保证金制度，交易者所交的资金就是保证金。

由于在期货交易中买卖双方都有可能在最后结算时发生亏损，所以双方都要缴纳保证金。双方成交时缴纳的保证金叫初始保证金，以后每天都要对照结算所公布的结算价格与成交价格来调整保证金账户余额。因市场行情的变化，交易者的保证金账户会产生浮动盈亏，因而保证金账户中实际可用于弥补亏损和提供担保的资金就会随时发生变动。保证金账户必须维持一个最低的水平，称为维持保证金，该水平由交易所规定。当交易者连续亏损，保证金余额不足以维持最低水平时，结算所会通过经纪人发出追加保证金的通知，要求交易者在规定时间内追缴保证金至初始保证金水平。交易者如果不能在规定时间内补足保证金，结算所有权将交易者的期货合约平仓了结，所导致的亏损由交易者负责。

所有的买方和卖方均需缴存保证金方能进入期货市场。保证金是一项履约担保金，证明买方或卖方的诚意，有助于防止违约并确保合约的完整性。保证金可以是现金、交易所允许的国库券、标准仓单等。每一个客户都必须向期货经纪公司缴存一定数量的交易保证金，经纪公司把客户的保证金存入专门的账户，与公司的自有资金区分开来，然后由经纪公司统一将保证金存入交易所。买卖期货合约所要求的保证金不尽相同，通常只占合约价值很小的比例。保证金的多少应在期货合约中载明。一般而言，期货合约的价格波动越大，所要求的保证金就越多。

（2）每日无负债制度。它是指每日交易结束后，交易所按当日各合约结算价结算所有合约的盈亏、交易保证金及交易手续费、税金等费用，对应收应付的款项实行净额一次划转，相应增加或减少会员的结算准备金。经纪公司会员负责按同样的方法对客户进行结算。

补充阅读资料9-3　　　　　　　　　　　　　　**金融期货的结算过程**

金融期货结算是指根据交易结果和交易所的有关规定对会员交易保证金、盈亏、交易手续费、交割货款和其他有关款项进行的计算、划拨。结算包括交易所对会员的结算和期货经纪公司会员对其客户的结算，计算结果将被记入客户的保证金账户。与期货市场的层次结构相适应，期货交易的结算也是分级、分层的。交易所只对会员结算，非会员单位和个人通过期货经纪公司结算。

期货经纪公司对客户的结算：①期货经纪公司对客户的结算与交易所的方法一样，即每一交易日交易结束后对每一客户的盈亏、交易手续费、交易保证金等款项进行结算。交易手续费一般不低于期货合约规定的交易手续费标准的3倍，交易保证金一般高于交易所收取的交易保证金比例至少3个百分点。②期货经纪公司在闭市后向客户发出交易结算单。③当每日结算后客户保证金低于期货交易所规定的交易保证金水平时，期货经纪公司按照期货经纪合同约定的方式通知客户追加保证金，客户不能按时追加保证金的，期货经纪公司应当将该客户部分或全部持仓强行平仓，直至保证金余额能够维持其剩余头寸。

（3）涨跌停板制度。它是指期货合约在一个交易日中的成交价格不能高于或低于以该合约上一交易日结算价为基准的某一涨跌幅度，超过该范围的报价将视为无效，不能成交。在涨跌停板制度下，前一交易日结算价加上允许的最大涨幅构成当日价格上涨的上限，称为涨停板；前一交易日结算价减去允许的最大跌幅构成价格下跌的下限，称为跌停板。因此，涨跌停板又叫每日价格最大波动幅度限制。涨跌停板的幅度有百分比和固定数量两种形式，如上海期货交易所的铜、铝涨跌停板幅度为3%，涨跌停板的绝对幅度随上日结算价而变动；而郑州商品交易所绿豆合约则是以上日结算价为基准的，上下波动1 200元/吨为涨跌停板幅度。

（4）持仓限额制度。它是期货交易所为了防止市场风险过度集中于少数交易者和防范操纵市场行为，对会员和客户的持仓数量进行限制的制度。为了使合约期满日的实物交割数量不至于过大，引发大面积交割违约的风险，一般情况下，距离交割期越近的合约月份，会员和客户的持仓限量越小。

（5）大户报告制度。它是交易所建立限仓制度后，当会员或客户的持仓量达到交易所规定的数量时，必须向交易所申报有关开户、交易、资金来源、交易动机等情况，以便交易所审查大户是否有过度投机和操纵市场的行为，并判断大户交易风险状况的风险控制制度。通常，交易所规定的大户报告限额小于限仓限额，所以大户报告制度是限仓制度的一道屏障，以防止大户有操纵市场的违规行为。对于有操纵市场嫌疑的会员和客户，交易所有权随时限制其建立新的头寸或要求其平仓。如果会员或客户不在交易所规定的时间内自行平仓，交易所有权对其强行平仓。

（6）风险准备金制度。它是期货交易所从自己收取的会员交易手续费中提取一定比例的资金，作为确保交易所担保履约的备付金的制度。

交易所风险准备金的设立，是为维护期货市场正常运转而提供财务担保和弥补因不可预见的风险带来的亏损。交易所不但要从交易手续费中提取风险准备金，而且要针对股指期货的特殊风险建立由会员缴纳的股指期货特别风险准备金。股指期货特别风险准备金只能用于为维护股指期货市场正常运转提供财务担保和弥补因交易所不可预见的风险带来的亏损。风险准备金必须单独核算、专户存储，除用于弥补风险损失外，不能挪作他用。风险准备金的动用应遵循事先规定的法定程序，经交易所理事会批准，报中国证监会备案后按规定的用途和程序使用。

（7）信息披露制度。根据我国《期货交易管理条例》的规定，期货公司应当建立、健全并严格执行业务管理规则、风险管理制度，遵守信息披露制度，保障客户保证金的存管安全，按照期货交易所的规定向期货交易所报告大户名单、交易情况。信息披露是投资者获得信息的主要渠道，是衡量市场"三公"原则的重要指标，对期货市场的发展十分重要。

9.1.2　金融期货交易方式

一般情况下，金融期货交易可分为两种方式：一是套期保值交易；二是投机交易。

1）套期保值交易

（1）套期保值的含义。套期保值是指在期货市场上建立交易部位来代替现货市场中已经进行或将要进行的交易，而且该期货交易部位在经济上是以减少交易者在现货市场上的价格风险为目的的。

（2）套期保值交易的基本特征。

第一，通过两个市场上方向相反的交易实现。做套期保值交易时，必须在两个市场上同时采取相反的买卖行动，进行相反操作。具体来说，就是在现货市场上买入现货商品的同时，在期货市场上卖出该商品的期货合约；而在现货市场上卖出现货商品的同时，在期货市场上买进该商品的期货合约。

第二，交易的商品种类相同。一般在做套期保值交易时，选择的期货合约中所载商品（即期货商品）和要在现货市场上买卖的现货商品种类是相同的。一般情况下，只有商品种类相同，期货价格和现货价格之间才有可能形成密切的关系，才能在价格走势上保持大致相同的趋势，在两个市场上同时采取反向买卖行动才能取得效果。

第三，交易的商品数量相等。做套期保值交易时，所选择的期货合约上所载的商品数量必须与交易者将要在现货市场上买进或卖出的商品数量相等。因为只有保持两个市场上买卖的商品数量相等，才能使一个市场上的盈利额与另一个市场上的亏损额相等或最接近。

第四，交割月份相同或相近。做套期保值交易时，所选择的期货合约的交割月份最好与交易者将来在现货市场上实际买进或卖出现货商品的时间相同或相近。因为两个市场上出现的亏损和盈利受两个市场上价格变动幅度的影响，只有使所选择的期货合约的交割月份和交易者决定在现货市场上实际买进或卖出现货商品的时间相同或相近，才能使期货价格和现货价格之间的联系更加紧密，增强套期保值的效果。因为，随着期货合约交割期的到来，期货价格和现货价格会趋于一致。

（3）套期保值交易的基本类型。

第一，卖出套期保值。它是指预先在期货市场上卖出期货合约，即卖空，持有空头头寸，为交易者将要在现货市场上卖出的现货商品进行保值。期货市场上做卖出套期保值的交易者，主要是那些将来需要在现货市场上卖出现货商品而又担心到实际卖出时价格下跌的公司或个人。由于做此种套期保值交易首先采取卖出期货合约的方式来为自己在现货市场上将要卖出的现货商品进行保值，所以称"卖出套期保值"。

第二，买入套期保值。它是指预先在期货市场上买入期货合约，即买空，持有多头头寸，为交易者将要在现货市场上买进的现货商品进行保值。这一般是那些将来需要在现货市场上买进现货商品而又担心到实际购买时价格上涨的公司或个人经常采用的套期保值类型。由于做此种套期保值的交易者在期货市场首先采取买入期货合约的方式为自己在现货市场上将要买进的现货商品进行保值，所以称"买入套期保值"。

2）投机交易

期货市场上的投机者，是那些自认为可以准确预测商品价格的未来走势，甘愿利用自己的资金冒险，不断地买进卖出期货合约，希望从价格的经常变动中获取利润的个人或企业。风险事业投资者以前被看作买空卖空的纯投机商，但是，经济的发展、法律和管理制度的日益完善，限制了投机商的消极作用，发挥了其积极作用。他们是专门从事市场预测、靠信息分析等专业知识追求风险利润的投资者。这些风险事业投资者使套期保值者能够顺利地对冲在手的期货合约。期货市场中频繁的投机活动有利于缓和价格的波动幅度。例如，当价格处于较低水平时，投机商会买进期货合同，使需求增加，而这会使价格上涨；当价格高时卖出期货合同，使需求减少，从而使价格下跌。投机商的这种活动，使可能出现的大幅度价格波动趋于平稳。

小思考9-2

小思考9-2

分析提示

金融期货市场上的投机商有什么积极作用？

9.1.3 金融期货市场上的操纵行为

1）市场操纵行为

市场操纵行为是指参与期货市场交易的机构、大户为了牟取暴利，故意违反国家有关期货交易的规定和期货交易所的交易规则，违背期货市场公开、公平、公正的原则，单独或合谋使用不正当手段严重扭曲期货市场价格、扰乱市场秩序的行为。

2）市场操纵的类型

（1）分仓。它是指交易所会员或客户为了超量持仓，以影响价格、操纵市场，借用其他会员的席位或以其他客户的名义在交易所从事期货交易，规避交易所持仓限量的规定，其在各个席位上总的持仓量超过了交易所对该会员或客户的持仓限量。

（2）移仓（倒仓）。交易所会员为了制造中场假象，或者为转移盈利，把一个席位上的持仓转移到另外一个席位上的行为，叫移仓（倒仓）。

例如：甲会员席位上有某种债券期货合约10手多头持仓，买入时的价格是30 000元/手，当中场价格上涨为30 500元/手时，甲会员的浮动盈利为500元/手（30 500－30 000）。这时甲会员在自己的席位上以30 500元/手的价格卖出10手该债券合约，平掉原来的多头持仓，实现盈利500元/手；同时，在与自己有关的乙席位上，以30 500元/手的价格买入10手该债券合约，这样甲会员总的持仓仍为10手多头持仓，但是浮动盈利已经转换为实际盈利。

（3）对敲。它是指交易所会员或客户为了制造中场假象，企图或实际严重影响期货价格或者中场持仓量，蓄意串通，按照事先约定的方式或价格进行交易或互为买卖的行为。

例如：期货市场上某种股票期货合约最新成交价是8 000元/手，甲会员以8 100元/手的报价卖100手合约，如果事先没有约定，不可能有人按此高价买入甲会员卖出的合约。如果乙会员事先和甲会员约定，按报价8 100元/手买入100手合约，于是由计算机撮合成交，这时市场上就出现了8 100元/手的成交价格，把原来的中场价格拉高了100元/手。

（4）逼仓。它是指期货交易所会员或客户利用资金优势，通过控制期货交易头寸或垄断可供交割的现货商品，故意抬高或压低期货市场价格，超量持仓、交割，迫使对方违约或以不利的价格平仓以牟取暴利的行为。

市场操纵者主要是利用其在资金、商品和信息等方面的优势，违规大量建仓，影响期货市场的价格和制造期货市场假象，从而操纵市场价格，牟取暴利。这类市场操纵者的存在，使期货价格屡屡与现货价格脱离，出现异常波动，令套期保值者和一般投机者无所适从。

9.2 金融期权市场

9.2.1 金融期权交易概述

1）金融期权的概念

金融期权又称金融资产选择权，是指持有者在规定的期限内具有按照交易双方商定的价格购买或出售一定数量某种金融资产的权利。金融期权交易是对一定期限内的选择权的买卖，即期权购买者以支付一定数量的期权费为代价，拥有在规定期限内以双方约定的价格购买或出售约定数量的某种金融资产的权利，而不用承担必须买进或卖出的义务；金融期权的卖方在收取一定数量的期权费后在约定期限内必须无条件服从买方的选择并履行成交时的允诺。也就是说，期权交易实际上是一种权利的单方面有偿让渡。期权的买方以支付一定数量的期权费为代价而拥有了这种权利，但不承担必须买进或卖出的义务；期权的卖方则在收取了一定数量的期权费后，在一定期限内必须无条件服从买方的选择并履行成交时的允诺。在权利的有效期内，如果标的金融资产的价格变化不利于期权买方，他也可以选择放弃履约；在权利的有效期内，期权也可以转让，超过有效期，合约失效，买方的权利随之作废，卖方的义务也被解除。金融期权交易双方就权利约定的内容需要借助于标准化的期权合约来实现，期权合约成为一种重要的衍生工具，对期权合约的交易成为一种新型的交易方式。

2）金融期权合约的构成要素

金融期权合约和金融期货合约一样，也是标准化合约，是由期货交易所统一制定、规定买方有权在将来特定时间以特定价格买入或卖出约定标的物（包括期货合约）的标准化合约。其几乎包括了相关期货合约的所有标准化要素。其中，权利金、执行价格和合约到期日是期货合约中所没有的。

（1）权利金。它是期权合约的价格，是期权的买方为购买期权而必须支付给卖方的费用。对卖方来说，它是卖出期权的报酬，权利金归卖方所有，不予退还。卖方可立即得到这笔权利金收入，而并不需要马上进行期权合约的交割。但同时卖方面临一定的市场风险，即无论期货市场上价格如何变动，卖方都必须做好履约的准备。权利金对买方来说，是其买入期权可能遭受损失的最高限度。与期货交易相同，在期权交易中，权利金即期权成交价格是期权合约中的唯一变量，其他要素均已率先确定。权利金也必须经过买卖双方的经纪人在交易所通过公开竞价最终确定。

（2）执行价格。它又称履约价格、敲定价格，是期权的买方行使权利时合约中率先规定的标的物的买卖价格。这一价格一经确定，在期权有效期内，无论期权之标的物的市场价格上涨或下跌到什么水平，只要买方要求执行该期权，卖方必须按此执行价格履行义务。如果买方在到期前的任何时候决定放弃该项权利，则不会发生合约中规定的买卖行为，执行价格也就自动失去意义。

（3）合约到期日。它是允许执行期权的最后日期，一般是在相关期货合约交割日期之前一个月的某一时间。这是为了让期权卖方在买方行使期权时为履行义务而必须买入或卖出相关期货合约时，还有一定的时间在期货市场上进行反向的期货合约交易来对冲平仓，从而有机会避免他可能不愿意或不准备进行实物交割的局面的出现。

3）金融期权的种类

（1）按赋予的权利不同，金融期权可以分为以下三种：

第一，看涨期权。它又称买入期权，是指期权合约赋予期权购买者在预先规定的时间以约定的价格从期权出售者手中买入一定数量的某种特定金融资产的权利。为取得这种权利，期权购买者需要在购买期权时支付给期权出售者一定的期权费。当人们预期某种金融资产未来价格上涨时，购买看涨期权；相反，如果卖方预测该金融资产的市场价格不会上涨或可能下跌，那么他将卖出看涨期权以获取期权费。

第二，看跌期权。它又称卖出期权，是指期权合约赋予期权购买者在预先规定的时间以约定的价格向期权出售者卖出一定数量的某种特定金融资产的权利。它与看涨期权相反，是人们预期某种金融资产的未来价格下跌时购买的期权，所以称为看跌期权。如果卖方预测该金融资产的市场价格不会下跌或可能上涨，那么他将卖出看跌期权。

第三，双向期权。它是指期权的买方既享有在商定的有效期限内按某一具体的敲定价格买进某一特定数量的金融资产的权利，又享有在商定的有效期限内按同一价格卖出某一特定数量的金融资产的权利。

（2）按执行期限不同，金融期权可以分为以下两种：①欧式期权。它是指期权持有人只有在期权到期日才有权行使其交易权利。②美式期权。它是指期权持有人在期权交易期限内（到期前）任何一个时点上都有权行使其交易权利。

美式期权比欧式期权具有更大的灵活性，这是因为购买者买进美式期权后，可以在期权有效期内根据市场价格的变化和自己的实际需要灵活而主动地选择履约时间。而期权出售者必须随时为履约做好准备，这意味着美式期权比欧式期权使其承担着更大的风险。因此，在其他情况一定时，出售者所需要的风险补偿即期权费通常比欧式期权要高一些。目前，美式期权更为流行。

（3）按交易对象不同，金融期权可以分为以下两种：①现货期权。这是以各种金融现货工具本身作为期权合约之标的资产的期权，如各种股票期权、股票数期权、外汇期权、债券期权等。②期货期权。这是将各种金融期货合约作为期权合约之标的资产的期权，如各种外汇期货期权、利率期货期权以及股票指数期货期权等。

补充阅读资料9-4　　　　　　　　　　　　　　　　　**员工股票期权**

员工股票期权是在满足公司事先约定条件的前提下，在一定期限内以事先约定的价格（即行权价格）认购约定数量的公司股票的一种权利。这是一种有条件的赠予，给予公司员工特定的权利，而不是强加的一种义务。

员工股票期权作为一种长期激励机制萌芽于20世纪70年代的美国，在90年代得到长足的发展。有统计表明，截至1998年，美国350家最大公司中有近30%实施了员工股票期权计划，用于员工激励计划的股票平均占股票总数的近8%。在我国香港，上市公司也普遍实行了认股期权计划（share option scheme，SOS），作为对公司雇员进行激励的重要手段。在香港上市的红筹股公司包括联想香港公司、方正香港公司、上海实业及北京控股等均参照实行了SOS。

我国内地也进行了员工股票期权的积权探索，涌现出了一些具有中国特色的股权激励方案，如上海贝岭的虚拟股票期权、清华同方员工股票期权计划等。

资料来源　黄斌，聂祖荣. 激励股票期权的理论与实践［EB/OL］.［2012-07-09］. https：//www.doc88.com/p-516934 503 259.html.

9.2.2　期权交易方式

1）期权保值交易

进行期权保值交易，一方面可以达到商品保值的目的，另一方面可以获得由于商品价格升降而带来利润的机会。期权保值交易具体有四种：买进看涨期权、买进看跌期权、卖出看涨期权和卖出看跌期权。

（1）买进看涨期权。例如，将来要购买证券的投资商，为防止将来证券价格上涨而买进看涨期权，进行保值。由于看涨期权赋予期权买方按事先规定的履约价格买进相关期货合约的权利，看涨期权买方确信相关期货价格将会涨至足以弥补其为购买看涨期权所付出的期权费水平，买进看涨期权为其日后将要购入的现货确立了一个最高价格或用来对冲其空头期货部位。

如某投资商想在将来的某一时间投资于某只股票，其预测该股票价格将上涨，想以现在的价格购进该股票，但是，现在该投资商没有足够的资金购买股票现货，于是他购买了该股票的期权，即买进看涨期权，这样就可以实现他的愿望了。

如他在3月份以每股0.05美元的权利金价格买进一张9月份到期的执行价格为每股7.5美元的该股票看涨期权合约，他在9月份以前可决定是否需要执行该期权。假定6月份时，该股票价格正如投资商预测的那样上涨了，每股涨至8美元，而7月份该股票期货价格也上升到每股8.5美元。于是，他执行该看涨期权。以期权合约规定的7.5美元执行价格买进一张7月份该股票期货合约，同时在期货市场上卖出一张7月份该股票期货合约（价格为8.5美元）来对冲刚买进的期货合约。这样他在期货交易中每股盈利1美元，期权成本为0.05美元，每股净盈利0.95美元。该投资商避免了价格上涨的损失，达到了保值的目的。

当该股票现货价格上涨时，股票看涨期权合约的价格也上升，该投资商也可以把手中的看涨期权转卖出去，对冲其手中的期权部位，即通过这一买卖的获利来弥补该股票现货价格的上涨，达到保值的目的。

这两种方法都可以避免价格上涨的损失，但具体用哪种方法，要视采取哪种方法获利更多而定。

小思考9-3

分析提示

如果某投资商预测错误，该股票现货价格不但没有上涨，反而下跌至每股6美元。这时，他该如何操作？

（2）买进看跌期权。例如，将来要出售证券的投资商，为防止将来证券价格下跌而买进看跌期权，进行保值。看跌期权的买方确信相关期货价格将会下跌至足以弥补其为购买看跌期权所支付的权利金水平。他买进看跌期权为其日后将要出售的现货确立了一个最低价格或用来对冲其多头期货部位，免遭相关市场价格下跌的损失，从而达到为证券保值的目的。

（3）卖出看涨期权。交易者卖出看涨期权的唯一目的是赚取期权权利金。一般来说，只有在预计相关期货价格仅会出现小幅度波动或略有下跌的情况下才会出售看涨期权。卖出看涨期权的一方希望相关期货合约价格不会涨至使期权买方行使权利的水平，或即使上涨，也不要超出所收取的权利金水平。这样，他可以赚取全部或一部分权利金。

但卖出看涨期权是有一定风险的，当价格下跌幅度超过他所收取的权利金水平时，他就要遭受损失。另外，当价格上涨时，他放弃了价格进一步上升而获利的机会。所以，如果交易者没有十分的把握，一般是不会卖出看涨期权的。

（4）卖出看跌期权。交易者卖出看跌期权的唯一目的也是赚取期权权利金。一般来说，交易者只有在预计相关期货价格仅会出现小幅度波动或略有上升的情况下才会卖出看跌期权。同样，期权卖方希望相关期货合约价格不会下跌到使期权买方行使权利的水平，或即使下跌，也不要超过所收取的权利金水平。这样，他可以赚取全部或一部分权利金。

同样，卖出看跌期权也是有一定风险的。当价格上涨幅度超过他所收取的权利金水平时，他就要遭受损失。另外，当价格下跌时，他放弃了价格进一步下跌而获利的机会。所以，如果交易者没有十分的把握，一般不会卖出看跌期权。

2）期权投机交易

期权投机交易是投机者购买期权后再转卖出去，通过购买和转卖期权的权利金差价而从中获利；也可以履行期权合约，在期货交易中获利。许多投机者热衷于期权投机交易，是因为期权投机交易比期货投机交易更有优越性。一方面，进行期权投机的资本少，购买者只需支付期权权利金，就取得了买入或卖出期货合约的权利；另一方面，投机者最大的损失就是购买期权所支付的期权权利金，在一定程度上解除了投机者的后顾之忧。许多资金少甚至低薪阶层的人也可进行期权投机交易，所以期权投机交易吸引了大批交易者。

9.3 金融互换市场

9.3.1 金融互换的概念与种类

1）金融互换的概念

所谓金融互换，是将不同货币的债务、不同利率的债务或交割期不同的同种货币的债务，由交易双方按照市场行情签订预约，在约定的期限内互相交换，并进行一系列支付的金融交易行为。

最早的金融互换交易始于20世纪70年代初期，当时主要是一些跨国公司为了在满足对外汇的需要的同时，又规避各国政府的外汇管制和汇率风险，创造了金融互换这一交易形式。

2）金融互换的种类

金融互换可分为两种：货币互换和利率互换。

（1）货币互换。它又称外汇互换，是交易双方互相交换不同币种、相同期限、等值资金债务或资产的货币及利率的一种预约交易业务。货币互换的前提是要存在两个期限和金额相同而对货币需求相反的伙伴，双方按照预先约定的汇率进行资本额互换，而后每年以约定的利率和资本额进行利率支付和互换，协议到期时则按原约定汇率再将资本额换回。

补充阅读资料9-5　　　　　　　　　世界上第一笔正式的货币互换

目前，世界上公认的第一笔正式的货币互换是1981年8月由美国所罗门兄弟公司为美国国际商业机器公司（IBM）和世界银行安排的一次互换。通过所罗门兄弟公司的撮合安排，世界银行将其发行的2.9亿欧洲美元债券与IBM等值的西德马克、瑞士法郎债券进行互换。作为世界级大型投资银行的所罗门兄弟公司，在此次互换中发挥了重要的中介作用，其本身也获得了巨大收益，同时揭开了投资银行积极参与金融互换的序幕。在金融互换的飞速发展中，投资银行的作用至关重要。

小思考9-4

分析提示

小思考9-4

投资银行在金融互换中充当什么角色？

（2）利率互换。它是指交易双方在债务币种相同的情况下，互相交换不同形式利率的一种预约交易业务。利率互换一般不进行本金交换，只是互换以不同利率为基础的资本筹集所产生的一连串利息，包括计息方法不同（一方以固定利率计息，另一方以浮动利率计息）或计息方法相同但利率水平不一致的互换。由于双方交换的币种是相同的，故利率互换一般采用净额支付的方法来结算。利率互换合约的双方是基于对利率变化前景的不同估计而签约的，签约后的利率变化，无论方向如何，总是一方受损，一方受益。具体来说，签约后利率上升，固定利率支付方将受益，浮动利率支付方将受损；签约后利率下降，固定利率支付方将受损，浮动利率支付方将受益。

9.3.2　金融互换的功能

1）规避风险功能

当某种货币的币值极不稳定，而该货币又是某交易者想要的货币时，通过金融互换就可以用一种货币换得想要的币值相对稳定的货币，避免因币值不稳定而带来的损失。由于交易者对币值变动的预测不同，且有甘愿承担风险的投机者参与，这种为保值、规避风险而进行的互换是能够完成的。另外，金融互换是一种表外业务，可以逃避外汇管制、利率管制和税收管制等。

2）降低筹资成本功能

金融互换是基于比较优势而成立的。交易双方最终分配由比较优势而产生的全部利益是互换交易的主要动机。当一家企业在某一市场具有筹资优势，而该市场与该企业的所需不符时，通过金融互换就可以利用具有优势的市场地位进行筹措而得到在另一个市场上的所需。这样，互换交易的双方利用各自的筹资优势，可以大幅度降低筹资成本，这是其他金融衍生工具所不具备的一个优势。互换是比较优势理论在金融领域最生动的运用。根据比较优势理论，只要满足以下两个条件就可以互换：一是双方对对方的资产或负债均有需求；二是双方在两种资产或负债上存在比较优势。

3）优化资产负债结构功能

金融互换可以使筹资者很方便地筹措到任何期限、币种、利率的资金，方便了对资产和负债的结构性管理，实现了资产、负债的最佳搭配，从而减少了中长期利率和汇率变化的风险。

4）拓宽融资渠道功能

金融互换可以使某些筹资者进入原本很难进入的市场获得优惠资金，通过互换可以拓宽融资渠道。例如，日本一家企业准备筹集一笔美元资金，原计划到美国市场或欧洲美元市场发行美元债券，但由于这两个市场的评级机构对该企业的信用评级很低，因而不太容易进入。在这种情况下，日本企业可以选择先在日本发行日元债券（因为日本的评级机构给予该企业较高的信用评级），然后做一笔日元和美元的互换交易，这样就能获得所需要的美元资金了。

补充阅读资料9-6　　　　**中欧敲定3 500亿货币互换　人民币"推开"欧洲大门**

2013年国庆节之后，中国人民银行力推的货币互换迎来了最具标志性意义的里程碑。2013年10月9日，中国人民银行与欧洲中央银行签署了规模为3 500亿元人民币/450亿欧元的中欧双边本币互换协议。

在过去几年里，人民币国际化取得了长足进展，包括：（1）在贸易融资方面，中国现在已经超过日本，在全球占第三位，贸易融资对货币使用量有非常大的帮助。（2）人民币进入SDR货币篮子标志着人民币正式进入国际官方货币舞台的中心，成为世界的一个储备货币，到现在为止已经有 2 176 亿元的外汇储备在各国央行里。（3）在过去几年里，中国人民银行和全球 39 个国家的银行签署了货币互换协议，货币互换协议的规模已经达到 3.47 万亿元人民币，人民币已经成为世界上最大的货币互换圈。

资料来源　章文贡. 中欧敲定 3 500 亿货币互换　人民币"推开"欧洲大门［N］. 第一财经日报，［2013—10—11］.一财资讯. 朱民：人民币已成为世界上最大的货币互换圈［EB/OL］.［2020—06—19］. https：//www.yicai.com/news/100 673 379.html.经过整理.

9.3.3　金融互换市场的基本结构

1）互换的结构

所有的互换都建立在同样的基本结构上，如果两个称为互换对手的参与者同意进行一种或多种指定数量的标的资产的交换，我们称中标的资产数量为名义本金，以区别于现货市场中的实际交换。一个互换可以包括一次交换、两次交换或一系列的交换，既可以包括本金的交换，也可以不包括本金的交换。如果交换本金，一般情况下是在互换开始时交换一次名义本金，而在结束时再把交换的名义本金交换回来。互换中交换的名义本金可以是相同的货币，也可以是不同的货币。在交换名义本金时，甲方为使用乙方的标的资产而按固定的价格进行周期性支付；同时，乙方为使用甲方的标的资产而按浮动价格（由市场决定）进行周期性支付。这就是互换的基本结构。

2）互换的中介

在上述结构中只有互换交易的双方，但是在实际的互换中，由需要互换的客户直接寻找交易对手是非常困难的，因此在一个有效的市场中，要有一个金融中介来为两个互换的需求者安排互换，这个中介被称为互换交易商。他从加在互换支付额上的买卖差价中赚取利润。交易商一般是商业银行或投资银行，它们的工作是寻找利率互换的需求者，所起的作用实质上类似于经纪人。但是，在结算时，交易商扮演的是互换合约中另一方的角色，互换合约的双方分别与交易商签约。另外，当互换合约的双方金额不匹配时，交易商常要承担两者差额的互换责任，并相应地承担这一责任所带来的可能的损益。当然，交易商也可以不这样做，而是在另一个合约中把这一差额抵消掉，或者采取套期保值措施来规避可能的风险。

3）互换的环节

典型互换的现金流主要包括三个环节：①互换合约双方在合约生效时相互交换约定数额的名义本金，但是这只有在名义本金是不同的货币时才有意义，因此在利率互换中通常没有这一环节，因为双方所拥有的名义本金不仅数量相同，币种也相同，交换不交换都一样。而在货币互换中通常要交换名义本金，因为双方拥有的名义本金是不同的货币，因此各自的货币量也不同。②互换双方根据合约的规定定期交换由名义本金所带来的利息。通常，一方支付的是固定利率下的利息，另一方支付的是浮动利率下的利息。这一环节是互换的核心部分，也是所有种类的互换都含有的一部分。③把在第一个环节交换的名义本金再换回来。当然，如果是通常的利率互换，没有第一个环节，也就用不着第三个环节了。一般来说，互换不是孤立存在的，它们总是与相应的现货市场、远期市场等结合起来使用。

9.4 远期协议市场

9.4.1 远期协议的概念与特征

1）远期协议的概念

远期协议，即远期合同，是交易双方约定在未来某一交易日按照事先商定的价格进行金融工具买卖的法律协议或合同。它是最简单的一种衍生工具，通常发生在两个金融机构之间或金融机构与其客户之间，协议双方交易的资产、时间、价格以及其他条款等由双方协商解决，因而，从严格意义上说，它是一种非标准化协议。远期协议没有专门的固定交易场所，是一种场外交易工具。其中，远期利率协议是近年来发展最快的品种，另外还有远期货币协议和远期股票协议等。远期协议是期货、期权和互换的基础，后者是在远期协议基础上的一种延伸和重新组合。

远期协议首先出现在 20 世纪 80 年代初期的伦敦银行间交易市场上，目的是防范货币风险。由于办理此种业务本身并不是一种借款行为，属于银行的表外业务，不必受政府金融法规的约束，所以该工具一经问世，便以其高度的灵活性而受到银行业的普遍欢迎，同时也吸引着更多的非银行金融机构参与。

2）远期协议的特征

远期协议作为一种场外交易工具，与在场内交易的期货交易、期权交易等有很大的区别，主要表现在以下几个方面：

（1）交易对象不同。远期协议的交易对象是一种非标准化合约；期货、期权交易的则是一种标准化合约，而这种标准化合约一般是在远期合约的基础上进行的。

（2）交易的地点和手段不同。远期协议交易是通过电话、电传等现代化通信方式在场外进行的，由银行给出双向标价；而期货、期权交易则是在交易所大厅里进行的，并通过公开竞价的方式决定其合约价格。

（3）交易风险不同。远期协议交易中的双方互相认识，而且每笔交易都是由双方直接见面进行的，愿意交易就意味着愿意接受参加者的对应风险；而期货交易中的双方一般是彼此不认识的，盈亏结算也是通过交易所的结算公司完成的。

（4）交易的保证金要求不同。远期协议交易不需要保证金，对方风险是通过变化双方的远期价格差异来承担的；而期货交易市场有严格的保证金制度，所有参加者都必须缴纳保证金。

（5）实物交割的程度不同。远期协议交易的目的在于在即期交易中确定将来交割的实际价格，以便进行未来的实物交割，因而远期协议交易属于实体交易，到了交易日，一般都要进行实物交割；而期货交易是一种虚拟交易，其实物交割的比例是很小的，大多通过对冲的方式了结。

小思考9-5

分析提示

小思考9-5

远期协议交易是场内交易还是场外交易？

3）金融远期协议的风险特征

金融远期协议最大的特点是既锁定了风险又锁定了收益。远期协议在订立时，交易双方便敲定了未来的实际交割价格，这样在协议有效期间，无论标的物的市场价格如何变动，对未来的实际交割价格都不会产生任何影响。这意味着交易双方在锁定了将来市价变动不利于自己的风险的同时，也失去了将来市价变动有利于自己而获利的机会。所以，远期协议的市场风险极小。但在信用风险与流动性风险方面，远期协议却表现得十分突出。由于远期协议基本上是一对一的预约交易，一旦一方到期爽约或无力履约，便会给另一方带来一定的损失。同时，远期协议的内容大多是由交易双方直接商定的且到期实际交割，即所谓"度身打造"，基本上没有流动性，即使遇到急需融资或到期不能履约的情况，也无法转售出去，机会成本高，流动性风险大。不过，总体而言，由于远期协议交易的规模小、流通转让性差，即便违约，损失也仅限于一方，不会形成连锁反应，对整个金融市场体系的安全不构成重大影响。

9.4.2 远期协议的种类

远期协议分为远期货币协议和远期利率协议两种。

1）远期货币协议

（1）远期货币协议的概念。远期货币协议又称远期外汇协议，是指外汇买卖成交日合约成立时，交易双方无须收付对应货币，而是在未来某个时间进行结算与交割的协议。远期货币协议以远期汇率作为交易价格的条件。交易双方在签订合同的时候，就确定好未来进行交割的远期汇率，到期不论汇率如何变化，都按此汇率交割。标准的合约期限一般为1~3个月，最长也可超过1年。远期外汇合约是金融远期合约中发展规模最大、最为成熟的种类，其交易一般在银行间进行。

（2）远期货币协议的内容。它包括两部分：①交易主体的名称、账号、外汇种类、数量、远期汇率、期限、起息日和交割方向；②交易双方的权利和义务。

为了防止违约风险，银行在与客户签订远期外汇合约的同时，一般要收取相当于合约金额10%的保证金或保证物。当汇率变动对银行造成的损失超过保证金或保证物的金额时，银行将通知客户增缴保证金或保证物；否则，合约即告失效。同时，银行也退还客户所缴纳的保证金或保证物的本利和。

2）远期利率协议

（1）远期利率协议的概念。远期利率协议（FRA）是一种利率的远期合约，是指买卖双方商定将来一定时间的协议利率，并规定以何种利率为参照利率，在将来的清算日，按照规定的期限和本金额，由一方向另一方支付协议利率和参照利率之间利息差额的贴现金额。和其他商品的远期合约一样，远期利率协议是为了避免将来实际收付时价格变动的风险而设计的。在远期利率协议中，交易一方是为了避免利率上升的风险，另一方是为了避免利率下跌的风险。

（2）远期利率协议中使用的主要术语。其包括：①名义本金额，又称协议数额，是双方约定要交易的金额（即要进行保值的数额）。之所以称为"名义本金额"，是因为该金额无须交换，只是作为双方计算利差的本金数额。②协议货币，即协议书额定面值货币。③交易日，即远期利率协议交易的执行日。④交割日，即名义贷款或存款的开始日。⑤基准日，即决定参考利率的日子。⑥到期日，即名义贷款或存款的到期日。⑦协议期限，即交割日与到期日之间的天数。⑧协议利率，即远期利率协议中规定的固定利率。它是交易双方商定的对名义本金额的计息基础，交易双方使用这一利率进行保值。⑨参照利率，即基准日的一种利率。它是用于计算利差并进行保值的利率。参照利率一般是具有权威性的利率，如英国伦敦同业拆借利率（LIBOR）、美国的基准利率（prime rate）、国库券利率（T-bill rate）等。⑩交割额，即在交割日，协议一方交给另一方的金额。它可以根据协议利率与参考利率之差计算出来。

■ 本章小结

本章主要介绍了如下内容：①金融期货的概念，金融期货交易的特点、结算制度和金融期货的交易方式。②金融期权的概念、构成要素、种类和交易方式。③金融互换的概念、种类、功能和市场结构。④远期协议的概念、特征和种类。

■ 主要概念和观念

○ 主要概念

金融期货　金融期权　套期保值　每日无负债制度　分仓　移仓　对敲　权利金　美式期权　欧式期权　金融互换　远期协议

○ 主要观念

金融期货合约的标准化条款　金融期货交易的特点　套期保值交易的基本特征　金融期权的构成要素　金融互换的功能　远期协议的特征

■ 基本训练

1.判断题

（1）分仓是交易所会员或客户为了超量持仓，把一个席位上的持仓转移到另外一个席位上的行为。　　　　　　　　　　　　　　　　（　　）

随堂测9

（2）随着期货合约交割期的到来，期货价格和现货价格会趋向于一致。（　　）

（3）权利金是期货合约中所没有的要素。　　　　　　　　　　　（　　）

（4）利率互换一般不进行本金交换，只是互换以不同利率为基础的资本筹集所产生的一连串利息。　　　　　　　　　　　　　　　　　　（　　）

（5）远期货币协议也叫作远期外汇协议。　　　　　　　　　　　（　　）

2.选择题

（1）衍生金融工具包括金融期货、金融期权、金融互换和（　　）。

A.欧式期权　　　　B.货币互换　　　　C.远期协议　　　　D.远期货币协议

（2）金融期权交易的风险比金融期货交易的风险（　　）。

A.大　　　　　　　B.小　　　　　　　C.相同　　　　　　D.不可比

（3）按照权利的不同，期权可划分为看涨期权、看跌期权和（　　）。

A.双向期权　　　　B.美式期权　　　　C.欧式期权　　　　D.虚值期权

（4）金融互换分为（　　）和（　　）两种。

A.货币互换　　　　B.美元互换　　　　C.利率互换　　　　D.基金互换

（5）远期协议是一种（　　）。

A.场外交易工具　　B.场内交易工具　　C.市场交易工具　　D.临时交易工具

3.简答题

（1）金融期货合约的标准化条款有哪些？

（2）金融期权的构成要素有哪些？

技能训练

（1）模拟设计期货合约：①利用网络查询金融期货合约的模式和内容；②分析金融期货合约的特点；③确定设计合约中要注意的问题；④模拟设计一份金融期货合约。

（2）某客户预期3月份英镑价格将上升，即以GBP1=USD1.4320买入两份3月份交割的英镑期货合约，每份合约面额是10万英镑。不久后，3月份的英镑价格果然升至GBP1=USD1.4340，于是该客户以此价格卖出两份3月份交割的英镑期货合约。问：该客户盈利多少？（注：汇率差小数点后第四位的1为一点，每点代表0.0001美元，忽略交易佣金和税）

素质训练

○ 案例分析

巴林银行的悲惨结局

1763年，弗朗西斯·巴林爵士在伦敦创建了巴林银行。到1993年年底，巴林银行资产为59亿英镑，在英国名列第18位，世界排名第523位，在世界30多个国家设有办事机构，雇员近4 000人。但由于新加坡分行的期货交易，1995年2月23日，巴林银行不得不宣布破产。

本案的核心人物里森于1989年7月10日正式到巴林银行工作。1992年，巴林银行总部决定派他到新加坡分行出任期货与期权交易部门的总经理。里森于1992—1994年在日本市场进行日经指数期货合约交易，产生了大量的损失，但他都利用隐藏的错误账户——88888号账户蒙混过去了。1994年7月，当损失达到5 000万英镑时，巴林银行曾派人调查里森的账目，又被里森假造花旗银行有5 000万英镑存款蒙混过去了。1995年1月11日，新加坡期货交易所的审计与税务部发函给巴林银行，提出了他们对维持

88888号账户所需资金问题的一些疑虑。而此时里森每天需要伦敦汇入1 000万英镑，以支付其追加的保证金。事实上，从1993—1994年，巴林银行在SIMEX（新加坡国际金融交易所）及日本市场投入的资金已超过11 000万英镑，超出了英格兰银行规定英国银行的海外总资金不应超过25%的限制。为此，巴林银行曾与英格兰银行进行过多次会谈，1994年5月，得到了英格兰银行主管商业银行监察的高级官员的非授权"默许"。

1995年1月18日，日本神户发生大地震，其后数日东京日经指数大幅度下跌，里森一方面遭受了更大的损失，另一方面购买了数量更庞大的日经指数期货合约，希望日经指数会上涨到理想的价格范围。1月30日，里森以每天1 000万英镑的速度从伦敦获得资金，已买进了30 000口日经指数期货，并卖空了日本政府债券。2月10日，里森以新加坡期货交易所交易史上创纪录的数量，已握有55 000口日经指数期货及20 000口日本政府债券合约。

1995年2月23日——巴林银行的最后一日，日经股价收盘降到17 885点，而里森的日经期货多头风险部位已达60 000余口合约；日本政府债券在价格一路上扬之际，其空头风险部位亦达26 000口合约。里森给巴林银行所带来的损失，终于达到了86 000万英镑的高点，而2月中旬，巴林银行全部的股份资金只有47 000万英镑，世界上最老牌的巴林银行不得不宣告破产。

要求：分析金融期货交易的风险。

网上资源

https：//finance.sina.com.cn/futuremarket/

http：//futures.hexun.com/

http：//goodsfu.10jqka.com.cn/

第10章

金融市场监管

学习目标

通过本章学习，你应该达到以下目标：

知识目标：了解金融市场监管产生的原因、监管的重要意义及我国金融市场的监管体制。

技能目标：能够结合实际，分析各种监管手段的运用。

素质目标：提高个人诚实守信、遵规守法的意识。

引例　　　　　汪氏父女内幕交易被罚36亿背后：马化腾入股

健康元信息遭泄露

2020年6月24日，一条"证监会对汪耀元、汪琤琤因内幕交易健康元（600 380.SH）罚没款36亿元的消息"震惊市场——其特殊之处不仅在于金额巨大，更在于这起内幕交易案的内幕信息涉及业界多个赫赫有名的大人物，其中就包括腾讯创始人马化腾、众安保险掌门人欧亚平。

健康元药业集团股份有限公司创始于1992年12月18日，以太太乐口服液起家，2001年6月在上交所上市，股票名称为健康元。

2014年年底，朱保国准备减持鸿信行有限公司（系健康元第二大股东，下称"鸿信行"）持有的健康元股份，朱保国和母亲共同持有鸿信行100%股权。2015年2、3月份，朱保国向马化腾提出，希望腾讯公司入股健康元。之后，马化腾同意以其在香港的投资公司帮忙受让部分健康元股票。期间欧亚平与马化腾也有沟通。3月14日，朱保国和欧亚平在香港见面，二人就减持一事再次进行了商谈。朱保国、欧亚平、马化腾等作为相关当事人，于2015年3月14日之前参与了减持事项的动议、策划，均为内幕信息知情人。3月24日晚，众安保险融资成功酒会在中国香港举行，3人于酒会碰面，最终敲定减持合作一事。同时，马化腾委托欧亚平具体操作。汪耀元作为社会名流恰好就参加了这次酒会。

汪耀元与其女儿汪琤琤联手，一边与当事人电话联系砸实消息，一边动用了10亿元资金，大举购买健康元。根据调查，汪耀元、汪琤琤在半个多月里使用"汪耀元""汪琤琤""沈某蓉"等21个账户大量买入"健康元",其中沈某蓉为汪琤琤的母亲、汪耀元的前妻。

21个账户中,包括12个自然人账户和9个机构账户。在上述内幕信息敏感期内,汪耀元先后在2015年3月14日、15日、17日、21日、25日与欧亚平通话了5次。一边是朱保国与欧、马二人推动减持事宜,而另一边,汪氏父女正调动数亿元资金大举买入健康元。比如,3月14日下午,汪耀元与欧亚平通话57秒;3月15日下午,汪耀元与欧亚平通话9分13秒;3月16日,涉案账户开始持续大量买入健康元股票;3月25日上午,汪耀元与欧亚平通话2分20秒,此后相关账户进一步放量追高买入。截至4月1日共计买入88 631 885股,买入金额近10.09亿元,卖出13 813 053股,卖出金额1.85亿元,期间净买入74 818 832股,净买入金额8.24亿元。经计算,涉案账户在本案内幕信息敏感期内买入"健康元"的盈利为9.06亿元。

另外,调查发现,多数涉案账户均系在内幕信息敏感期内首次买入"健康元",且买入金额巨大,同时普遍存在卖出其他股票集中交易"健康元"的情形,买入意愿十分强烈,并随着内幕信息确定性的增强进一步放大交易量。

对于这起5年前的内幕交易,汪氏父女在听证阶段提出了多项申辩意见。特别是对内幕信息的传递,他们认为,仅凭汪耀元与欧亚平之间在2015年3月的5次通话,即推定"欧亚平向汪耀元传递内幕信息"是不恰当的。不过,证监会调查发现,涉案账户买入"健康元"时间与汪耀元和内幕信息知情人联络、接触时间高度吻合,在通话之后相关账户进行了明显放量交易。汪耀元主张,"汪耀元"账户及其在宏信证券和四川信托的6个信托账户均交由汪琤琤操作,汪耀元本人未操作涉案账户,交易"健康元"属于汪琤琤的个人行为,与汪耀元无关。但证监会调查认定,在案证据足以证明涉案账户由汪耀元、汪琤琤父女控制使用。"汪耀元称其将银行、证券账户交由汪琤琤管理,却对账户交易决策完全不参与,对交易情况不过问、不知情,明显有悖生活常理,无法自圆其说。"

经过大量调查取证,最终,证监会决定没收汪耀元、汪琤琤违法所得9.06亿元,并处以27.19亿元罚款,合计罚没总额36.25亿元。

资料来源 杜卿卿. 汪氏父女内幕交易被罚36亿背后:马化腾入股健康元信息遭泄露〔EB/OL〕.〔2020-06-24〕. https://tech.163.com/20/0624/18/FFTJ7VH900097U7R.html.

10.1 金融市场监管概述

10.1.1 金融监管的一般理由

金融监管(financial supervision)是指为了经济金融体系的稳定、有效运行和经济主体的共同利益,金融管理当局及其他监督部门依据相关的金融法律、法规、准则或职责要求，以一定的法规程序，对金融机构和其他金融活动的参与者实行监督、检查和协调。

金融监管的一般理由与因市场失灵而要求政府介入的一般理由可以说是一致的。这里我们介绍两种主要观点：

（1）金融风险理论。其主要观点是：金融业是高风险行业，它的运行对社会经济体系的影响特别大，因此需要政府特别加以监管。金融业是经营货币、证券的特殊行业，其经营以信用为基础，而信用又包含了许多不确定性；由于信用与金融业务的连锁性，金融风险的传染性很强。解决这些风险都需要政府的监管。

补充阅读资料10-1　　　　　　　　　　　　　　缺乏监管导致的金融损失

银行业作为具有内生风险的行业，在缺少监管的情形下必然会不稳定，并会产生动荡。20世纪70年代以来，世界上90多个国家发生了不少于117次系统性银行危机。有数据可查的27次中，解决危机所花的财政收入占GDP的10%以上。可见，金融危机是随金融自由化而出现的，如拉美债务危机、日本房地产泡沫和随后的金融危机、亚洲金融危机、俄罗斯金融危机以及2008年的全球金融危机。

（2）金融市场信息不对称理论。信息不对称在金融市场十分突出。从贷款人-银行-存款人的关系链条看，就有可能出现贷款人把风险或损失转嫁给银行，银行也有可能把所有的风险或损失不适当地转嫁给存款人的情况，导致市场不公正。证券公司、保险公司与债权人之间也会出现类似状况。对于这种状况，金融机构很难做到自律，债权人更无法控制，只有依靠政府监管来解决。此外，信息不完全也是信息不对称的重要问题，也会导致金融市场交易的不公正与效率损失。对此，也只有依靠政府的监管。

10.1.2　金融市场监管的主体

从理论上讲，监管属于政府管制的范畴，是一种政府行为，但是也有一些经济学家不同意这种看法。从金融监管的实践来看，实施监管的主体是多元化的。概括而言，监管有两类主体：第一类主体是有关的政府机构，它们的权力由政府授予，负责制定并实施金融市场监管方面的各种规章制度。例如，各国的中央银行一般都负责制定和实施金融方面的各种法规，并负责对各种违规行为进行处罚，如美国联邦储备银行、英国的英格兰银行。在具体实践中，既有由中央银行、财政部或某个独立的政府机构单独实施监管的，也有由几个部门分别对不同或同一金融机构实行监管的，后一种比较常见。第二类主体是各种非官方性质的民间机构或私人机构，它们的权力来自其成员对机构决策的普遍认可，出现违规现象并不会造成法律后果，但可能会受到机构的纪律处罚，如自律性监管主体证券商协会对券商的自律监管、证券交易所对上市公司的监管等。一国的金融市场监管主体是历史和国情的产物，并不是固定不变的。

中国金融市场的监管主体也有两类：一类是政府机构，主要有中国人民银行、中国证券监督管理委员会、中国银行保险监督管理委员会等；另一类是自律性监管机构，主要有中国证券业协会和上海证券交易所、深圳证券交易所。

补充阅读资料10-2 美国金融监管改革的初步胜利
——美联储成了"超级监管者"

在经历了财政部提案、众议院立案、参议院立案、参众两院协调4个阶段后，历时1年、长达2 000多页的美国金融监管改革法案终于跨越重重阻力在参众两院获得通过。2010年7月21日，美国总统奥巴马签署了已在国会获得通过的金融监管改革法案，这一法案的全称为《2010年华尔街改革和消费者保护法》，又以参议院银行委员会主席多德和众议院金融委员会主席弗兰克的名字命名为《多德-弗兰克法案》。新法案既从微观上对金融机构的经营范围和规模做出了诸多限制，也从宏观上对系统性风险设下了层层防线，确实堪称"大萧条"以来最为严厉和全面的金融监管改革法案。其核心内容是将美联储打造成银行、证券、保险等金融机构的"超级监管者"和设立新的消费者金融保护局。这一法案的实施，标志着美国金融监管改革的初步胜利。

资料来源 刘兰香. 详解美国金融监管新法案：银行收入最多将减14%［EB/OL］.［2010-07-24］. http://finance.eastmoney.com/news/1351，2010072485886894.html.有删减.

10.1.3 金融市场监管的对象及内容

金融市场监管的对象及内容是金融市场监管的核心，也是在认识上分歧最大的一方面。绝大多数人认为政府应该对那些明显损害他人利益和共同利益的金融犯罪行为实施干预，但是对诸如金融产品或金融服务的产量和价格是否实施政府控制、提供补贴或采取不同的税收政策，对金融中介的各种活动是否进行监督，是否给投资者或相关团体提供必要的信息以及规定营业厅的作息时间等，经济学家们的看法往往很不一致。部分学者认为政府对此必须进行干预，但也有学者认为这些问题应留给市场本身去解决。

在确定金融市场监管的对象与内容时，应从市场机制本身的缺陷、金融产品和市场的特殊性、金融市场的发育程度以及监管者所面临的特殊环境和条件等各个方面进行具体分析。从经济学的角度看，在资本密集型、信息密集型、高风险型和属于公共产品或准公共产品的行业，由于存在垄断、外部性、信息不对称、过度竞争等特性，价格信息扭曲甚至市场机制失灵的现象时有发生，金融业中的商业银行业、保险业、证券业正属于此类行业，所以必须通过一定的手段消除或部分消除金融市场失灵，以实现经济资源的有效配置。从金融市场监管的实践来看，金融市场监管的具体内容，因国家金融体制的不同而各有差异，但总的来说，主要是对金融市场要素构成的监管。

（1）对金融市场主体的监管。它是对金融市场交易者的监管。如对证券发行人普遍实行强制信息公开制度，要求证券发行人提高内部管理和财务状况的透明度，全面、真实、及时地披露可能影响投资者判断的有关资料，不得有任何隐瞒或重大遗漏，以便投资者对其投资风险和收益做出判断；同时，也便于强化证券监管机构和社会公众对发行人的监督管理，有效地制止欺诈等违法、违规及不正当竞争行为。对投资者的监管包括对投资者的资格审查及其交易行为的监管，如对组织或个人以获取利益或者减少损失为目的，利用其资金、信息等优势，或者滥用职权，制造金融市场假象，诱导或者致使投资者在不了解事实真相的情况下做出投资决定，扰乱金融市场秩序等操纵市场行为的监管；对知情者以获取利益或减少经济损失为目的，利用地位、职务等便利，获取发行人未公开的、可以影响金融产品价格的重要信息，进行有价证券交易，或泄露该信息等内幕交易行为的监管等。

（2）对金融市场客体的监管。它是指对货币头寸、票据、股票、债券、外汇、黄金等交易工具的发行与流通的监管。如实施证券发行的审核制度、证券交易所和证券主管部门有关证券上市的规则、证券上市暂停和终止的规定；对金融工具的价格波动进行监测，并采取有关制度（如涨跌停板制度等）避免金融市场过于频繁的大幅波动等。由于不同国家和地区金融工具的种类和品种不同，监管的内容相应也不同。

补充阅读资料10-3 　　　　　　　　　　对互联网金融业务的监管

　　2015年7月18日，中国人民银行、工信部、财政部等十部委联合发布了《关于促进互联网金融健康发展的指导意见》，其中明确了对互联网金融采取"分业监管"，即互联网金融的七大业态由不同的隶属部门监管：互联网支付业务由人民银行全权监管；股权众筹融资和互联网基金销售由证监会监管；网络借贷（P2P和网络小额贷款）、互联网信托以及互联网消费金融由银监会严格监管；互联网保险由保监会完全监管。监管的总方针是：既要简政放权实行"宽监管"，又要明确风险底线，保护合法经营，坚决打击违法和违规行为。随着银保监会的成立，原来由银监会和保监会监管的业务，都合并到银保监会监管。

　　资料来源　佚名. 人民银行等十部门发布《关于促进互联网金融健康发展的指导意见》[EB/OL].［2015-07-18］. http：//www.gov.cn/xinwen/2015-07/18/content_2 899 360.htm.有删减.

（3）对金融市场媒体的监管。它是指对金融机构以及从事金融市场业务的律师事务所、会计师事务所以及资产评估机构、投资咨询机构、证券信用评级机构等的监管。其主要是划分不同媒体之间的交易方式和交易范围，规范其经营行为，使之在特定的领域充分发挥作用。金融市场媒体一方面具有满足市场多种需求、分散和减弱风险的功能；另一方面由于其具有的信息优势和在交易中的特殊地位，有可能在金融市场上实行垄断经营或为追逐私利而扰乱金融秩序，因此有必要对其进行监管。在监管实践中，主要采取的措施包括：①对金融机构设立的监管。由于金融行业的特殊性，各国对金融机构的设立均有一定的要求，在设立的制度方面主要有特许制和注册制两种。②对经营行为的监管。其要求金融机构应对客户负有完全的诚信责任，不得为谋求利益以任何形式欺诈或欺瞒客户和投资者，使其利益受损。③对从业人员的监管。其主要有从业资格考试与注册制度。另外，在对金融机构的监管中，自律性监管机构如各类机构的协会组织、证券交易所等也起着积极的作用。

10.1.4　金融市场监管的模式

　　各国由于其金融市场发育程度不同、管理理念不同、法律及文化传统不同，因此，在长期的金融市场监管实践中形成了各种不同的监管模式，大体有以下三种：

（1）统一金融监管模式。它是指由一个统一的金融市场监管机构来实施对金融市场的监督和管理的监管模式，一般由中央银行或金融管理局负责。目前，世界上选择此种监管模式的国家主要有意大利（意大利银行）、荷兰（荷兰银行）、日本（日本金融厅）、新加坡（新加坡金融管理局）、印度（印度储备银行）等。日本和韩国在1996年才开始实行统一监管，英国和澳大利亚在1997年金融体制改革后也选择了统一监管。

统一金融监管模式的优点主要表现在：适应性比较强，能有效地消除监管死角；能够实行统一的监管制度，避免因多重监管而使被监管者面临不同的监管制度约束，导致被监管者因重复监管及监管不一致而无所适从；可降低分业监管带来的信息分享成本，充分利用人力资源。统一金融监管模式的缺陷在于：混淆了不同行业的风险控制和文化差异；混业监管的目标相互交叉，难以统一；可能会导致规模不经济和加剧道德风险；缺乏竞争性，容易导致官僚主义。

（2）分业金融监管模式。它是根据金融行业的差别分别设立专职的监管机构的监管模式，也就是在银行、证券和保险三大行业内分别设立一个专职的监管机构，负责各行业的审慎监管和业务监管。目前，分业金融监管模式比较普遍，其中较为典型的国家有美国、德国、意大利、西班牙、荷兰、葡萄牙等。中国2018年之前通过"一行三会"即中国人民银行、中国银行监督管理委员会、中国证券监督管理委员会和中国保险监督管理委员会对金融市场实行严格的分业管理，2018年之后进行了综合监管改革。

分业金融监管模式的优点是：职责明确，分工细致，有利于提高监管效率；尽管各专业监管机构的监管对象不同，但彼此之间存在的竞争有利于提高监管效率。分业金融监管模式的缺陷是：多重监管机构之间存在着协调的困难，监管成本较高，不能综合评估混业金融机构尤其是金融集团的经营风险。

（3）不完全统一金融监管模式。它是在金融业综合经营体制下，对完全统一和完全分业监管的一种改造模式，主要分为牵头监管和"双峰式"监管。牵头监管是指在多重监管主体之间建立及时磋商的协调机制，特别指定一个牵头监管机构负责不同监管主体之间的协调工作的模式。巴西采用的是较典型的牵头监管模式。"双峰式"监管是指根据监管目标设立两类监管机构：一类负责对所有金融机构进行审慎监管，控制金融体系的系统风险；另一类则是对不同金融业务的经营进行监管。澳大利亚是此种监管模式的代表。

与统一金融监管模式相比，不完全统一金融监管模式保持了监管机构间的竞争与制约，各监管主体在其监管领域内保持了监管规则的一致性。与分业金融监管模式相比，不完全统一金融监管模式降低了多重监管机构之间互相协调的成本和难度。同时，审慎监管和业务监管分别进行，避免了出现监管真空或重复监管的现象。另外，不完全统一金融监管还具有分业金融监管的优点，即降低监管成本、提高监管效率。

10.1.5　金融市场监管的目标与原则

1）金融市场监管的目标

（1）保持金融市场和金融体系的稳定与安全。

（2）维护金融市场上的投资者的利益，突出表现为保护存款人的利益。

（3）营造平等的竞争环境，建立良好的市场秩序，促使金融业在平等竞争的基础上提高效率，稳健发展。

（4）允许金融业创新，允许金融机构为适应经济环境的变化而变化，以保持并不断提高金融业的竞争力。

显然，有效的金融市场监管必须能促使金融部门最大限度地达到以上四个目标。

2）金融市场监管的原则

为实现金融市场监管的目标，应当坚持以下几项原则：

（1）依法监管原则。这是各国都严格执行的原则。它包括两个方面：一是金融监管部门严格依法监管，保持监管的严肃性、权威性、一贯性和强制性；二是金融机构必须依法接受金融监管部门的监管，不能有任何特殊和例外。要做到这一点，金融监管法规的完善是前提条件。

（2）监管主体独立原则。独立原则要求金融监管机构有明确的责任和目标，享有操作上的自主权和充分的资源。同时，为了保证监管的有效性，还应提供一些条件，如稳健而连续的宏观经济政策、完善的金融部门公共设施、有效的市场约束机制、高效率解决金融问题的方法和适当的系统保护机制。

（3）稳健运行与风险预防原则。金融市场监管要以保证金融部门的稳健运行为原则。为此，监管活动中的组织体系、工作、程序、技术手段、指标体系设计和控制能力等都要从保证金融体系的稳健出发。当出现异常情况时，如金融机构无力继续运行，监管机构要参与促成其被接管或合并。如果这些办法都行不通以致金融机构不得不关闭，监管机构也要有足够的能力保证在关闭时不影响整个金融体系的稳定。

（4）内控和外控相结合原则。由于监管模式和风格的不同，各国的金融监管部门在监管中，内控和外控的侧重点也有差异。有的国家以外部强制性监管为主，将眼光聚焦于市场准入和日常监管上，如美国和日本。而有的国家则是在诱导与劝说的基础上，以内部自我约束和自我管理为主，健全组织结构，严格规范会计准则以及业务操作上的"双人原则"，如英国及其他一些西欧国家。事实上，要保证金融市场监管的有效性，需要内外控相结合。

（5）母国和东道国共同监管原则。这是金融全球化形势下的必然要求。由于一些金融机构实行跨国经营，因此对其监管必须由母国和东道国共同努力。母国和东道国之间可以达成相关的双边协议，做到信息共享、监管行为协调，共同对跨国金融业实行有效监管。

10.1.6　金融市场监管的手段

金融市场监管的手段是监管主体行使其职责、实现其金融市场监管目标的工具。金融市场监管的权威来自国家的政治权力或者公众所认可的某种权力。金融市场监管的效果和成本、金融产品和金融市场的特殊性、各国金融市场的发展水平和具体的监管环境、监管主体的层次和等级以及监管目标实现的难易程度等都会影响监管手段的选择。金融市场监管的手段主要包括法律手段、经济手段、行政手段、自律管理四种。

1）法律手段

法律手段是指运用经济立法和司法来管理金融市场，即通过法律规范来约束金融市场行为，以法律形式维护金融市场良好的运行秩序。法律手段的约束力强，是金融市场监管的基础手段。各国的法律对金融市场的各个方面均有详尽的规定，如各国的银行法、票据法、证券交易法等，能使市场各方以法律为准绳，规范自身的行为。涉及金融市场监管的法律规范范围很广，大致可分为两类：一类是直接对金融市场监管的法规，如在证券市场方面，除证券法、证券交易法等基本的法律外，还包括上市审查、会计准则、证券投资信托、证券保管和代理买卖、证券清算与交割、证券贴现、证券交易所管理、证券税收、证券管理机构、证券自律组织、外国人投资证券等方面的专门法规；另一类是涉及金融市场管理、与金融市场密切相关的其他法律，如公司法、破产法、财政法、反托拉斯法等。

2）经济手段

经济手段是指政府以管理和调控金融市场为主要目的，采用利率政策、公开市场业务、税收政策等手段间接调控金融市场运行和参与主体的行为。如中央银行通过调节准备金率、再贴现率、公开市场业务等手段调节和稳定金融产品价格，政府通过财政政策和外汇政策影响汇率等。这种手段相对比较灵活，但调节过程可能较慢，存在时滞。在金融市场监管中，常见的有以下两种经济调控手段：

（1）金融货币手段。如在金融市场低迷之际放松银根、降低贴现率和银行存款准备金率，可增加市场货币供应量从而刺激市场回升；反之，则可抑制市场暴涨。此外，运用"平准基金"开展公开市场业务，可直接调节证券的供求与价格。

（2）税收手段。税率和税收结构的调整将直接造成交易成本的增减，从而可以产生抑制或刺激市场的效应。

3）行政手段

行政手段是指依靠国家行政机关，通过命令、指令、规定、条例等对金融市场进行直接的干预和管理。与经济手段相比，运用行政手段对金融市场进行监管具有强制性和直接性的特点。行政手段存在于任何国家金融市场的监管历史之中，一般来说，在市场发育的早期使用行政手段管理较多，而在成熟阶段用得较少。这是由于金融市场发展的早期往往法律手段不健全而经济手段效率低下，造成监管不足，所以需要行政手段作为补充。

4）自律管理

自律管理即自我约束、自我管理，通过自愿的方式以行业协会的形式组成管理机构，制定共同遵守的行为规则和管理规章，以约束会员的经营行为。金融市场交易的高度专业化、从业人员之间的利益相关性与金融市场运作本身的庞杂性，决定了对自律管理的客观需要。但政府监管与自律管理之间存在主从关系，自律管理是政府监管的有效补充，自律管理机构本身也是政府监管框架中的一个监管对象。

10.2　外国金融市场监管

回顾世界历史，金融市场监管的必要性并非一开始就为人们所认识，人们对金融市场监管的"需求"一向是对危机最为直接的反应。1929—1933年的世界经济危机与股市大崩溃，彻底扭转了金融市场监管的方向。市场机制的缺陷被实践证明，"看不见的手"的神话被打破，完全放任自流已不能保证市场的稳定运行，从此开始了严格广泛的金融市场监管，美国首先建立了分业、政府集中统一监管的体制。下面以几个主要国家为例，介绍国外对金融市场的监管情况。

10.2.1　美国的金融市场监管制度

从历史上看，美国的金融市场监管制度大致经历了以下四个时期：

（1）美国金融市场监管制度的创建时期（1933年之前）。1863年，在美国南北战争金融恐慌时期，国会通过了《国民银行法》，依法设立了通货监管局，美国历史上首次出现了金融监管的官方专门机构，标志着联邦政府对金融领域介入的开始。1907年经济危机之后，国会又通过了美国第一部中央银行法——《联邦储备法》（1913年），建立了美国第一家中央银行——美国联邦储备银行。该法案决定由美国联邦储备银行对银行业实施联邦级监管，这标志着美国金融市场监管制度的真正确立。

（2）分业经营和分业监管时期（20世纪30年代至90年代末期）。在20世纪30年代之前，美国的银行业、证券业和保险行业是允许混业经营的，但1929年股市的大崩溃改变了这一切。股市崩溃后，金融机构大量倒闭，1933年倒闭的银行数目达4 000家，占银行总数的1/5还多，其存款额高达36亿美元，占银行存款总额的14.23%。与此同时，实物经济部门遭到重创，有数万家企业倒闭，生产总值急剧下降，数千万人失业。大危机之后，美国政府制定了一系列严格的金融法律，并开始对金融市场实施集中统一监管。针对这次股市崩溃，美国政府制定了《1933年银行法》（即《格拉斯-斯蒂格尔法》），该法案规定证券业务和银行业务分离，美国金融业从此进入了分业经营和分业监管时期。之后，美国又通过了一系列旨在加强金融市场监管的法律、法规，如《1933年证券法》和《1934年证券交易法》，随后还有《1938年曼罗尼法》《1939年信托契约法》《1940年投资公司法》等。此外，美国各州都制定了证券法。这些法律使原来法律、法规一片空白的证券业，突然之间成为最严厉的立法领域，证券业被置于联邦政府和州政府的严格控制之下。

20世纪70年代，美国对金融市场的监管有了一定程度的放松。1973年布雷顿森林体系崩溃后，西方国家纷纷实行浮动汇率制；同时，国际资本流动频繁，国际金融市场上的汇率、利率、通货膨胀率变化无常，极不稳定。为规避管制与市场风险，金融创新层出不穷，创新所带来的结构性变化，其结果是金融市场更加国际化、证券化和自由化；利率浮动、票据、货币远期交易和货币期货等创新金融工具应运而生，金融体系中传统的直接控制措施，如利率和信贷控制、资本账户控制等发挥的作用越来越小。各国被迫对原有的金融监管制度进行改革，核心是采取更为灵活的市场手段对金融体系进行间接管理，放松对证券市场的直接控制，如放松市场准入限制、放松对中介机构和各种价格及数量的控制等。80年代以后，受反对任何形式的国家干预的自由化思潮的影响，各国都在一定程度上放松了对金融市场的监管，主要表现在对银行、证券业分业制度的调整上。1987年，美国联邦储备委员会根据银行持股公司法修正案，授权部分银行有限度地从事证券业；同时，加强了对证券市场上欺诈行为的监管和对投资者利益保护的立法。1996年9月，美国通过了《1996年全国性证券市场促进法》，目的在于修订联邦证券法，放松监管，提高证券市场的效率和竞争力；促进对共同基金的有效管理，保护投资者的利益。

这一时期，美国的银行监管工作主要由4个独立机构负责：美联储主要负责监管在州注册的联储会员银行；联邦存款保险公司负责监管在州注册的非联储会员银行；货币监理署负责监管所有在联邦注册的国民银行和外国银行分支机构；储贷监理署负责监管所有属于储蓄机构保险基金的联邦和州注册的储蓄贷款机构。在证券领域，美国的证券交易管理体制分为两类，即联邦监管体系和各州监管体系。联邦监管体系的核心是证券交易委员会，这也是美国最高证券监管机构，对证券经营机构、证券信息披露、证券交易所、柜台交易和证券业协会等履行监管职能。证券经营机构必须遵守联邦监管体系和各州监管体系的法律、法规。在保险领域，各州都有保险立法权，州保险法和1945年出台的《麦卡伦-弗格森法案》构成了美国的保险立法体系。保险业的监管工作以州一级的政府为主体，由州保险监管局具体负责实施监管职能。

（3）1999年以后的混业经营和混业监管时期。1999年11月，美国颁布了《金融服务现代化法案》，其重大意义在于结束了20世纪30年代《格拉斯-斯蒂格尔法》以来的分业经营与监管的局面，开创了美国混业经营、混业监管的新时期。《金融服务现代化法案》明确了对金融控股公司的监管权，美联储拥有对金融控股公司的全面监管职能。法案允许银行、证券和保险公司以控股公司的方式相互渗透，但不允许以子公司的方式进行业务渗透。金融控股公司可以通过控股证券子公司和保险子公司，从事证券承销和保险包销、自营与经纪等业务。另外，该法案允许监管机构根据市场情况，通过"灵活判断"的方式来定义金融商品，并在投资者、市场竞争、金融机构稳健经营等方面制定了许多新的监管规则，从而满足了对现代金融业统一经营和综合监管的要求。

（4）2007年金融危机后金融监管的改革。2007年金融危机爆发后，外界对美国金融监管体系改革的呼声一浪高过一浪，奥巴马政府因此于2009年6月17日公布了名为《金融监管改革——新基础：重建金融监管》的改革方案。这份85页的蓝图期望从金融机构监管、金融市场监管、消费者权益保护、危机处理和国际合作等方面构筑安全防线，恢复外界对美国金融体系的信心。该改革方案公布后，受到美国众议院和参议院不同理由的反对，经过长达一年的反复讨论，两院终于通过了该方案。

2010年7月21日，美国总统奥巴马签署了已在国会获得通过的金融监管改革法案，从而使其成为法律。有人预言，这将终结1999年通过的《金融服务现代化法案》确立的金融业混业经营的格局，开启下一轮的分业经营格局，因此也将新法案媲美1933年通过的《格拉斯-斯蒂格尔法》。

10.2.2 英国的金融监管制度

英国的金融发展历史十分悠久，金融监管制度也比较健全。20世纪30年代大危机后，传统上注重自律和习惯的英国也开始制定与金融市场相关的法规。其具体包括：关于保护投资者利益的法规，如1958年颁布实施的《防止诈骗（投资）法》和1963年颁布实施的《保护存款人法》；关于控制公司合并的法规，如1973年颁布实施的《公正交易法》；关于信息披露的规定，如1975年颁布实施的《工业法》和《就业保护法》等。在此基础上，英国金融市场形成了以政府管理及国家法规和英格兰银行与证券交易所、证券业协会、证券投资委员会等自律组织及其规章制度为中心的自律型监管框架。英国在1986年进行了被称为"大爆炸"的证券监管体制改革，放宽了对证券交易所会员资格的审查条件，降低了对会员资本的要求，取消了最低佣金限制。1997年以后，英国对金融监管体制进行了改革，将包括英格兰银行在内的10家金融监管机构的权力统一集中在1997年10月成立的金融服务监管局，由其专门负责金融市场的监管工作，形成了以财政部、英格兰银行和金融服务监管局为核心的金融监管新体制。

在新体制下，英格兰银行、财政部和金融服务监管局三者的分工更加明确：英格兰银行具体负责英国金融和货币体系的稳定及基础设施等方面的建设。财政部主要负责法规和制度的整体框架建设。金融服务监管局的成立主要是为了加强对证券业的风险控制，对证券业的各种规则进行整改，提高金融市场的透明度。其职责包括：对金融机构的经营、资本标准进行规范；对银行、保险、投资等机构的业务经营资格进行认定；在金融集团内设置相应的监督部门；对监管对象进行调查和处罚，禁止金融机构雇用不合格人员；从事普及和提高金融知识的活动，帮助金融机构和个人提高金融业务能力。

在财政部、英格兰银行和金融服务监管局三者之间的关系上，财政部原则上干预金融服务监管局和英格兰银行的具体事务，金融服务监管局和英格兰银行必须向它报告潜在的问题及情况；如果金融服务监管局制定的规则限制了市场竞争，财政部有权要求其改变规则。

英国的金融监管体制改革，减轻了多元化金融集团必须重复地向不同监管机构提交相同报告的负担，降低了政府监管的成本，提高了效率，有效地保护了金融服务用户的利益，促进了英国金融市场的发展和国际化程度的提高。

10.2.3　日本的金融监管制度

在促进金融市场发展和管理方面，日本在第二次世界大战后开始更多地借鉴美国的做法。日本1948年颁布的《证券交易法》就是以美国《1933年证券法》和《1934年证券交易法》为蓝本的，是二战后日本证券制度改革的一项中心内容。这项改革尤其强调将证券的经营业务集中于证券公司，严禁银行和信托投资公司承购除政府债券和政府担保债券以外的任何证券。1951年日本制定了《证券投资信托法》，为推动股票大众化发挥了重要作用。1955—1961年日本发生了证券"泡沫"危机。危机以后的1964年，日本成立了大藏省证券局，加强了对证券市场的监管。从20世纪60年代末期开始，日本的国际证券交易日趋活跃，东京证券交易所于1970年加入国际证券联盟。1971年，日本政府颁布了旨在管理外国证券公司的《外汇及外贸管理法》。在20世纪90年代末以前，日本的国家金融监管机构由大藏省和日本银行组成。大藏省是日本金融行政主管机构，下设银行局、证券局、国际金融局，负责对所有登记注册的金融机构进行监管。此外，大藏省还负责对日本银行进行监督和检查。日本银行只对在中央银行开设往来账户或需在日本银行取得贷款的金融机构进行监管，其监管内容主要侧重于业务方面，包括核查风险管理状况，实施骆驼评级制度和《巴塞尔协议》。

20世纪90年代以后，日本开始仿效英国进行金融体制改革。在金融监管体制方面，除了修改日本银行法以外，主要是将金融监管的功能与金融制度规划相分离，废除大藏省的银行局和证券局，设立大藏省"金融企业局"，成立金融监管厅。金融监管厅直接隶属于首相府，负责对金融市场的监管。

之后，日本银行和金融监管厅共同履行银行监管的责任，但两者在分工上有明显的不同：前者市场监管的重点在于"查"，目的在于维护金融市场的稳定；后者更侧重于"管"，出发点是维护市场信用，降低市场风险，保护市场参与者的利益。

根据规定，大藏省今后将不再负责对银行个体实施监管，而主要负责有关金融制度和证券交易制度的规划及方案制订等。另外，大藏省还负责日本银行、存款保险机构和证券市场的运作。证券交易所、金融期货交易所和证业业协会等，则由首相与大藏省大臣共同掌管。

小思考 10-1

金融混业经营的最大弊端是什么？

小思考 10-1

分析提示

10.3　我国金融市场监管

10.3.1　我国金融市场的监管体制

我国已经形成了综合监管体系。为切实强化金融监管，提高防范化解金融风险的能力，2017年第五次全国金融工作会议提出设立金融稳定和发展委员会（以下简称"金稳委"），同年11月党中央、国务院同意批准金稳委成立。作为国务院统筹协调金融稳定和改革发展重大问题的议事协调机构，金稳委的成立可以说是拉开了新时代金融体系改革的大幕。

2018年3月，为深化金融体制改革、顺应综合经营趋势、落实功能监管和加强综合监管，《深化党和国家机构改革方案》将银监会和保监会合并，组建中国银行保险监督管理委员会（以下简称"银保监会"）。这是继金稳委之后，我国金融监管体系的又一重大变革。中国银行保险监督管理委员会的主要职责是：依照法律、法规统一监督管理银行业和保险业，维护银行业和保险业合法、稳健运行，防范化解金融风险，保护金融消费者的合法权益，维护金融稳定。

银保监会的正式成立，进一步健全了我国金融监管体系，意味着我国金融监管体系进入了金稳委、中国人民银行、银保监会和证监会"一委一行两会"为主导的新时代，综合监管步伐已正式迈开。

自2003年中国银监会成立后，我国金融监管正式形成由中国人民银行负责货币政策，银监会、证监会和保监会实施分业监管的"一行三会"格局。近年来，随着金融行业快速发展，机构综合化经营趋势明显，新金融业态层出不穷。同时，金融风险跨行业、跨市场的传染性逐步暴露，监管体制对业务模糊地带无法覆盖，需要进一步统一和完善金融监管框架。这次整合将是推进金融业监管协同的第一步，方向上转向以市场监管为主，将有效避免监管漏洞和监管重叠。银行保险业的监管整合会形成市场统一的监管模式，有效弥补监管漏洞。"过去实行分业监管，市场存在监管空白，如大资管、同业、非标等业务领域"。这次整合主要强调监管机构的分业监管和统一监管两者之间有机结合，分业监管在中国仍然有效。

经过40年的发展历程，我国金融监管体系日臻完善，组织体系架构更趋合理，监管规则逐步健全，监管决策机制更加高效，监管方式方法更加科学合理，为金融安全的稳定和社会经济的发展提供了重要支撑。

10.3.2 我国对银行业、保险业的监管

（1）中国人民银行对银行业的监管。中国人民银行是我国银行业监管的官方机构，是国务院领导和管理全国金融事业的国家机关，是我国的中央银行。《中华人民共和国中国人民银行法》（以下简称《中国人民银行法》）第二条规定："中国人民银行是中华人民共和国的中央银行。中国人民银行在国务院的领导下，制定和实施货币政策，对金融业实施监督管理。"目前，中国人民银行总行负责银行监管的职能部门主要有三个：一是银行监管一司，主要负责国有独资商业银行、政策性银行和外资银行的监管工作，包括银行分支机构的设立、变更、业务范围、资产负债比例、财务收支等方面；二是银行监管二司，主要负责股份制商业银行和城市商业银行的监管工作；三是合作金融机构监管司，负责农村和城市合作金融机构的监管工作。2003年4月28日，中国银监会在北京挂牌成立，统一行使监督管理银行、金融资产管理公司、信托投资公司以及其他金融机构的职能。其主要包括：制定有关银行业金融机构监管的规章制度和办法；审批银

行业金融机构及其分支机构的设立、变更、终止及业务范围；对银行业金融机构实行现场和非现场监管，依法对违法违规行为进行查处；审查银行业金融机构高级管理人员的任职资格；负责统一编制全国银行数据、报表，并按照国家的有关规定予以公布；会同有关部门提出存款类金融机构紧急风险的处置意见和建议；负责国有重点银行业金融机构监事会的日常管理工作；承办国务院交办的其他事项。我国银行业的监管内容主要包括以下几个方面：

①市场准入监管。金融监管是从市场准入开始的，要严格审查申请设立的金融机构是否符合设置原则，是否符合金融业发展的方向，是否符合分业经营和分业管理的原则，是否符合金融机构合理布局和公平竞争的原则，是否符合经济核算原则。重点审查其人民币资本金或营运资金、经营外汇业务的外币资本金和营运资金是否真实；其主要负责人是否有符合规定的任职资格；有无合格的机构章程等。经认真审查，符合以上条件的予以注册登记，发放金融机构营业许可证或金融机构法人许可证，准许其经营批准的金融业务；对不符合条件的严格把关，不准进入。

②资本充足率监管。1988年，巴塞尔委员会颁布的《关于统一国际银行资本衡量和资本标准的协议》规定，银行资本与风险加权的资产总额的比例不低于8%，其中核心资本的比例不低于4%。该协议所规定的资本充足率标准已为各国普遍接受。

深圳市是我国推行资本充足率监管比较早的城市。1993年5月25日，深圳市人民银行颁布了《深圳市银行业资产风险监管暂行规定》，对设在深圳市的金融机构实行资产风险监管。1994年2月15日，中国人民银行发布了《关于对商业银行实行资产负债比例管理的通知》，同时发布了《商业银行资产负债比例管理暂行监控指标》和《关于资本成分和资产风险权数的暂行规定》，规定是以巴塞尔协议的要求制定的，考虑到各商业银行一时还难以达到标准，通知要求各商业银行根据自身状况制订分步实施计划，逐步达到标准，但最迟不得超过1996年年底。

③流动性监管。我国商业银行的资产结构单一，主要是信贷资产。其中，不良资产占有较大比重，资产的流动性较差。银行负债品种单一，主要是各类存款、大额可转让定期存单、金融债券等流动性负债，负债的流动性很高。资产负债结构的不对称，使其具有很高的流动性风险。

④业务范围监管。在金融机构的业务范围限定上，各国的差异特别大，如德国的商业银行可以经营任何金融业务，属于全能银行；在美国，20世纪30年代大危机后，金融业实行严格的分业经营，但自1999年《金融服务现代化法案》颁布后，美国金融业混业经营的趋势越来越明显；我国实行的是严格的分业经营。

⑤贷款风险控制。分散风险既是银行的经营战略，也是金融市场监管的重要内容。贷款集中风险是中央银行进行风险控制的主要方面，其内容一般包括：①严格控制大额贷款。我国《商业银行法》规定，商业银行对同一借款人的贷款余额与商业银行资本余额的比例不得超过15%。②对行业或部门贷款集中进行控制。近年来，由于银行大量投入贷款的一些行业或部门不景气，资产质量下降，所以这方面的风险也引起了金融监管当局的重视。此外，由于金融机构的变化、金融工具的不断创新、表外业务领域的逐步

扩大，新的风险形式不断产生。为此，中央银行正密切注意新风险对金融机构稳定性的影响，研究风险控制措施。

⑥市场退出监管。由于金融业的重要性和影响的敏感性，金融机构的市场退出不得擅自进行。市场退出监管主要包括对金融机构破产倒闭的监管，对金融机构变更、合并的监管，对违规者终止经营的监管。

（2）银保监会对银行业和保险业的监管。2018年3月，第十三届全国人民代表大会第一次会议表决通过了关于国务院机构改革方案的决定，设立中国银行保险监督管理委员会。2018年4月8日，中国银行保险监督管理委员会正式挂牌。其主要职能包括：

①依法依规对全国银行业和保险业实行统一监督管理，维护银行业和保险业合法、稳健运行，对派出机构实行垂直领导。

②对银行业和保险业改革开放和监管有效性开展系统性研究。参与拟订金融业改革发展战略规划，参与起草银行业和保险业重要法律法规草案以及审慎监管和金融消费者保护基本制度；起草银行业和保险业其他法律法规草案，提出制定和修改建议。

③依据审慎监管和金融消费者保护基本制度，制定银行业和保险业审慎监管与行为监管规则。制定小额贷款公司、融资性担保公司、典当行、融资租赁公司、商业保理公司、地方资产管理公司等其他类型机构的经营规则和监管规则。制定网络借贷信息中介机构业务活动的监管制度。

④依法依规对银行业和保险业机构及其业务范围实行准入管理，审查高级管理人员的任职资格。制定银行业和保险业从业人员行为管理规范。

⑤对银行业和保险业机构的公司治理、风险管理、内部控制、资本充足状况、偿付能力、经营行为和信息披露等实施监管。

⑥对银行业和保险业机构实行现场检查与非现场监管，开展风险与合规评估，保护金融消费者的合法权益，依法查处违法违规行为。

⑦负责统一编制全国银行业和保险业监管数据报表，按照国家有关规定予以发布，履行金融业综合统计相关工作职责。

⑧建立银行业和保险业风险监控、评价和预警体系，跟踪分析、监测、预测银行业和保险业运行状况。

⑨会同有关部门提出存款类金融机构和保险业机构紧急风险处置的意见和建议并组织实施。

⑩依法依规打击非法金融活动，负责非法集资的认定、查处和取缔以及相关组织协调工作。

⑪根据职责分工，负责指导和监督地方金融监管部门的相关业务工作。

⑫参加银行业和保险业国际组织与国际监管规则制定，开展银行业和保险业的对外交流与国际合作事务。

⑬负责国有重点银行业金融机构监事会的日常管理工作。

⑭完成党中央、国务院交办的其他任务。

⑮职能转变。围绕国家金融工作的指导方针和任务，进一步明确职能定位，强化监管职责，加强微观审慎监管、行为监管与金融消费者保护，守住不发生系统性金融风险的底线。按照简政放权要求，逐步减少并依法规范事前审批，加强事中事后监管，优化金融服务，向派出机构适当转移监管和服务职能，推动银行业和保险业机构业务和服务下沉，更好地发挥金融服务实体经济功能。

小思考 10-2

小思考 10-2

何谓资本充足率监管？这种监管有何意义？

分析提示

补充阅读资料 10-4　　　　　　　我国银保监会内设机构及其职能

我国银保监会的内设机构及其职能如下：

（1）办公厅（党委办公室）。负责机关日常运转，承担信息、安全、保密、信访、政务公开、信息化、新闻宣传等工作。

（2）政策研究局。承担银行业和保险业改革开放政策研究与组织实施具体工作。对国内外经济金融形势、世界银行保险监管改革及发展趋势、监管方法和运行机制等开展系统性研究，提出银行业和保险业监管政策建议。

（3）法规部。起草银行业和保险业其他法律、法规草案，拟订相关监管规则，承担合法性审查和法律咨询服务工作，承担行政复议、行政应诉、行政处罚等工作。

（4）统计信息与风险监测部。承担银行业和保险业监管统计制度、监管报表的编制披露以及行业风险监测分析预警工作；承担信息化建设和信息安全以及银行业和保险业机构的信息科技风险监管工作。

（5）财务会计部（偿付能力监管部）。承担财务管理工作，负责编报系统年度财务预决算；建立偿付能力监管指标体系并监督实施；监管保险保障基金使用情况。

（6）普惠金融部。协调推进银行业和保险业普惠金融工作，拟定相关政策和规章制度并组织实施；指导银行业和保险业机构对小微企业、"三农"和特殊群体的金融服务工作。

（7）公司治理监管部。拟定银行业和保险业机构公司治理监管规则；协调开展股权管理和公司治理的功能监管；指导银行业和保险业机构开展加强股权管理、规范股东行为和健全法人治理结构的相关工作。

（8）银行机构检查局。拟订银行机构现场检查计划并组织实施，承担现场检查立项、实施和后评价，提出整改、采取监管措施和行政处罚的建议。

（9）非银行机构检查局。拟订保险、信托和其他非银行金融机构等现场检查计划并组织实施；承担现场检查立项、实施和后评价；提出整改、采取监管措施和行政处罚的建议。

（10）重大风险事件与案件处置局（银行业与保险业安全保卫局）。拟定银行业和保险业机构违法违规案件调查规则；组织协调银行业和保险业重大、跨区域风险事件和违法违规案件的调查处理；指导、检查银行业和保险业机构的安全保卫工作。

（11）创新业务监管部。协调开展银行业和保险业机构资产管理业务等功能监管；为银行业和保险业创新业务的日常监管提供指导和支持；承担银行业和保险业金融科技等新业态监管策略研究等相关工作。

（12）消费者权益保护局。研究拟定银行业和保险业消费者权益保护的总体规划和实施办法；调查处理损害消费者权益案件，组织办理消费者投诉；开展宣传教育工作。

（13）打击非法金融活动局。承担打击取缔擅自设立相关非法金融机构或者变相从事相关法定金融业务的工作；承担非法集资的认定、查处和取缔以及相关组织协调工作；向有关部门移送非法集资案件；开展相关宣传教育、政策解释和业务指导工作。

（14）政策性银行监管部。承担政策性银行和开发性银行的准入管理工作；开展非现场监测、风险分析和监管评级，根据风险监管需要开展现场调查；提出个案风险监控处置和市场退出措施并承担组织实施具体工作。

（15）国有控股大型商业银行监管部。承担国有控股大型商业银行的准入管理工作；开展非现场监测、风险分析和监管评级，根据风险监管需要开展现场调查；提出个案风险监控处置和市场退出措施并承担组织实施具体工作。

（16）全国性股份制商业银行监管部。承担全国股份制商业银行的准入管理工作；开展非现场监测、风险分析和监管评级，根据风险监管需要开展现场调查；提出个案风险监控处置和市场退出措施并承担组织实施具体工作。

（17）城市商业银行监管部。承担城市商业银行、民营银行的准入管理工作；开展非现场监测、风险分析和监管评级，根据风险监管需要开展现场调查；提出个案风险监控处置和市场退出措施并承担组织实施具体工作。

（18）农村中小银行机构监管部。承担农村中小银行机构的准入管理工作；开展非现场监测、风险分析和监管评级，根据风险监管需要开展现场调查；提出个案风险监控处置和市场退出措施并承担组织实施具体工作。

（19）国际合作与外资机构监管部（港澳台办公室）。承担外事管理、国际合作和涉港澳台地区相关事务；承担外资银行保险机构的准入管理工作；开展非现场监测、风险分析和监管评级，根据风险监管需要开展现场调查；提出个案风险监控处置和市场退出措施并承担组织实施具体工作。

（20）财产保险监管部（再保险监管部）。承担财产保险、再保险机构的准入管理工作；开展非现场监测、风险分析和监管评级，根据风险监管需要开展现场调查；提出个案风险监控处置和市场退出措施并承担组织实施具体工作。

（21）人身保险监管部。承担人身保险机构的准入管理工作；开展非现场监测、风险分析和监管评级，根据风险监管需要开展现场调查；提出个案风险监控处置和市场退出措施并承担组织实施具体工作。

（22）保险中介监管部。承担保险中介机构的准入管理工作；制定保险中介从业人员行为规范和从业要求；检查规范保险中介机构的市场行为，查处违法违规行为。

（23）保险资金运用监管部。承担建立保险资金运用风险评价、预警和监控体系的具体工作；承担保险资金运用机构的准入管理工作；开展非现场监测、风险分析和监管评级，根据风险监管需要开展现场调查；提出个案风险监控处置和市场退出措施并承担组织实施具体工作。

（24）信托监管部。承担信托机构准入管理工作；开展非现场监测、风险分析和监管评级，根据风险监管需要开展现场调查；提出个案风险监控处置和市场退出措施并承担组织实施具体工作；指导信托业保障基金经营管理。

（25）其他非银行金融机构监管部。承担金融资产管理公司、企业集团财务公司、金融租赁公司、汽车金融公司、消费金融公司、货币经纪公司等机构准入管理工作；开展非现场监测、风险分析和监管评级，根据风险监管需要开展现场调查；提出个案风险监控处置和市场退出措施并承担组织实施具体工作。

（26）人事部（党委组织部）。承担机关、派出机构和直属单位的干部人事、机构编制、劳动工资和教育工作；指导行业人才队伍建设工作；指导系统党的组织建设和党员教育管理。

（27）机关党委。负责机关和在京直属单位的党群工作，负责系统党的思想建设和宣传工作。

10.3.3　我国的证券业监管

改革开放以来，随着我国证券市场的发展，建立集中统一的市场监管体制势在必行。1992年10月，国务院证券委员会（以下简称国务院证券委）和中国证监会宣告成立，标志着我国证券市场统一监管体制开始形成。国务院证券委是国家对证券市场进行统一宏观管理的机构。中国证监会是国务院证券委的监管执行机构，依照法律、法规对证券市场进行监管。

国务院证券委和中国证监会成立以后，其职权范围随着市场的发展逐步扩大。1993年11月，国务院决定将期货市场的试点工作交由国务院证券委负责，中国证监会具体执行。1995年3月，国务院正式批准《中国证券监督管理委员会机构编制方案》，确定中国证监会为国务院直属副部级事业单位，是国务院证券委的监管执行机构，依照法律、法规的规定，对证券期货市场进行监管。1997年8月，国务院决定将上海、深圳证券交易所统一划归中国证监会监管；同时，在上海和深圳两市设立中国证监会证券监管专员办公室；11月，中央召开全国金融工作会议，决定对全国证券管理体制进行改革，理顺证券监管体制，对地方证券监管部门实行垂直领导，并将原由中国人民银行监管的证券经营机构划归中国证监会统一监管。1998年4月，根据国务院机构改革方案，决定将国务院证券委与中国证监会合并组成国务院直属正部级事业单位。经过这些改革，中国证监会的职能明显加强，集中统一的全国证券监管体制基本形成。1998年9月，国务院批准了《中国证券监督管理委员会职能配置、内设机构和人员编制规定》，进一步明确中国证监会为国务院直属事业单位，是全国证券期货市场的主管部门，进一步强化和明确了中国证监会的职能。此外，我国的证券监管机构还包括行业自律性组织，如证券业协会、证券交易所等机构。

当前，中国证监会的主要职责有：

（1）研究和拟定证券期货市场的方针政策、发展规划，起草证券期货市场的有关法律、法规，制定证券期货市场的有关规章。

（2）统一管理证券期货市场，按规定对证券期货监督机构实行垂直领导。

（3）监督股票、可转让债券、证券投资基金的发行、交易、托管和清算；批准企业债券的上市；监管上市国债和企业债券的交易活动。

（4）监管境内期货合约的上市、交易和清算，按规定监管境内机构从事境外期货业务。

（5）监管上市公司的有关信息披露义务及股东在证券市场上的行为。

（6）管理证券期货交易所，按规定管理证券期货交易所的高级管理人员，归口管理证券业协会。

（7）监管证券期货机构、证券投资基金管理公司、证券登记清算公司、期货清算机构、证券期货披露咨询机构；与中国人民银行共同审批基金托管机构的资格并监管其基金托管业务，制定上述机构高级管理人员任职资格的管理办法并组织实施；负责证券期货从业人员的资格管理。

（8）监管境内企业直接或间接到境外发行股票，监管境内机构到境外设立分支机构。

（9）会同有关部门审批律师事务所、会计师事务所、资产评估机构及其成员从事证券期货中介业务的资格，并监管其相关的业务活动。

（10）依法对证券期货的违法违规行为进行调查、处罚。

（11）归口管理证券期货行业的对外交往和国际合作事务。

（12）国务院交办的其他事项。

补充阅读资料10-5　　　　　　　　　　我国已经出台的证券监管制度

我国已经出台的证券监管制度有：①证券法；②证券发行及上市监管制度；③证券交易结算及市场监管制度；④上市公司监管制度；⑤证券公司监管制度；⑥基金监管制度；⑦期货市场与期货业监管制度；⑧会计监管制度；⑨证券执法制度；⑩投资者保护与投资者教育；⑪对外开放与跨境监管合作。

资料来源　根据中国证券监督管理委员会的网站资料整理.

10.3.4　其他监管主体

1）国家外汇管理局

国家外汇管理局的主要职责有：

（1）设计、推行符合国际惯例的国际收支统计体系，拟定并组织实施国际收支统计申报制度，负责国际收支统计数据的采集，编制国际收支平衡表。

（2）分析、研究外汇收支和国际收支状况，提出维护国际收支平衡的政策、建议，研究人民币在资本项目下的可兑换。

（3）拟定外汇市场的管理办法，监督管理外汇市场的运作秩序，培育和发展外汇市场；分析和预测外汇市场的供需形势，向中国人民银行提供制定汇率政策的建议和依据。

（4）制定经常项目汇兑管理办法，依法监督经常项目的汇兑行为；规范境内外外汇账户管理。

（5）依法监督管理资本项目下的交易和外汇的汇入、汇出及兑付。

（6）按规定经营管理国家外汇储备。

（7）起草外汇行政管理规章，依法检查境内机构执行外汇管理法规的情况，处罚违法、违规行为。

（8）参与有关国际金融活动。

（9）承办国务院和中国人民银行交办的其他事项。

2）自律性监管机构

中国金融市场的自律性监管机构主要包括证券交易所和证券业协会。根据 1997 年 12 月 10 日国务院证券委发布的《证券交易所管理办法》，证券交易所的监管职能包括对证券交易活动进行监管，对会员以及上市公司进行管理。中国证券业协会正式成立于 1991 年 8 月 28 日，是实行会员制的社会团体法人，凡是依法设立并经批准可以从事证券业务的证券经营机构，承认协会章程，遵守协会各项规则，均可申请加入协会。我国《证券法》规定，证券公司必须加入证券业协会。证券业协会的职责是：协助证券监管机构教育和组织会员执行证券法规，依法维护会员的合法权益，监管、检查会员的行为等。

10.3.5　我国金融市场监管的手段

我国金融市场发育不成熟，目前在金融市场上运用行政监管手段较多。例如，在证券发行方面采用审批制度，行政控制上市种类和上市规模；对交易所、证券经营机构、证券咨询机构、证券清算和托管机构等实行严格的市场准入和许可证制度，交易过程中紧急闭市等。

近年来，我国金融立法工作日益加强，目前已经形成了以《中国人民银行法》《证券法》《商业银行法》《票据法》为主体的金融法律体系，法律手段已成为我国金融市场监管的重要手段。此外，有关部门还出台了许多条例和规章，以弥补法律手段的不足。

随着我国市场经济体制的逐步确立，在金融市场监管中，经济手段的运用也更加频繁。中国人民银行再贴现政策对票据市场的影响极为明显，存款准备金政策、利率政策对金融市场的价格也有重要影响，央行的公开市场业务也对国债市场有着重要影响。

另外，自律管理在规范金融机构的经营行为方面也起着积极作用。

总之，我国金融市场已形成了法律、经济、行政和自律管理等多种监管手段并存的局面。

当前，我国金融市场的发展尚处于初级阶段，金融业分业监管是不可逾越的一个阶段。现阶段，我国的银行监管能力和金融机构的内部约束机制都很薄弱，不具备综合银行制度要求的内外管理条件，金融业分业监管是相宜的。就银行的监管而言，西方发达国家经过几个世纪的监督管理实践，建立起了三道防线：预防性监督管理、存款保险制度和最后贷款救助行动。而我国规范化的金融监管制度还远未建立起来，我国的金融市场监管还远未真正走上依法经营、健康有序发展的轨道。我国四大国有商业银行是从专业银行转化而来的，其内部约束机制的构建困难重重。若不实行分业经营、归口监管，可能会使一些金融机构热衷于全方位发展业务：一是银行办理证券以及保险业务；二是保险公司发放信用贷款和经营证券买卖业务；三是投资公司超范围吸收存款，超比例发放贷款，办理银行业务；四是证券公司通过收取客户交易保证金以及代办储蓄，变相吸收存款，自行动用，渗入银行业务。这种混业经营的做法，一方面，削弱了各类金融机构应有的特性，没有发挥各自的作用；另一方面，加大了金融机构的经营风险，潜伏着妨害整个金融制度健康发展的严重威胁。因此，金融业分业监管是我国现代金融市场监管的一个重要阶段。

本章小结

本章主要介绍了如下内容：

● 金融市场监管的一般理由、监管模式、监管目标和手段等。

● 对外国金融市场监管情况的介绍，主要是美国、英国、日本的金融市场监管制度。

● 我国金融市场监管的法律、法规框架主要是"一行一委二会"，即中国人民银行、中国银保监会和中国证监会。

主要概念和观念

○ 主要概念

金融监管　市场准入　资本充足率　市场退出

○ 主要观念

统一金融监管模式　分业金融监管模式　综合金融监管模式

基本训练

随堂测10

1.判断题

（1）就金融市场的监管模式而言，我国实行的是统一金融监管模式。
（　　）

（2）从各国金融市场监管的实践来看，实施监管的主体只有一国的中央银行。
（　　）

（3）金融市场监管的首要目标是保持金融市场和金融体系的稳定与安全。（　　）

（4）美国的金融市场监管始于20世纪70年代布雷顿森林体系的崩溃。（　　）

（5）我国金融市场的监管权力主要集中于政府机构，概括起来是"一行一委二会"，自律性组织只起辅助作用。（ ）

2.选择题

（1）从金融市场监管的实践来看，金融市场监管的具体内容因国家金融体制的不同而各有差异，但总的来说，主要是对金融市场要素构成的监管，包括（ ）。

A.金融市场的主体　　B.金融市场的客体　　C.金融市场的媒体

（2）（ ）是"双峰式"监管模式的代表。

A.澳大利亚　　　　　　　B.美国　　　　　　　　C.英国

D.日本　　　　　　　　　E.德国　　　　　　　　F.法国

（3）金融市场监管的原则有（ ）。

A.依法监管原则　　　　　　　　B.监管主体独立原则

C.稳健运行与风险预防原则　　　D.内控和外控相结合原则

E.母国和东道国共同监管原则

（4）美国的金融市场监管始于（ ）。

A.布雷顿森林体系的崩溃　　　　B.南北战争

C.1929—1933年经济大危机　　　D.1987年的股市危机

（5）1997年以后，英国对金融市场监管体制进行了改革。目前，专门负责金融市场监管工作的是（ ）。

A.英格兰银行　　　B.财政部　　　C.金融服务局　　　D.商业银行

（6）目前，我国已基本上建立了金融市场监管的法律、法规框架体系。金融市场的监管权力主要集中于政府机构，概括起来是"一行一委二会"，"一行"是指（ ）。

A.中国银行　　　B.招商银行　　　C.中国人民银行　　　D.中国工商银行

3.简答题

（1）简要回答金融市场监管的原则。

（2）我国银行业的监管内容主要有哪些？

▌ 技能训练

课堂辩论：金融业综合管理与分业管理哪个更适合目前中国金融业的发展？

▌ 素质训练

○ 案例分析

光大证券乌龙事件

2013年8月16日11时05分，沪指突然出现大幅拉升，包括中国石油、中国石化、中国工商银行、中国银行等市值靠前的71只权重股集体出现涨停，大盘1分钟内瞬间涨幅超过5%，最高涨幅5.62%。这在A股历史上从来没有出现过。事件发生的过程如下：

11时05分31秒到57秒：中国工商银行、中国石化瞬间涨停，大盘被直线拉起，网友怀疑是交易系统出了问题。

11时05分56秒：沪指涨幅超5%，71只沪市超级大盘蓝筹股集体瞬间涨停。

11时10分：传言四起，系统出了问题，要实行T+0交易，实施优先股等，大盘在稍事回落后再次被拉起，早盘收涨超3%。

11时44分：上交所微博称交易系统正常，此消息排除了交易系统出问题的可能性。

11时47分：传光大证券自营盘70亿乌龙指，随后12时42分，光大证券董秘称70亿乌龙子虚乌有。

13时：光大证券被紧急停牌，传涉嫌操纵市场，午后大盘加速下跌，市场的矛头指向光大证券。

14时20分：传光大证券申请交易作废，在此之前，上交所确认暴涨是因为光大证券系统问题。

14时24分：光大证券公告称套利交易出现问题，光大证券董秘称会讨论赔偿股民方案，光大证券官网被"黑"。

15时：上交所称交易将进入正常清算交收环节，这意味着光大证券申请的交易作废被交易所拒绝。

16时：光大证券席位被曝空单激增7 023手，光大证券蓄意做空被质疑，涉嫌操纵市场。

16时17分：证监会称上交所和证监会正对光大证券进行调查，网友呼吁光大证券做出赔偿。

2013年8月18日下午，光大证券公布8月16日其自营账户异常操作的自查报告称，本次事件发生的原因主要是光大证券策略投资部使用的套利策略系统出现了问题，该系统包含订单生成系统和订单执行系统两部分。核查中发现，订单执行系统针对高频交易在进行市价委托时，对可用资金额度未能进行有效校验控制，而订单生成系统存在的缺陷，会导致特定情况下生成预期外的订单。订单生成系统存在的缺陷，导致在11时05分08秒之后的2秒内，瞬间生成26 082笔预期外的市价委托订单；由于订单执行系统存在的缺陷，上述预期外的巨量市价委托订单被直接发送至交易所。

2013年8月30日，证监会新闻发言人表示，证监会认定光大证券8·16异常交易行为已经构成内幕交易、信息误导、违反证券公司内控管理规定等多项违法违规行为，同时光大证券董秘的回应误导了公众。证监会同时对4位相关决策责任人徐浩明、杨赤忠、沈诗光、杨剑波处以终身禁入证券市场的处罚，没收光大证券非法所得8 721万元，并处以5倍罚款，共计5.23亿元，为证券史上最大罚单。另外，证监会还停止了光大证券从事证券自营业务（固定收益证券除外），责令光大证券整改并处分有关责任人。

可以想象，如果证监会不及时采取措施，这次事件将会给证券市场带来更长时间、更大范围的影响；也可以推测，如果不对证券市场进行严格监管，在利益的驱动下，内幕交易和信息误导等违规操作就会普遍存在，会严重影响证券市场正常运行，给投资人利益造成损害。可见，证券监管对证券市场的健康发展是非常重要的。

资料来源　作者根据相关资料整理.

要求：

（1）利用网络或书籍进一步查找案例的相关细节信息，分析内幕交易的特征。

（2）根据此案例，说明加强证券监管的重要性。

网上资源

http：//www.cbrc.gov.cn

http：//www.cbrc.gov.cn

主要参考书目

［1］郭红，孟昊. 金融市场［M］. 3版. 大连：东北财经大学出版社，2020.

［2］史建平. 金融市场学［M］. 2版. 北京：清华大学出版社，2012.

［3］张利兵，张丕强. 金融市场学［M］. 上海：立信会计出版社，2011.

［4］刘金波. 外汇交易原理与实务［M］. 2版. 北京：人民邮电出版社，2016.

［5］邢天才. 证券投资理论与实务［M］. 3版. 北京：中国人民大学出版社，2019.

［6］中国证券业协会. 证券投资分析［M］. 北京：中国财政经济出版社，2009.

［7］中国证券业协会. 金融市场基础知识［M］. 北京：中国财政经济出版社，2020.

［8］郭延江，邱景忠，杨建良，等. 证券投资与管理［M］. 北京：清华大学出版社，北京交通大学出版社，2007.

［9］侯健. 股市赢家［M］. 北京：中国城市出版社，2007.

［10］高广阔，方华，周昭雄. 证券投资理论与实务［M］. 上海：上海财经大学出版社，2007.

［11］葛红玲. 证券投资学［M］. 北京：机械工业出版社，2007.

［12］马瑞，宁向阳，唐芳. 证券投资学［M］. 南京：南京大学出版社，2007.

［13］舒苏平，程呈. 期货与期权交易［M］. 北京：经济科学出版社，2006.

［14］陈六一. 证券投资［M］. 北京：科学出版社，2006.

［15］张荣，薛彤. 证券投资实务［M］. 2版. 北京：清华大学出版社，北京交通大学出版社，2013.

［16］吴腾华. 金融市场学［M］. 上海：立信会计出版社，2004.

［17］颜卫忠. 金融市场学［M］. 广州：中山大学出版社，2004.

［18］王兆星，吴国祥，陈世河. 金融市场学［M］. 3版. 北京：中国金融出版社，2004.

［19］朱新蓉. 金融概论［M］. 北京：中国金融出版社，2002.

［20］徐孟洲. 金融法学案例教程［M］. 北京：知识产权出版社，2003.

［21］谢百三. 金融市场学［M］. 北京：北京大学出版社，2009.

［22］陈保华，叶德磊. 证券投资原理［M］. 上海：上海财经大学出版社，2001.

［23］童增. 上市公司退市与复市案例［M］. 北京：中国经济出版社，2003.

［24］姜学堂. 银行业务规范［M］. 大连：东北财经大学出版社，2002.

［25］夏德仁，王振山. 金融市场学［M］. 大连：东北财经大学出版社，2002.

［26］朱忠明. 中国货币市场发展新论［M］. 北京：中国发展出版社，2002.

［27］奚建华. 商业银行黄金业务［M］. 北京：中国金融出版社，2002.

［28］郑明川，王胜强．期货交易理论与实务［M］．3版．杭州：浙江大学出版社，2002．

［29］赵锡军．证券投资学［M］．北京：中国人民大学出版社，2002．

［30］梁峰．证券投资学［M］．大连：东北财经大学出版社，2002．

［31］杨子强．商业汇票承兑与贴现操作实务［M］．北京：中国金融出版社，2001．

［32］刘玉操，曹华．国际金融实务［M］．5版．大连：东北财经大学出版社，2017．

［33］杜金富．金融市场学［M］．4版．大连：东北财经大学出版社，2014．

［34］吴晓求．证券市场概论［M］．北京：中国人民大学出版社，2001．

［35］陈鹏军．互联网金融一本通［M］．广州：广东人民出版社，2016．

［36］证券业从业人员一般从业资格考试专用教材编写组．金融市场基础知识［M］．北京：中国铁道出版社，2020．

［37］朱新蓉．金融市场学［M］．3版．北京：高等教育出版社，2019．

［38］韩宗英，伏琳娜．金融服务营销［M］．北京：中国金融出版社，2018．